# Memória e Invenção:
# Gerald Thomas em Cena

Coleção Estudos
Dirigida por J. Guinsburg

Equipe de realização – Revisão: Geraldo Gerson de Souza; Assessoria editorial: Plinio Martins Filho; Logotipo 30 anos: Antonio Lizárraga; Diagramação: Adriana Garcia; Foto da sobrecapa: Heloisa Greco Bortz (AMM); Produção: Ricardo W. Neves e Sérgio Coelho.

Sílvia Fernandes

**MEMÓRIA E INVENÇÃO:
GERALD THOMAS EM CENA**

Dados Internacionais de Catalogação na Publicação (CIP)
(Câmara Brasileira do Livro, SP, Brasil)

Fernandes, Sílvia
  Memória e invenção : Gerald Thomas em cena / Sílvia Fernandes. – São Paulo . Perspectiva. FAPESP, 1996. – (Coleção estudos ; 149)

ISBN 85-273-0099-0

1. Teatro brasileiro – História e crítica 2. Thomas, Gerald – Crítica e interpretação I. Título. II. Série.

96-5092                                                   CDD-869.9209

Índices para catálogo sistemático:

1. Teatrólogos : Literatura brasileira : História e crítica    869.9109

Direitos reservados à
EDITORA PERSPECTIVA S.A.
Avenida Brigadeiro Luís Antônio, 3025
01401-000 – São Paulo – SP – Brasil
Telefone: (011) 885-8388
Fax: (011) 885-6878
1996

# Sumário

Introdução ................................................ VII

O Percurso ............................................... 3
O Espaço em Cena: *Mattogrosso* ........................ 51
O Corpo em Cena: *Carmem com Filtro 2* ................. 97
A Encenação: *Movimentos Obsessivos e Redundantes para
    Tanta Estética* ..................................... 147
Memória e Invenção. ..................................... 263

Cronologia. ............................................. 303

# Introdução

Por interesse pessoal e também por exigência de ofício, sempre acompanhei o movimento teatral paulista, especialmente na década de 80. À medida que ela avançava, percebi que a marca mais evidente do teatro dos 80 era o retorno à expressão individual do artista. Em oposição à tendência de agrupamentos de criação que marcara os anos 70, a progressão desta década definia um refluxo na criação coletiva e uma orientação para o individualismo na concepção dos trabalhos.

É verdade que essa inflexão individualista não implicava a extinção dos grupos de teatro. Mas definia uma mudança no caráter das equipes que atuavam no período. Em lugar das criações coletivas, que intencionavam fazer de cada participante do espetáculo um autor igualmente responsável pelo produto cênico, o grupo de trabalho dos 80 se formava pela reunião de alguns artistas em torno da figura de um encenador, que funcionava como cabeça do projeto estético.

O Centro de Pesquisa Teatral liderado por Antunes Filho era um bom exemplo dessa tendência, pois organizava um modelo eficaz de aglutinação de atores, cenógrafos e dramaturgos ao redor de um diretor, que acabava por imprimir sua marca estética a todas as produções. A manutenção, durante a década, de uma linha semelhante de pesquisa e linguagem pelo Grupo de Teatro Macunaíma, a despeito da variação constante dos participantes, era o registro imparcial do predomínio de Antunes na concepção e realização dos espetáculos.

Antunes Filho, além do mais, começava a formar herdeiros. Fora de um subgrupo do CPT que surgira um dos trabalhos mais interessantes da década, *Velhos Marinheiros*, adaptação do romance de Jorge Amado feita pelo encenador Ulysses Cruz. Ulysses engrossava a corrente de encenadores, principiando uma carreira profícua, que iria culminar, alguns anos mais tarde, na montagem de *Corpo de Baile*, adaptação para a cena dos contos de Guimarães Rosa.

Os "espetáculos de diretor", como eram chamados pela imprensa, sucediam-se ano após ano, suscitando comparações com o período áureo da encenação brasileira, inaugurado pelos mestres italianos do Teatro Brasileiro de Comédia e continuado no Arena de José Renato e Augusto Boal e no revolucionário Oficina de José Celso Martinez Correa.

O público voltava a freqüentar o teatro para ver a obra de um encenador. Antunes Filho, Ulysses Cruz, Luiz Roberto Galízia, Márcio Aurélio, Gabriel Vilela, William Pereira, Renato Cohen, Bia Lessa, Moacir Góes, Enrique Diaz, Bete Lopes, eram os autores da cena que se representava no eixo Rio-São Paulo. *Nélson Rodrigues, o Eterno Retorno* (1981), *Corpo de Baile* (1988), *Aponkãnlipsis* (1984), *Ópera Joyce* (1988), *Você Vai Ver o que Você Vai Ver* (1988), *Leonce e Lena* (1987), *Espelho Vivo* (1989), *Exercício n. 1* (1988), *Epifanias* (1993), *A Bao a Qu* (1989), *O Cobrador* (1988), ostentavam a assinatura de um criador todo-poderoso, muitas vezes também autor do texto dramático, se é que se pode chamar assim aos roteiros que serviam de fio condutor a essa série de experiências de linguagem cênica.

A predominância de encenadores era endossada pela guinada individualista de duas das mais importantes equipes dos anos 70. O Asdrúbal Trouxe o Trombone encerrava suas atividades em 1983, depois da tumultuada montagem da *Farra da Terra*, e Hamilton Vaz Pereira continuava solitariamente a pesquisa de algo que se poderia chamar de dramaturgia cênica, onde personagens, movimentos, imagens e músicas eram propostos de maneira concomitante, num mecanismo de amealhar referências e citações totalmente despreocupado com linearidade narrativa ou tensionamento dramático. Para levar adiante sua pesquisa, Hamilton dava conta sozinho de todas as atividades de criação do teatro. Era dramaturgo, encenador, iluminador, músico, cenógrafo e ator de *Estúdio Nagazaki* (1987), *Ataliba, a Gata Safira* (1988) e *O Máximo* (1988).

O Teatro do Ornitorrinco, por sua vez, após a saída e posterior falecimento do encenador Luiz Roberto Galízia, transformara-se em território quase exclusivo de Cacá Rosset que, a partir da montagem de *Ubu*, em 1984, passara a conceber e assinar solitariamente as direções de *Teledeum* (1987), *O Doente Imaginário* (1988) e *Sonho de uma Noite de Verão* (1990).

É nesse momento teatral, mais precisamente em abril de 1987, que participo de uma experiência radical para minhas pesquisas futuras. No teatro Anchieta de São Paulo assisto a um espetáculo chamado *Eletra com Creta*.

O primeiro choque estético vinha do espaço cênico. O palco estava dividido, na profundidade, por telas transparentes, que estabeleciam para os atores sucessivas zonas de movimento. Movimento, porque eu não podia considerar ação, ao menos no sentido clássico, aquela seqüência de compulsões corporais de criaturas que pareciam saídas de tempo nenhum. Elas não eram personagens. Pareciam vultos sem história nem psicologia, e atravessavam as telas auxiliadas por truques de luz para voltar a repetir, em outro corredor, os mesmos gestos obsessivos e escandir as mesmas falas entrecortadas, ditas em tom completamente inusual.

A tonalidade de artifício e anti-realismo que revestia as palavras contribuía para acentuar a dificuldade que eu tinha de isolar o elemento propriamente dramático, textual, do conjunto geral de estímulos vindos do palco. Os elementos cênicos pareciam justapostos, e destacar uma fala de seu gesto, do movimento coreográfico, da incidência luminosa ou da interferência musical era desconsiderar a associação proposta. Todos pareciam conviver paralelos e o texto, abrigado nesse conjunto, adquiria um estatuto diferencial, quase como se fosse uma música misturada às luzes e às figuras. Eu percebia que minhas tentativas, até um pouco desesperadas, de isolar um feixe de falas, para decodificar seu sentido, pareciam fora do lugar. "Minha pai. Não posso conter em mim todos os crimes de uma civilização. Seria mais do que injusto.... Minha pai... Ah, suplico..."

O que era aquilo? Eu não sabia, mas gostava muito.

Maria Alice Vergueiro, uma atriz que eu conhecia bem dos trabalhos do Ornitorrinco, havia-se transformado numa figura incompreensível, desgrenhada no corpo e na voz, neurotizada em obsessões gestuais repetidas ao infinito, sem que essa redundância esclarecesse alguma coisa. A Maria Alice das clarezas brechtianas se escondia num espaço de sombra.

Os panos de boca transparentes, sobrepostos para encobrir nada, deixavam ver lá no fundo uma figura encurvada, olhos de um expressionismo arregalado de cinema mudo, corpo ágil em tensão proposital, gestos obscenos em qualquer palco regular. Essa estranha Medéia de trejeitos de Murnau chamava-se Bete Coelho, eu soube depois. Ela se destacava do conjunto, é verdade, mas estava fazendo o que num espetáculo que se dizia *Eletra com Creta*? Além do mais, o trabalho não se pretendia um simples espetáculo de teatro. Mesmo a imprensa já se cansara de informar que aquilo era ópera seca. Seca porque sem canto, ópera porque com música. Mas seria só isso?

E as luzes que inundavam a cena, inusitadas, um foco potente vindo do canto direito como se invadisse uma porta inexistente para escoar nesse limbo, ou nesse lugar nenhum? A iluminação parecia contracenar com o espaço, o texto e a música, e truncava os gestos dos atores. A cena se espichava em movimentos de uma lentidão minimalista.

Trafegando pelos corredores luminosos desse espaço, desequilibrando-se em quedas sucessivas, estava uma outra mulher, a atriz Bete Goulart, num desenho corporal estranhíssimo, cabelos arrepiados de *punk*, silhueta enfaixada de múmia, respiração arquejando num torso encurvado como se suportasse o peso do mundo. E a cabeça e o olhar dirigidos para o alto.

Era evidente que alguém guiava os atores naquelas marcações rígidas, iluminava seus corpos para apagá-los em seguida, subtraía suas vozes reais para transformá-las em simulacros gravados, decupava seus movimentos com *black-outs* milimetricamente arranjados. Existia um *deus-ex-machina* nas coxias, sem dúvida. Seu nome? Gerald Thomas. A imprensa paulista, e antes dela a carioca, repetia as declarações bombásticas do jovem encenador de trinta e três anos, que dizia, para quem quisesse ouvir, que o teatro brasileiro era de mentirinha.

Esses arroubos polêmicos não combinavam com aquilo que eu via. Ou talvez combinassem, pois aquela cena era uma provocação em todos os sentidos, desde o texto sem lógica ou ação dramática, até os atores com voz gravada, corpos retorcidos, rostos no escuro. Justamente o rosto do ator, seu passaporte de emoção, rasurado na penumbra das telas de filó.

Muitas críticas começaram a alvejar o teatro de Thomas. Estetização, hermetismo, auto-referência, simulacro, eram alguns dos conceitos que rotulavam o palco do encenador. Subjacente a elas, o que estava em jogo era um determinado conceito de teatro, construído pacientemente desde Aristóteles. Teatro de verdade tinha de ter conflito, texto dialogado, ator identificado (ou, quando muito, distanciado) e se possível, nó dramático. E no caso de Thomas, o jogo da teatralidade se desenrolava através das imagens em cena.

Além disso, o movimento cênico não era contínuo, mas feito de fragmentos sem nenhuma unidade aparente. *Eletra com Creta* envolvia o espectador numa espécie de polifonia, em que o elemento musical desempenhava um importante papel. E nesse setor estava, talvez, o calcanhar-de-aquiles de Thomas. Pois a principal restrição a seu teatro se ligava à falta de comunicação com os espectadores, que entravam e saíam do espetáculo igualmente perdidos em meio às dezenas de citações de filósofos, artistas plásticos, escritores, cineastas, encenadores, dramaturgos, todos democraticamente justapostos nesse caldeirão esquisito de referências. Marcel Duchamp, Samuel Beckett, Tadeusz Kantor, os dois Richards – Foreman e Wagner, Dante Alighieri, Christo e Cristo, Francis Bacon, James Joyce, Proust, Shakespeare, eram aproximados pela ópera-seca de Gerald Thomas.

Foi depois de assistir a *Eletra com Creta* que decidi estudar o teatro de Thomas. Acredito que ele sintetiza uma série de procedimentos criativos do teatro contemporâneo, que chegaram ao Brasil principalmente através de seu trabalho. O acesso a pesquisas internacionais faz de seus espetáculos a súmula de algumas tendências e processos que marcam a cena atual. A justaposição de elementos, a organização por cadeias de *leitmotive*, a desconstrução de linguagens artísticas, a substituição do drama pela espacialização e o abandono do texto dramático como núcleo estruturador do espetáculo são os principais traços dessa tendência, presente de maneira evidente em todos os espetáculos do encenador.

Na tentativa de discriminar esses procedimentos construtivos, optei por analisar o trabalho de Thomas a partir de outras bases. Como acredito que o ponto de partida para sua criação não é o texto dramático, decidi eliminar da análise a questão dramatúrgica, ao menos no sentido tradicional de um texto que precede a encenação, e que precisa ser atualizado no palco. Acredito que Thomas, como vários encenadores contemporâneos, escreve um texto cênico. E para criar essa escritura leva o teatro a uma região de fronteira, onde a linha divisória entre os territórios da dança, da música, das artes plásticas ou mesmo do cinema, é muito pouco definida. A tentativa de escapar do território tradicional das artes é evidente até mesmo nos nomes de batismo de seu trabalho. No decorrer da carreira, Thomas falou de ópera-seca, *gesamtkunstfallwerk*, *work in progress*. Acho que, na verdade, ele sempre fez teatro. Um teatro renovado, contemporâneo, em sintonia com aquilo que se faz nas outras artes, performáticas ou não.

Neste livro, analiso três espetáculos de Thomas: *Mattogrosso, Carmem com Filtro 2* e *M.O.R.T.E. – Movimentos Obsessivos e Redundantes para Tanta Estética*. Escolhi esses trabalhos porque, a meu ver, eles representam o auge da pesquisa de espaço, atuação e encenação que Thomas realizou. Cada um deles foi abordado a partir do elemento dominante, ou seja, do aspecto nuclear na construção da cena.

Na ópera *Mattogrosso*, o enfoque foi dirigido para o espaço cênico, concebido pela cenógrafa Daniela Thomas, parceira do diretor desde as primeiras apresentações de Beckett em Nova York. Assisti ao espetáculo no Teatro Municipal de São Paulo e até hoje me espanto ao pensar em como os dois artistas puderam transformar o palco italiano de forma tão radical.

Em *Carmem com Filtro 2* estudei a *performance* de Bete Coelho. Trabalhando com Thomas desde a primeira montagem de *Carmem*, a atriz sintetizava, naquele momento, tudo aquilo que Gerald esperava de um ator.

Para analisar a encenação propriamente dita, optei pelo espetáculo *M.O.R.T.E.* Ao fazer isso, respeitei uma escolha de Thomas. Ele sempre se referiu ao espetáculo como uma reflexão prática sobre os processos de encenar, uma espécie de balanço ou acerto de contas com seu teatro. O movimento auto-referente e metateatral facilitou a análise dos procedimentos construtivos que orientam o trabalho do encenador. Afinal, eles são o tema dos *Movimentos Obsessivos e Redundantes*.

No capítulo inicial organizo um histórico da carreira de Thomas, começando pelas primeiras experiências londrinas, passando por Nova York e centrando o enfoque nos espetáculos criados no Brasil com a Companhia de Ópera Seca. Como encerrei a pesquisa na época da estréia de *Unglauber*, em 1994, não menciono os espetáculos que vieram a seguir.

No capítulo que dá nome ao livro, discuto algumas matrizes da encenação contemporânea e certas questões que considero essenciais para a compreensão do teatro de Thomas, como a distinção entre texto dramático e texto cênico, os processos de *collage* e montagem, a ênfase na *performance* em detrimento dos mecanismos de construção da ficção teatral, além de uma possível ligação da estética de Thomas a procedimentos pós-modernos. Os principais instrumentos que utilizo para a análise ligam-se à teoria teatral e à semiologia do teatro.

Não posso deixar de assumir aqui minha preocupação com o registro do teatro. Ela é evidente em cada passagem deste livro e resulta de muitos anos de documentação e pesquisa de artes cênicas no Idart. O detalhamento na descrição dos espetáculos traz as marcas dessa profissão. No empenho de resgatar a memória do trabalho de Thomas, assumo os riscos da construção de um discurso paralelo, analógico, que persegue seu teatro, mas consegue guardá-lo apenas como referência.

# INTRODUÇÃO

Este trabalho foi apresentado em sua forma original como tese de doutorado à Escola de Comunicação e Artes da USP, em 1995. Gostaria de registrar meu agradecimento ao Prof. Jacó Guinsburg, por sua orientação segura e estímulo constante.

Quero agradecer a todos os que me auxiliaram neste trabalho, Maria Thereza Vargas, Mariângela Alves de Lima, Mauro Meiches, Cássia Navas, Luiz Fernando Ramos, Tânia Marcondes, Fernanda e Emílio, meus parceiros.

Por fim, um agradecimento especial a Gerald Thomas e Daniela Thomas, artistas radicais.

# O Percurso

Djalma Limonji Batista (AMM)

*All Strange Away*
   estréia – janeiro de 1984 – La Mama (Nova York)

*Beckett Trilogy*
   (*Theatre 1, Theatre 2, That Time*)
   estréia – março de 1985 – La Mama (Nova York)

*4 Vezes Beckett*
   (*Teatro 1, Teatro 2, Nada, Aquela Vez*)
   estréia – agosto de 1985 – Teatro dos Quatro (Rio de Janeiro)

*Quartett*
   estréia – dezembro de 1985 – Theatre for the New City (Nova York)

*Carmem com Filtro*
   estréia – abril de 1986 – Teatro Procópio Ferreira (São Paulo)

*Quartett*
   estréia – julho de 1986 – Teatro Laura Alvim (Rio de Janeiro)

*Eletra com Creta*
   estréia – dezembro de 1986 – Museu de Arte Moderna (Rio de Janeiro)

*O Navio Fantasma*
   estréia – abril de 1987 – Teatro Municipal (Rio de Janeiro)

*Trilogia Kafka (Um Processo, Uma Metamorfose, Praga)*
   estréia – abril de 1988 – Teatro Cândido Mendes (Campinas)

*Carmem com Filtro 2*
   estréia – outubro de 1988 – La Mama (Nova York)

*Mattogrosso*
   estréia – junho de 1989 – Teatro Municipal (Rio de Janeiro)

*Sturmspiel*
   estréia – fevereiro de 1990 – Cuvilliés – Theater – Bayerisches Staatsschauspiel (Munique)

*Fim de Jogo*
   estréia – novembro de 1990 – Teatro Nélson Rodrigues (Rio de Janeiro)

*M.O.R.T.E (Movimentos Obsessivos e Redundantes para Tanta Estética)*
   estréia – novembro de 1990 – Teatro Nélson Rodrigues (Rio de Janeiro)

*M.O.R.T.E 2*
   estréia – agosto de 1991 – Festival de Taormina (Taormina)

*Perseu e Andrômeda (Perseus und Andromeda)*
   estréia – janeiro de 1991 – Staatstheather (Stuttgart)

*Esperando Godot (Warten auf Godot)*
   estréia – março de 1991 – Staats Oper (Munique)

*The said eyes of Karheinz Öhl*
   estréia – julho de 1991 – Teatro de Volterra (Volterra)

*The Flash and Crash Days*
   estréia – 8 de novembro de 1991 – Centro Cultural Banco do Brasil (Rio de Janeiro)

*Saint and Clowns*
   estréia – julho de 1992 – Hamburgo

*O Império das Meias Verdades*
   estréia – 18 de março de 1993 – Centro Cultural Banco do Brasil (Rio de Janeiro)

*Unglauber*
   estréia – 5 de fevereiro de 1994

# O Percurso

Gerald Thomas Sievers nasceu no Rio de Janeiro em primeiro de julho de 1954, filho de judeus alemães. A pintura entrou em sua vida bem antes do teatro, praticamente na infância, quando preferia as artes plásticas, a poesia e a música às disciplinas ministradas no Colégio Pedro II. Inteligente, sensível, abandonou a formação acadêmica aos treze anos, trocando a padronização do ensino regular pela liberdade da formação autodidata, que começou nas oficinas de artes plásticas do pintor modernista Ivan Serpa e nas reuniões em casa de Ziraldo, um local de encontro de artistas e intelectuais. No *atelier* de Serpa, Thomas descobre o trabalho de Marcel Duchamp, que influenciaria de maneira decisiva sua criação em teatro. Também no Rio, entre os anos de 67 e 68, conhece Hélio Oiticica, Torquato Neto e os irmãos Salomão, Wali e Jorge, influências, especialmente a do primeiro, que também vão acompanhar sua trajetória artística. Graças a Ziraldo, Thomas conhece a obra de Saul Steinberg, o artista gráfico que seria consagrado, duas décadas depois, em famosa exposição no Whitney Museum de Nova York. Também através de Ziraldo conhece aquela que seria sua companheira e parceira teatral por mais de dez anos, Daniela Alves Pinto, a filha mais velha do cartunista.

Em parceria com Serpa, Thomas vive sua primeira experiência profissional em teatro, como cenógrafo do espetáculo *Verbenas de Seda,* estreado no Rio em 1972, uma criação do grupo Teatro Aberto, que durou apenas um ano.

Nas temporadas freqüentes em São Paulo, Thomas assiste a algumas montagens de José Celso Martinez Correa no Teatro Oficina, àquela altura o grande núcleo brasileiro de criação teatral. *Na Selva das Cidades* (1969) impressiona o adolescente de quinze anos, que, nos folhetos de pesquisa de opinião distribuídos à saída do espetáculo, confessa sua admiração pelo encenador[1]. O respeito pelo trabalho de Zé Celso atravessaria duas décadas e ficaria definitivamente registrado na crítica da montagem de *Ham-let*. O espetáculo, estreado em São Paulo em 1993, uma década depois do retorno de Zé Celso ao Brasil, marca a volta do encenador do Oficina ao palco de seu teatro, transformado em passarela de terra pelo projeto inovador da arquiteta Lina Bo Bardi. O sucesso de *Ham-let* põe um paradeiro às cobranças da imprensa, que diziam que Zé Celso mergulhara num impasse criativo sem solução. Felizmente essa opinião não era unânime, e não foram poucos os que consideraram o tipo de trabalho desenvolvido pelo Uzyna/Uzona no período como uma atividade de outra natureza, mais preocupada com processos de invenção do que com obras acabadas[2]. No artigo que Thomas escreve sobre o espetáculo, menciona a ironia que acompanha a reaparição de Zé Celso como o fantasma do pai de Hamlet.

> Reaparecer como o Fantasma "do meu pai" (foi como o Zé falou no dia em que assisti o espetáculo, apontando o dedo pra mim), e como Fantasma do teatro brasileiro é de um enorme humor a respeito de si próprio, além de denunciar que foi também alguém do teatro que o matou. Mas essas mortes são todas fantasia pura. Morte maior pode ser aquela imposta pelo silêncio, pela omissão ou um mero afastamento por pura incompatibilidade com algum regime em voga, alguma estética em vigor. A devolução a esses, ou a "isto" é, no mínimo, brilhante, como resposta cênica, vital e cáustica[3].

Ainda em São Paulo, Thomas pôde acompanhar algumas etapas da montagem de Victor Garcia para *O Balcão,* de Jean Genet, estreado no Teatro Ruth Escobar em 1969. Através de Sérgio Mamberti, seu amigo, conseguia passe livre para assistir aos ensaios da peça e constatar, fascinado, que o teatro era realmente sua opção profissional.

> Me apaixonei pelo *Balcão* e me envolvi com o Mamberti, o Victor Garcia e todos os que estavam na produção. Nesta época eu era pintor e me levava muito a

---

1. O formulário da pesquisa, preenchido por Thomas, está no acervo do Teatro Oficina que faz parte do Arquivo Edgard Leuenroth, da Unicamp.
2. Ver a respeito a tese de mestrado de Mauro Meiches, *Uma Pulsionalidade Especular*, PUC, São Paulo, 1993.
3. Gerald Thomas, "É o Maior Espetáculo da Terra", *Folha de S. Paulo*, 5.12.1993.

sério como tal, andando com pastas debaixo do braço e papéis. Tinha sido aluno de Ivan Serpa e Hélio Oiticica desde os nove anos de idade. E de repente, senti: o que me faltava era informação[4].

A busca de informação levou à mudança definitiva para Londres, na década de 70, que lhe abriu as portas do mundo das artes e da cultura internacional. Na Biblioteca do Museu Britânico, da qual se tornou ávido leitor, pôde desenvolver sua vocação de intelectual curioso e multidisciplinar. Na comovente despedida ao ator Oswaldo Barreto, morto no princípio de 1990, Gerald convoca o amigo como testemunha póstuma da experiência desses tempos solitários de leitura.

> Só você sabia do calor dos corredores da Biblioteca do Museu Britânico, onde os piores mosquitos proliferam. Foi lá que eu aprendi que todos os que se exercitam descansando as pernas pra cima, aspiram o caminho dos céus[5].

Londres também é o endereço ideal para o contato com as produções do "National Theatre". Buscando uma aproximação com o mundo do teatro londrino, Gerald descobre Peter Brook. "Eu era assistente do primo do assistente do irmão do melhor amigo do assistente do assistente", comenta a respeito desse período, quando pôde assistir à primeira montagem do encenador inglês para *Sonho de uma Noite de Verão,* de Shakespeare, estreada em 1970. Também em Londres, Thomas participa do grupo experimental e performático "Exploding Galaxy", dedicado à arte espontânea e multimídia e influenciado pelas teorias de Jean Jacques Lebel sobre o *happening*. Formado por poetas, pintores e artistas multimídia, o grupo era muito influenciado pelas experiências do Living Theatre, mas também se informava sobre as recentes pesquisas de Grotowski na Polônia, cujos ecos começavam a chegar à capital britânica. O contato com o artista plástico Hélio Oiticica, que nessa época mora em Nova York, e posteriormente em Londres, persiste durante todo o período.

Depois do "Exploding Galaxy", Thomas participa de um outro coletivo de criação, "tipo grupo de galpão de igreja", chamado "Hoxton Theatre Company", que se reunia em Hoxton Square, um bairro afastado de Londres:

> Hoxton Square é o Brás de Londres, mas me deu oportunidade de ser não um componente do grupo, mas um diretor, [...] Foi uma tentativa de começar a colocar

---

4. Marli Berg, "Gerald Thomas sem Filtro. Um Retrato sem Retoques", *Manchete,* 22.3.1989.
5. Gerald Thomas, programa de *Carmem com Filtro 2,* 1990.

Kafka no palco, Schiller no palco, não através de textos de teatro mas através de textos teóricos, de fazer uma junção de poesia e filosofia[6].

No período londrino, Thomas conhece o trabalho expressionista de Steven Berkoff. A encenação de *Hamlet* o fascina e o leva a concluir que a postura do ator pode ser mais importante que as palavras[7].

A mudança para Londres não interrompe os contatos de Thomas com o Brasil, aonde vinha esporadicamente em visita à família e pôde acompanhar o paulatino cerco político da ditadura militar, que asfixiava o país. Nesse período, começa a participar ativamente da Anistia Internacional. É o representante brasileiro da organização entre 1976 e 1979, e desempenha papel de destaque na divulgação das informações sobre presos políticos e desaparecidos. O ativismo na Anistia lhe granjeou a desconfiança da ditadura militar, mas também grandes amigos entre aqueles que lutavam pelos direitos humanos. Data dessa época sua amizade com Fernando Gabeira, que militava na Anistia depois de ter sido extraditado em troca do embaixador alemão Charles B. Elbrick.

É também em Londres que Thomas reencontra Daniela Alves Pinto, que viaja em 1979 para uma temporada de seis meses, e acaba se instalando definitivamente em sua vida e em seu trabalho. Estudante de História da Universidade Federal Fluminense, em Niterói, Daniela abandonara a faculdade e decidira passar alguns meses fora do país. Em Londres, passa a compartilhar com Thomas a curiosidade, o estudo e a paixão pela arte e, logo em seguida, também pelo teatro.

## BECKETT EM NOVA YORK

A mudança para Nova York, no princípio da década de 80, marca o encontro de Thomas com Ellen Stuart, e o início da atividade teatral regular. Stuart é a fundadora e diretora artística do La Mama que, em 1961, inaugurou um dos pólos mais importantes do circuito experimental da Off Broadway. De um porão sem encanamento na rua Nove, no East Village, o La Mama evoluiu para uma sede com três salas de espetáculo, oficina de ensaio e escritório na rua Quatro, entre Segunda e Terceira Avenidas. O La Mama e o Living Theatre surgiram praticamente de forma concomitante, mas enquanto o Living enveredava por caminhos mais próximos ao *hap-*

---

6. Entrevista de Gerald Thomas a Luiz Fernando Ramos, parcialmente publicada em *Palco e Platéia*, n. 4.12.1986, pp. 21-25.
7. Gerald Thomas, "Judeu Errante, Irado e Irônico", programa da *Trilogia Kafka*, 1988, p. 13.

*pening*, o La Mama dava vazão ao teatro experimental novaiorquino dos anos 60. O teatro viu nascer as carreiras de Robert Wilson, Philip Glass, Andrei Serban, Meredith Monk, além de abrigar trabalhos experimentais vindos de todo o mundo, como os espetáculos de Grotowski e de Tadeusz Kantor, que apresenta no La Mama, em 1987, *I shall never return*. Também em 1987, Serban apresentou no teatro *Fragmentos de uma Trilogia Antiga*, com quatro horas de duração e inteiramente representada em grego. Criada originalmente em 1974, e recriada para as apresentações do La Mama, a trilogia era composta pelos espetáculos *Medea, As Troianas* e *Eletra*, e foi apresentada em São Paulo, dentro do Festival Internacional de Teatro. Victor Garcia, que Thomas conheceu no Brasil na década de 60, não apenas através do *Balcão*, mas também de *Cemitério de Automóveis*, de Fernando Arrabal (1968), foi um encenador ligado ao núcleo parisiense do La Mama, que iniciou suas experiências quando a companhia viajou por toda a Europa e pelo Japão, deixando sementes espalhadas por lá. O diretor brasileiro Jorge Tackla foi outro artista a se formar no teatro de Ellen Stuart.

No início, Thomas começa a orientar *workshops* no La Mama, no embrião do que seriam suas futuras montagens de Beckett:

> Dali surgiram todos os meus trabalhos de Beckett, que eu antes nunca tinha tido coragem de fazer, e que com esse grupo que criei no La Mama comecei a fazer em 1981[8].

A admiração por Beckett acompanhava Thomas desde a adolescência, mas o conhecimento da obra do dramaturgo foi paulatino, cultivado pelas encenações a que pôde assistir e pela leitura sistemática não apenas do teatro do autor irlandês, mas de toda sua prosa, contos e novelas:

> E passei a me dedicar aos seus textos, a começar por *The Lost Ones* (*Os Perdidos*) que, como várias outras obras que montei, não é uma peça de teatro, especificamente feita para o palco. Mas como tudo em Beckett é falado na primeira pessoa ou na terceira pessoa, pode virar material autobiográfico, e quando decorado e representado por um ator vira teatro[9].

A idéia de transformar *All Strange Away* (*Tudo Estranho Fora* – 1984) numa peça de teatro surgiu durante as oficinas do La Mama. Thomas foi o primeiro diretor a encenar o texto de Beckett, escrito em 1963.

---

8. Gerald Thomas, em Yan Michalski, "...Nem o Absurdo de Vivermos é Triste o Bastante", entrevista a Yan Michalski e Beti Rabetti, programa de *4 Vezes Beckett*, 1985.
9. Yan Michalski, *op. cit.*

No início começamos a descentralizar os temas cotidianos. Os atores não entravam mais em cena para falar na primeira pessoa, mas passavam a fazê-lo na terceira. Não havia mais esse negócio de "eu acho" ou "eu sinto". O americano é muito primário em arte. Ele diz "eu sinto" e não sabe explicar direito o que é. É algo intestinal e não intelectual, enquanto eu acho que a arte é um processo intelectual e não mais essa coisa florística e milagrosa. Acredito muito nesse negócio de mostrar como o processo de pensamento é organizado, e nesse sentido *All Strange Away* foi perfeito, pois permite teatralmente jogar uma ponte entre o espaço que vai do pensamento até a fala. [...][10]

"Imaginação morta, imagine." Com esta proposição começa o texto de Beckett, transformado por Thomas em monólogo de noventa minutos, interpretado pelo ator Ryan Cutrona. O espetáculo marca a primeira parceria de Thomas com Daniela, encarregada de conceber o cenário. Para a fascinante concepção do espaço, um imenso cubo de plexiglas de três por três metros, com faces espelhadas, a cenógrafa partia dos espelhos das lojas de departamento londrinas, que funcionavam como superfícies opacas e adquiriam transparência de acordo com os reflexos da luz. Esse princípio de transparência alternada à opacidade, em contato com um refletor, se transformaria num dos procedimentos básicos do trabalho dos dois criadores. Os espelhos que compunham as paredes do cubo permitiam a visão apenas no sentido de maior incidência da luz. Assim, quando os espectadores entravam no teatro, só conseguiam distinguir reflexos no imenso cubo plantado no centro do palco. O ator já estava dentro dele e, pouco depois, quando a peça começava, a sala toda escura permitia ao público vê-lo sentado num banquinho, com o corpo fracamente iluminado. Vestindo um macacão surrado, Cutrona se movimentava de um lado para o outro de sua prisão espelhada, onde só podia ver os próprios reflexos e ouvir a própria voz. Em determinados momentos, entretanto, a gravação da voz do ator se misturava às falas enunciadas ao vivo, inaugurando um procedimento que Thomas retomaria nos outros espetáculos. A música eletrônica de Stockhausen, e algumas composições do próprio Thomas, completavam as interferências gravadas. As imagens refletidas pelas faces espelhadas do cubo do cenário "funcionavam como olhos voltados para dentro", e sugeriam que o homem, ao menos segundo Beckett e Thomas, "estava condenado a si mesmo e ao seu dilema: 'Falhar, falhar de novo, falhar melhor'"[11].

À medida que o espetáculo se desenrolava, o cubo se revelava uma caixa de surpresas. Duas cortinas pretas que recobriam os espe-

---

10. Fritz Utzeri, "Beckett em Nova York com Direção e Cenário de Dois Brasileiros", *Jornal do Brasil*, Rio de Janeiro, 2.2.1984.
11. Paulo Sotero, "Talentos Casados", *Isto É*, 29.2.1984. A citação final usada por Thomas é extraída do texto de Beckett.

lhos do fundo se levantavam, enquanto a personagem falava de sua solidão. Nesse momento, os espelhos se multiplicavam em projeções paralelas e diagonais, como se formassem centenas de pequenos fragmentos dentro do cubo, naquilo que seria, segundo Thomas e Daniela, a melhor imagem da mente humana. "É a busca do som do pensamento", resume a cenógrafa, numa imagem que concorda com a opinião do crítico Don Nelsen sobre a peça e sobre seu autor:

> Samuel Beckett é o exemplo definitivo de um homem tentando explicar-se a si mesmo. Pacientemente. Exasperantemente preciso – até mesmo repetitivo – ainda incapaz de esclarecer completamente seus pensamentos ou nomear o inominável[12].

Nesse período Thomas inicia uma tímida correspondência com Beckett, marcada pela proverbial economia de palavras do dramaturgo.

> Beckett [...], em resposta a pequenas consultas que eu lhe fazia, mandava lacônicos cartões de resposta, do tipo "Yes, all right with me. Sincerely, Sam". Na época de *All Strange Away* houve um problema sério de direitos autorais, o espetáculo correu o perigo de ser fechado, e eu mandei um telegrama alucinado para Beckett, para o endereço das Editions de Minuit, sua editora parisiense, e na manhã seguinte recebo um telefonema que começa com "Hello, this is Samuel Beckett speaking" –, e ainda consigo pegar os pedaços do meu corpo que sobram, agradecê-lo pelo telefonema e pedir sua interferência para salvar o espetáculo. [...] Uns seis meses depois recebi outro cartão de Beckett, dizendo mais ou menos: "Se por acaso você um dia cogitar de vir a Paris, por favor telefone-me".

Imediatamente Thomas vai a Paris e tenta encontrar-se com Beckett. Três dias depois de sua chegada, Beckett marca um encontro num café de hotel no Boulevard St. Jacques:

> E na hora combinada termina a minha espera de Godot, entra essa figura que eu tenho amado pelas fotografias esses anos todos, e eu fico meio trêmulo, não consigo falar, porque quando você conhece os trabalhos de Beckett e depois quando o conhece pessoalmente você sente que está falando demais, porque a economia de palavras dele é fantástica[13].

A paixão por Beckett continua na próxima montagem do encenador, *Beckett Trilogy* (1985), uma composição de quatro textos curtos do autor irlandês: *Teatro I*, *Teatro II* e *Aquela Vez* (*Theatre I, II* e *That Time*). O elenco era composto por três representantes dos grupos experimentais mais importantes de Nova York: Freud Neumann do Mabou Mines, com vinte e cinco anos de atividades no

---

12. Don Nelsen, "Beckett continues to intrigue", *Daily News*, New York, 12.1.1984.
13. Gerald Thomas em Yan Michalski, *op. cit*.

off-off Broadway, George Bartenieff, do Theatre for the New City, com quarenta anos de carreira no mesmo circuito e finalmente o lendário Julian Beck, do Living Theatre, um marco do movimento experimental americano. Em 1983, Beck voltara a Nova York, depois de uma permanência de anos na Europa, para atuar num filme de Francis Ford Coppola. Com o dinheiro do trabalho, consegue trazer de volta sua companhia, que estréia um espetáculo arrasado pela crítica e, portanto, como é norma em Nova York, encerrando temporada em quatro dias. Nesse período Beck já está doente, e Thomas relata seu encontro com o artista, logo depois de uma cirurgia, e a dúvida se poderia aproveitá-lo para o trabalho, por causa de seu estado debilitado.

> Não posso dar um papel para Julian, ele ainda não pode falar no palco, nem se movimentar, ele vai passar muito mal. Mas então me ocorreu que em *Aquela Vez* o texto é pré-gravado, são vozes que a personagem ouve em silêncio; e aí surgiu a idéia de um trabalho que acabou sendo o mais bonito que já fiz. Julian não conseguia falar sem soluçar e ofegar, e em função disso não podia articular uma frase inteira de uma vez. Então resolvemos gravar cada palavra separadamente, e depois editar a fita, colando as palavras uma à outra, de tal modo que no final soassem como se o ator tivesse dito a fala inteira. Para isso, e como o impacto das falas era fundamental no caso, eu li um trabalho de John Cage e de Schoenberg, feito há uns quarenta ou cinqüenta anos, que me permitiu ver como a voz humana é dividida em ciclos. Então eu "regi" Julian como um maestro rege um violinista, a partir de uma espécie de notação musical que fizemos para cada palavra, determinando uma musicalidade precisa para ela, desligando o gravador depois que ela foi gravada, e começando tudo de novo para a palavra seguinte. Quando acabou, eu não tinha a menor idéia se ia dar certo. Depois trabalhamos vinte e uma horas editando a fita. E o resultado foi absolutamente fantástico[14].

Também em Nova York, a partir de 1981, Thomas começa a fazer ilustrações para o jornal *The New York Times*. É nesse período que inicia seu contato com o Public Theatre e com o grupo Mabou Mines de Freud Neumann, que ele dirigira na *Beckett Trilogy*.

A primeira encenação de Thomas no Brasil acontece em julho de 1985, quando o "Teatro dos Quatro", do Rio de Janeiro, apresenta em horário alternativo *4 Vezes Beckett*. O encenador reúne um novo texto de Beckett, *Nada,* aos três outros da *Beckett Trilogy* que encenara em Nova York, todos com tradução de Millôr Fernandes. No elenco brasileiro, três atores que, como seus colegas americanos, também representavam grupos ou tendências fundamentais para nosso teatro: Rubens Corrêa, do Teatro Ipanema, Sérgio Brito e Ítalo Rossi. Corrêa afirma, no programa do espetáculo:

14. *Idem, ibidem.*

Esta peça, neste palco, com esta direção, me permite viver a fantasia do ator universal... Chega de realismo! A gente quer ser um pouco músico como ator. Sempre foi uma ambição minha. O Gerald acentuou[15].

Um depoimento de Thomas esclarece a musicalidade à qual o ator se refere:

> Nesse trabalho encontrei Rubens Corrêa, Sérgio Britto e Ítalo Rossi, os dois últimos decididamente de formação stanislavskiana. Como é que encarariam o teatro antipsicológico, de pura forma, de códigos quase kabukianos? Nenhuma resistência, para minha surpresa. Os atores diziam o texto enquanto eu os conduzia musicalmente através das sílaba, regendo com as minhas mãos inquietas o ar na frente de seus narizes[16].

O crítico Sábato Magaldi comenta o espetáculo de forma extremamente positiva, ressaltando o trabalho dos intérpretes e do diretor:

> *Teatro II* apela para um jogo humorístico, eco longínquo do processo kafkiano, num quadro de beleza plástica impecável. A desagregação de *Nada* se fixa numa mão de movimentos mínimos, num torso que modifica imperceptivelmente sua posição, numa perna solta no espaço, enquanto o texto gravado chega à platéia. [...] Gerald Thomas orquestra o conjunto valendo-se de seu talento plástico e do profundo conhecimento da obra beckettiana, sem que se possa perceber a dissonância de uma só nota[17].

Depois do sucesso brasileiro de *4 Vezes Beckett*, Thomas volta a Nova York, onde faz sua primeira direção para o "Theatre for the New City", de Joseph Papp. *Quartett*, de Heiner Müller, é o texto escolhido para a estréia do encenador no novo teatro. A partir dessa mudança, feita sem o aval de Ellen Stuart, as relações entre os dois passam a ser bastante difíceis.

A atriz Tônia Carrero, que no ano seguinte faria *Quartett* no Rio de Janeiro, assiste à estréia do espetáculo e comenta suas primeiras impressões:

> [...] Eu vejo aquele ambiente cheio de *posters*, de convites para conferências, fotografias de antigos atores que passaram por ali, vejo a presença de Judith Malina, de muitas outras pessoas conhecidas. O ambiente é todo fervilhante, tão fora dos cânones estabelecidos pelo teatro profissional. [...] Um ambiente desordenado. Surge Daniela Thomas, ainda àquela altura, momentos antes da estréia, toda suja de tinta, com um pincel na mão. E surge Gerald Thomas, um jasmim, vestido de preto como sempre, mas um jasmim, com seu perfume. Ele surge e diz: "Estamos nervosíssimos, sabe?" [...] Sentada num banquinho que me obrigava a ficar toda torta, eu assisti,

---

15. Rubens Corrêa no programa de *4 Vezes Beckett*, 1985.
16. Gerald Thomas, "... A respeito da Ópera Seca", programa de *Carmem com Filtro*, 1986.
17. Sábato Magaldi, "Beckett, Quatro Vezes Fascinante", *Jornal da Tarde,* São Paulo, 16.8.1985.

talvez, a uma das coisas mais ricas em produção de cuca que até hoje eu tenha testemunhado acontecer[18].

O crítico do *Village Voice*, Steven Hart, considera a interpretação do elenco americano o aspecto mais impressionante do espetáculo. Já Mel Gussow, do *New York Times*, destaca a concepção espacial de Daniela, que transforma o palco numa câmara mortuária coberta de névoa e terra.

> Na interpretação da cenógrafa, a cena torna-se um calabouço com o chão coberto de sujeira. Em momentos dramáticos, a luz se projeta de cima para baixo a partir de duas clarabóias, capturando as personagens como se fossem grãos de poeira numa prisão cheia de névoa, criada por eles mesmos[19].

O diretor brasileiro Antonio Abujamra, em temporada em Nova York, também assiste aos ensaios e à estréia de *Quartett*. A partir de seu interesse pela encenação, surge a idéia de viabilizar outro trabalho de Thomas no Brasil, feito desta vez com a atriz Clarisse Abujamra, sobrinha do diretor. O roteiro seria escrito pelo próprio Thomas.

Segundo o encenador, *Carmem com Filtro* começou a ser escrita em Nova York, a partir de um encontro com Heiner Müller:

> Heiner se empolgou em escrever os fragmentos sobre o cigarro, a nicotina, já que a ópera se passa em grande parte dentro de uma fábrica de cigarros. Me veio a idéia de unir a luxúria do amor com o vício do fumo e o êxtase da conversa alcançou seu clímax até que fomos abalroados pelo inevitável impasse do silêncio (muito comum aos europeus) e todas as cabeças baixaram. Só que como foco central dos olhares baixos estava a caixinha de cigarros Gitanes que fumo há anos. O levantamento das cabeças foi um momento teatral. O brilho nos nossos olhos não poderia ser recriado pelo mais realista dos diretores. A caixa de Gitanes tem uma cigana dançando envolta por nuvens de cigarro[20].

O ator Antonio Fagundes, marido de Clarisse, interpretava José no espetáculo, além de produzir o trabalho através da bem-sucedida Companhia Estável de Repertório. Fagundes saía de dois grandes sucessos de público, *Cyrano de Bergerac*, de Edmond Rostand e *Morte Acidental de um Anarquista*, de Dario Fo, ambos produzidos pela companhia e protagonizados por ele. Diante do repertório de

---

18. Tônia Carrero, "Com a Palavra a Atriz Tônia Carrero", programa de *Quartett*, Rio de Janeiro, 1986.
19. Steven Hart, "*Quartett* is a mastery of decadent parallels", *Village Voice*, 22 dez. 1985; Mel Gussow, "Heiner Müller's *Quartett*", *The New York Times*, 24.12.1985.
20. Gerald Thomas, "...A Respeito da Ópera Seca", programa de *Carmem com Filtro*, 1986.

qualidade, mas sem ousadias experimentais, a opção por Thomas significava um risco e uma mudança de rumo. Por isso foi escolhido, para a estréia do encenador em São Paulo, o horário alternativo das segundas e terças-feiras. Gerald fala sobre as concessões feitas para a apresentação dentro desse circuito:

> Em primeiro lugar não adiantava politicamente ou artisticamente fazer uma coisa exagerada. [...] Por ser a minha primeira tentativa em São Paulo não adiantava, não valia a pena entrar com um puta choque e afastar o que viabilizaria comercialmente esse espetáculo. Se bem que erramos, porque não foi por aí. Se o espetáculo se viabilizou não foi por causa do público do Fagundes, foi por causa dos jovens[21].

Para alguns críticos esta primeira montagem de *Carmem* era, em certos aspectos, mais radical que a segunda, encenada por Thomas dois anos depois. Edélcio Mostaço considera o trabalho a mais arrojada criação dos palcos paulistas desde as encenações revolucionárias de José Celso para o Teatro Oficina, materializando para o público brasileiro quinze anos de pesquisas do teatro internacional.

> Usa do minimalismo o método (se assim pudermos dizer das pausas exasperantes, da desrealização espaço-temporal, dos gestos diminutos, das repetições obsessivas) e da síntese melodrama-expressionismo a externalização (se assim pudermos dizer dos desempenhos dos atores, das ressonâncias cenográficas, dos contrapontos narrativos). Bergson (a duração) e Bachelard (a poética dos sonhos, do espaço) são filósofos que endossariam este espetáculo. Da mesma forma que Joyce ou Beckett, cujas alegorias se aparentam num semelhante universo poético[22].

A opinião de Mostaço não é compartilhada por Ilka Marinho Zanotto, crítica do *Estado de S. Paulo*, que reprova a qualidade do texto de *Carmem*, "confuso e frágil, espantosamente verborrágico para um autor que declara guerra à retórica oca", além de lastimar o "apoucamento do mito", resfriado "numa espécie de hermetismo estético". Por admitir a qualidade visual do trabalho – Thomas teria "o dom raro dos verdadeiros poetas da cor e do movimento" – Zanotto recomenda ao público que tape os ouvidos para conseguir se envolver no "encantamento plástico-formal" do espetáculo. Mesmo discordando da avaliação de Edélcio, a crítica concorda com ele no que se refere às pesquisas do teatro internacional, pois considera *Carmem com Filtro* uma antologia da vanguarda dos últimos vinte anos:

> Estão lá, desde as luzes laterais enfrentando violentamente as personagens que se deslocam com extrema lentidão, em linha horizontal, *copyright* de Bob Wilson, à ação decupada que acompanha a interrupção abrupta da fala, de que se valeu, entre

---

21. Gerald Thomas em entrevista a Luiz Fernando Ramos, *op. cit.*
22. Edélcio Mostaço, "*Carmem*, a Ousadia no Palco após 15 Anos", *Folha de S. Paulo*, 19.7.1986.

outros, Luca Ronconi no *Pato Selvagem* de Ibsen, ao inesperado dos gestos que contradizem os diálogos cuja exacerbação presenciamos no Hysterical Onthological Theatre de Richard Foreman [...]; ou ainda os intrincados monólogos, vômitos verbais expressionísticos dos protagonistas que se dirigem à platéia ou a si próprios, ignorando os atores com quem eles contracenam [...]. E o que dizer da desarticulação e do despistamento proposital de certas marcações, como nas coreografias de Pina Bausch para o Tanz Theater de Wuppertal?[23]

A ironia do *"copyright* de Bob Wilson" não rouba de Thomas o papel de pioneiro da criação, no Brasil, de espetáculos alinhados com as pesquisas de ponta do teatro internacional, especialmente com os chamados "encenadores formalistas" do final dos anos 70 que, especialmente em Nova York, trabalham numa pesquisa cênica muito próxima das artes visuais abstratas. Notando essa filiação, o crítico Yan Michalski vê em Thomas,

o inquieto artista que se obstina em descobrir o caminho de um teatro que possa, a partir de estímulos estéticos abstratos e não a partir de uma história ou de motivações psicológicas das personagens, transmitir ao espectador emoções comparáveis com as que grandes obras de música ou das artes plásticas tradicionalmente lhe proporcionam[24].

Em época posterior, Michalski constata que, a partir da bem-sucedida carreira de Thomas no Brasil, as fronteiras nacionais do teatro tendem a se tornar menos marcadas.

As encenações de Thomas pertencem a uma faixa de criação absolutamente cosmopolita, e só por um conjunto de fatores circunstanciais nasceram no Brasil; como qualquer espetáculo de um Peter Brook, Bob Wilson, Kantor etc., só por um igual conjunto de fatores circunstanciais nasce hoje em dia em tal ou outro país. Nem por isso os espetáculos cosmopolitas de Thomas, só por acaso nascidos no Brasil, deixam de ser recebidos por um apreciável setor, predominantemente jovem, do nosso público, como uma manifestação próxima da sua sensibilidade – quase tanto quanto a música americana. Isto não quer dizer, bem entendido, que um teatro nacional, que busque uma temática e uma forma brasileira, não tenha mais espaço entre nós; mas, sim, que a manifestação teatral cosmopolita feita por brasileiros deixou de ter uma conotação pejorativa, como acontecia há pouco, e passou a ser acolhida com naturalidade e curiosidade[25].

Depois de *Carmem,* Thomas monta no Brasil o mesmo texto de Heiner Müller que encenara em Nova York. Desta vez Sérgio Brito e Tônia Carrero protagonizam *Quartett,* fazendo Valmont e Merteuil.

23. Ilka Marinho Zanotto, "Não Ouça. Mas Veja", *O Estado de S. Paulo,* 13.5.1985.
24. Yan Michalski, "Gerald Thomas, um Inovador", *Tribuna do Advogado,* OAB – Rio de Janeiro, julho de 1986.
25. Yan Michalski, "Ópera Seca", *Tribuna do Advogado,* OAB – Rio de Janeiro, março de 1989.

Baseado nas *Ligações Perigosas* de Choderlos de Laclos, romance epistolar publicado sete anos antes da Revolução Francesa, o dramaturgo alemão fragmenta a temática da sexualidade e da morte em quatro vozes teatrais, ambientando-as num espaço indefinido que oscila entre um salão do século XVIII e um *bunker* que sobrevive à Terceira Guerra Mundial. Existem aparentemente duas personagens principais – um homem e uma mulher, Valmont e Merteuil – que, no entanto, assumem os papéis um do outro, numa ciranda constante onde as ações sempre acontecem mediadas pelo adversário.

Segundo Thomas, Tônia e Sérgio estiveram inteiramente abertos para a criação, mergulhando em estímulos abstratos e num mecanismo de apreensão do texto e de construção física um pouco estranho para os processos mais tradicionais de criação do teatro, aos quais estavam habituados.

Duas verdadeiras enciclopédias do teatro brasileiro, inteiramente disponíveis e dispostas a mergulhar fundo em busca dos verbetes mais antigos. É fascinante lidar com a tessitura da memória e penetrar os seus tecidos através desses dois monstros. O ensaio resultou numa complicada estratégia de estímulos que fez ecoar as celas mais fundas dessas duas torres de Babel vivas que são Tônia e Sérgio[26].

Em entrevista recente, Tônia Carrero elogia o trabalho de Thomas na peça, referindo-se à marcação das cenas com o ritmo de um surdo, que vinha desde essa época, e às mudanças freqüentes que aconteciam no trabalho:

É um ritual, é um ritual. A peça é curta, tem cinqüenta minutos. E era um ritual sagrado. Começava, eu no escuro, uma tênue luz no meu rosto, parada, completamente, dizendo um monólogo grande, que não tinha nada a ver com as lágrimas que caíam. Ele me dizia: "Entra chorando. Faça tudo isso chorando". E tinha uma luzinha que vinha em cima de um copo, uma taça.[...]. A gente falava uma frase, parecia que ia ter seqüência, voltava, falava a mesma frase... E então eu dei uma interpretação diferente para cada uma. Foi tão bonito![27]

Sérgio Augusto, em sua crítica do espetáculo, concordava com a atriz, afirmando que tanto Sérgio Brito quanto Tônia estavam "perfeitos da primeira à última bruma"[28].

Macksen Luiz explora melhor o trabalho dos dois atores, ressaltando detalhes que registram o projeto anti-realista da montagem.

26. Gerald Thomas, "... A Respeito da Ópera Seca II", programa de *Quartett*, Rio de Janeiro, 1986.
27. Tônia Carrero em entrevista a Maria Thereza Vargas e Mariângela Alves de Lima, Divisão de Pesquisas do Centro Cultural São Paulo, 14 de janeiro de 1994.
28. Sérgio Augusto, "Um Quarteto nas Brumas do Tempo", *Folha de S. Paulo*, 30.7.1986.

Mais um estilo do que uma técnica, a forma de representação de uma cena tão abstrata determina que se apague o passado (nada dos maneirismos das interpretações psicológicas) e se investigue uma forma que somente o futuro nos dará possibilidade de completa avaliação. Tônia atua majestaticamente, com um garbo e uma elegância que valorizam com extrema sutileza as palavras que diz. A atriz parece ter encontrado um som para os vocábulos, sem que necessariamente esse som corresponda à desmontagem de seu sentido. Tônia se apóia, acima de tudo, na maneira de dizer, como se em meio a um discurso quase cifrado, descobrisse e privilegiasse a forma para determinar o sentido[29].

## ÓPERA SECA NO BRASIL

A Companhia de Ópera Seca formou-se em 1986, a partir da montagem de *Eletra com Creta*. A tentativa de Thomas era dar condições de realização a um projeto que, para se concretizar, precisava de um núcleo mais ou menos fixo de criadores, que pudesse se dedicar ao trabalho com garantias de continuidade.

Em *Eletra com Creta* começava a se formar a equipe que integraria a companhia até 1990. Bete Coelho, Luiz Damasceno, Magali Biff e os técnicos Wagner Pinto, Washington Oliveira e Domingos Varela participam do espetáculo. Bete Coelho e Luiz Damasceno vinham da montagem de *Carmem com Filtro*, onde surgira a primeira idéia de criação da companhia. A atriz mineira iniciara sua carreira em Belo Horizonte, atuando em óperas e musicais graças à sua formação em canto lírico e dança. O reconhecimento de seu trabalho acontece na companhia Pagu Teatro Dança, de Carmem Paternostro, em espetáculos como *Noturno para Pagu* e *Lulu*, de Frank Wedekind. Do contato com Paternostro vem a admiração de Bete por Pina Bausch, influência que vai acompanhá-la por toda a carreira. Depois da participação especial em um espetáculo de Denise Stoklos, que a traz a São Paulo, a atriz junta-se ao grupo Macunaíma, de Antunes Filho, onde atua em *Macunaíma, Nelson Rodrigues, o Eterno Retorno* e *Romeu e Julieta*. É no retorno da excursão européia do grupo que Bete Coelho consegue o papel de Micaela na primeira montagem de *Carmem*, quando conhece Gerald Thomas:

> Um processo de identificação fulminante. O que Gerald fazia estava dentro do que eu vira na Europa e do que eu já intuía antes, um teatro anti-Stanislavski, anti-realista. Mas ninguém ainda me havia mostrado suas possibilidades até as últimas conseqüências[30].

---

29. Macksen Luiz, "Mito e Metáfora", *Jornal do Brasil,* Rio de Janeiro, 5.8.1986.
30. Bete Coelho, "Mortos. Reunidos em Bete", programa da *Trilogia Kafka*, 1988.

O gaúcho Luiz Damasceno, ator de formação stanislavskiana, encontra em Gerald uma espécie de "complementação às avessas":

> Eu sofri muito quando eu fiz *Carmem* na primeira montagem do Gerald. Porque eu tenho uma formação toda Stanislavski, e ele pedia uma coisa de resultado formal puro e simples. Eu entendia o que ele pedia, mas eu não conseguia um fundamento para tornar aquilo orgânico dentro de um universo que eu entendesse como lógico dentro daquela atuação. Pra mim ele pedia uma coisa além da lógica, além do possível dentro de uma atuação real, realista. Então eu entendia teoricamente mas na hora de realizar eu me travava, eu achava que era excessivo, que eu estava fazendo expressionismo ou qualquer coisa parecida. Até eu conseguir conciliar a minha formação com o que ele queria, foi muito lento[31].

Quanto à atriz Magali Biff, entrou na companhia para ser a substituta de Bete Goulart em *Eletra*, ganhando definitivamente o papel no último mês da temporada paulista. A atração pelo teatro experimental já levara Magali a unir-se a Cacá Rosset e Luiz Roberto Galízia em *Mahagonny* e também a José Celso Martinez Correa nas leituras dramáticas de *Roda Viva* e *O Homem e o Cavalo*, de Oswald de Andrade, em 1985. O iluminador Wagner Pinto acompanhava Thomas desde a encenação carioca de *4 Vezes Beckett* e Domingos Varela começara a trabalhar com o encenador em *Quartett*.

Daniela Thomas é a cenógrafa da companhia, e continua sua linha de trabalho original, sempre criando espaços inusuais, complementados pelos figurinos de aspecto envelhecido e pelos objetos soltos no palco quase vazio. Em *Eletra* Daniela dividia o palco em três corredores formados por telas de filó, dispostas paralelamente. As mudanças de luz, incidindo nas telas, permitiam que as personagens aparecessem e desaparecessem do palco, através de jogos visuais que fascinavam o espectador. Além de formarem espaços de ação, os corredores também indicavam núcleos temporais: Eletra e Medéia, Ercus e Cumulus Nimbus, Sinistro e Menmon indicavam o mito, o destino e a memória contracenando no nível profundo do palco. A partir do desdobramento nos corredores, as personagens misturavam suas épocas e histórias. Os três espaços demarcados localizavam situações belíssimas, envoltas numa luz sépia que as reunia e separava.

O espaço criado por Daniela Thomas não era apenas um cenário. Delimitava um lugar essencial, de caráter onírico e indefinido, um limbo entre o consciente e o inconsciente, que sugeria, como a própria cenógrafa e o encenador desejavam, um purgatório ou mesmo os desertos urbanos da ficção futurista de *Blade Runner*. O limbo primitivo recebia figuras retorcidas, que pareciam locomover-se com

---

31. Luiz Damasceno em entrevista realizada por mim em 26 de julho de 1994.

dificuldade nesse lugar descontextualizado, arrancadas de sua situação original, quer fosse a Grécia mítica das duas mulheres assassinas, quer fosse a abstração ancestral de Menmon.

Depois de uma polêmica e bem-sucedida temporada carioca, *Eletra com Creta* estréia em São Paulo, conseguindo uma ótima recepção de público, mas dividindo a crítica. Alberto Guzik menciona a "terra de ninguém" onde os crimes da tragédia grega e as figuras modernas se defrontam como num jogo de xadrez sem vencedores e chama a atenção para a qualidade plástica da montagem, feita por dois artistas que usam o palco como tela.

No trabalho com os atores Thomas prova ser, além de desenhista, escultor. O traçado da marcação, cuidadosamente premeditado, trabalha a gestualidade dos intérpretes segundo a segundo, nada deixando ao acaso. A intensidade dos movimentos, a direção dos olhares, os desenhos corporais são parte inextrincável da concepção básica de *Eletra com Creta*[32].

Edélcio Mostaço elogia o trabalho da Companhia de Ópera Seca, que consegue formar um elenco afinado com as propostas de Thomas e distante das correntes tradicionais de interpretação. E considera o espetáculo uma radicalização das opções de *Carmem com Filtro,* um verdadeiro "poema verbivocovisual", termo-conceito que está no "Plano Piloto para a Poesia Concreta". O crítico considera *Eletra com Creta* a concretização de muitas das propostas contidas no referido manifesto.

Não sendo uma tragédia, grega ou outra, *Eletra* é um pretexto para a reciclagem de todos os avanços cênicos destes últimos trinta anos, uma velada homenagem ao artista plástico Hélio Oiticica e um repasse das investigações efetuadas pelas ciências humanas neste mesmo período[33].

É nesse período que o trabalho de Thomas passa a ser alvo de críticas ferozes, que não se dirigem apenas ao texto dramático, que supostamente precede as montagens, mas também ao hermetismo das soluções cênicas. Sem deixar de lado a velha discussão nacionalista, que taxa o encenador de colonizado, "falso inglês, inventor do teatrão de vanguarda dos anos 60"[34].

A discussão se acirra quando Thomas encena, no intervalo dos trabalhos com a companhia, uma ópera de Wagner, *O Holandês Voa-*

32. Alberto Guzik, "*Eletra com Creta:* Irresistível Provocação", *Jornal da Tarde*, São Paulo, 30.4.1987.
33. Edélcio Mostaço, "O Novo Espetáculo Radical Criado por Gerald Thomas", *Folha de S. Paulo*, 16.12.1986.
34. O poeta Geraldo Carneiro faz várias declarações nesse sentido, em polêmica com Thomas iniciada em 1986, e publicada no *Jornal do Brasil*.

*dor*, que estréia no teatro Municipal do Rio de Janeiro em 1987 com o nome de *Navio Fantasma*. O espetáculo é um dos mais controvertidos da carreira do diretor, que recebe uma vaia de cinco minutos depois da primeira apresentação. O crítico bissexto Mário Henrique Simonsen, ex-ministro da fazenda do governo, inicia uma polêmica com Thomas pela imprensa, que termina em processo judicial[35].

Em sua crítica da ópera, Sérgio Augusto se refere a uma "suma germânica", onde "o cenário lembra os *décors* que Otto Hunte e Herman Warm criaram para os mais impressionantes filmes alemães de Fritz Lang; as fantasmagóricas figuras que volta e meia invadem a cena em séquito coreografado parecem recém-saídas de um balé de Pina Bausch"[36].

O crítico alemão Gerhard Dressel tem outra visão da ópera. Acha que o elenco de cantores de que Thomas dispunha para a montagem não conseguiu acompanhar o ritmo integral da encenação. Dependente de um "repertório gestual muito antiquado", não soube explorar os recursos corporais, a seu ver imprescindíveis como material expressivo para o trabalho. Ainda segundo Dressel, o pouco tempo de ensaio de que Thomas dispôs não permitiu que ele enxugasse esse "pântano de vícios" que são as poses estereotipadas dos cantores de ópera. Apesar disso, o encenador teria conseguido desviar-se da fábula romântica do *Holandês Voador*, surpreendendo o espectador com uma leitura inesperada da ópera.

[...] nenhum navio, nenhum porto, nem mar revolto; ao contrário, num ambiente ermo um vagão de carga, um coro de mendigos e espaços vazios, mais comparáveis aos cenários de Beckett. No terceiro ato torna-se, todavia, claro o destino da viagem maldita. Em diagonal no palco um canteiro de obras, que é facilmente identificável com o Muro de Berlim. O Holandês Voador e sua tripulação ficam atrás do muro, entre torres de vigia, portanto no Leste; Senta, agindo em nome da redenção, à frente do muro, portanto no Oeste: "Aqui estou - fiel a ti até a morte". A tentativa de redenção de Senta não termina no tempestuoso mar, mas sim nas garras do arame farpado eletrificado sobre o muro. Uma visão genial: deixar desabrochar o drama da danação e da redenção do mito contemporâneo da divisão/separação. Inclusive quando a relação Holandês/Leste e Senta/Oeste pode conduzir a uma visão típica da Guerra Fria[37].

35. Mário Henrique Simonsen, um aficcionado de ópera, irritou-se com as ousadias de Thomas, e escreveu no *Jornal do Brasil*, em abril de 1987: "A parte cênica é um exercício do absurdo e qualquer um faz absurdos. Eu também posso imaginar coisas exóticas. Por exemplo: passar a lua-de-mel com um badejo".
36. Sérgio Augusto, "*Navio Fantasma* de Thomas Ousa Pouco", *Folha de S. Paulo,* 4.4.1987.
37. Gerhard Dressel, "Mauermüll e Colesterização of Odds and Ends", trad. M. Isabel de Mello P. Coutinho e Richard Shouler, programa de *M.O.R.T.E.,* 1990.

Depois da polêmica do *Navio Fantasma*, Thomas realiza seu segundo trabalho com a Companhia de Ópera Seca, reunindo os espetáculos *Um Processo*, *Uma Metamorfose* e *Praga* na *Trilogia Kafka*. É o lançamento da equipe em circuito internacional. Com essa montagem, novos criadores se integram à Ópera Seca. Malu Pessin, atriz formada pela Escola de Arte Dramática, vinha de experiências com Antunes Filho no Grupo de Teatro Macunaíma; Edilson Botelho trabalhara com Bete Coelho em Belo Horizonte. Com passagem pela França, onde integrara o grupo de teatro infantil de Yves Vendrenne, Edilson vem acompanhado de Joaquim Goulart, também mineiro, que estagiara em Paris com o encenador Antoine Vitez. Antes de juntar-se à Ópera Seca, Jô, como boa parte da companhia, havia passado um ano trabalhando com Antunes Filho na criação de *A Hora e Vez de Augusto Matraga,* sem, no entanto, chegar a estrear. É também na *Trilogia* que Oswaldo Barreto entra para a Ópera Seca. O ator já trabalhara com Thomas em *Carmem com Filtro*, após viver quatro anos em Londres e três em Paris, estagiando no Théâtre National Populaire de Jean Vilar. Barreto participara da montagem de *Life and Times of Joseph Stalin*, que Bob Wilson trouxe a São Paulo no Festival Internacional de Teatro de 1974 com nome trocado. Stalin não foi liberado pela obtusa censura da ditadura militar. A ridícula troca de nomes não diminuiu o impacto do trabalho de Wilson. Depois do desembarque em São Paulo, o "teatro de visões" passou a influenciar boa parcela do teatro brasileiro. A afinidade de Barreto com o trabalho do artista americano estendeu-se a Thomas. O primeiro encontro entre os dois aconteceu em 1986, na entrevista para a seleção do elenco de *Carmem,* que o ator lembra com humor:

> Tivemos uma entrevista nervosa. Ele me perguntou se eu conhecia a *Carmem*, de Bizet. Eu sabia que poderia fazer o Taverneiro e então comecei a cantar uma ária. Gerald apenas disse: pode ir, o papel é seu[38].

Pouco antes da estréia da *Trilogia Kafka*, em 1988, Thomas declara em entrevista à imprensa: "Não pretendo fazer uma reprodução fotográfica de Kafka. O que o público vai ver é uma releitura semiótica da minha percepção, sempre aquela coisa de ser 'com mais alguma coisa' "[39]. O "mais alguma coisa" incluía, no caso, referências à *Tempestade* de Shakespeare, alusões a Titorelli, o pintor in-

---

38. Oswaldo Barreto em Edmar Pereira, "Os Atores: um Equilíbrio de Semelhanças e Diferenças", programa da *Trilogia Kafka*, 1988.
39. Gerald Thomas em Edmar Pereira, "Kafka, Três Vezes no Palco", *O Estado de S. Paulo*, 5.5.1988.

terpretado por Oswaldo Barreto em *Um Processo,* e ao Titurell de Wagner no *Parsifal,* além da presença de uma certa personagem chamada Bertoldo, que contracenava com outra que reclamava de ter de desdobrar-se "como um benjamin".

De acordo com o diretor, seu objetivo com a *Trilogia* era reativar visualmente a alegoria, a caricatura, o quase-cartum da literatura de Kafka. Fazia parte dessa reativação a escolha de situações semelhantes à da obra do autor tcheco, que pudessem ser confrontadas com ela. "A estrutura do espetáculo é Kafka, mas é também da *Tempestade,* de William Shakespeare, a situação de ilha, de naufrágio. É ainda a situação de *Parsifal,* a mais completa das obras de Richard Wagner, que é essa busca constante de uma pessoa e os empecilhos que enfrenta"[40].

A idéia do naufrágio da personagem de Joseph K é o elo de associação com o Próspero da *Tempestade* de Shakespeare, onde Thomas vê a questão da tirania, culpa e redenção. Calibã, o nativo deformado, vive submetido a Próspero do mesmo modo que Gregor Samsa é submetido à tirania familiar. A partir da aproximação, o encenador consegue reduzir as duas peças a equações semelhantes, num trabalho de associação de referências que chama de "entreleituras da situação em si"[41].

Nesse sentido, a escolha da imensa biblioteca de sete metros de altura para abrigar a *Trilogia* é uma opção natural. "Quero incestuar épocas, confluentes históricos. Que melhor lugar para isso do que uma biblioteca?"[42]

Daniela Thomas, cenógrafa da *Trilogia,* responde a essa pergunta com uma imagem potente:

> Imagine um discurso dirigido a uma parede de livros, livros antigos, milhares deles. Metáfora que é quase um arquétipo da obsolescência. Mais do que conter livros, essa biblioteca deveria ser o túmulo do pensamento ocidental, o túmulo da razão, aquela que tão racionalmente se perde em Kafka[43].

As estantes da biblioteca de Daniela imitavam concreto armado. Sólidas, pesadíssimas, consumiram quatro meses de trabalho intenso da cenógrafa, auxiliada pelos assistentes Marcelo Larrea e Carla Caffé, que acabavam de entrar para a companhia. Livros encadernados, fotografias amarelecidas, inclusive uma de Kafka, um rádio antigo, alguns cubos cobertos de desenhos que o público jamais pode per-

---

40. Gerald Thomas, "Por que Eu Odeio o Teatro", *Visão,* 4.5.1988.
41. *Idem, ibidem.*
42. *Idem, ibidem.*
43. Daniela Thomas, "Poesia Cênica por Daniela", programa da *Trilogia Kafka,* 1988.

ceber, preenchiam as prateleiras projetadas numa escala massacrante. Com sete metros de altura, revestiam o palco do chão ao teto. No cenário de *Uma Metamorfose*, a cenógrafa repetia a caixa de espelhos que usara em *All Strange Away*, desta vez em tamanho menor, e apenas como um dos elementos do espaço. Os figurinos dos três espetáculos, também de Daniela, evocavam um clima de filmes *noir* da década de 40, com seus detetives encapotados, para *Um Processo*; em *Praga*, se referiam à boemia dos cabarés berlinenses dos anos 30, recuperada através das pinturas de Beckman e Grosz; para *Uma Metamorfose*, o desafio da artista era compor o figurino do homem-barata sem cair no estereótipo. A solução veio através da múmias do Museu Britânico, uma imagem eficaz para indicar, ao mesmo tempo, o ser humano disforme e o homem em estado de putrefação.

Um *Processo* era uma versão pessoal de Thomas para a obra de Kafka. A famosa frase inicial do romance foi cortada, mas a narrativa era seguida no espetáculo como um roteiro de base. Joseph K acordava para descobrir que era indiciado em um processo cuja acusação não se definia. Após perambular por várias instâncias criminais e pessoais, acabava executado. A concessão de um fio narrativo imediatamente identificável era poluída, entretanto, pela carga imensa de situações e referências que rodeava esse enredo inicial e o submetia a uma rigorosa indeterminação. A ação engendrada por Kafka estava no palco, mas de maneira diferente, como se o encenador só conseguisse mostrá-la através de contrastes de imagens, sons e referências que contradiziam ou confirmavam a expressão literária inicial, sugerindo desdobramentos e rupturas formais, temáticas e narrativas. As janelas do cenário, por exemplo, abertas sobre o palco, algumas vezes comentavam a ação, em outras desenhavam imagens paralelas, funcionando como premonição das cenas que ainda iam ocorrer. Como já acontecia nos outros trabalhos de Thomas, à medida que o fio narrativo de Kafka se desenvolvia, e Joseph K ia se enredando mais e mais na malha de relações com uma suposta justiça, de desígnios incompreensíveis, Thomas ia espalhando pelo palco uma série de referências e comentários que pontuavam esse fio distendido. As referidas alusões a Brecht, Wagner, Próspero, Titurell, se acrescentavam a outras que remetiam aos espetáculos anteriores, como se o encenador estivesse compondo uma única obra repartida em seções. A trilha sonora participava da mistura, pois justapunha a *Sonata em Fá Menor* de César Frank ou um dueto do *Parsifal*, de Wagner, a Weber e Philip Glass.

O início do espetáculo mostrava Joseph K / Bete Coelho dormindo sobre um livro – um fragmento da imensa biblioteca que o rodeava –, usado como travesseiro de seus pesadelos. Eles se materializavam logo em seguida numa meada de imagens sempre repetidas, da qual a personagem nunca achava o fio. É o que observa Macksen Luiz em sua crítica do espetáculo:

> Muitas vezes o que se vê não é o que as palavras informam. [...] As cenas se desenvolvem aos pulos, em repetições, como se ali não estivessem atores vivos, mas figuras impressas num celulóide por alguém que os fizesse repetir seus atos ou distorcer sua voz. O crescendo de várias cenas é essa repetição[44].

Na versão de Thomas, Joseph K acordava várias vezes com a acusação que pesava sobre sua cabeça. Voltava a dormir, voltava a acordar sobressaltado. Através da repetição, o encenador submetia o medo da personagem a uma espécie de essencialização, como se desencapasse seu núcleo. A figura pequena e desprotegida de Bete Coelho colaborava para esse desnudamento. Embaçada atrás da tela de filó, encolhida em posição fetal, neurotizada no gesto compulsivo de arranjar o cabelo, transmitia uma enorme fragilidade. Como observa o crítico americano Ruis Woertendyke,

> [...] é a aparência de uma criança cuja inocência, em face das acusações e da culpa, perdeu a voz, e tornou-se um vácuo de impenetrável silêncio. O Joseph K de Bete Coelho é um cruzamento entre Buster Keaton e Charlie Chaplin, e sua feminilidade dá uma suavidade ao papel que acrescenta outra dimensão à vulnerabilidade da personagem[45].

Thomas levava ao paroxismo o conflito íntimo de Joseph K. O que em Kafka desenhava uma parábola da impossibilidade de justiça, em Thomas se ampliava em descrença generalizada. Os atores eram perseguidos por uma iluminação esquadrinhante que os impedia de enxergar e os oprimia como as estantes da biblioteca de sete metros de altura. Esse estado de sítio cênico transformava Joseph K numa vítima perseguida por seus próprios fantasmas, encarnados no palco por investigadores, juízes e funcionários. A condenação final funcionava como um encontro da personagem com sua própria culpa, à qual não podia escapar. O cumprimento da pena era a catarse de um crime indefinido.

Era na luz e nos *black-outs* que se escondia um dos segredos da encenação da *Trilogia*. A iluminação transformava o espaço cênico num lugar mutante, onde as cenas curtas eram decupadas pela rapidez dos cortes bruscos, resultando em imagens intermitentes que lembravam filmes do princípio do século. Um escurecimento marcava a passagem do tempo e permitia pequenas mudanças de cenário.

---

44. Macksen Luiz, "Teatro da Radicalidade", *Jornal do Brasil*, Rio de Janeiro, 23.4.1988.
45. Ruis Woertendyke, *Review of La Mama Play*, Nova York, 17.10.1988, p. 6.

Um foco de luz no rosto do ator supria a dramaticidade ausente das falas, muitas vezes gravadas, que também obedeciam. ao comando luminoso[46]. Mas era especialmente através da iluminação vinda do alto, e também das laterais, potente, quase cegando os atores com sua clareza, que Thomas indicava visualmente o julgamento atuado de cima, no qual Joseph K não tinha possibilidade de defesa. O foco repressor permanecia, durante todo o tempo, desconhecido.

A interpretação dos atores, distante de qualquer traço naturalista, se aproximava, muitas vezes, do expressionismo, especialmente no que se referia ao Joseph K composto por Bete Coelho. Ela indicava a personagem com deformações vocais e expressões excessivas que formavam uma máscara de *rictus* faciais e gestos repetitivos. O principal deles, que abria a peça e funcionava como marca registrada da atriz, era a trêmula passagem de mão pelo cabelo, repetida como um motivo recorrente durante todo o espetáculo. O corpo da atriz, já de início fragilizado por uma imensa tensão, sofria uma profunda transformação durante o espetáculo. Na cena final, quando Joseph K era trazido pelos dois carrascos, os pés encurvados para dentro, o andar trôpego e os cabelos colados ao rosto desenhavam um pavor expressionista. A esta altura, Bete Coelho já passara da surpresa inicial da abordagem dos algozes, à indignação e ao enfrentamento, para acabar na submissão final. Na última cena, os olhos arregalados de espanto eram vendados e a boca amordaçada para que um dos carrascos executasse a sentença. Depois da morte, a mordaça era retirada e, aos poucos, a atriz relaxava o rosto tenso para esboçar um leve sorriso.

O crítico paulista Aimar Labaki fala do emocionante trabalho da atriz na composição de Joseph K:

> Bete Coelho, musa e instrumento de Thomas, é a chave da peça. Pela primeira vez Thomas se permite emocionar. O início e o final da peça, ainda que recheados de informações concomitantes, não se furtam a emocionar pura e simplesmente. Junto com o conflito, cai outro tabu de Thomas (decorrente do primeiro): a empatia com a platéia. Isso só é possível graças à capacidade de Bete de resolver simultaneamente a difícil técnica de interpretação requerida pelo diretor – basicamente fragmentação e arritmia respiratória – e as possibilidades emocionais das cenas. Seu entendimento do mecanismo de Thomas de anular as informações pela simultaneidade e limpar o melodrama sem exorcizá-lo, é a base de sua estupenda atuação[47].

---

46. No *Processo*, o iluminador Wagner Pinto, que trabalhava com Thomas desde *4 Vezes Beckett*, em 1985, controlava em sua mesa de luz cento e oitenta e sete holofotes. O espetáculo tinha cento e oitenta e seis efeitos de luz. Gerald Thomas operava pessoalmente dois projetores, um elipsoidal e um TAR, pequeno holofote de mão que riscava o palco.

47. Aimar Labaki, "*O Processo* de Kafka Encerra um Processo de Thomas", *Folha de S. Paulo*, 15.5.1988.

O ritmo arrastado das cenas, a contenção temporal e a lentidão exasperante do movimento se uniam ao rigor formal do cenário e da iluminação e às visões que se intrometiam pelas janelas e portas que Joseph K fechava, como se quisesse livrar-se dos presságios de sua morte. Para afugentar os fantasmas, ele se levantava repetidamente e abria a porta central da biblioteca, na tentativa de escapar ou de deixar que o mundo exterior penetrasse nessa clausura. Mas a porta se abria para um enorme espelho, que não oferecia outra saída ao mundo fechado de K a não ser seu próprio reflexo. É o que observou o crítico Mark Gevisser, quando o espetáculo foi apresentado em Nova York:

> O cenário não deixa escapatória para o turbilhão da mente de Joseph K, e o julgamento que se desenrola – com advogados, juízes, barítonos e mesmo Shakespeare – é inteiramente um produto daquela mente[48].

Segundo Thomas, o julgamento é o tema básico não apenas do *Processo* mas de toda a *Trilogia Kafka*. Através dessa idéia, pode-se chegar a um segundo conceito, o de invasão da consciência:

> A questão shakespeariana e cristã da culpabilidade como invasão da consciência me interessa porque tem a ver com uma questão que eu considero sempre: o som mais aprimorado da civilização ocidental – talvez a síntese do nosso som – é o julgamento dos tribunais. Um acusador, um defensor, um neutro, um acusado, um júri e uma platéia assistindo. É teatro e é toda a sociedade se reciclando lá dentro como síntese. Como no Old Bailey [fórum criminal de Londres], onde eu ia sempre, e ficava o dia inteiro vendo julgamentos. Passava o dia vendo o ritual. Como entram os guardiões, como se comporta o réu – a atitude de mediocridade e mesquinharia deliberada de um réu ou a revanche, o contrário disso –, a atitude de um juiz e a sua vestimenta, o ritual de todos quando se levantam, o martelo pedindo silêncio. [...] É um som fantástico. Não está muito distante de um jogo de xadrez. Guardiões, peões, reis, enfim, a brincadeira está toda lá[49].

Como *Um Processo*, *Uma Metamorfose* também não era uma adaptação literal de Kafka. A história de Gregor Samsa, o funcionário exemplar que certo dia acorda transformado em inseto, recebeu o acréscimo de outras obras do romancista, como *Carta a Meu Pai*, referências à *Tempestade*, de Shakespeare, além das inevitáveis citações de Beckett. A mutação involuntária de Samsa era a ponte analógica que o unia à infração involuntária de Joseph K, ambos culpados e ambos inocentes. Como observa Alberto Guzik em sua crítica do espetáculo, "desde que nos tornemos estranhos

---

48. Mark Gevisser, "A Trial", *The Village Voice*, Nova York, 25.10.1988.
49. Bráulio Mantovani, "Gerald Thomas Explica por que Kafka", *Folha de S. Paulo*, 4.5.1988.

ao meio que nos cerca, desde que pretendamos assumir na inteireza a condição de 'outro', o que antes era íntimo passa a ser ameaçador"[50].

Ao contrário de *Um Processo*, a opressão de *Uma Metamorfose* era narrada a partir do chão, onde se contorcia a personagem de Gregor Samsa, representada por Luiz Damasceno. A extrema flexibilidade corporal do ator facilitava a execução do repertório de torsões a que ele tinha que se submeter, entre ataduras e rastejamentos limitados ao cubo de dois metros quadrados. Os *black-outs* de dois segundos, característicos dos espetáculos do encenador, exigiam imensa rapidez dos atores nas mudanças de cena. Todos entravam e saíam de alçapões, mudavam radicalmente de postura ou voltavam à posição inicial em poucos segundos, o que lhes custava, além de uma ginástica diária, intenso equilíbrio e perfeito domínio muscular. Damasceno se refere a esse tipo de atuação:

> Antes [...] eu não conseguia trabalhar sem uma história, uma imagem, uma visualização em torno da personagem. Agora, com um trabalho muscular posso chegar a uma sensação, e o resultado é o mesmo de antes. Chorar ou rir em poucos segundos pode ser também uma questão de domínio muscular[51].

Além do domínio muscular, os atores buscavam apoios físicos para a composição de suas figuras, usando objetos e gestos como marcos de orientação. Marco Stocco, no papel do pai, agarrava-se a uma cadeira, Malu Pessin fazia uma mãe que fumava e ria sem parar e Magali Biff, a irmã de Joseph K, não desgrudava dos livros. Os inquilinos da casa faziam tricô enquanto discutiam arte. O próprio Thomas aparecia no palco em dois momentos do espetáculo. A primeira entrada acontecia durante o confronto entre Gregor Samsa e o pai, quando o encenador entregava um cajado ao primeiro; na segunda aparição, Thomas participava da reunião da família em torno da mesa iluminada.

Para concluir a *Trilogia*, Thomas resolveu escrever um roteiro seu, uma espécie de depoimento pessoal criado a partir das imagens e situações sugeridas por Kafka. *Praga* emprestava o nome da cidade em que o escritor tcheco morou na década de 20. É Thomas quem fala sobre ela:

> Praga é um lugar constantemente currado através de quatro séculos, a última vez foi a Primavera de 68 e os tanques russos. Mas Praga está lá, com construções

---

50. Alberto Guzik, "Ricas e Densas Mutações de Thomas", *Jornal da Tarde*, São Paulo, 14.5.1988.
51. Luiz Damasceno em Edmar Pereira, "Os Atores: um Equilíbrio de Semelhanças e Diferenças", programa da *Trilogia Kafka*, 1988.

inteiramente decorativas, as pessoas andando na rua, a boemia, o lado lírico da vida consegue sempre dar uma rasteira. Como Hong Kong e como Nova York, Praga é um laboratório onde as coisas acontecem na civilização e isso me interessa como antropólogo, mais do que como teatrólogo. Kafka nasceu lá como um porto-riquenho nascendo em Nova York. Sempre foi um desajustado, um desterrado, como Beckett também foi. São pessoas descontextualizadas, pessoas que o Jung diria que não nasceram por inteiro[52].

Em *Praga* a narrativa evidentemente era mais anárquica que a dos espetáculos anteriores, pois não contava com a estrutura dos textos de Kafka. As personagens e sugestões visuais se organizavam de forma menos articulada na biblioteca do cenário que, segundo Thomas, se transformava num "bar semiológico", o Barthes. A ironia com o filósofo francês não escondia a referência mais prosaica ao Barts, o bar mais interessante da Praga dos anos 20. Nele as personagens manipulavam símbolos de incapacidade ou de perigo, como em outros espetáculos de Thomas. Cadeiras de roda, muletas, bengalas que apoiavam a cegueira de uma mulher, uma corda torcida em forca ou a lâmina afiada de uma faca compunham essa cena de susto. O judeu hassídico, a cega enforcada, o garçom do Barts, o próprio Kafka, monges e fregueses, todos cruzavam a biblioteca acossados pelos discursos de Hitler e Mussolini e pelas marchas militares misturadas a explosões e decolagens. "A morte é o denominador comum deste universo", observa Alberto Guzik em sua crítica do espetáculo[53].

Tanto em *Praga* quanto nos outros espetáculos da *Trilogia* vários recursos do teatro de Thomas eram retomados. A repetição das cenas, o acompanhamento musical, os *black-outs* que cortavam as ações, obrigando o elenco a mover-se às cegas, a fumaça usada em abundância, a iluminação cinematográfica que riscava o palco com fachos de luz, a projeção de imagens nos corpos dos atores, todos esses procedimentos compunham um ambiente familiar aos espectadores do encenador. Ambiente que vai se repetir na próxima montagem de Thomas, *Carmem com Filtro 2*.

A nova versão de Carmem é criada em Nova York, onde estréia em outubro de 1988, no La Mama, com Bete Coelho no papel principal, contracenando com Luiz Damasceno, Magali Biff e Oswaldo Barreto. Concebida como *work in progress*, ganhará versões sucessivas em 1989, quando se apresenta no Rio de Janeiro e no Festival de Viena, e em 1990, quando faz as temporadas paulista e gaúcha.

---

52. Gerald Thomas em Otávio Frias Filho, "A Impossibilidade de Dizer Vai para o Palco", *Folha de S. Paulo*, 12.1.1988.
53. Alberto Guzik, "O Tique-taque da Angústia", *Jornal da Tarde*, São Paulo, 25.5.1988.

Pouco mais tarde, com metade de sua estrutura alterada, passa a chamar-se *Carmem com Filtro 2,5,* quando retoma as apresentações cariocas no Teatro Nélson Rodrigues, em outubro de 1990. Na remontagem de 1990, entram para a companhia os atores Mário César Camargo, Ludoval Campos e Cacá Ribeiro, enquanto Jeffrey Neale passa a assistente de direção.

A mesma biblioteca da *Trilogia Kafka* serve de cenário para a história da mulher fatal de Merimée e Bizet, "incestuada" de vários outros temas e figuras incorporados ao enredo original do romance e da ópera. A intenção de Thomas era dosar a mistura com humor, já que o clichê *fin de siècle* da mulher devoradora de homens seria a besteira mais inesgotável da história ocidental[54]. Para destruir o clichê, nada melhor que a comicidade dos trocadilhos, como ele observa neste comentário: "Trocadilhos são o meu real interesse: trocadilhos visuais, filosóficos, musicais, que subvertem o significado"[55].

O humor acontecia no espetáculo através de observações muitas vezes óbvias, que oscilavam do tom provocativo à auto-ironia, dirigida de preferência ao próprio espetáculo, como se Thomas não acreditasse que a poderosa construção de *Carmem* já trouxesse embutida sua crítica. Era o caso da cena em que Edilson Botelho, no papel de José, cruzava repetidas vezes a boca de cena, repetindo: "Confuso, muito confuso, *très confus*..." Aparentemente sem acreditar na força de sua desconstrução teatral, o encenador desmanchava, seu próprio discurso, avisando o público de que não deveria ser levado a sério. O crítico carioca Macksen Luiz observa esse dado com precisão, quando afirma que Thomas roteirizava o próprio espetáculo com um tipo de humor que combinava mal com o rigor formal da cena, agindo como deformação estilística que superficializava preocupações:

> Thomas concede a si mesmo espaço para brincar com seu processo de criação. Mas o tom dessa brincadeira confunde-se, numa babel de línguas, com a perda de alguma vitalidade. Ao transformar em circunstanciais (não se atribua ao humor a função de apagar os traços de um debate intelectual, mas neste caso apenas à forma como Gerald o utiliza) alguns pontos relevantes da cultura contemporânea, o diretor confirma a sua maturidade como construtor do fato cênico, mas revela uma ingênua disponibilidade para provocar[56].

---

54. Gerald Thomas em Alberto Guzik, "Carmem 2 de Thomas, com Filtro e sem Mentira", *Jornal da Tarde*, São Paulo, 23.4.1990.
55. Gerald Thomas em Alain Riding, "The Showman of São Paulo", *Herald Tribune*, Nova York, 5.10.1988.
56. Macksen Luiz, "*Carmem* com Humor", *Jornal do Brasil*, Rio de Janeiro, 21.8.1990.

Em 1989 Gerald Thomas apresenta no Tucano Artes no Rio de Janeiro, e na XX Bienal Internacional de São Paulo, a ópera *Mattogrosso*, criada em parceria com o compositor americano Philip Glass, com quem já havia trabalhado em *Carmem com Filtro 2* e na *Trilogia Kafka*. Daniela Thomas mais uma vez é responsável pela concepção espacial, repetindo no cenário os corredores de *Eletra com Creta*. Richard Bach, assistente de direção e amigo de Thomas, interpreta o herói da ópera, Friedrich Ernst Matto.

A criação de *Mattogrosso* tem uma longa história. Em 1988 o compositor Philip Glass viajou pelo Brasil com sua filha e o casal Gerald e Daniela Thomas, chegando até Itaipu. Todos ficaram fascinados com a natureza represada pela hidroelétrica, e voltaram a Nova York com a idéia de criar uma ópera sobre "a pedra que canta". O interesse de Glass pelo rio Paraná se manteve, e quando descobriu que a nascente do rio ficava no Estado de Mato Grosso, a ópera sobre Itaipu, ainda em gestação, ganhou seu nome definitivo. Daniela Thomas continuou as pesquisas em outra direção. Interessada em poemas tupi-guaranis relacionados à palavra itaipu, a cenógrafa descobriu uma lenda em que os índios associavam o nascimento da música à origem do rio. Unidos pelo imaginário indígena, música e rio inspiraram o prólogo de *Mattogrosso*, *The Canyon*, uma garganta profunda e seca cavada pela água.

As outras duas partes da ópera, *The Light* e *Mattogrosso*, surgiram a partir de outras associações. Vieram de um projeto anterior dos artistas, que pretendia usar o naufrágio do Titanic como metáfora do declínio da civilização contemporânea. O mais luxuoso transatlântico do mundo, ancorado no fundo do mar, seria atacado por nibelungos, ou "mitolungos", ou "diabolungos de fim de milênio", como o refúgio das ninfas do Reno foi assaltado pelo anão Alberich no *Ouro do Reno*, primeira parte da tetralogia wagneriana *O Anel dos Nibelungos*. Segundo Thomas, essa aproximação de situações mostraria que os despojos da civilização continuam a ser disputados por abutres. Assim como Alberich perturba o Reno das ninfas, personagens retirados de tragédias gregas, peças de Shakespeare ou cartuns contemporâneos assaltariam o Titanic naufragado no palco da ópera.

O trabalho de analogias livres não termina aí. Na época da concepção do espetáculo, princípio de 1989, a questão da ecologia e das queimadas na floresta amazônica estava na ordem do dia. Preocupados com o problema desde que se publicava em Londres, há mais de vinte anos, o *Blue Print for Survival*, Thomas e Daniela ganham do amigo Fernando Gabeira, um dos militantes mais ativos do Partido Verde, a foto impressionante de uma queimada no Amazonas, com uma árvore seca esturricada contra o fundo da floresta.

De acordo com a cenógrafa, naquele momento ela descobriu o tema e a cor que *Mattogrosso* deveria ter[57].

Talvez por isso a personagem central da ópera seja um explorador desencantado das florestas tropicais. Friedrich Ernst Matto, o fictício preservacionista alemão do século XIX, é o anti-herói que "perambulava pelas florestas com setenta caderninhos cheios de gráficos e rabiscos com sombras, e assobiava Lohengrin"[58]. Seria o "primeiro ecólogo moderno", defensor da teoria da "devolução às espécies", que demonstra o avesso da teoria evolucionista. Em lugar da sobrevivência do mais forte, advoga o desfalecimento do mais fraco, transformando a darwiniana *survival of the fittest* em *survival of defeatist*. É Thomas quem explica o trocadilho que está no princípio da ópera e da personagem:

> O darwinismo está contestado por seu aspecto maniqueísta. [...] Estou reclamando de um falso positivismo absurdo, que vem se perpetuando na ciência e nas artes. Os discursos filosóficos pregam um progressivismo, de uma certa forma reafirmando a teoria da evolução das espécies e preocupando-se exclusivamente com a vitória do mais forte[59].

Ainda de acordo com o encenador, *Mattogrosso* é a alegoria da tentativa de suicídio da última floresta do mundo, que pede a Ernst Matto que pratique a eutanásia:

> O desfalecimento do mais fraco é o sentido mais próximo de uma eutanásia, de se deixar morrer. [...] É a descontinuação da vida, mas sem uma interrupção brutal. Existe uma noção de ato terrorista presente na idéia de suicídio que não se aplica à eutanásia. Eutanásia, na minha percepção, é o largar mais calmo da vida[60].

Evidentemente todas essas pistas narrativas não conseguem se igualar, em poder de sugestão poética, a qualquer uma das potentes imagens, movimentos e poemas visuais traçados no palco durante os oitenta minutos de duração de *Mattogrosso*. O próprio Thomas reconhece essa limitação, ao constatar:

> Tenho um palco inteiro, dezessete metros por vinte e cinco de fundo, dezesseis metros de altura, refletores, atores, cenário e figurino. Se eu não conseguir dizer o que eu quero com a imagem, tenho certeza de que não vou substanciar melhor colocando uma palavra ou outra, dentro de um compasso ou outro[61].

---

57. Daniela Thomas em entrevista realizada por mim no dia 19 de julho de 1994.
58. Gerald Thomas, programa de *Mattogrosso*, 1989.
59. Gerald Thomas em Vera Fonseca e Thereza Jorge, "Amor, Vertigem e Decadência em *Mattogrosso*", *O Estado de S. Paulo*, 2.7.1989.
60. Gerald Thomas, *idem, ibidem*.
61. Gerald Thomas, *idem, ibidem*.

Sublinhando a autoria do trabalho, Gerald Thomas entrava em cena no meio do espetáculo, comandando uma reduzida bateria de escola de samba, com tamborim, surdo, ganzá e pandeiro. O choque do ritmo sincopado com os módulos da música de Glass tinha um impacto difícil de narrar. Nélson Motta fala dessa interferência em seu comentário das apresentações no Rio, onde as músicas foram executadas por orquestra, com regência de Davi Reisman.

[...] é lindo, como atitude artística, como consciente auto-exposição, como dado autoral, quando o próprio Gerald Thomas surge no meio de seu sonho teatral marretando um bumbo, como Elvira Pagã em sua clássica revista[62].

## TEMPESTADE EM MUNIQUE

Em fevereiro de 1990 estréia em Munique o espetáculo *Sturmspiel*, remotamente baseado na peça de Shakespeare. O título da peça, uma fusão das palavras alemãs *sturm* (tempestade) e *spiel* (jogo), é o primeiro indício da associação do texto shakespeariano a *Fim de Jogo*, de Beckett. Segundo Thomas, *Sturmspiel* é o acúmulo dos jogos de poder e intriga inventados pelo homem. Olhando o texto de Shakespeare a partir desse ponto de vista, procura destacar o lado tortuoso de Próspero, tentando mostrá-lo como um ditador insaciável, que se diverte com mecanismos sádicos de perseguição e pressão. Segundo Thomas, os jogos de gato e rato entre Próspero e suas vítimas também estão presentes na relação entre Lear e o bobo, no *Rei Lear* de Shakespeare, ou entre Hamm e Clov no texto de Beckett. Daí a aproximação entre as peças. O papel do encenador seria o de "alcoviteiro desse incesto"[63].

Com cenário e figurinos de Daniela Thomas, a montagem fazia parte de um contrato de cinco anos entre o diretor e o Teatro Estatal da Baviária. Convidado pela companhia, Thomas dirige um elenco do corpo estável do teatro, atores de formação clássica e tradicional, que considera "muito difíceis de serem dirigidos abstratamente e de modo não-realista ou não-intencional. Eles estão acostumados ao realismo social de Botho Strauss e Franz Xavier Kroetz"[64]. Para tentar minorar o problema, a atriz Bete Coelho par-

---

62. Nélson Motta, "Gerald Marreta o Bumbo", *O Globo*, Rio de Janeiro, 22.7.1989.
63. Gerald Thomas, entrevista reproduzida no programa de *Sturmspiel*, Munique, 1990.
64. Gerald Thomas em Marco Veloso, "Gerald Thomas Desafia Mitos e Valores Alemães", *Folha de S. Paulo*, 12.2.1990.

ticipa das cinco semanas de ensaio do trabalho, encarregando-se da preparação dos atores para um estilo de interpretação mais próximo ao do encenador.

Várias imagens e textos de outros espetáculos reapareciam em *Sturmspiel*, reforçando a impressão de que Thomas escrevia uma extensa obra dividida em episódios mais ou menos semelhantes, que destacavam um ou outro aspecto desse todo. A peça começava com a inédita aterrissagem de um avião em pleno palco. Mas logo reapareciam o coro de soluços de *Carmem*, as figuras rastejantes e o jardim de guarda-chuvas de *Mattogrosso*, as inevitáveis quedas dos atores, sem motivo aparente. Justapostos a uma banheira onde uma personagem se desgrenhava e a aviadores desterrados da carcaça do avião, um deles preso a uma corda, empenhado em esforços inúteis para sair do lugar, enquanto outro tentava enforcar seu companheiro com as mãos. Comentando a cena, a voz de Thomas voltava a repetir, como em *Mattogrosso*, que "as estradas estavam todas pavimentadas desde Kant e em todas as línguas".

Segundo o crítico carioca Macksen Luiz, que assistiu ao espetáculo no Cuvilliès-Theater, a referência a Kant foi recebida pelo público alemão com sonoras vaias.

Para uma Alemanha que Gerald considera cada vez mais anestesiada pela acomodação, *Sturmspiel* não poderia deixar de gerar tanta indignação e aplauso. A medida das reações surpreende menos a um espectador brasileiro que tenha assistido à maioria das montagens de Thomas. No Brasil, num contexto cultural inteiramente pulverizado pela dominação da *media* e sem a fixidez dos valores acumulados da cultura, fica mais fácil absorver linguagens de rompimento. Ainda que de forma superficial e imediatista. Em Munique, o público do Bayerisches, habituado com um repertório de autores conhecidos – Brecht, Woody Allen e Edmond Rostand compartilhavam os palcos com Thomas – tem um comportamento espontâneo diante da linguagem inesperada do diretor brasileiro. São comuns os protestos em voz alta, a discussão da platéia com os atores, os risos nervosos e o ensaio de vaias ao final, além da saída ostensiva e barulhenta dos espectadores[65].

A crítica alemã se dividiu na avaliação do espetáculo de Thomas. Bernard Sucher, do *Zuednstchen*, diz que o diretor é "tão ruim quanto Robert Wilson", opinião compartilhada por Benjamin Henrichs, que considera as imagens do espetáculo como espelho das palavras de Thomas: exageradas, intimidadoras e vazias. Quanto ao texto, com suas "tolices e absurdos", lembraria uma "cópia triste de Karl Valentin". Não é o que pensa Rols May, do *Tageszeitung*, que

---

65. Macksen Luiz, "Conexão Alemã de Gerald Thomas", *Jornal do Brasil*, Rio de Janeiro, 10.3.1990.

vê em *Sturmspiel* uma "brincadeira séria", onde pela primeira vez acontece um debate sobre o Muro de Berlim[66].

O muro como metáfora da divisão do mundo, sempre presente no teatro de Thomas, traça em *Sturmspiel* uma espécie de analogia com a ordem mundial do final do século. Ao contrário do sólido muro de *Mattogrosso* ou de *Navio Fantasma*, o que aparece em cena depois da queda do Muro de Berlim – o espetáculo estréia no princípio de 1990 – é um empilhamento de peças isoladas, a imagem de uma transformação histórico-política em andamento. Como observa o crítico Gerhard Dressel, nesse momento o muro, o observatório e o arame farpado transformam-se em sucata de um passado, *souvenirs* de uma época que chegou ao fim[67].

O projeto europeu tem continuidade no ano seguinte, quando Thomas encena *Perseu e Andrômeda*, ópera do compositor italiano Salvatore Sciarrino, que estréia no Teatro de Ópera de Stuttgart .A ópera é mais inspirada num conto de Jules Laforgue que no mito grego. Na versão moderna de Laforgue,escrita no século passado, o exílio de Andrômeda na ilha deserta favorece o afeto entre ela e o dragão que a vigia. Em meio à natureza paradisíaca, o monstro a presenteia com pedras preciosas e a diverte com histórias e jogos, entre cochilos ao pôr- do-sol. O idílio é interrompido por Perseu que, ainda convicto de seu papel, invade a ilha e mata o dragão que protege a moça. Mas, na hora da partida, Andrômeda prefere continuar na ilha com seu dragão moribundo.

Na releitura de Thomas, o monstro também mantém a mulher presa, mas não consegue agradá-la. Ela permanece na ilha cenográfica – Gerald e Daniela enchem o fosso de orquestra com "água" de plástico azul – apenas por motivos sadomasoquistas, da mesma forma que o dragão. Quanto a Perseu, é um herói de muitas caras, todas elas copiadas das máscaras esquemáticas das personagens de cartuns. Daniela Thomas acentua nos figurinos a miscelânea de referências, desenhando de forma audaciosa a figura de Perseu, em certos momentos um super-homem com imenso P tatuado no peito, em outros um mártir com setas cravadas no corpo.

Fernando Gabeira, comentando o ensaio geral do espetáculo, afirma que o trabalho cênico era dos mais elaborados e que Thomas acentuara a ironia presente na reescritura do mito por Laforgue. Gabeira assinala que os cenários de Daniela Thomas constituíam o maior impacto do trabalho:

---

66. As opiniões de Rols May e Bernd Sucher foram obtidas a partir de Marco Veloso, "Críticos se Dividem sobre *Sturmspiel*", *Folha de S. Paulo*, 12.2.1990. Benjamin Henrichs publicou sua crítica em *Die Zeit*, 16.2.1990.

67. Gerhard Dressel, *op. cit.*

A ilha de Andrômeda na realidade é a cabeça dela. Uma cabeça colorida, geometricamente dividida como um quadro de Mondrian. Nesses espaços são feitas as projeções. Só pelas cores e a riqueza das imagens nesses espaços valeria uma ida ao teatro[68].

O crítico Gerhard Koch concorda com a aproximação de Gabeira, referindo-se às formas geométricas e abstratas do cenário, que lembravam Mondrian, e aos movimentos lentos semelhantes aos do teatro de Wilson. Koch também registra a perplexidade do público diante da ópera[69]. O maestro John Neschling faz observação semelhante, afirmando que os espectadores não reagiram nas cenas de humor:

> Uma coisa que não funcionou como devia: as cenas de humor. Eram ótimas, mas, talvez um pouco pressionado pela experiêcia de ver uma ópera de vanguarda, o público não riu. É possível que, nos próximos espetáculos, já comentados pela crítica, já dessacralizados, esse aspecto iconoclasta do trabalho de Gerald e Daniela seja correspondido[70].

Depois de cinco anos sem encenar textos dramáticos, Thomas volta a Beckett em *Fim de Jogo*. A peça estréia em novembro de 1990, no Teatro Nélson Rodrigues do Rio de Janeiro. Para protagonizar a metáfora niilista do dramaturgo irlandês, Thomas escolhe as atrizes Bete Coelho e Giulia Gam. Bete representa o cego e paralítico Hamm, imobilizado numa cadeira de rodas, enquanto Giulia faz seu parceiro-escravo-vítima Clov, que não consegue sentar. Magali Biff e Mário César Camargo interpretam o casal de velhos Nagg e Nell, pais de Hamm, que permanecem durante toda a peça de Beckett enfiados em latas de lixo. Na montagem de Thomas, Daniela transformou as latas em alçapões.

Hamm, imobilizado e Clov, condenado a permanecer sempre em pé, estabelecem o primeiro contraste que o texto indica, projetando uma duplicidade que alterna fala e silêncio, imobilidade e movimento, força e fraqueza, tirania e submissão. A comunicação entre os dois é sempre truncada, obstruída pelas falas vazias de Clov e pelos monólogos de Hamm. "O fim está no começo, e mesmo assim continua" é uma das intervenções mais expressivas da personagem, uma síntese do movimento repetitivo do texto A associação com o teatro, presente no jogo do título, reaparece nos nomes de Hamm,

---

68. Fernando Gabeira, "Gerald Thomas Estréia *Perseu e Andrômeda*", *Folha de S. Paulo*, 27.1.1991.
69. Gerhard Koch, "Dragões São Homens Melhores", *Frankfurter Allgemeine*, 29.1.1991.
70. John Neschling, "Cenário e Humor Ampliam Potência da Ópera *Perseu e Andrômeda*", *Folha de S. Paulo*, 28.1.1991.

A estante da biblioteca da *Trilogia Kafka*; em primeiro plano Bete Coelho como Joseph K em *Um Processo*. Foto: João Caldas. Arquivo Multimeios da Divisão de Pesquisas do Centro Cultural São Paulo (AMM).

uma variante de canastrão, e de Clov/*clown*, o palhaço triste que reforça a mistura de comicidade e tragédia sempre presente na dramaturgia de Beckett, e também no teatro deThomas.

O jogo que nunca acaba é desenvolvido entre as duas personagens como uma relação entre senhor e escravo, ou pai e filho. E indica, ao mesmo tempo, a situação implacável de dependência e o processo de decadência do ser humano, colocado o tempo todo no centro da discussão do texto. A espera da morte, ou a passagem do tempo, disfarçada em permanência, acabam transformando a peça numa partida onde o lance final parece indicar um recomeço. Clov está pronto para deixar seu parceiro, mas nunca se sabe se o monólogo final de Hamm não é dirigido, mais uma vez, ao seu auditor.

O cenário quase branco de Daniela Thomas, com as tapadeiras que lembravam fuselagem, colaborava para acentuar o clima de claustrofobia do jogo sem saída que enredava as personagens. Montes de lixo e restos de ossos humanos, os mesmos que já apareciam em *4 Vezes Beckett,* ficavam amontoados num canto do cenário. A janela indicada no texto de Beckett, por onde Clov observa o mundo, era mantida por Daniela. Mas a cenógrafa substituía a paisagem vazia por uma pequena maquete de teatro que duplicava a platéia, auxiliando o espetáculo a acentuar seu jogo fechado.

Desta vez Thomas não usava grandes inventividades cênicas, limitando-se a deixar que o texto de Beckett fosse carregado pela construção milimétrica de Bete Coelho. A crítica de Nélson de Sá ressalta esse despojamento, afirmando que

[...] o confronto em cena, o jogo, é de Bete Coelho com Gerald Thomas. A atriz faz em *Fim de Jogo* o seu espetáculo pessoal. Não se prende a rodopios, a sons guturais e efeitos de imagem. Gerald Thomas lhe deu isso de presente. Dirige pela primeira vez num plano mais contido, uma peça de encomenda para uma grande atriz[71].

De qualquer modo, isso não significava que o encenador tivesse abdicado de seu papel. Apenas desta vez o enfoque da direção caía diretamente sobre a construção da figura de Hamm, indicada nos mínimos detalhes por Bete Coelho. Quando a atriz se refere à criação da personagem, reconhece esse trabalho interpretativo como um processo realizado em parceria com Thomas. "Agora as pessoas podem percebê-lo também como ator, ainda que indiretamente"[72].

71. Nelson de Sá, "Bete Coelho Escapa de Thomas em *Fim de Jogo*", *Folha de S. Paulo*, 16.1.1991.
72. Bete Coelho em Carlos Eduardo Oliveira, "Dois Espetáculos de Thomas na Cidade", *Gazeta de Pinheiros*, São Paulo, 6.1.1991.

Macksen Luiz, um crítico que sempre acompanhou o trabalho de Thomas, também nota em *Fim de Jogo* mudanças de rumo na encenação:

> Fim de Jogo refaz o movimento de Gerald Thomas em direção a uma cena menos retórica e discursiva (as citações agora estão mais organicamente integradas à narrativa). A montagem parece ser um rito de passagem que não aponta, claramente, para nenhuma direção, mas propõe uma reavaliação do jogo teatral à luz de uma outra poética cênica. Com a poderosa ajuda de Samuel Beckett, Thomas chega perto de uma estética mais amorosa[73].

M.O.R.T.E. é o espetáculo que estréia logo em seguida a *Fim de Jogo*, no mesmo ano de 1990. Concordando com Macksen Luiz, os críticos indicam uma fase de transição no trabalho de Thomas, que fazia uma espécie de balanço de sua carreira. Daniela Thomas abolia a tela de filó que fechava a boca de cena nas outras peças, e construía uma ponte que cortava o palco de um canto a outro. A tonalidade mais clara da cenografia e a ausência da fumaça, marca registrada dos outros trabalhos, eram os sinais aparentes de um novo momento da carreira do encenador.

Em suas declarações à imprensa, por ocasião da estréia do espetáculo, Thomas afirma considerar tanto *M.O.R.T.E.* quanto *Fim de Jogo* o resultado da queda do Muro de Berlim, que volta a unificar as duas Alemanhas. Em seu teatro, ela vem representada pela quebra da quarta parede de filó, que volta a reunir palco e platéia. As preocupações com a inclusão do público no processo criativo, o desejo de uma narrativa mais linear, os dilemas e a paralisia de um criador diante das questões do teatro e da arte e a associação da trégua criativa do artista ao período de trégua política são outras pistas temáticas que Thomas indica para o espetáculo.

O trabalho passa por um processo constante de modificações, desde sua estréia em novembro de 1990 no Teatro Nélson Rodrigues do Rio de Janeiro. A primeira fase das apresentações se encerra em meados de 91, com a temporada de Porto Alegre. Mas no segundo semestre do mesmo ano, *M.O.R.T.E. 2* reestréia no Festival de Taormina, na Sicília, com o título indicando a quantidade de modificações que sofreu. Alguns críticos italianos, como parece ser praxe nas apresentações européias, procuram associar certas características do espetáculo a outros tantos clichês do que consideram a "brasilidade" de Thomas. É o caso de Domenico Danzuso, do jornal *La Sicilia*, que levanta a absurda hipótese de *M.O.R.T.E.* ser "uma variante experimental da clássica telenovela brasileira", en-

---

73. Macksen Luiz, "O Diálogo com a Solidão", *Jornal do Brasil*, Rio de Janeiro, 12.11.1990.

quanto o jornal *La Repubblica*, de Roma, depois de falar da semelhança das imagens com a pintura de Goya e da influência de Joyce e Beckett, encerra o artigo afirmando:

> Há em cena citações de Kasimir Malevitch, pai do suprematismo russo. E contaminações que vão de Wagner, Sibelius e samba brasileiro até os rituais de macumba, até o extremo do irracionalismo latino-americano, oposto ao racionalismo conceitual da Europa...[74]

Não deixa de ser irônico que um diretor que no país, não poucas vezes, foi taxado de "colonizador" ou "alemão", tenha seu trabalho associado a traços considerados brasileiros.

Depois da Itália, o elenco da Ópera Seca segue para apresentações em Zurique e retorna ao Brasil, fazendo temporada em Salvador, Belo Horizonte e Brasília. Antes da estréia em Salvador, Bete Coelho deixa a Companhia de Ópera Seca.

## ESTÉTICA SEM AGONIA

Depois de *M.O.R.T.E.*, o próximo espetáculo de Thomas é *The Flash and Crash Days*. As primeiras informações sobre a peça falam de um roteiro baseado em Wagner. O diretor teria se inspirado nas duas últimas óperas da tetralogia *O Anel dos Nibelungos*, *Siegfried* e *O Crepúsculo dos Deuses*. Como em Wagner, o espetáculo trataria de conquista e destruição, e apresentaria uma série de conflitos entre duas personalidades femininas, talvez inspiradas na relação de Brunhilde e Gutrune. Thomas trabalha com Fernanda Montenegro e Fernanda Torres, mãe e filha.

O projeto de dirigir Fernanda Montenegro vinha de longe, de um encontro entre diretor e atriz promovido por Iacov Sarkovas, da Artecultura, produtora de *Eletra com Creta*, da *Trilogia Kafka* e de *Carmem com Filtro 2*. O convite a Fernanda Torres veio depois, mas alterou de maneira sensível o trabalho de Thomas. A comicidade e criatividade da atriz encaminharam o espetáculo para um resultado que o encenador não previa.

Em relação às modificações sofridas pelo espetáculo durante os ensaios, Thomas afirma:

> Eu não sou um ser humano estático. Não poderia ficar imune à presença destas duas. A Fernandona, entre os atores mais jovens e mais velhos com quem já trabalhei, é a que traz maior disponibilidade para o processo. É mergulhadora e ta-

---

74. Domenico Danzuso, "Quando *Morte* è follia", *La Sicilia*, Taormina, 19.8.1991; "Una *M.O.R.T.E.* da vedere", *La Repubblica*, Roma, 17.8.1991.

lentosa. Antes de eu completar uma frase ela já o fez e é impressionante a vivência empírica de palco que ela tem. Quanto à Fernandinha, eu não esperava nada dela. Foi uma gratíssima surpresa. [...] Só a convidei porque ela era filha da Fernanda e eu queria brincar com essa referência. [...] Ela inicialmente iria fazer apenas uma participação, mas cresceu tanto que, quarenta e cinco dias atrás, eu reescrevi tudo. [...] Agora o espetáculo é cincoenta por cento de uma, cincoenta por cento da outra[75].

Fernanda Montenegro devolvia o elogio ao encenador, em entrevista à época da estréia, afirmando:

> É um teste de interpretação, de som, de cor. É uma regência muito bonita do Gerald. Tem de ser visto como um concerto[76].

Flash and Crash era um percurso feito de pequenas explosões que tornavam a relação das mulheres assustadora. Quase sem texto, o que oferecia ao público era o roteiro visual de uma luta que opunha duas mulheres e duas idades diferentes. Ou a mesma mulher em duas épocas diferentes da vida. O enredo, enquanto narrativa coreográfica, era a luta em que as mulheres tentavam, a qualquer custo, livrar-se uma da outra, ao mesmo tempo que necessitavam da relação para afirmar sua existência especular, feita de atos de atração e rejeição. A aparência quase aleatória da seqüência permitia que o espectador começasse a ver a luta de qualquer ponto. Sobre esse confronto recorrente, Bárbara Heliodora observa que, apesar da forte presença wagneriana na trilha sonora, a referência maior do espetáculo era Samuel Beckett, "seja pelo confinamento implacável das personagens, seja pela força concreta das ações cênicas"[77].

A referência inicial a Wagner permaneceu na trilha sonora, que mesclava trechos de suas óperas a composições de Górecki e Philip Glass, parceiro constante de Thomas, e também a *Solitude*, cantada por Billie Holliday, numa belíssima cena em que Fernanda Montenegro misturava a melodia a estalos de língua.

Thomas mudou, mas ainda estavam no espetáculo a fumaça, os crescendos da música com alto impacto emocional e a luta intransitiva das duas personagens, que não conduzia a nenhum resultado, a não ser a reiteração da situação inicial. As duas "Elas" terminavam a luta reiniciando o jogo de cartas que já haviam disputado no meio da peça.

---

75. Gerald Thomas em Sérgio Melgaço, "Um Vencedor no País dos Perdedores", *Tribuna da Imprensa – Tribuna BIS*, 8.11.1991.
76. Fernanda Montenegro em Silvana Mascagna, "Um Duelo Amoroso em Cena", *City News*, São Paulo, 12.1.1992.
77. Bárbara Heliodora, "Conflitos Experimentais", *O Globo*, Rio de Janeiro, 11.11.1991.

A palavra ganhava maior significado no espetáculo quando o narrador interferia em *off,* já na primeira cena, comentando em primeira pessoa a morte de uma mulher, que teria ocorrido em primeiro de julho de 1954 (data do aniversário de Thomas):

> De repente eu já não estava mais ali. Esse... Esse eu... Esse... Esse eu, que havia transcendido os limites daquele quarto era só... Era só um corpo morto. E eu... Eu... Me via transformado nela. Nela. E, portanto, esse furacão, do qual falavam... Meu Deus. Eu... Eu a via chegando. E, no entanto... Eu...[78]

A última frase precedia a entrada de Fernanda Montenegro no palco com uma flecha atravessada na garganta, vestida com uma capa de plástico vermelho, botas e um figurino roxo.

Comentando a interferência da voz narrativa nesta cena de *Flash and Crash*, Flora Sussekind afirma que ela parece funcionar como reflexão sobre o processo de criação da personagem, onde o narrador, um "sujeito só voz", materializa-se na figura "só corpo" representada por Fernanda Montenegro. " 'Ela' está em minha voz e grita! o trecho tirado do *Héautontimorouménos* baudelariano quase podendo servir de legenda a essa primeira aparição de 'Ela' "[79].

Thomas aproveitava as possibilidades que Fernanda Montenegro e Fernanda Torres lhe ofereciam. Era impossível dissociar *Flash and Crash* do significado que as duas atrizes tinham para o público, representando duas gerações do teatro brasileiro e, mais que isso, mãe e filha atrizes, reunidas pela primeira vez no palco. É o que Jefferson Del Rios observa em sua crítica do espetáculo:

> Uma corrente emocional passa do palco para a platéia, que aplaude ao mesmo tempo uma cena familiar e histórica. É um fato simbólico para o universo artístico brasileiro. São décadas do melhor teatro nacional que se juntam e continuam[80].

O inevitável papel que a biografia e o teatro jogavam no palco representava um acréscimo de significação para o espectador, impossível de identificar exatamente, mas que agia como potencializador do conflito. Mãe e filha se opunham no jogo do teatro como atrizes e parentes. Quando as duas representavam a sucessão de mortes e nascimentos, repetiam o movimento original que, o espectador sabia, desde o princípio as unira.

---

78. Gerald Thomas, roteiro de *The Flash and Crash Days*, 1991.
79. Flora Sussekind, "A Imaginação Monológica", *Revista USP*, (14): 49, junho de 1992.
80. Jefferson Del Rios, "Feiticeiras Batalham em Fúria", *O Estado de S. Paulo*, 11.1.1992.

A sucessão de vida e morte não poderia encontrar protagonistas mais exemplares. O matricídio e o parto estavam figurados nas disjunções corporais, na cena da masturbação da filha comandada pela mãe, na relação sexual de mãe e filha, na vingança de uma, repetida com maior crueldade pela outra, que se movimentava na dança sádica de oferecimento e negação do copo de água para a sede da mãe. Do mesmo modo, "Ela" (Fernanda Montenegro) arrancava a cabeça de "Ela jovem" (Fernanda Torres), separando-a do corpo, e começava um jogo de bola macabro com os dois auxiliares da luta – Luiz Damasceno e Lourival Campos, de terno negro e asas de anjo à Win Wenders. A agressão era repetida, ainda com maior crueza, na cena em que "Ela jovem" arrancava e comia o coração da outra, uma imagem que nem é necessário comentar. Todas essas construções funcionavam como prenúncios da imagem final do espetáculo, fortíssima, quando um olho era atirado de um lado para o outro do palco. O instinto, a vingança e o complexo viravam lances de um jogo de cartas, um drama arquetípico que se transformava em "psicocomédia", como observou Marcelo Coelho em sua crítica do espetáculo, referindo-se, logo em seguida, a outro aspecto do trabalho:

> Mais que um conflito entre mãe e filha, temos um conflito entre o velho e o novo. Entre a vanguarda e a tradição, entre a originalidade de uma obra de arte e a dependência que esta sempre manifesta com relação às que a antecederam[81].

O combate das personagens acontecia também como luta de estilos. Fernanda Torres criava a jovem "Ela" com extrema mobilidade corporal e coreografias agitadas, enquanto a "Ela" de Fernanda Montenegro tinha cenas mais contidas, centradas em expressões faciais e nas poucas intervenções sonoras, hilariantes. Na opinião de Macksen Luiz, Fernanda Montenegro, apesar da extrema competência, não se integrou à forma de interpretação requerida por Thomas, onde as personagens são substituídas por formas dramáticas estilhaçadas, imagens e sensações. Já Fernanda Torres, amparada num trabalho corporal requintado, "está sintonizada com uma intensidade dramática que é quase um espasmo. Sua interpretação desenha a abstração das imagens e das emoções de um jogo de vida e morte"[82].

No espetáculo, o encenador escancarava, pela primeira vez, o *grand-guignol* que já ensaiava nas outras peças, mas que ainda não

---

81. Marcelo Coelho, "Thomas Encena a Luta entre o Velho e o Novo", *Folha de S. Paulo*, 13.11.1991.
82. Macksen Luiz, "Os Estilhaços da Modernidade", *Jornal do Brasil*, Rio de Janeiro, 12.11.1991.

havia colocado como eixo de construção estética. As torturas variadas, os assassinatos, as mutilações, o gosto pelo sangue, todos eram espalhados sem economia pelos noventa minutos de luta. Thomas levava esse procedimento aos limites do suportável, fazendo questão de exibir com crueza as disjunções que desejava mostrar. A cena da mastigação do coração era feita em cima de um pequeno vulcão no centro do palco, que alegorizava a relação das duas "Elas", e onde Fernanda Torres não economizava exagero nem sangue esparramado pela boca, rosto e corpo, enquanto triturava com visível prazer o bolo de carne crua e espirrava os restos do banquete pelo palco.

Além de criar o vulcão cenográfico, Daniela Thomas rodeava o palco com portas de vidro transparentes, que permitiam ver a silhueta de edifícios construídos em maquete fora desse cômodo, talvez um *skyline* de Nova York que, pela amplitude que sugeria, funcionava como recurso de fechamento adicional desta cena de claustrofobia.

The Flash and Crash Days fez temporada em Nova York em julho de 92, onde participou do *Serious Fun!* Festival, no Lincoln Center, e também em Hamburgo, Lausanne, Colônia e Copenhagen. Nas apresentações européias, mais uma vez a imprensa procurou destacar os elementos "brasileiros" da montagem, referindo-se ao humor macabro, ao exagero e ao cinismo. Segundo o autor de uma entrevista com Thomas, publicada no *Maerkische Allgemeine*, "[...] é difícil imaginar que esta peça seja escrita em Nova York ou em Hamburgo, e por alguém que não tem nada a ver com o Brasil". A resposta de Gerald é muito simples – "Isto você diz como alemão. Na crítica brasileira eu sou o europeu"[83].

O próximo espetáculo de Thomas estréia em Hamburgo em 1992. Em *Saints and Clowns* o encenador tenta uma analogia entre a queda de Gorbatchev e a subida de Yeltsin ao poder, compondo uma metáfora do que aconteceu no mundo depois do fim do império soviético e dos recentes acontecimentos sangrentos do Leste europeu. Gorbatchev era representado por Fernanda Torres, que embora só falasse com intermediação da gravação, tinha um discurso de quinze minutos no início do espetáculo, em *off*, que dublava em cena. Gerald comenta o roteiro inicial do espetáculo:

> Começa com a Nanda fazendo uma palestra, com luz acesa, inclusive da platéia. É bem anti-Gerald Thomas. O texto, sem que a platéia saiba, é o último *speech* que o Gorbachev deu. É o fim de uma era, uma coisa que poderia ser extremamente sangüinária, porque começou sangüinária, mas acaba de forma semântica, com uma

---

83. Gerald Thomas em entrevista ao *Maerkische Allgemeine*, Hamburgo, 4.7.1992.

renovação quase que de linguagem. [...] Vai subindo tudo de volume, música, texto, os sons guturais. Ela cai, segura a cabeça, fica histérica. Tudo culmina num berro e num som altíssimo. E a parede de trás cai. Você nota uma pessoa que está marretando buracos. Quando a parede já está caída e tudo, essa pessoa é um homem das cavernas, com aquela roupa de oncinha e tacape na mão. [...] O homem pré-histórico pega a Nanda pelos cabelos e joga para dentro. Aí começa toda uma discussão com o operador de som, que o pré-histórico nunca ouviu antes. E aí começa uma brincadeira entre tempos[84].

As figuras de outros espetáculos retornavam em *Saints and Clowns*. Havia o troglodita pré-histórico a que Thomas se refere, um detetive inspirado em Monsieur Hulot, de Jacques Tati, um burocrata que deveria ser uma mistura de Saddam Hussein com o Coronel Kadhafi e, finalmente, um certo Sam, dividido em dois. No palco, a personagem era representada por Luiz Damasceno, de forma violenta mas com toques chaplinianos. Fora de cena, era apresentado pela voz em *off* de Thomas. Segundo Nelson de Sá, que assistiu ao espetáculo em Hamburgo, "o diretor-autor [...] está mais ator do que nunca. Só falta vestir o figurino e ficar de uma vez por todas no palco"[85].

O Império das Meias Verdades foi a primeira montagem depois do que Thomas considerou o fracasso de *Saints and Clowns*, apresentada apenas na Europa. Estreou no Rio de Janeiro, no princípio de março de 93, seguindo para apresentações no Festival de Curitiba e depois para São Paulo. O trabalho passou por reformulações constantes, que incluíram o aumento da cena inicial, o módulo cômico já presente em *Flash and Crash Days*. Quando estreou em São Paulo, a cena tinha o dobro de duração da mesma seqüência no Rio. Enquanto nos outros espetáculos as mudanças aconteciam paulatinamente, desta vez os episódios eram criados diariamente pelo encenador, durante os ensaios à tarde, para as apresentações noturnas. No caso do espetáculo apresentado em São Paulo, por exemplo, as mudanças em relação a Curitiba totalizavam quarenta e oito minutos. Como se vê, praticamente uma nova peça, ou mais da metade dela. Daí as "meias verdades" do título, que exibiam a vulnerabilidade do artista criando sua obra no confronto com o espectador.

A peça misturava, mais uma vez, todas as referências do universo pessoal de Thomas. Na primeira seqüência, a cabeça de Eva era oferecida como banquete ao demônio, que comia, civilizadamente, pequenos pedaços cortados da vítima. Adão (Edilson Botelho) e Eva (Fernanda Torres), os dois protagonistas / antagonistas, permi-

---

84. Gerald Thomas em "*Flash and Crash* Vai a Festival em Nova York", *Folha de S. Paulo*, 10.6.1992.
85. Nelson de Sá, "Thomas Tropeça e Leva Vaia", *Folha de S. Paulo*, 3.9.1992.

tiam que o encenador traçasse um quadro assustador das relações entre os sexos. O conflito homem / mulher se expressava através desse mítico casal bíblico e o desfecho, depois de muita luta, era a relação sexual que unia os dois. Segundo Otávio Frias Filho, o

[...] momento em que Adão é curado da impotência e enfim se habilita ao ato sexual parece conter uma imagem do artista que luta para vencer a incapacidade de se expressar, imagem tanto mais plausível quando se recorda que a obra de arte, assim como o ato reprodutivo, são gestos em direção à imortalidade[86].

Thomas define desta maneira um resumo do espetáculo:

O espectador está voltando para casa e numa esquina escura vê um sujeito no chão, sangrando, e um outro em cima, parece que acudindo, mas com um instrumento metálico na mão. Esse espectador resolve ver a cena de perto. A pessoa podia estar acudindo ou mesmo assassinando a outra. Só que não havia sinal de violência. O espectador volta aterrorizado para casa e passa dias e dias andando em círculos. No quarto dia, resolve checar o mistério e volta à cena do crime. Acha um livro aberto, no qual há o nome do autor: Adão. O livro tem anotado, nas páginas ímpares, poesias; nas pares, interrupções. É um diário. Adão descreve o pavor que tem do sétimo dia, que classifica como aquele em que sente a ausência de Deus. O espectador percebe que, a partir do sexto dia, o diário não vem mais assinado por Adão, e sim por Eva. Por seis dias, tenta desvendar o mistério. O espectador resolve então abandonar o barco e descansar. É aí que a história toma um rumo abismal[87].

O espetáculo era formado por duas metades distintas. Na primeira, quando a cabeça de Eva era servida em banquete, a comicidade era mais evidente. Acontecia especialmente através de Fernanda Torres, que permanecia o tempo todo com a cabeça posta na bandeja e o corpo escondido debaixo da mesa. A atriz misturava em suas falas comentários engraçados sobre a situação em que se encontrava, bastante difícil. A interpretação bem-humorada, cômica, ágil como um improviso, se concentrava no rosto da atriz, extremamente expressivo. Com os olhos arregalados ela acompanhava de um lado para o outro o movimento dos atores em torno da mesa, enquanto reprovava, com trejeitos de boca, as garfadas que o Demo infligia em sua cabeça.

A segunda parte da peça tinha mais semelhança com os outros espetáculos de Thomas. A música voltava a acompanhar os movimentos – na primeira parte quase não havia interferência musical –, as imagens oníricas se formavam, a iluminação levava a luta de Adão e Eva para um espaço atemporal, quase mítico, quase místico

---

86. Otávio Frias Filho, "Thomas Encontra a Esfinge da Narrativa", *Folha de S. Paulo*, 22.2.1994.
87. Gerald Thomas em Plínio Fraga, "Gerald Thomas Estréia Hoje no Rio o *Império das Meias Verdades*", *Folha de S. Paulo*, 19.3.1993.

em certas passagens bonitas, como aquela em que Thomas reproduzia, em Adão, o gesto do *Julgamento Final* de Michelângelo na Capela Sistina.

É interessante observar que a comicidade da primeira seqüência pontuava a segunda, mas o traçado onírico desta não interferia naquela. O resultado dessa cisão era a convivência de dois espetáculos num só. A Eva / porquinho comida pelo Demo (Damasceno) na primeira parte tinha pouca ou nenhuma relação com a Eva mítica da segunda. O prólogo cômico não conseguia igualar-se ao grotesco de outros espetáculos de Thomas, e se mantinha numa região indefinida, no geral mais próxima da farsa. A ausência da música, que nos outros espetáculos carregava as imagens de força emotiva, provocava certo distanciamento crítico no espectador, que ficava mais à vontade para observar os defeitos da composição. Era inevitável notar, por exemplo, que o humor muitas vezes resvalava para o banal e que os atores caíam, com freqüência, na graça fácil da comédia pastelão, buscando o riso do público através das previsíveis quedas imprevistas, dos encontrões planejados e da mímica convencional. A admiração de Thomas pelo grupo Monthy Phyton encontrava aí sua melhor tradução.

O Império das Meias Verdades é a primeira peça de Thomas em que Daniela não é responsável pelos cenários. Na ficha técnica, sua colaboração aparece na dramaturgia. Desta vez concebido pelo próprio Thomas, o cenário era formado por tapadeiras móveis que deslizavam pelo palco como páginas viradas de um livro, levando e trazendo imagens e personagens.

No próximo espetáculo Thomas faz mais um movimento em direção à comicidade anunciada em *The Flash and Crash Days* e desenvolvida no *Império das Meias Verdades*. *Unglauber* estréia em fevereiro de 1994 e forma com as duas peças anteriores a trilogia da *B.E.S.T.A. – Beatificação da Estética Sem Tanta Agonia*.

Em *Unglauber* o palco continuava sem a tela de filó e o humor assumia um espaço ainda maior. O cenário indefinido usava elementos que poderiam sugerir uma cozinha, mas era arrematado, no alto, pela asa de um avião, onde o artista nu (Edilson Botelho) jazia morto durante metade da peça. Numa belíssima cena, o ator se levantava em câmera lenta, acompanhado pela música de Wagner, descia até o proscênio e descascava uma cebola para chorar autênticas lágrimas teatrais.

Um cozinheiro (Luiz Damasceno), uma mulher (Vera Zimmermann), um militar (Ludoval Campos), um religioso que permanecia amordaçado e amarrado durante quase todo o espetáculo, até que se descobrisse, quase ao final, que ele não era padre, mas madre (quando era objeto de estupro, repetido várias vezes), todos praticavam ou eram submetidos a mutilações. O que acentuava o tom de *grand-guignol* que tomava conta dos trabalhos do encenador, especialmente a partir de *Flash and Crash Days*.

As curras, masturbações, mutilações e canibalismos – o general comia, com sal e pimenta, fatias da mulher morta – caminhavam ao lado do texto verborrágico, diretamente falado pelos atores ou reproduzido em gravações que se referiam aos dilemas do ator, aos limites do jogo teatral e às propostas da arte engajada – "Como era fácil ter o que dizer... era só fazer acusações ao imperialismo", dizia uma das personagens.

Sobre *Unglauber*, Gerald comentava:

> Estou trabalhando num outro vocabulário, sem deixar de ser eu. Minha geração viveu um período de fragmentação e não consegue mais contar uma história. Queria comprimir muita informação em duas horas. Estou buscando a popularidade e a linearidade.É a vontade de trair uma coisa que já é esperada de mim – aquela fuga do coloquial e os cortes abruptos da ópera. [...] Quero no palco uma ação linear, sem cortes e cheia de situações inusitadas e cômicas[88].

Realmente, apesar dos fragmentos, desta vez o espetáculo ensaiava um enredo mais linear. Encenador e atores discutiam à sombra do artista que permanecia deitado sobre a asa de avião, enquanto o texto tematizava a incapacidade de acreditar ou repetir a crença que sustentou Glauber Rocha e a geração que o cineasta representou. A *Besta* do título da trilogia, ao mesmo tempo que beatificava a estética, procurava fazê-lo sem agonia, numa referência à tentativa de abandonar o clima mais pesado que dominava os espetáculos anteriores e que, de fato, aparecia agora diluído pelas cenas mais cômicas.

Em crítica do espetáculo, Otávio Frias Filho afirma que em *Unglauber* o que aparece de forma mais evidente é o problema da narrativa. Acredita que os trabalhos de Thomas têm uma história inicial, que é, no entanto, desconstruída para aparecer no palco.

> Suas peças têm, é incrível, uma espécie de "história" – pelos menos o autor é capaz de discorrer eloqüentemente sobre ela. O enredo, porém, só está pronto para aparecer em público depois de triturado na associação caprichosa de signos, oculto sob uma avalanche de paródias e citações, literalmente afogado em fumaça, luz e música[89].

Em *Unglauber*, segundo Frias, "há menos vergonha narrativa", e por isso os monólogos se expandem mais. E, pode-se acrescentar,

---

88. Gerald Thomas em Luís Antonio Giron, "Thomas 2 Quer Ser *Pop* e Trair Thomas 1", *Folha de S. Paulo*, 7.1.1994.
89. Otávio Frias Filho, "Thomas Encontra a Esfinge da Narrativa", *Folha de S. Paulo*, 27.2.1994.

dominam todo o espetáculo. Ainda segundo o crítico, o nome da peça, uma referência a Glauber Rocha, indicaria o destruidor da linguagem lógico formal do cinema brasileiro, além de jogar com as questões de crença e descrença de uma geração que se sente incapaz de contar uma história.

Thomas concorda com o crítico, quando afirma que pertence a uma geração descrente das grandes narrativas.

> Eu venho de uma geração que já recebeu com cinismo e reclamação os aspectos de mudança que haviam sido a luta da geração anterior. [...] Venho de uma geração de un-Glaubers...[90]

---

90. Gerald Thomas, "Minha Máscara Caiu na Esquina", *Folha de S. Paulo*, 31.10.1993.

# O Espaço em Cena

Ari Lago (Abril Imagens)

*MATTOGROSSO*
Companhia de Ópera Seca

*Situação, criação e direção*: Gerald Thomas

*Música*: Philip Glass

*Cenários e figurinos*: Daniela Thomas

*Iluminação*: Gerald Thomas e Wagner Pinto

*Regente*: Michael Riesman

*Elenco*: Luiz Damasceno, Oswaldo Barreto, Marcos Barreto, Magali Biff, Edilson Botelho, Zacharias Goulart, Domingos Varela, Cristiana Duarte

*Atores convidados*: Richard Bach, Aba Kfouri, Lou Grimaldi, Lena Brito, Esther Linley

*Grande elenco*: Elisa Poppe, Antonio Mello, Beatriz Filippo, Carl Alexander, Claudio Soares, Cristina Amadeo, Eduardo Mamberti, Emmanuel Marinho, Gedivan de Albuquerque, Geórgia Goldfarb, Hiran Costa Jr., Isabella Parkinson, Jaqueline Speandio, Johana Albuquerque, Jonas Dalbecchi, Lídia Maria Pia, Luis Carlos Vasconcelos, Luzia Mayer, Marco Antonio Palmeira, Mauricio da Silva, Patricia Nidermeier, Paula Feitosa, Reynaldo Otero, Rogério Freitas, Ricardo Venancio, Sarah Navarro, Shulamith Yaari, Zuila Bueno

*Coordenador de palco*: Michael Blanco

*Diretor técnico*: José Luis Joels

*Assistente de direção*: Richard Bach

*Efeitos especiais*: Christian Weiskircher

*Assistente de iluminação*: Sidney Rosa

*Assistentes de cenografia*: Carla Caffé e Marcello Larrea

*Cenotécnico*: Humberto Antero da Silva

*Pintura e objetos de cena*: Juvenal Santos

*Figurinista assistente*: Yamê Reis

*Assistente de figurino*: Marcelo Pies

*Coordenação de produto*: Paulo Barroso

*Diretor de cena*: Domingos Varela

*Coordenação de orquestra*: Paschoal Perrota

*Maestro preparador*: Jacques Morelenbaum

# O Espaço em Cena:
Mattogrosso

O palco do teatro Municipal de São Paulo está dividido, em relação à profundidade, em quatro corredores que ocupam toda a sua extensão. Com largura uniforme, eles apresentam pequenos desníveis entre si e estão separados por telas de filó, que estabelecem quatro espaços de ação não comunicáveis através do lugar cênico. Para passar de um a outro corredor os atores têm que sair do palco, fazendo nova entrada pelas coxias. A divisão resulta numa repartição em quatro espaços paralelos, isolados por telas transparentes.

O solo dos corredores está totalmente pavimentado com caixas de madeira retangulares, justapostas e preenchidas com materiais diversos: areia, vários tipos de terra, cascalho, paralelepípedos, estopa, água. Os materiais, especialmente a pedra, a terra e a água, compõem quase um arquivo geológico que fragmenta a unidade da construção espacial.

Ao mesmo tempo em que fragmentam o espaço pela heterogeneidade de seu conteúdo, as caixas quadriculam o palco de forma geométrica, sugerindo uma grelha que aprisiona a cena numa ordenação cartesiana, obviamente concebida *a priori* e dotada de sentido. Da proporcionalidade das caixas justapostas depende a diagramação eficiente da cena bem como a organização similar, em largura e amplitude, dos quatro corredores que se sucedem até a parede do fundo.

A justaposição das caixas no palco sugere, portanto, uma dupla leitura. De um lado, a adição de fragmentos diversos, resultante do conteúdo heterogêneo das caixas, aparenta uma reunião aleatória de elementos naturais colhidos ao acaso, a partir de critérios fortuitos. De outro lado, a divisão rigorosa do espaço em células iguais, proporcionais e eqüidistantes, denuncia um princípio ordenador rígido, onde o dado aleatório é reduzido ao mínimo. A heterogeneidade dos elementos naturais aparece encapsulada no espaço seguro da caixa de madeira. Uniformizadas a partir do signo teatral da caixa, água, terra e pedra adquirem peso e medida iguais, compartilhando do mesmo estatuto cênico[1].

O último corredor ao fundo do palco, o quarto a partir da boca de cena, diferencia-se dos demais pela ambientação de elementos fixos, estruturas semelhantes a rochedos ou montanhas escarpadas que se erguem à esquerda e à direita da cena, também plantadas sobre caixas, proporcionais à sua dimensão[2]. Uma lua, projetada pelo foco circular de um refletor, brilha atrás da montanha da esquerda. A seu lado, uma torre de observatório quase alcança os urdimentos. Os elementos montanha e lua, como imagem de fundo, sugerem uma paisagem, atuando como um fundo de natureza para as cenas / corredores vazios à sua frente. O observatório, ao contrário, funciona como nota destoante nesse painel.

A divisão do lugar cênico evidentemente impõe algumas restrições à ocupação. Não é possível, por exemplo, passar de um corredor a outro através do palco, pois as telas isolam os espaços paralelos transformando-os em passarelas longas e relativamente estreitas. Além do mais, o último corredor está parcialmente ocupado por praticáveis – os rochedos e as montanhas –, o que vai restringir o seu tipo de ocupação e diferenciá-lo dos demais.

A principal resultante dessa clivagem é um espaço vazio, onde as telas apenas demarcam possibilidades de utilização. O que se apresenta ao espectador é um deserto de corredores despovoados que se oferece como um espaço / partitura a ser preenchido pela encenação. No desenrolar do espetáculo, esse sistema de base, princípio estrutural de organização do espaço, será transformado graças à interferência de três elementos fundamentais.

1. Em entrevista realizada por mim em 19 de julho de 1994, Daniela Thomas afirma que, para a criação das caixas de *Mattogrosso*, foi influenciada pelo Museu de História Natural de Viena. A cenógrafa se maravilhou com a catalogação de todos os tipos de terra do planeta, guardados nas pequenas estantes de vidro do museu. A ordenação e o cartesianismo que presidiam à reunião e catalogação das amostragens de terra, ao mesmo tempo em que a fascinavam, pareciam um contra-senso, pois colocavam a natureza, que é fluxo, e vive do movimento e da mudança, aprisionada e encerrada em estantes de museu.

2. Nos croquis de Daniela Thomas, a montanha da direita recebia o nome de "Pedra Bolacha" enquanto a da esquerda era a "Serra da Manteiga".

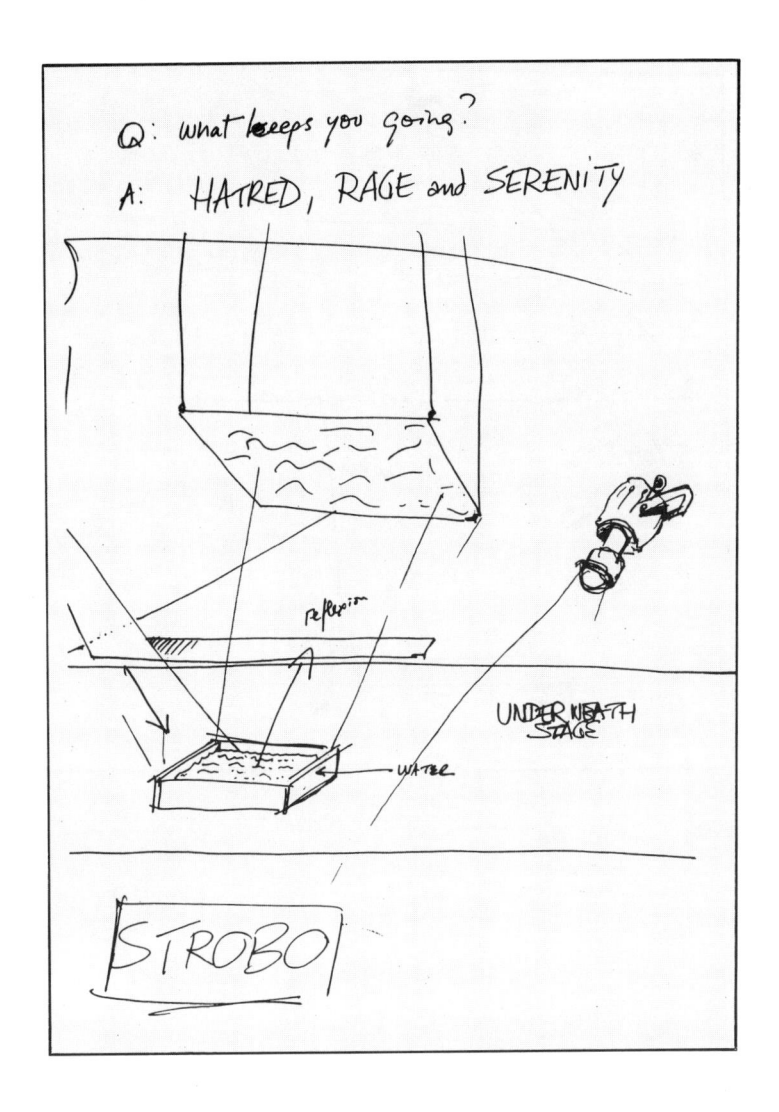

Indicação de luz refletindo numa caixa do cenário (caderno de direção).

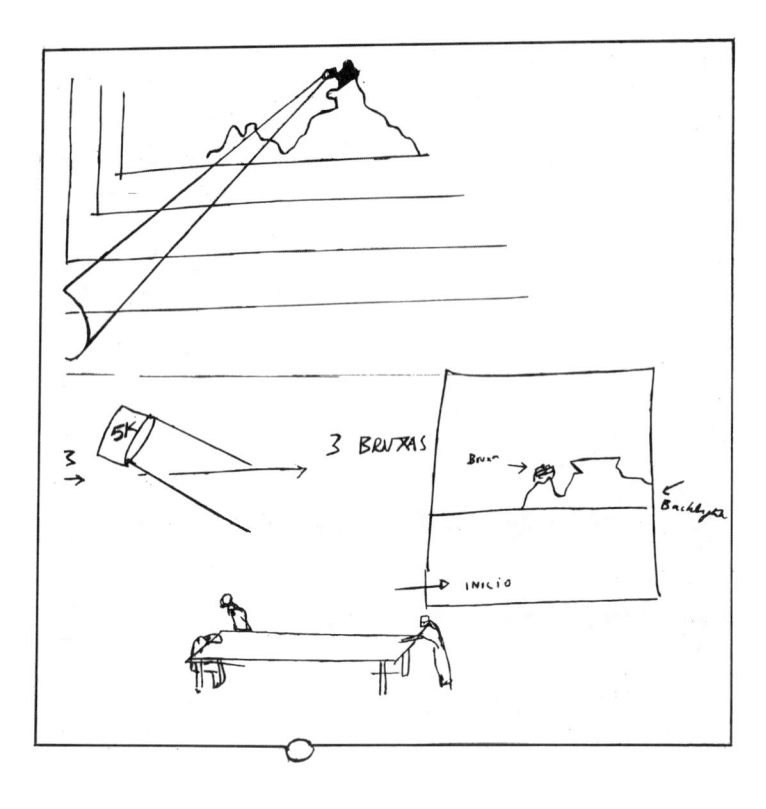

Desenho do caderno de direção com as bruxas ao fundo e a mesa em primeiro plano; ao lado: execução da cena no espetáculo. Foto: Ari Lago (Abril Imagens).

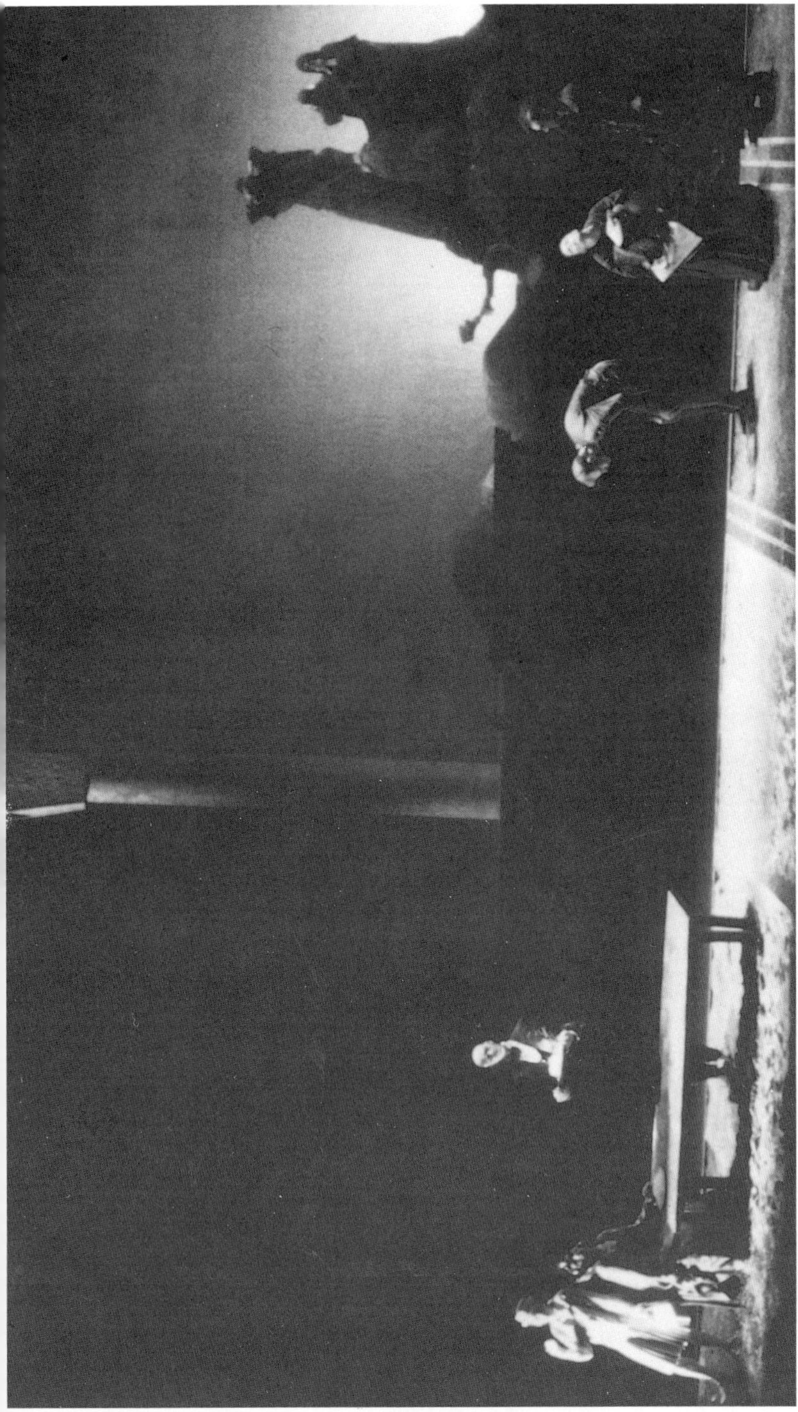

O primeiro desses elementos é a iluminação, dado essencial para a construção de um espaço móvel, que muda de qualidade e disposição conforme a necessidade das cenas. A outra interferência se faz através dos corpos dos atores, pois sua movimentação, localização e deslocamento acabam criando um espaço de formações esculturais ou picturais em movimento, que configura um espaço gestual[3]. O terceiro elemento a provocar alterações na estrutura do espaço é o objeto, ligado diretamente ao espaço e sua estruturação, ou manipulado pelas personagens.

Diversos objetos, aí incluídos acessórios e elementos cênicos, alternam-se no palco durante o espetáculo, interferindo em determinadas cenas para serem descartados em seguida: três elementos que imitam carcaças de bois esquartejados, um gigantesco pórtico formado por duas colunas gregas, vários guarda-chuvas pretos, um regador, dois tronos pretos, uma estrutura alta e retangular que reproduz um muro de concreto, outra estrutura que indica, em menor escala, o muro com um observatório ao fundo, um gigantesco casco de navio, dois cascos de canoa, três mesas de pés deslocáveis, três cadeiras, três bandejas, três pratos, uma caveira, um globo terrestre, um balanço, uma corda, uma pedra brilhante em forma de pepita de ouro, uma tigela de macarrão, um bastão longo, três bastões curtos.

Da intersecção desses três elementos – atores, luz e objetos – resultam as alterações fundamentais do espaço cênico. A mudança espacial operada pela luz, sobreposta à espacialidade das figuras que se movimentam em cena e à interferência dos objetos, desenha um espaço cênico múltiplo, que muda de conformação durante os oitenta minutos de duração do espetáculo.

## SEQÜÊNCIA ESPACIAL

*Mattogrosso* começa em silêncio. Silhueta de observatório e montanhas construídas ao fundo, com uma mulher sentada no topo de uma delas. Dois objetos, em forma de carcaças de boi, pendem dos urdimentos à direita. Luz sépia projetada atrás das montanhas produz o efeito de uma enevoada penumbra escura. Círculo de lua

---

3. Anne Ubersfeld define o espaço esculpido pelos corpos dos atores. Segundo a autora, o movimento e a dança podem ser essenciais para a construção do espaço nos tipos de teatro em que o sentido é mostrado através da relação dos corpos entre si e deles com o lugar cênico. As principais atividades dos corpos no espaço são a circulação, o jogo puro (a dança), a figuração das relações interpessoais e a mímese de atividades extrateatrais. "L'espace théâtral et son scénographe", em *L'école du spectateur*, Paris, Éditions Sociales, 1981, pp. 78 e ss.

iluminada por refletor atrás da montanha da esquerda. Ruído de vento forte.

À esquerda do primeiro corredor está uma mesa retangular de madeira, bastante longa. Numa cadeira à esquerda da mesa está sentada uma mulher, vestida em trajes elisabetanos. Atrás da mesa, em pé, um homem alto e calvo segura uma bandeja com uma pedra brilhante. Postura cerimoniosa, veste casaca preta adornada com retalhos puídos de tela, que lhe dão a aparência de um envelhecido mordomo (Marcos Barreto/Mordomo). Em pé, à esquerda da mesa, está outra mulher vestindo *tailleur* contemporâneo, que se mantém numa postura congelada, como se estivesse retida no meio de um passo (Esther Linley/Rainha Elizabeth). Outro homem, de óculos, alto, loiro e magro, pele emaciada, está em pé à direita da mesa, vestindo calça e camisa puídas, ambas cor de terra, e um vistoso robe vermelho (Richard Bach/Ernst Matto). Lê um livro de capa preta. Sentado no chão, à direita da mesa, outro homem vestido de negro e com capa cinzenta (Edilson Botelho) olha uma mulher de cabelos curtos e eriçados, capa marrom até os pés, que entra pela direita, de perfil para o público e de costas para o homem, apontando com a mão esquerda para o segundo corredor, fracamente iluminado (Magali Biff). Com postura encurvada e gestos lentos tira a capa vermelha das costas do homem e também o livro de suas mãos. Ele se abaixa como se sofresse um golpe terrível. As carcaças sobem para o urdimento. A luz do último corredor se apaga, ocultando as montanhas.

Entra voz gravada de Gerald Thomas, em *off*:

– Se ao menos sua autorização inteligível. Inteligível. Este senhor é o Friedrich Ernst Matto.

A mulher de capa marrom dubla com movimentos de lábio o texto gravado, enquanto entra nova gravação, desta vez na voz de uma mulher:

– A convenção dramática só existe se acreditarmos nela.

Novamente, interferência de texto gravado na voz de Thomas, mais uma vez dublado pela mulher:

– Minha coisa mais cruel do mundo é quando suas lágrimas são derribadas. Não porque são realidades nem porque deveriam ser usadas a teu favor num momento de desespero quando você chora silenciosamente. Derrota... Não. O mais cruel é quando as suas lágrimas são transformadas em balas. Balas que têm como alvo o mesmo peito de onde uma vez saíram. Mesmo imaginando outros seres, eles estão ligados a você por causa do pior sentimento possível, não do melhor, mas do pior. Você os nutre, eles dependem de você. Você os mima, e eles a você. E você a eles, e você a eles. Se não te acusaram ainda deixe que eu seja o primeiro. Estava tudo pavimentado desde Kant e em todas as línguas. E ao ver a trilha uma póstuma lembrança: valeria a pena crucificar todos os seus achados, todas as suas anotações, todos os filósofos? Esta é a corte onde fazê-lo. E tudo que você tentou ser: uma outra pessoa, uma outra pessoa, uma outra pessoa, u-ma ou-tra pes-so-a...

A última frase é repetida muitas vezes, em rotação cada vez mais lenta, até acabar num ruído deformado, gutural e incompreensível[4].

Enquanto se ouve a gravação, a mulher de capa marrom, sempre dublando o texto, dirige-se, com movimentos repetitivos, ao homem alto e loiro, apresentado como Friedrich Ernst Matto. Ela vai e volta sobre os próprios passos, movimentando-se lentamente, numa caminhada cheia de recuos, enquanto o homem de preto se levanta. Entra pela primeira vez a música de Philip Glass, com percussão e sopro, potencializando o belíssimo efeito da imagem. O espectador mergulha num movimento com tempos longos e harmonias que se repetem como um rio que flui. Os blocos definidos e as ondulações graduais da música têm uma tonalidade dramática, como se Philip Glass fosse influenciado por um ímpeto emotivo. Apesar do impulso emocional inusitado, a música continua a se realizar através dos padrões minimalistas de repetição de temas breves, quase uma colagem de moléculas sonoras aplicada ao lado da imagem cênica, como um comentário paralelo que acompanha de fora o movimento do palco, sem participar da ação que se desenrola a seu lado. É uma janela musical sobre a paisagem[5].

Enquanto o homem se ergue do chão, Matto se posiciona do lado direito da mesa, apóia-se nela com uma das mãos e encara a mulher em trajes elisabetanos encurvada à sua frente. Tira os óculos, olha ao redor, como se procurasse alguma coisa e começa a recuar, afastando-se da mesa. Pega um bastão enterrado à direita do primeiro corredor e se encaminha de volta para a posição inicial. Dá um golpe com força na mesa, que desmonta e cai. A mulher sentada à esquerda cai sobre a mesa. O mordomo cai sobre a mulher, mantendo as pernas flexionadas e elevadas. Um foco de luz azulada acompanha Matto, enquanto ele se dirige para a tela que separa o primeiro do segundo

---

4. O texto e a cena foram transcritos por mim a partir do documentário em vídeo do espetáculo.
5. Philip Glass afirma que as estruturas musicais de *Mattogrosso* são "temas sobre paisagens". "My music gives it a musical window to look through", em James Brook, "Glass environmental opera puzzles Rio", *The New York Times*, 20.7.1989. A música de Glass não foi composta especialmente para o espetáculo e, pelo menos em relação às duas primeiras partes, "The Canyon" e "The Light", resultou da colagem de trechos de músicas já compostas por ele, que organizou com Thomas a seleção.

corredor; dá as costas para o público e congela em postura com os braços elevados, à direita da primeira tela, criando um efeito de sombra chinesa que permanece como silhueta escura recortada contra o fundo do palco.

Luz sépia abre o segundo corredor. Lá está reproduzida a disposição espacial da primeira cena, com um ligeiro deslocamento de ângulo para a direita: a mesma mesa com outra mulher sentada à esquerda e o mordomo em pé, segurando a bandeja. O homem de capa cinzenta vem pela direita do segundo corredor repetindo o mesmo andar trôpego de Matto. Pega o bastão no chão e golpeia a segunda mesa, que cai, provocando as quedas sucessivas da mulher e do mordomo, com as pernas flexionadas, numa repetição idêntica do primeiro movimento. As duas mesas caídas formam uma linha oblíqua em relação ao público, a primeira mais à esquerda que a segunda. O homem vestido de negro caminha em direção à tela que separa o segundo do terceiro corredor. De costas, congela com o braço direito elevado.

Luz sépia no terceiro corredor. A mesma mesa com a mulher sentada à esquerda e o mordomo em pé com a bandeja. A mulher de cabelos eriçados e capa marrom entra pela direita, pega outro bastão e derruba a mesa com um golpe. Quedas sucessivas da mesa, mulher e mordomo com bandeja.

A lua projetada no último corredor se mantém como no início.

## ESPAÇO SIMULTÂNEO

A impressão mais marcante da primeira seqüência de *Mattogrosso* é a de que o espaço passa de sucessivo a simultâneo. De início, o palco dividido nos vários corredores é aproveitado em seqüência, pois a luz se encarrega de iluminar os lugares de ação a partir da boca de cena. Esse processo de ocupação gradual dá uma idéia de profundidade, como se a cena tivesse uma organização em abismo e o espectador fosse sugado até o fundo de um *canyon*.

A impressão de abismo é reforçada pela repetição da imagem nos vários planos. A queda sucessiva das três mesas que se atropelam, lembrando a queda de um castelo de cartas, parece, a princípio, uma mesma queda. A cena se repete como numa sala de espelhos, pois as três mesas caem pela ação de uma figura munida de bastão e a queda resulta em outras duas: a da mulher e a do mordomo. Esse mecanismo faz com que o espaço apareça ao mesmo tempo como lugar de divisão e de continuidade. Se a tela separa, ela também funciona como um espelho que providencia a repetição da mesma imagem em diacronia obsessiva. O funcionamento plural do es-

1. family sitting at dinner.
2. disposition:

   MOTHER   daughter   LIVE, MOVING PIGS HEAD   FATHER

3. father gets up, picks up a club. Stands still

4. Father goes back, <u>emotionless</u>, and "ragefully" bangs the club on pigs' head, thus <u>splitting table</u> in half.

5. White table crumbles, (mother and daughter too) into wholes, father stands still watching it all go down.
   ↓ simultaneously
   ↓ light on ERDA

Esboço da seqüência inicial de queda das mesas (caderno de direção).

paço é relativizado por esse recurso, pois se o espectador vê três corredores diferentes, é obrigado a acompanhar o desenvolvimento de ações iguais. O que o público vê é a mesma imagem, que se repete ao infinito? Aparentemente não.

As zonas espaciais se distinguem não apenas por receberem localizações físicas diferenciais, mas também por utilizarem personagens discerníveis por algumas particularidades físicas como sexo, altura, além de alguns detalhes de figurino. Para corroborar a desigualdade, nos corredores iniciais sobram vestígios da ocupação anterior, balizas que funcionam como acréscimos significativos à imagem do corredor seguinte. Restos de mesas, cadeiras e personagens vão acrescentar-se à nova queda, agindo como uma espécie de ruído na comunicação da identidade.

Este ruído é uma garantia a mais de que os três modelos de ocupação pretendem indicar um uso simultâneo do espaço. Acendendo os corredores paralelos, um a um, a luz comanda as ações sucessivas, que se expandem do primeiro ao último corredor, mas, como as imagens deixam rastros, sinalizam o tempo da ocupação espacial anterior. As mesas desmanteladas e as personagens caídas no chão ou congeladas nas telas convivem com o movimento diacrônico das novas quedas, até que se instale, no final da seqüência, uma arquitetura sincrônica feita dos resíduos das ações passadas.

Até esse momento, a mobilidade e a recorrência não se repetem apenas no corredor do fundo, que no princípio do espetáculo ganhara contornos de paisagem fixa e depois se apagara. Mas a lembrança daquelas montanhas permanece como um suporte para a mobilidade esquizofrênica dos corredores que se apagam e acendem em movimento incessante. A forma anacrônica dos rochedos, o enraizamento no chão do palco, o volume grandioso, a tonalidade escura, a lua ao fundo, tudo lembra outro espaço e outro tempo, uma estética de perenidade justaposta à dissolução e reconstrução das mesas.

O jogo de sugestões espaciais é tramado, até esse momento, pelos atores, pelos objetos e principalmente pela iluminação que incide sobre as telas. Ao compor zonas paralelas de ação, a abertura luminosa dos corredores age como foco neutralizador do espaço em perspectiva. As clivagens luminosas inventam zonas diversificadas de ação e desconstroem, por esse mesmo mecanismo, o ponto de fuga único do palco italiano.

A conseqüência imediata da anulação do efeito de perspectiva é uma espécie de descentramento do palco, atomizado em vários focos que deixam o espectador sem um ponto de apoio fixo em torno do qual organizar o olhar. Os espaços mutantes desgarram a visão, que passeia de forma um tanto indiscriminada por essa paisagem de destruição e reconstrução contínuas. A implosão do foco centralizador produz uma sensação ambígua de desconforto visual causado, num primeiro momento, pela impossibilidade de apreender a totalidade dessa formação em fragmentos. Alguma coisa sempre parece escapar ao controle do olhar: a interferência de um novo objeto, a entrada sub-reptícia de uma personagem, a mudança de uma tonalidade de luz.

Além do mais, a convivência do espaço das montanhas, das carcaças de boi dependuradas no urdimento e, posteriormente, dos três corredores e três quedas, é feita sem explicitar seus elos de ligação espaciais. A encenação nunca indica sua interdependência semântica. O que se percebe é que várias maneiras de olhar e figurar o mundo se contrapõem no palco, compondo um verdadeiro duelo de espaços e temporalidades. As montanhas rochosas lembram cenografias de ópera do final do século passado, enquanto as mesas, em queda sempre refeita, parecem ensaiar um espaço sem duração, onde a reconstrução mítica do movimento funciona como estratégia para abolir o tempo.

Ao mesmo tempo que deseja ser eterno, o espaço aponta para sua condição de signo de teatro. Os objetos e personagens acabam dissolvidos no final da seqüência, reduzidos a detritos espalhados no chão. Esse retorno da cena ao seu próprio umbigo é reforçado por um mecanismo metateatral. Pois é visível que o espaço de *Mattogrosso* cita uma trajetória. A cenografia funciona como retrospectiva dos trabalhos anteriores do encenador e da cenógrafa Daniela Thomas. De *Eletra com Creta* (1986) repete a estrutura do espaço dividido em corredores paralelos, separados por telas transparentes, onde as cenas se ambientam consecutivamente. A grande tela que separa palco e platéia, uma quarta parede de filó, já aparecera na *Trilogia Kafka* (1988) e em *Carmem com Filtro 1 e 2* (1986 e 1989). Da *Trilogia* e de *Carmem* também se recupera a analogia com um território fechado, o *huis-clos* de um deserto sitiado por todos os lados.

A referência aos trabalhos anteriores vem acompanhada de outras citações, já bastante evidentes neste primeiro trecho do espetáculo. O prólogo musical de *Mattogrosso* cita os acordes iniciais do *Ouro do Reno,* primeira parte da tetralogia *O Anel dos Nibelungos*, de Richard Wagner. A paisagem de fundo, formada pelas montanhas escarpadas envoltas na penumbra, é, de fato, uma referência à cenografia das primeiras montagens do *Anel* em Bayreuth, um espaço operístico e anacrônico poluído pela agressiva modernidade do observatório[6].

---

6. Daniela Thomas confirma a citação em entrevista realizada por mim no dia 19 de julho de 1994.

No decorrer do espetáculo vem juntar-se a essas citações uma série de outras, emprestadas da pintura, do cinema, dos cartuns, da filosofia, da dramaturgia. Nesta primeira seqüência, por exemplo, outro empréstimo de imagem artística agride o olhar do espectador. São as carcaças de bois esquartejados filtradas de uma obra de Rembrandt – *O Matadouro* – e de sua revisão contemporânea por Francis Bacon em *Painting* (1946).

Como técnica que reagrupa discursos, a citação sempre introduz ruptura e acaba instaurando uma distância entre o discurso cênico atuado no presente e o retorno ao passado que a referência traz. No caso da obra de Bacon, o procedimento faz parte de um processo criativo original, que se distancia deliberadamente da arte moderna para se reportar ao passado, especialmente a grandes mestres como El Greco e Velasquez. Mas o que interessa a Thomas em Bacon não é o retorno ao passado, mas a maneira de citar o objeto original. O modelo é submetido à desfiguração pelo discurso pictórico do artista que, através do exagero dos traços originais, consegue inverter a inflexão e o sentido iniciais das figuras[7]. Um procedimento que Thomas recupera para seu teatro e aplica, como se vê, na construção do espaço cênico.

Em *Mattogrosso,* a citação funciona como um recurso adicional de ruptura da homogeneidade espacial e contribui para povoar o palco com diferentes tempos e artes. Pode ser trabalhada, por exemplo, a partir de referências culturais mais ou menos socializadas pela cultura de massa. O espetáculo se diverte em apresentar heróis de cartuns da forma mais esquemática possível, onde os figurinos e adereços obedecem ao traçado rápido do cartunista. Os mitos da cultura de massas são indicados de forma simples, com signos preponderantemente indiciais, nos quais se preserva a relação de proximidade com o objeto de referência, para evitar duplas leituras. O choque, neste caso, não decorre da obscuridade do desenho, mas do entorno espacial que lhe serve de moldura. O que o Pato Donald e Batman têm a ver com um exército de carpideiras ou com o Hamlet enlutado que contracena com eles? A reunião arbitrária da mídia contemporânea com a personagem de Shakespeare funciona aí como estratégia de humor e como procedimento de descontextualização. Thomas une a distância temporal que separa as figuras dizendo que pretendeu contar uma vida permeada por mitos:

> Esses heróis são fragmentos de uma maldição. São alucinações de Matto em relação a uma civilização que foi derrubando os mitos que a criaram. Batman e os

---

7. G. C. Argan, *L'Arte Moderna – 1770/1970,* Florença, Sansoni, 1982, p. 586.

outros são aspectos de uma civilização que justapõe, que superimpõe o forte sobre o mais fraco, de forma imprecisa e escapista[8].

O mesmo mecanismo de reunião de fragmentos preside às referências mais eruditas, emprestadas, por exemplo, das artes plásticas, como é o caso das carcaças de Rembrandt e Francis Bacon mencionadas há pouco. É através delas que o espaço cênico introduz um de seus mecanismos prediletos de construção. Trata-se do trabalho com signos icônicos, que se assemelham diretamente ao objeto visado. O objeto teatral é, nesse caso, a imagem de seu referente potencial no mundo e tem, portanto, caráter convencional, pois sua semelhança com o referente se funda nas convenções de um código perceptivo que permite ao espectador o reconhecimento[9]. A regra de iconicidade vale, por exemplo, para as montanhas e lua, a torre do observatório e mesmo para a pepita de ouro. Mas o que se pode pensar das carcaças de boi? Evidentemente elas são signos icônicos, pois colocam em ação uma estrutura perceptiva semelhante àquela que desencadeia a visão de um boi esquartejado. O acessório construído de isopor é, sem dúvida, um estímulo de substituição à carcaça real. Mas é, ao mesmo tempo, um substituto das imagens de Rembrandt e Francis Bacon. A superposição de referentes transforma as carcaças em signo icônico altamente abstrato, que desmantela a relação unívoca com a carne real (que seria um prazer para qualquer naturalismo, obviamente). Além do mais, essas carcaças, como também os outros objetos que o espetáculo mobiliza, não ganham um sentido claro dentro das situações pouco precisas em que são colocadas. Nessas condições, a estimulação programada pela cultura, que permite reconhecer nesse objeto uma carcaça, deixa de ter um efeito objetivo. O que se vê não é uma carcaça respingando sangue dentro de um açougue, mas uma estrutura material que lembra uma carcaça, mas está perdida num espaço vazio, neutro, incapaz de oferecer um contexto que lhe sirva de suporte de significação. O resultado desse processo de abstração do sentido, ou de desmaterialização do objeto (e posterior materialização diferencial), é uma

---

8. Gerald Thomas em Vera Fonseca e Thereza Jorge, "Amor, Vertigem e Decadência em *Mattogrosso*", *O Estado de S. Paulo*, 2.7.1989.
9. Anne Ubersfeld, *L'école du spectateur*, p. 128. Charles S. Peirce define o ícone como um signo que se refere ao objeto que denota, em virtude de seus caracteres próprios. "Qualquer coisa, seja uma qualidade, um existente individual ou uma lei, é ícone de qualquer coisa na medida em que for semelhante a essa coisa e utilizado como um seu signo"; ou ainda "...um signo pode ser icônico, isto é, pode representar seu objeto principalmente através de sua similaridade, não importa qual seja seu modo de ser", em *Semiótica*, trad. Teixeira Coelho, São Paulo, Perspectiva, 1977, pp. 52 e 64, respectivamente.

constelação de conteúdos discerníveis a partir do repertório e da sensibilidade de cada espectador. O encenador usa os códigos perceptivos apenas para subvertê-los, pois inverte as condições de funcionamento do código.

Como se não bastasse a subversão dos objetos, o trabalho do espetáculo, durante os oitenta minutos de duração, é investigar o espaço diante do público, testando todas as possibilidades de ocupação do palco italiano reinventado.

## CENOGRAFIA DE LUZ

A luz é um dos principais mecanismos de interrogação do espaço. Auxiliada pelas telas, ela não se encarrega apenas de esfarrapar o palco italiano nas quatro passarelas. Pode também destacar um ponto, colocando em *close* a figura esquálida de Ernst Matto, para desfocá-la em seguida, impedindo o anti-herói de chegar ao seu objetivo. Geralmente é um foco branco-azulado que serve para destacar as figuras e isolá-las da prolixidade dos movimentos que as circundam. É um verdadeiro *close* cinematográfico que aproxima do público o Bispo (Luiz Damaceno) – reconhecível pelo hábito, crucifixo e mita –, que invade o segundo corredor com um esquadro na mão, gesticulando para o alto enquanto o foco circular desenha sua travessia. Também o monólogo gestual de Hamlet contracenando com sua caveira, recebe a assessoria do foco branco, que o discrimina da tonalidade sépia do entorno geral.

A luz também trabalha com a cor. Desde o início, predomina uma tonalidade sépia, com a luminosidade incidindo lateralmente nos atores de modo a clarear apenas um dos lados de seus rostos e corpos. Esse uso oblíquo do foco luminoso, típico de espetáculos de dança, compõe formações que lembram de imediato o barroco das figuras de Rembrandt ou Caravaggio, pois o que se ilumina é apenas um lado dos rostos e corpos, mantendo o restante na penumbra. A deformação e parcialidade que resultam do procedimento lembram também o neo-expressionismo de Francis Bacon, que já se apresentara, de outra forma, na figuração das carcaças.

A luz não interfere apenas por sua projeção oblíqua, rebatida em diagonal, mas também pela tonalidade, que varia no decorrer do espetáculo. A reincidência do tom sépia funciona quase como marcação de ciclos, já que sua reaparição define o retorno de certos motivos trabalhados em cena. A partir da tonalidade sépia, repetida em diversos momentos da ação, acontece a utilização de outras cores, especialmente o branco-azulado, o vermelho e a penumbra cinzenta com tons de marrom que domina o fundo do palco.

A cenografia luminosa cria no palco um universo irreal, separado do público pelas várias telas transparentes, que camuflam a geografia concreta do lugar cênico e embaçam os contornos dos objetos e personagens, atirados num deserto de espaços que sugere um lugar fora do tempo e da história. Aliado ao jogo de luz e cor, esse espaço sem território atinge diretamente a sensibilidade do espectador, envolvido em climas emocionais de alta voltagem. O fundo escuro, aguçado pelo jogo de cenas espelhadas, contribui para aproximá-lo de uma interioridade psíquica e funciona como câmara escura que projeta o espectador para dentro de si mesmo[10].

A iluminação também é responsável por efeitos especiais, como a chuva luminosa, recuperada das encenações de ópera, que lembra uma cortina de gotas separando as seqüências. É fácil notar que essa cortina de luz, bem como os *black-outs*, desempenham a função de ilha de montagem para o encenador. Os *black-outs* decupam as seqüências, permitindo a passagem de uma cena a outra com relativa facilidade. O corte luminoso permite a mudança dos quadros que se montam nos diversos corredores, além de promover a justaposição das cenas. O seccionamento de luz enquadra as seqüências em molduras rápidas, dando como resultado um pisca-pisca de cenas curtas, onde o refletor se encarrega de acender referências fortuitas para apagá-las em seguida.

O espetáculo é ritmado por essas cortinas de luz, que levam, entretanto, a pouca mudança qualitativa. É sempre a mesma sombra que retorna, a mesma duração dilatada, as mesmas figuras que voltam ao palco para construir a cena sobre algumas variações que se repetem como *leitmotive* musicais.

ESPAÇO GESTUAL

A construção da cena através de seqüências visuais acaba desarmando os atores de funções dramáticas claras, e os apresenta muito mais ligados à composição das imagens cênicas. O deslocamento do elenco, milimetricamente executado, confere ao espaço mobilidade e rigor adicionais. Do mesmo modo que as mesas repetem sua queda através dos corredores, os atores repetem os mes-

---

10. Anne Ubersfeld afirma que o fundo escuro do espaço cênico funciona para o espectador como um fundo de olho, que remete a um estado psíquico e interioriza o espetáculo, transformando-o numa cena psíquica. Em *L'école du spectateur*, *op. cit.*, p. 98.

Superior: "O Matadouro" de Rembrandt.
Inferior: Desenho de Gerald Thomas reproduzido no programa do espetáculo.

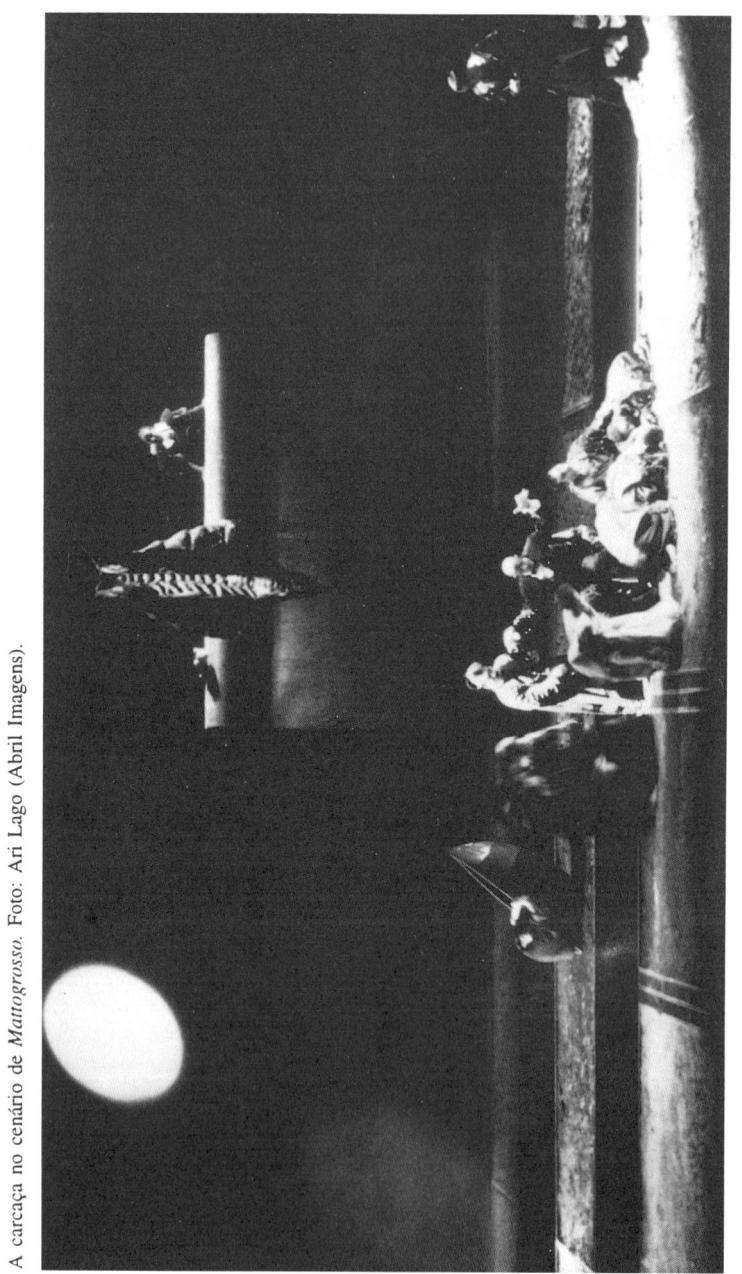

A carcaça no cenário de *Mattogrosso*. Foto: Ari Lago (Abril Imagens).

mos gestos e movimentos várias vezes, como que referendando ou encenando o eco das ações passadas. A mulher de cabelos eriçados, protagonista da queda das mesas, anda em passos trôpegos de idas e vindas até atingir Ernst Matto, que se encontra a poucos metros de distância, à sua esquerda, como se enfrentasse uma longa travessia. Ernst Matto titubeia infinitas vezes durante seu caminho de destruição das mesas. A hesitação, paradoxalmente, é executada com rigor.

Os corpos são ampliados e, ao mesmo tempo, têm seus limites diluídos pelo desenho dos figurinos, feitos com tecidos que distendem as proporções da figura. A luz com incidência barroca encarrega-se de borrar ainda mais a silhueta dessas personagens apresentadas numa explosão trágica, como se fossem uma humanidade à beira do abismo. As relações interpessoais que elas conseguem ensaiar vêm obstruídas pela distância física dos corpos e pela gravação sonora das vozes.

Em determinadas seqüências, o corpo adquire novo estatuto, especialmente nos momentos de queda e congelamento. Nessas situações, o ator sempre conserva uma postura artificial, dada pela rigidez que contrasta com o tônus geral de relaxamento, como, por exemplo, o braço levantado e ereto do espectro de Matto contra a tela ou as pernas flexionadas e elevadas do Mordomo na queda inicial das mesas. Nessas seqüências, o corpo faz as vezes de escultura, desempenhando função semelhante à dos objetos cênicos.

O contraponto a essa rigidez de marionetes é dado pelos blocos móveis, feitos de movimentos, gestos, e traçados esvoaçantes dos figurinos. Nesse caso, os atores se deslocam em grupo, formando coros que atravessam a cena com movimentos sincronizados, com os corpos se aparentando a arquiteturas móveis, que colaboram para figurar e balizar o espaço[11].

A primeira seqüência dos coros acontece no primeiro corredor, por onde entra um grupo de carpideiras com hábitos negros, rastejando de joelhos pelo chão. Cruzam a cena da direita para a esquerda, acompanhadas pela música de Glass e regidas por uma coriféia que lidera seu drama expressionista. Os gestos acompanham a música, criando uma coreografia de gritos e flagelos que transforma o espaço numa floresta de corpos.

O coro das carpideiras é uma imagem depurada, uma espécie de figura de angústia e pânico, atravessando os corredores para atropelar personagens e objetos. O conjunto sugere a participação de todas num destino comum, desenhado pela coesão dos corpos e

---

11. Anne Ubersfeld, *op. cit.*, p. 10.

orquestrado pela movimentação coreográfica que as torna quase idênticas. A dissolução das individualidades nesse todo unificado funciona como força primitiva que, liberada da palavra e arrastada pela música de Glass, polui o espaço com seus corpos retorcidos como imagens de Bacon. Mas, como em Bacon, essas mulheres têm um traço grotesco. A exibição do sofrimento é tão exagerada que expulsa o misticismo que poderia decorrer daí, para permeá-lo de um sarcasmo que desfigura e, como Bacon, difama, em lugar de sublimar.

A exacerbação das mulheres é recortada pelo deslocamento solitário de uma Japonesa (Bete Coelho) vestida com quimono, trancinhas caídas ao lado do rosto, maquiagem branca que puxa os olhos em traçado oriental. Destacada da sépia geral pelo foco azulado de um refletor, ela se movimenta com passos miúdos, enquanto repete os gestos das carpideiras, numa paródia cínica da flagelação. É um espectador irônico, distanciado da dor.

Em meio à travessia das carpideiras entra, no segundo corredor, um coro de prosaicos catadores de lixo fuçando a terra à procura de detritos. Ao contrário das mulheres, eles se vestem com trajes remendados, usam gorros de meia na cabeça e levam sacolas como faixas atravessadas no peito, onde enfiam os restos que recolhem do chão. Todo lixo do palco é reunido num ajuntamento indiferente, como se eles limpassem sobras de uma construção. O chão é vasculhado com indiferença e sem cerimônia, preparando o palco para nova desconstrução.

Enquanto as carpideiras e os lixeiros ainda estão no palco, entra pela direita do terceiro corredor um coro de pesquisadores vestidos de jalecos brancos. Rápidos, eficientes, imaculados, carregam caderninhos onde tomam notas freneticamente. O Bispo, que já aparecera no início desta cena, anda pelo meio deles sem contracenar, como se atravessasse uma paisagem de jalecos. A ocupação do palco é feita de modo a permitir que os três coros passem, a certa altura, a ocupar os corredores de forma concomitante. Carpideiras, lixeiros e pesquisadores estão isolados em faixas paralelas, mas têm seus tempos sincronizados. A sucessão transforma-se em simultaneidade e atira o espectador num espaço sem centro fixo, feito de movimentos cadenciados e personagens inusitadas, retalhos de humanidade sem eira nem beira, vagando pelo palco numa travessia sem bússola. A epopéia de Ernst Matto não leva a lugar nenhum.

A coreografia dos exploradores do palco, os anti-heróis dessa ópera-seca, é entremeada por cenas onde se compõem quadros fixos, espécies de esculturas de grupos humanos feitas de pequenos movimentos ou de total imobilidade. Nessas ocasiões, os arranjos esculturais dos corpos são organizados através de uma ordenação frontal, como na cena em que dez personagens sentam-se em cadeiras dispostas em fila no terceiro corredor, ocupadas num tricô imaginário. Enquanto tricotam, conversam numa língua particular e incompreensível. A babel de línguas acompanha a diversidade de caracterização. Sentam-se lado a lado, voltados para o público, Hamlet e a inseparável caveira, a Japonesa de quimono e trancinhas, o Mordomo da cena das mesas, a mulher elisabetana que o acompanhava na queda, um homem com figurino do neoclassicismo francês (Oswaldo Barreto/Luís II da Baviera), uma das carpideiras trágicas e o Bispo da cena anterior. A silhueta das pessoas tricotando e inspecionando a platéia fica impressa por alguns segundos no fundo escuro do palco, até que um *black-out* apague o quadro.

A formação de quadros, a fixação da imagem em negativo, as marcações que movimentam os atores cronometradamente, a incidência da luz que abre e fecha espaços através de clareamentos e *black-outs*, todos esses mecanismos compõem um arsenal de técnicas inspirado em códigos cinematográficos. Posto em ação, é um recurso adicional que permite ultrapassar os limites do espaço especificamente teatral, contribuindo para acentuar o caráter provisório do espaço cênico. O empréstimo do procedimento cinematográfico abre brechas por onde penetra um efeito maior de irrealidade, como se o mundo teatral fosse cindido para deixar-se dominar pela imagem incerta do cinema. O que se vê em cena é ficção elevada à última potência. Ou melhor, é desestabilização dos mecanismos de preservação da ficção.

## CENÁRIO EM RUÍNAS

O prazer no trabalho da imagem espelhada na imagem e a perícia na construção da supra-realidade são contrabalançados pela verdade do chão. *Mattogrosso* está plantada nas caixas de terra que pavimentam o palco e introduzem no espaço uma ruptura, demarcada pelo elemento natural.

É verdade que a terra não perde seu caráter de signo teatral pelo simples fato de ser matéria da natureza. A mera presença em cena a transforma em signo tanto quanto as mesas, os rochedos ou as carcaças. Mas, de qualquer forma, a terra afunda a abstração da imagem na concretude do chão.

É interessante observar como os atores colaboram para esse afundamento, pois sua maneira de andar, jogando todo o peso do corpo para baixo, lembra uma força de gravidade que os impede de retirar os pés do limbo em que o espaço cênico se transforma. Graças aos atores, a natureza representada pela terra, a areia e a água deixa de funcionar apenas como piso para a ocorrência da imagem. Aos poucos, os resíduos, a poeira ou a mistura da terra e da água começam a enlamear os figurinos e a sujar o espaço. Pelo contato com os corpos vivos, os elementos readquirem seu estatuto de matéria natural, poluindo a assepsia do espaço cênico.

A poluição serve como prólogo para um dos momentos mais potentes do espetáculo, quando a terra salta das caixas para transformar-se em cemitério. A luz sépia acende o segundo corredor do palco, onde estão perfilados três homens despidos deitados de costas. Estirado pouco acima está um quarto homem, desta vez em posição frontal, formando um ângulo reto em relação aos primeiros. A fila é encerrada por um esqueleto, que espelha a imobilidade dos quatro corpos que o precedem. Uma mulher apoiada num cajado passa através deles.

A sobreposição da terra e dos homens constrói uma metáfora espacial que estimula o espectador a ensaiar conotações. Túmulo, morte, passagem do tempo, escoamento de vida, todo um conjunto significativo se forma pela justaposição de terra, ossos e corpos.

A crueza da imagem da terra como cemitério de vivos retorna muitas vezes durante o espetáculo, mas nunca de forma tão explícita quanto na cena em que um esquife de madeira é apresentado no palco. No centro do segundo corredor, ele aparece envolto por uma luz avermelhada. Sua tampa se abre e o primeiro a surgir de seu interior é Ernest Matto, o herói da trama, àquela altura convertido em figura nua e grotesca, capa vermelha nos ombros, língua obscena para fora da boca escancarada. Outras figuras transitam ao redor do velório de Matto, levantando poeira da terra das caixas, ataúdes metafóricos que refletem o primeiro. O pó da terra se mistura à fumaça que aos poucos invade a cena.

A fumaça contribui para que o espaço cênico mude de qualidade. As vastas massas de vapor pesam sobre o palco e transformam a realidade das personagens e ações, por si só estranhas, numa espécie de pesadelo em um ato. Aliada às telas e à luz, a fumaça atua como um filtro adicional entre a cena e o que pode ser percebido fora dela.

Há uma relação fundante entre o espaço cênico e a fumaça. Ela desnaturaliza a cena, pois transforma o espaço num lugar duplamente mascarado, já que atua como o duplo das telas que separam o palco do espectador. Nesse processo de mascaramento elevado à última potência, as informações captadas de todas as fontes só podem chegar ao palco com a condição de atravessar essas duas barreiras – a tela de filó e a cortina de fumaça –, que funcionam como um filtro de ceticismo colocado entre a cena e o espectador. O espaço é, neste momento, a prova concreta de um extravio[12].

---

12. Bernard Dort usa essa imagem em relação a uma encenação de Patrice

Coro das carpideiras e dos lixeiros em *Mattogrosso*. Foto: Ari Lago (Abril Imagens).

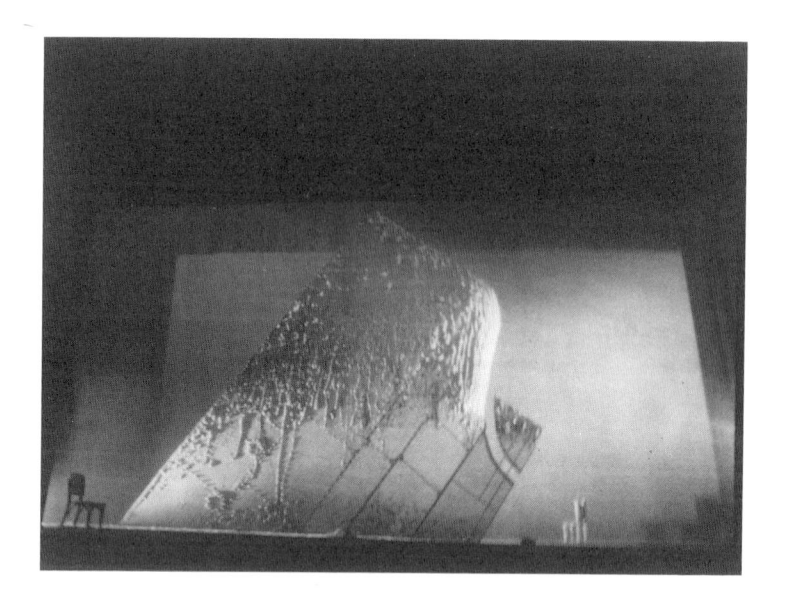

Esboço do casco de navio (caderno de direção de Gerald Thomas) e casco de navio em cena. Foto: Daniela Thomas. Arquivo: Daniela Thomas.

## ESPAÇO DESCENTRADO

O espaço explode em diversas direções. Sempre acontece alguma coisa em algum canto do palco, com personagens emergindo do alçapão, carcaças descendo do urdimento, coros escapulindo das coxias. O lugar cênico é explorado nas três dimensões e o jogo dos planos verticais dos praticáveis, do deslocamento horizontal dos atores e da projeção do espaço profundo dada pelos corredores paralelos, acaba construindo uma espécie de tessitura, uma rede de espacialidades que recorta a caixa do palco italiano em todas as direções.

A mistura de focalizações, aliada às diferentes escalas dos objetos e aos pontos de vista múltiplos, relativiza o modo de apreensão da cena. Por mais que se tente, é impossível abarcar a totalidade do espaço, pois mesmo os detalhes periféricos funcionam como pequenas galáxias de significado. Num mesmo lugar, convivem lugares diferentes, semantizados pela luz, pelo ator e pelo objeto. Esse espaço plural não constitui uma realidade homogênea mas se compõe feito colagem, como se lugares incompatíveis, elementos discordantes, materiais heterogêneos e estilos antagônicos, que não pertencem à mesma temporalidade nem ao mesmo mundo, fossem aproximados pelo encenador[13].

O espaço descentrado pode apontar seu foco para o alto, abrindo o palco para a verticalidade do observatório e das montanhas do início do espetáculo, substituídos mais tarde por duas colunas que ocupam toda sua altura. Isoladas na profundidade do último corredor, sugerem símbolos imóveis de poder. E divergem do restante do espaço graças à sua cor branca, à forma arredondada, à matéria que imita mármore, e ao gigantismo que achata a silhueta dos atores. Além do mais, a posição central das colunas parece restituir uma tênue perspectiva à caixa do palco italiano, localizando um ponto de fuga central ladeado por dois tronos.

O delineamento espacial "clássico" se opõe à ocupação desregrada das personagens. Uma delas é Friedrich Ernst Matto, a outra o rei Luís II da Baviera. Um herói, um rei, um trono, uma coluna dórica. A combinação seria perfeita se a inusitada dupla não estivesse totalmente nua e gastasse a primeira parte da cena tentando livrar-se de um robe vermelho levado pelas mãos nervosas do Bispo, que tenta de qualquer modo cobrir aquela nudez. A graça da cena vinha do desespero do Bispo pelo insucesso da operação. O mal-sucedido

---

Chéreau, de "A Disputa", de Marivaux. "Deux Fumées" em *La représentation émancipée*, Paris, Actes Sud, 1988, p. 932.
13. Anne Ubersfeld fala dos espaços cênicos descentrados em seu *L'école du spectateur*, especialmente p. 16 e seguintes.

ato de compostura só acentuava os trejeitos femininos dos dois homens que, encostados a uma coluna, acabam compondo uma cena de sexo oral. O insólito da situação não está nem nas colunas, nem nas personagens, mas na conjugação improvável das duas situações, em sua ostensiva incompatibilidade. A percepção do espaço como um todo orgânico é travada pelo choque dessas presenças incongruentes que, impondo sua estranheza, impedem uma fruição familiar da tradicional arcada. A colisão entre o classicismo das colunas e os homens nus se esfregando e se bolinando, produz uma imagem grotesca difícil de esquecer.

Deslocando cenários e personagens de situações habituais, Thomas compõe uma imagem tão potente quanto a do navio naufragado.

Esta é uma das cenas mais bonitas do espetáculo, composta basicamente por um casco de navio, imenso e transparente, emborcado pela metade na areia das caixas que pavimentam o canto esquerdo do último corredor. A solidez do navio é desfeita pela aparência translúcida da tela, que constrói uma imagem ambivalente de peso e leveza. A verticalidade do casco acentua a pequenez dos atores. Diante do Titanic naufragado parece minúsculo o espanto do Bispo e inútil o esforço dos remadores.

Como boa metáfora do declínio da civilização, o naufrágio do Titanic se aloja no espaço mais fundo do palco, onde estivera o porto de rochedos wagnerianos. É significativo que os rochedos do *Anel dos Nibelungos* cedam lugar ao Titanic – navio fantasma ou barca dos loucos que navegam sem território –, ao pórtico de colunas, ao muro de Berlim e à mesa de pesquisadores. A superposição dessas imagens no decorrer do espetáculo acaba criando conjuntos metafóricos que não permitem uma leitura única. Mas, de qualquer modo, o encenador cria equivalentes icônicos de situações intelectuais e emotivas, ensaiando uma simbolização particular e subjetiva, compartilhável com o espectador, que consegue identificar-se com a nova substância simbólica que emerge do palco e parece substituir o repertório de símbolos objetivos tradicionais[14].

É interessante observar o papel que os objetos desempenham na definição dessa substância simbólica. O espaço vazio dos corredores recebe, alternadamente, o reforço semântico de algum deles – aí incluídos os elementos cênicos –, que será o responsável pela localização das cenas. O objeto geralmente se destaca de um fundo

---

14. Umberto Eco, em seu ensaio sobre o mito do *superman*, afirma que o artista contemporâneo tem marchado no sentido de uma simbolização cada vez mais particular e subjetiva, tentando instituir um modo de sentir e ver que independe dos antigos símbolos objetivos, cuja universalidade reconhece como rompida e irreconstituível. Em *Apocalípticos e Integrados,* São Paulo, Perspectiva, 1993, p. 242.

Ao fundo: Muro de Berlim no espetáculo. Foto: Ari Lago (Abril Imagens).

vazio, não decorativo e, portanto, não é amparado por nenhum contexto que lhe dê sentido. Não existe uma cenografia onde ele se encaixe e que forme uma rede narrativa que o legitime e auxilie a explicitação de seu sentido. Ao contrário, é ele que constitui o referencial de localização das cenas. Flutuando livremente sobre uma superfície não ilusionista, as carcaças de boi, o observatório, o casco do navio ou as colunas gregas são elementos que parecem existir isoladamente, sem deixar, no entanto, de pertencer ao mesmo contexto espacial. Qual é o referente imediato desses objetos?

A impressão que se tem é que eles não dizem respeito a um universo referencial único ou bem determinado. O trabalho de ocupação espacial obedece a um impulso para eliminar da cena tudo o que conduza à imitação de um lugar no mundo, à mimese de uma realidade concreta e discernível. O espaço vazio, preenchido por objetos característicos, luz e ator, caminha no sentido não da reconstrução de uma realidade, mas da indicação de uma fragmentação.

METONÍMIA

A fragmentação do espaço cênico é acentuada por um princípio de representação indireta, que valoriza a indicação parcial de um determinado fenômeno ou realidade. A metonímia domina o conjunto do espetáculo e caracteriza o grau de teatralidade minimalista da encenação. A construção espacial não obedece a um esforço analítico, que tente reconstituir uma totalidade figurativa, quer ela seja social, histórica ou psicológica, através da discriminação dos diversos elementos de composição da cena. Ao contrário, o que prevalece é um espaço de elipse, onde o mecanismo alusivo, de indicação da parte pelo todo, ocupa o centro da figuração cênica. Para conseguir dizer mais, ou por não conseguir dizer tudo, o espaço mostra apenas uma ponta: o fragmento, a imagem suspensa, às vezes quase o silêncio[15].

Uma retrospectiva das principais seqüências de *Mattogrosso* mostra que a conformação espacial resulta da inserção dos objetos, parcelas de realidade que conferem aos corredores nova qualidade ambiental. A seqüência que inicia e encerra o espetáculo, por exemplo, é caracterizada pelas mesas, ainda que participem dela outros objetos. Esquecendo as carcaças despencadas do urdimento, mesa, cadeira prato ou bandeja são objetos que poderiam remeter, por um processo metonímico, a algum tipo de realidade reconhecível.

---

15. Patrice Pavis, "O Espaço das Falsas Confidências e as Falsas Confidências do Espaço", em *op. cit.*, p. 202.

Talvez uma refeição, um banquete ou algum outro tipo de comemoração. Não é o que acontece. Nem mesmo a presença do Mordomo consegue fornecer qualquer indício de que o espaço busque um referente imediato. Ao contrário, o que está em jogo, nesse momento, é uma seqüência de desconstruções, onde o espelhamento de uma queda na outra deslancha um mecanismo fechado, uma espécie de fatalidade espacial marcada pelo eterno retorno de um conjunto de signos sem referente ou, ao menos, cujos referentes são múltiplos e obscuros.

A repetição destaca, por redundância, alguns elementos do conjunto do espaço para melhor figurar o objeto da representação. A mesa, por exemplo, é um elemento cênico recorrente durante a montagem, que reaparece em diferentes tamanhos, formatos e localizações. Pode ser longa e retangular, atravessando quase toda a largura central do último corredor, para abrigar uma conferência de pesquisadores ou um desfile de heróis de cartuns. Retorna em outro momento pequena e quadrada, desta vez para servir de apoio a um estranho "braço de ferro" disputado por vários personagens. Em nenhum momento, entretanto, mimetiza alguma atividade cotidiana e familiar. O caso em que mais se aproxima dessa função é aquele em que serve como mesa de trabalho dos pesquisadores. Essas personagens até que se comportam de forma relativamente familiar, desde os figurinos e adereços realistas – os convencionais jalecos brancos e os caderninhos de anotação nas mãos – até os gestos e diálogos, inaudíveis para o público. Esse aparente realismo é, no entanto, rodeado por um espaço que o desnaturaliza: a luz, a música, as ações inusitadas que acontecem simultaneamente nos outros corredores e as figuras que perambulam em cena com figurinos envelhecidos extraem do espaço qualquer possibilidade de realismo. Nessa miscelânea de estilos e épocas teatrais, mesmo os objetos cotidianos perdem, evidentemente, qualquer caráter referencial imediato, devido ao uso que se faz deles. Mesas perdidas em desertos de corredores, cadeiras que abrigam anacrônicas rainhas misturadas a Hamlets e mordomos, não podem ser lidas a partir de sua função utilitária. Ao sofrer esse processo de deslocamento, elas se tornam, antes de tudo, objetos de composição do espaço cênico. São elementos de uma arquitetura.

Num espaço que não prioriza o mimético, mas investiga o latente, o inusitado e o não-dito, mesmo os objetos mais prosaicos sofrem um processo de ressemantização que os transforma em metáforas visuais. É o caso do guarda-chuva, que em suas primeiras aparições, é um mero adereço que acompanha o figurino da Rainha, complementando com humor sua aristocracia anacrônica. A primeira transformação acontece na cena de casamento entre um

Negro e a Japonesa, quando os guarda-chuvas servem de véu para a cerimônia.

Pouco depois reaparecem fechados e enterrados nas caixas de terra do primeiro corredor, dando a impressão de um jardim. A cena breve, contida entre *black-outs*, lembra a imagem surrealista de um Magritte. Como o pintor, o encenador parece escrever no espaço: "Isto não é um guarda-chuva".

Os guarda-chuvas retornam na penúltima cena do espetáculo. Continuam enterrados nas caixas de terra do primeiro corredor, mas desta vez a Japonesa passeia entre eles, tratando de molhá-los com a água de um regador. Um foco de luz azulada clareia seus movimentos, até que ela conclui a tarefa e rega sua própria mão suja de terra. O desvio de significado do objeto produz uma metáfora visual belíssima. Inesquecível. Objetos reconhecidamente familiares, os guarda-chuvas são inseridos num quadro semântico que os desfigura e, pelo efeito de estranhamento, esvazia seu significado rotineiro para abri-los, pela surpresa, a novas significações.

## O ESPAÇO E SEU DUPLO

Como já se apontou anteriormente, no decorrer do espetáculo existe um processo de superposição de imagens, que providencia o retorno de um mesmo objeto ou situação. Esse retorno é sempre acompanhado de um novo dado visual, que funciona como acréscimo significativo ao objeto inicial.

Os objetos aparecem geralmente em duplas, como se o encenador providenciasse reforços semânticos de leitura. A cena remete sempre o objeto à sua réplica, funcionando como um jogo de espelhos que reproduz as coisas pelo menos uma vez. Das dualidades mais óbvias, que operam com a simples repetição – duas colunas, dois tronos, duas carcaças, dois guarda-chuvas, duas mulheres com o mesmo figurino e gesto –, a cena passa a espelhamentos mais elaborados, que trabalham a partir de estruturas similares, superpostas para gerar metáforas que funcionam como amplificadores poéticos do sentido. É o caso da queda das três mesas ou mesmo do muro de concreto, replicado por uma construção paralela, de tamanho menor, que parece um pequeno pedestal encimado por uma estrutura que lembra um observatório. O acréscimo do muro ao observatório, que aparece desde a primeira cena, produz o salto semântico: é uma referência ao muro de Berlim[16]. Lado a lado, muro e obser-

---

16. O muro de Berlim e seu observatório formam um dos pontos nucleares do imaginário de Daniela Thomas e também de Gerald Thomas. Basta observar a re-

vatório estão condensados, e a síntese lembra a Guerra Fria, a separação política do mesmo povo, talvez a descrença deste fim de milênio. A seriedade dessas sugestões é, no entanto, desequilibrada por um prosaico vaso sanitário, onde o Mordomo da primeira cena se contorce na esforçada tentativa de evacuar.

O mesmo mecanismo de espelhamento reúne uma pequena canoa enterrada nas caixas de areia e o gigantesco casco de navio que a precedera no último corredor, ambos enterrados pelo meio na areia das caixas. Remadores remam através do casco do navio do mesmo modo que uma solitária remadora rema a pequena canoa. O resultado dos esforços humanos é nenhum, pois navio e canoa não saem do lugar. Da mesma forma que o muro, impávido diante das tentativas de escalada das personagens que se aglomeram a seus pés.

Se é importante ressaltar a cadeia de significados que essas imagens duplificadas podem conotar – separação, naufrágio, destruição, impotência – não se pode esquecer que o espelhamento remete a cena à sua própria imagem, em lugar de conduzir a uma outra – à outra pessoa que o texto inicial aspirava a ser, ao outro lugar, à outra história. O espelho atua como um refúgio de visualidade contra o escoamento do tempo e a intromissão da história. Os sistemas de reverberação da imagem em espelho, as retomadas sistemáticas dos objetos, o jogo de simetrias entre suas posições espaciais são responsáveis por um fechamento da cena sobre si mesma, pela criação de uma imagem de tipo fantasmático que sufoca o espectador com sua beleza auto-referente. Ainda que consiga remeter a alguma realidade exterior a ela mesma – o muro de Berlim é um bom exemplo –, está fundada na denegação. O espaço de *Mattogrosso* é o lugar de celebração da hiperteatralidade. Um ato de simulacro[17].

MOTIVOS ESPACIAIS

Os fiapos de enredo de *Mattogrosso* são configurados no espaço, já que os poucos textos que pontuam a encenação, além de serem

corrência do motivo nos espetáculos, em *Navio Fantasma* e *M.O.R.T.E,* por exemplo. Em entrevista mencionada anteriormente, Daniela afirma que achava inacreditável que uma estrutura de concreto, artificial, fabricada, pudesse dividir os homens. O território entre os muros, formado por um razoável espaço "neutro", uma terra de ninguém, é, segundo Daniela, o limbo dantesco recriado em *Mattogrosso*. Várias fotos do muro estão guardadas num pequeno caderno, onde a cenógrafa reúne as referências visuais que usa, posteriormente, em seu trabalho.

17. Patrice Pavis, *Marivaux à l'épreuve de la scène,* Paris, Publications de la Sorbonne, 1986, p. 340.

Foto de Daniela Thomas do Muro de Berlim, com observatório ao fundo. Arquivo: Daniela Thomas.

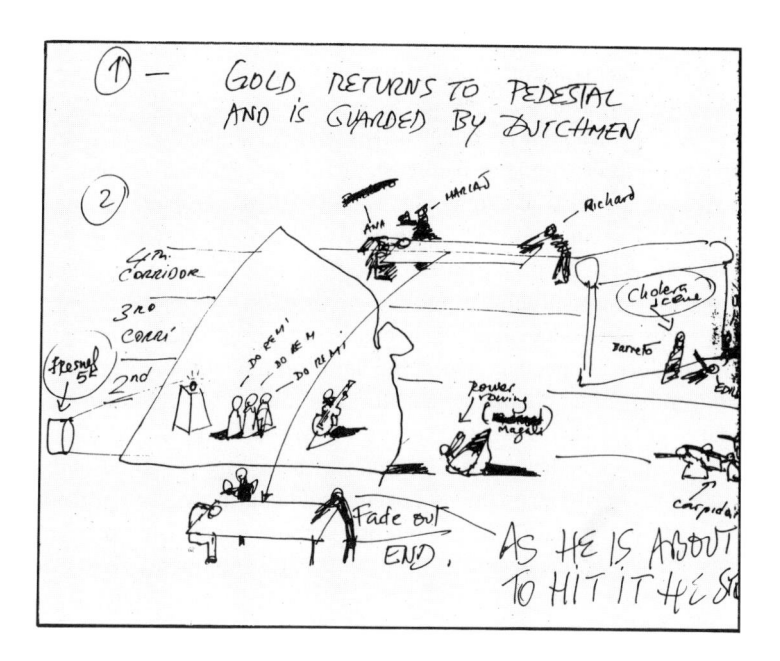

Desenho do muro e das carcaças no caderno de direção de Gerald Thomas. Muro de Berlim. Foto: Daniela Thomas.

gravados, formam uma colagem de falas mais sugestivas que explicativas.

A disposição das personagens em cena, seu diálogo gestual, feito de aproximações, olhares, inclinações e mímica, desenha visualmente pequenos conflitos, como se eles adquirissem presença concreta no espaço e fossem definidos em termos de ocupação de território, de exclusão, inclusão ou superposição espaciais. É assim que acontece a primeira disputa entre Matto e a mulher que lhe arranca o livro das mãos ou a seqüência em que o mesmo Ernst Matto entrega a uma mulher um pequeno embrulho enrolado numa manta negra, um suposto bebê que ela nina enquanto outra mulher se contorce a seus pés.

Mesmo as relações sexuais entre as personagens são definidas em termos territoriais. Um bom exemplo do conflito visual / espacial é a cena de "braço de ferro" referida anteriormente. Uma pequena mesa quadrada, localizada no centro do segundo corredor, é a sede da disputa. De um lado, Ernst Matto, do outro, o rei Luís II. O inusitado da imagem acontece por conta do meio de luta, pois a força é medida pelo pênis dos contendores, simulado pelos punhos fechados de dois atores agachados entre suas pernas.

Alguns mecanismos de construção funcionam como geradores da narrativa espacial. Operam principalmente através de cadeias semânticas formadas pela repetição de objetos com denotação semelhante, que desencadeiam um enredo de sugestões visuais. É o caso da sistemática repetição de índices de morte, que começa pela destruição das mesas, passa pelas sacolas de detritos recolhidos pelos lixeiros, se reflete no luto das carpideiras, se concretiza na caveira de Hamlet, sobe até as carcaças suspensas no urdimento, encontra o esqueleto naufragado do navio, que se espelha no esqueleto humano eaparramado ao lado de homens vivos, mas inertes. Completando essa cadeia mórbida, a urna funerária que serve de ataúde para a personagem que iniciou o espetáculo e foi apresentada como herói da trama: Friedrich Ernst Matto[18].

Somente outro símbolo é repetido em cena com a mesma freqüência. A seqüência é desencadeada, como não poderia deixar de ser, por um livro: o livro de capa preta e garrafais letras brancas arrancado das mãos de Matto no início do espetáculo. A cultura, ou

---

18. No programa de *Mattogrosso*, Thomas escreve: "Uma coisa é certa e – ironicamente – foi respeitada. Matto havia deixado no seu testamento seguinte pedido: que seu velório se desse num lugar amplo (17 x 30 metros), que do lado do seu caixão houvesse centenas de outros, de todas as formas, feitios e seitas. Cada caixão deveria estar acompanhado de uma porçãozinha de solo / terra do respectivo lugar onde fosse enterrado. Nenhum caixão estaria aberto. Nem mesmo o seu".

a ciência ou a sabedoria, reaparece no bastão, cajado do sábio, do vidente, do maestro. Signo insistente em *Mattogrosso*, ele se multiplica em muitos outros. Serve para destruir mesas, ancorar personagens em travessia pelo palco, reger cenas, remar canoas.

Tão sábio quanto ele é o esquadro que espiona a cena nas mãos do Bispo, podendo medir o céu e as cabeças das personagens. E os caderninhos de anotação dos pesquisadores, os mapas, o globo terrestre, uma sucessão de signos do saber que se espalham pelo espaço cênico como numa academia humanista. Referência irônica ao Renascimento, feita por um espetáculo que desconstrói a ópera e a perspectiva.

O poder contracena com a morte e o saber, ao menos neste espetáculo. A pepita de ouro é apresentada na primeira cena, ao lado do livro e da carcaça. Como os outros signos expostos até aqui, a pepita de ouro – um objeto, portanto – desempenha o papel de um tênue fio narrativo que se desenrola em algumas cenas. Se o espectador acompanha a trajetória dessa pedra brilhante, a partir da bandeja nas mãos do mordomo, na cena inicial, consegue ver como, através dela, se constrói um *leitmotiv* com ingredientes de romance policial. Depois da primeira seqüência da queda das mesas, a pedra é resgatada pelo Bispo, que circula com ela pelo palco, em meio ao coro de pesquisadores, até escalar a último rochedo do cenário, onde parece escondê-la. Não por acaso a pepita de ouro reaparece junto à urna funerária, na imagem que concretiza um tanático acerto de contas de personagens e símbolos. Oferecido pelo rei Luís II, o ouro volta para as mãos do Bispo, que finalmente o entrega à Japonesa, uma personagem distanciada das ações que envolvem as demais figuras.

Junto à pepita de ouro, o Bispo compõe outro fio narrativo interessante. Mesmo quando não aparece associado à pedra, é sempre objeto de escárnio, perseguição ou tortura. Duas cenas desenham gestualmente sua situação dramática. Na primeira delas, o mesmo ator que representa o Bispo, Luiz Damasceno, aparece no palco vestido como um antigo aviador, de touca, óculos e capa cinzenta. Um coro de figuras com impermeáveis negros e capacetes que lembram a personagem de Dart Wader de *Guerra nas Estrelas* cerca a personagem, que sofre um processo de desparamentação às avessas. Despojada dos adereços de aviador, recupera paulatinamente sua imagem de Bispo, com mitra, crucifixo e batina.

A paramentação da Igreja serve de prólogo a uma paródia de sacrifício, em que o Bispo é o bode expiatório de um envenenamento com macarrão. A cena acentua o caráter paródico da "morte" da religião. O Bispo parece um boneco mecânico que gira, se contorce e agita os braços, como se não fosse mais dono de seu corpo, transformado em lugar de acontecimentos incontroláveis, independentes de sua vontade. O riso espasmódico das personagens que acompanham sua agonia acentua esse aspecto de morte mecânica, que transforma o Bispo numa marionete acionada por fios invisíveis.

A montagem dos fragmentos temáticos não se dá em função da lógica do discurso racional, mas se baseia nas qualidades poéticas de cada notação e das imagens que ela será capaz de gerar na cabeça do espectador. Em outras palavras, o encenador e a cenógrafa, enquanto organizadores do sentido, não apenas inscrevem signos sobre a partitura espacial mas também põem em relação, ou, melhor, põem em situação cênica, todos os componentes do espaço[19].

O encenador percebe muito bem seu papel na escritura do espaço quando batiza sua função no espetáculo: "*Mattogrosso*. Situação, criação e direção de Gerald Thomas". A mudança do termo, de roteiro para situação vem da necessidade de nomear uma localização cênica, ou melhor, de definir a tarefa de situar – no sentido de edificar ou dispor espacialmente – figuras e imagens emblemáticas, representativas da experiência cultural dos artistas e do público[20].

O posicionamento e o relacionamento das figuras no espaço são os responsáveis pela estruturação de um sentido para o espetáculo, que nunca é uma significação fechada. Isso porque o percurso de imagens e o confronto de agrupamentos e *leitmotive* cênicos é que são os responsáveis pelo sentido que advirá da inter-relação deles. A impressão de ausência de um encadeamento narrativo vem do fato de que a progressão cênica não se dá enquanto progressão de significados, mas enquanto progressão dos materiais significantes, estes sim sofrendo um processo de transformação durante o espetáculo. O desenvolvimento do enredo se dá, portanto, através da lógica formal de transformação dos significantes, da modulação e articulação desses significantes no espaço.

19. É o que Patrice Pavis chama de *mise en space*. Ver a respeito "Notes pour une analyse sémiologique", em *Voix et images de la scène. Vers une sémiologie de la réception*, Villeneuve d'Ascq, Presses Universitaires de Lille, 1985, pp.188-194.
20. Bárbara Heliodora afirma que o uso do termo situação é um método ingênuo de evitar falar em texto ou roteiro. "Nem Tudo é Acaso no Belo *Mattogrosso*", *Visão*, 26.7.1989. "*Mattogrosso*, com 'situação' de Thomas (termo usado como ingênuo método de evitar falar em 'texto' ou 'roteiro') e música de Philip Glass, é uma memorável experiência visual e auditiva, prejudicada apenas pelo presunçoso discurso de sofomania de Thomas, baseada muitas vezes na capacidade de *épater le bourgeois* em alemão".

O caderno de direção de Gerald Thomas para *Mattogrosso* evidencia esse processo construtivo. Composto como *storyboard*, roteiro de imagens que dá conta da organização de todos os elementos cênicos – objetos, atores, iluminação, música –, não se detém em explicações sobre as causas ou conseqüências de determinadas conformações cênicas. Apenas organiza os materiais em um desenho inicial, que será parcialmente modificado na relação com os atores durante o processo efetivo de criação da cena.

O mecanismo que comanda esse trabalho, chamado de "obra do acaso total" (*Gesamtglücksfallwerk*)[21], não visa a uma estruturação de significados onde caiba ao espectador a tarefa de traduzir, a qualquer custo, as imagens e figuras cênicas através de interpretações que dêem conta do sentido maior ou do símbolo mais profundo que se esconde no meio do palco. O espetáculo não se deixa decifrar com facilidade porque sua forma de estruturação não prevê o esclarecimento através de uma seqüência de significados claros e unívocos. O que conta nesse tipo de construção é a disposição dos materiais e sua organização numa forma que predispõe o espectador a múltiplas leituras.

Como a predisposição é tramada pela articulação dos significantes em cena, sua lógica interna de transformação é que vai determinar as leituras, que serão mais ou menos produtivas, dependendo das associações de sentido que o espectador consiga fazer, dando conta de um máximo ou um mínimo de signos e estruturando melhor ou pior os sistemas significantes operados em cena[22].

Ora, a lógica que preside à construção do sentido em *Mattogrosso* é a lógica da transformação dos motivos espaciais justapostos no palco. Gerald Thomas entrega essa pista construtiva quando diz que pretendeu transformar a ária musical numa "coisa cênica", proposta que apresenta com clareza a intenção de transformar a peça melódica em um motivo teatral. Em *Mattogrosso*, é evidente que a ária se desenrola espacialmente, pois o som ganha um equivalente no espaço. Trata-se de uma quase ópera, ou de uma ópera seca, não apenas porque os atores não cantam. A narrativa não se desenvolve a partir de árias entregues aos cantores solistas, porque é feita através da modificação dos motivos espaciais trabalhados em cena. Se na ópera italiana tradicional cabe às árias costurar e conduzir a narrativa,

---

21. "Wagner qualificava a obra como 'obra de arte total'. Nietzsche ensina que todo o caso é um acaso'. Em *Mattogrosso* quis unir incestuosamente os dois com a "obra do acaso total." Gerald Thomas na entrevista a Vera Fonseca e Thereza Jorge, citada acima.

22. Patrice Pavis, "Em Busca" do Sentido, em *op. cit.*, p. 226.

em *Mattogrosso* é o *leitmotiv* espacial, semelhante ao tema descritivo wagneriano, que exerce essa função. Richard Wagner levou tão longe a semantização da música, não porque tenha conseguido que suas óperas "significassem" alguma coisa, mas porque elas possuíam uma espécie de pulsão significante, que possibilitava correlações substitutivas imprevistas. O *leitmotiv* foi o melhor meio que o artista encontrou para utilizar a música como elemento de substituição. É um procedimento que permite substituir uma seqüência musical, por uma noção dramática não musical, com a qual, por contigüidade ou similitude, ela se encontra ligada. Associado a uma personagem, um sentimento, uma idéia, um elemento ou ainda um objeto dramático ou simbólico, o *leitmotiv* permite antecipar a ação, iniciá-la ou dar-lhe um sentido *a posteriori*[23].

Em *Mattogrosso*, o espaço é a transposição manifesta do desenvolvimento dos temas e da alteração das situações. Vários motivos espaciais são apresentados e retomados com algumas modificações, como se cada seqüência contivesse em si mesma uma parte da outra que fosse sucedê-la.

Os motivos cênicos são estruturados como pequenos módulos narrativos, seqüências semelhantes reconhecíveis a partir do mesmo uso da luz, dos objetos e das personagens. É assim que acontece a seqüência da queda das mesas, que surge apenas duas vezes, abrindo e fechando o espetáculo. Na retomada final do motivo, as mesas estão ausentes e o golpe de bastão, desferido no ar, ocorre em sentido inverso, começando a partir do terceiro corredor até atingir a boca de cena. Às personagens que atuavam na primeira cena se justapõem outras figuras, na progressão temporal: Hamlet, carpideiras, heróis decrépitos da mitologia contemporânea.

O motivo seguinte abre o palco para o espaço inferior, marcado pelo alçapão e pela luz vermelha intensa, embaçada pela fumaça e pela poeira. O mundo subterrâneo volta a explodir no meio do espetáculo, com os vultos negros das personagens se agitando dentro da vermelhidão, enquanto o Bispo dubla sua própria voz gravada, anunciando o fim do movimento social[24]. A última retomada acontece na aparição da urna funerária de Ernst Matto, fechando o motivo do velório do herói.

---

23. Isabelle Moindrot, *La représentation d'ópera*, Paris, PUF, 1993, p. 67.
24. "Este é o fim do movimento social. Seus absurdos imbecis, não é mais democrático herói humano, sublime, humanístico, hieroglífico, metafórico, filosófico. La chiave maestra dell'opera".

O próximo motivo é construído pelas cadeiras em fila no vão do segundo para o terceiro corredor. A nota diferencial do espaço é que todos os outros corredores se apagam e o quadro aparece desenhado sobre um fundo negro, iluminado com luz quase branca, que contrasta com a obscuridade e o tom sépia geral. É a única seqüência que não comporta música e onde os atores falam realmente no palco, sem recurso à gravação. A primeira aparição reúne as personagens no tricô imaginário e no beija-mão da mulher. A retomada vem no meio do espetáculo, com o mordomo regendo a cena com uma batuta de maestro, para ser, logo em seguida, retirado à força por Ernst Matto. Com sua saída a música cessa e ele se incorpora às demais personagens enfileiradas de frente para o público, todas elas gesticulando e falando numa língua incompreensível[25]. A cena volta pela terceira e última vez com a mesma fila de oito pessoas sentadas de frente para o público, numa repetição abreviada da aparição anterior, com exceção de três signos / objetos acrescentados, pela primeira vez ao fundo neutro anterior: o muro à esquerda, a longa mesa ao centro, o arco de colunas à direita.

O último corredor, por ser o único a receber objetos de grandes proporções, transforma-se ele próprio numa seqüência, localizando quadros que subvertem maneiras codificadas de figurar o espaço da ópera: o espaço natural, composto pelas montanhas, rochedos, nuvens e lua; o espaço sagrado da necrofilia, representado pelas carcaças de boi, pelo muro, observatório e pedestal, pelos cascos enterrados de navio e canoa, pelo esqueleto ladeado pelos cadáveres; o espaço humano, indicado pelo ambiente cortesão das colunas e tronos e da longa mesa da *Lição de Anatomia* de Rembrandt, que abriga, em sua primeira aparição, os super-heróis da mitologia contemporânea, desalojados, na seqüência do motivo, pelos pesquisadores que se ocupam da investigação dos mapas do mundo. Na repetição da seqüência, posam nessa mesa de dissecação, o globo terrestre, o cérebro de um ser humano vivo, porque medido diretamente da cabeça de uma personagem, o cérebro morto da caveira, Pato Donald, Mickey, Superman, uma contemporânea rainha Elizabeth, Batman e Hamlet, Dart Waders e Electra, Bispo e Rainha.

É interessante observar que algumas seqüências desempenham a função de peças de articulação das várias matrizes visuais que se formam pela permutação dos elementos manifestados espacialmente, como num gigantesco quebra-cabeças reciclável. Não é por acaso que essas articulações são feitas pelos coros, versão contemporânea

---

25. Thomas chama a cena de Tribunal Russo presidido por um padre e um japonês (que chamei de Japonesa).

Abertura do caderno de direção de Gerald Thomas para *Mattogrosso* (Arquivo: Gerald Thomas).

Seqüência final, com a menina no balanço e a árvore seca à esquerda. Foto: Ari Lago (Abril Imagens).

e espacializada dos intermediários das ações da tragédia. As carpideiras trágicas, os lixeiros mendigos, os pesquisadores intelectuais e os Dart Waders da guerra espacial são os representantes da *polis* planetária deste fim de milênio, ainda que já tenham perdido seu papel de juiz das ações do herói, por falta absoluta de valores com que tecer o julgamento[26].

*Mattogrosso* não exclui os protagonistas, mas os desloca para o desempenho de meros percursos visuais. Da trajetória de Friedrich Ernst Matto, do Bispo, do Mordomo, de Hamlet ou da Rainha, sabe-se apenas que o tema é a própria caminhada, a travessia dos corredores na escuridão dos objetivos a atingir. Se a travessia já foi, para o simbolismo, metáfora da vida, o percurso desses protagonistas faz questão de mostrá-la através de uma tensão com o entorno, formado de coros, objetos e figuras que opõem resistência ao seu deslocamento solitário. Ernst Matto, como legítimo herói desse universo sem saída, termina seu percurso voltando ao início, como um Sísifo viciado no suplício, que não percebe a falta da pedra para carregar.

O painel de motivos que compõem *Mattogrosso* termina numa desconstrução fascinante, que assinala o desmoronamento da abstração tão bem arquitetada. Thomas levanta uma por uma as telas transparentes que formam os corredores até chegar às paredes do fundo do palco, envoltas apenas em luz amarelada. Preso aos urdimentos, um trapézio balança uma meninazinha nua. É sacudida nesse vôo sem rede nada mais nada menos que por Batman, o mito do herói transformado em clichê.

Ao mesmo tempo em que as telas se levantam para dar espaço ao real – o real do teatro, o real dos urdimentos, o real dos praticáveis que suportam os antes rochedos wagnerianos, o real dos atores andando de cá para lá, agora sem marcação rígida e sem o limite dos corredores – surge uma árvore plantada no meio do palco. Seus galhos secos retorcidos, sem folhas, são uma reprodução quase exata de uma árvore real. Uma árvore da Amazônia destruída pelas queimadas, que Daniela Thomas guarda em seu caderninho de cenógrafa. Ela resiste, sem floresta, em meio ao burburinho dos atores que a plantaram. *Mattogrosso* está ali, bem no meio do palco, como um alerta ecológico aos usurpadores de matos e navios.

---

26. Gerd Bornheim afirma que a tragédia se fundamenta num pressuposto último, jamais posto em dúvida, e se baseia numa organização e num sentido basicamente positivos. "Já o niilismo dos autores de vanguarda não permite qualquer crença ou a idéia de atingir um novo sentido. Eles se confinam a uma posição de passividade ou no máximo de revolta diante do niilismo ocidental, que parece então ser uma espécie de ponto conclusivo". Em : *O Sentido e a Máscara,* São Paulo, Perspectiva, 1975, p. 29.

Cortando o deslumbramento que essa visão provoca, entra uma gravação que anuncia com ligeiro cinismo: *"C'est fini, it's over*, acabou..."

# O Corpo em Cena

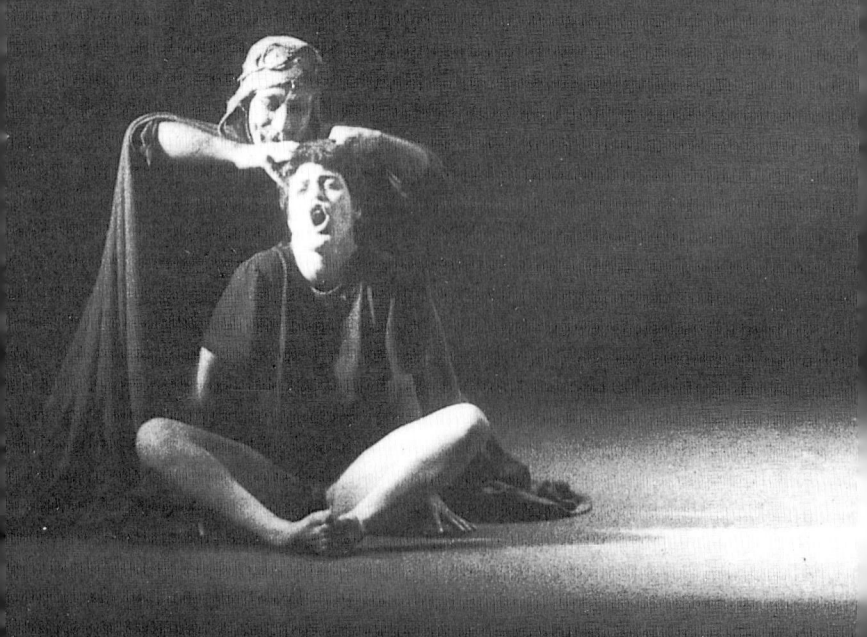

João Caldas

*CARMEM COM FILTRO 2*

Companhia de Ópera Seca

*Criação, direção e iluminação:* Gerald Thomas

*Cenário e figurino:* Daniela Thomas

*Elenco:* Bete Coelho, Luiz Damasceno, Edilson Botelho, Magali Biff, Marco Stocco, Domingos Varela, Joaquim Goulart, Kiti Duarte, Oswaldo Barreto

*Assistente de iluminação e operação:* Wagner Pinto

*Projeto de sonorização e operação:* Washington Oliveira

*Assistente de cenografia:* Carla Caffé

*Assistente de direção:* Jeffrey Neale

*Iluminador:* Sidney Rosa

*Cenotécnico:* Estevão Nascimento

*Criação de trilha sonora:* Gerald Thomas

*Música original:* Philip Glass

*Arranjos de violoncelo para Bizet:* Jacques Morelenbaum

*Produção original:* Artecultura

*Diretor de cena:* Domingos Varela

*Contra-regras:* Domingos e Kiti

*Orientação de dança flamenca:* Laurita de Castro

*Foto do cartaz:* Lenise Pinheiro

*Equipamento de luz:* Oficina de Luz

*Equipamento de som:* Studio Radar Som

*Produção executiva:* Michele Matalon e Cacá Ribeiro

*Produção e organização:* Dueto Produções

# O Corpo em Cena:
## Carmem com Filtro 2

O desempenho do ator num espetáculo de Gerald Thomas não pode ser separado do contexto geral da encenação. É mais um dos elementos de composição da totalidade cênica e o destaque do discurso da atuação, que procuro nesta análise, tem por objetivo muito mais o traçado da inter-relação ator-encenador do que propriamente o seccionamento deste trabalho específico dentro do processo de criação da cena.

O que parece existir nos trabalhos de Thomas, sobretudo em *Carmem com Filtro 2,* é o confronto entre um encenador, que mantém o controle geral dos mecanismos de construção do espetáculo, e um indivíduo de forte presença cênica, consubstanciada em certas idiossincrasias, que tem condições de responder com resistência física e imaginária – e portanto, teatral – a essa solicitação. E quanto mais potente é a resposta oferecida, maior o choque entre as duas polaridades e mais radical a cena resultante do confronto.

É importante apontar alguns dos procedimentos usados pelo encenador para potencializar essa relação. Todos visam, em última instância, a desestabilizar os mecanismos rotineiros de atuação, quer sejam emocionais, técnicos ou estéticos. Para empregar uma analogia com a ciência contemporânea, pode-se dizer que o princípio da incerteza é aplicado na sistemática desestruturação do arcabouço técnico do ator.

O processo de desconstrução principia com a desestruturação dos esquemas corporais rotineiros e a desestabilização dos códigos de interpretação já introjetados. Os *workshops* se assemelham a um ritual de iniciação ao contrário, no qual todas as certezas técnicas, metodológicas ou teóricas que o ator possa trazer de seu aprendizado anterior são sistematicamente demolidas.

Um dos exemplos de exercícios utilizados para esse fim é a chamada "respiração inversa", que consiste basicamente na contraversão do mecanismo respiratório natural, onde o ator inspira contraindo a musculatura abdominal e, no momento da expiração, relaxa o diafragma, geralmente expandindo a saída do ar com a emissão de um som.

Essa primeira inversão, que desnaturaliza um dos atos mais instintivos do ser humano, precede pequenas ações "sem ar", em que o ator deve levantar do chão, empurrar seus parceiros, andar e desenvolver algumas seqüências gestuais depois de expelir todo o ar dos pulmões, mantendo-se naturalmente – ou, melhor, artificialmente – sem respirar.

Após um rápido treinamento nessas ações mínimas, intercaladas por respirações ansiosas, o ator passa a desafios maiores. Desta vez, deve expelir todo o ar dos pulmões e caminhar em câmara lenta de um extremo a outro do palco, onde está uma mesa com um maço de cigarros e um isqueiro. O objetivo é acender o cigarro com o auxílio do vácuo criado pela ausência de ar.

A impressão que se tem vendo o exercício é que o ponto de concentração de Stanislavski foi colocado num limite entre vida e morte. A pressão orgânica da falta de ar faz com que o ator perca qualquer gesto realista – as mãos tremem, o corpo oscila, o rosto congestiona, os olhos arregalam. O gesto final de acender o cigarro é compulsivo e desesperado, tão compulsivo e desesperado quanto a gestualidade dos atores na cena de Gerald Thomas[1].

O risco físico do exercício e a desestabilização dos mecanismos de controle que ele opera lembram de imediato algumas experiências de Grotowski na busca da superação dos limites corporais do ator. Evidentemente, não se pretende aproximar as duas propostas de teatro, bastante distintas, mas apenas associar procedimentos similares que se destinam, em última instância, a erradicar bloqueios, permitindo ao ator escapar à camisa-de-força do gesto convencional[2].

---

1. Os exercícios fizeram parte de um *workshop* que Gerald Thomas realizou no Teatro João Caetano nos dias 19, 20 e 21 de abril de 1993, numa promoção do Departamento de Teatros da Secretaria Municipal de Cultura.

2. A técnica indutiva de Grotowski, enquanto princípio de erradicação de bloqueios e não de acúmulo de habilidades, é utilizada, ao contrário dos exercícios de

Gerald Thomas aponta para a fisicalização e o risco implícitos nesse tipo de desempenho, quando empresta a imagem de um atropelamento para explicitar a situação do ator em seu teatro:

> Eu uso uma metáfora: se você for atropelado aqui no meio da rua, você não precisa fingir de atropelado. Você não precisa berrar como você acha que uma pessoa atropelada berra: você está atropelado[3].

Deixando os exercícios de preparação e passando ao processo de criação do ator, seu mecanismo preferencial é a produção da incerteza, pela sonegação sistemática de informações que localizariam o trabalho dentro de uma moldura contextual precisa. Thomas parte de uma série de dados organizados *a priori*, fragmentos de seu universo imaginário e, através de metáforas e analogias, procura induzir o ator à produção de algumas situações e formações visuais que devem inscrever-se em seu corpo, apontando, na medida do possível, para a imagem concebida inicialmente.

O ponto de partida pode ser, por exemplo, um de seus desenhos, geralmente imagens de cunho expressionista, deformadas e não-realistas, através das quais o ator pode intuir o perfil que o encenador pretende imprimir a esta ou àquela figura. Um esboço distorcido pode exibir, por exemplo, a postura física de Carmem em muitas das cenas do espetáculo.

Bete Coelho compara essa abordagem à situação de um quadro onde o ator tivesse que encontrar sua localização.

> O Gerald, antes de ser um encenador, era um pintor, ele desenhava. Ele sempre tem imagens muito legais de corpos, de cores, de situações. [...] Então eu acho que o diretor diz assim: "Eu quero fazer um quadro impressionista, [...] eu quero que tenha um lago ali no meio do quadro". E você tem que saber que lago é o seu pra você fazer aquele lago daquele quadro. Como você vai se juntar a esse quadro impressionista[4].

Dessa maneira, o ator inicia o processo recebendo noções abstratas sobre a forma como a cena deve realizar-se, sem ter ainda qualquer idéia do referente imediato dela. O objetivo é fazer com

---

Thomas, para permitir a penetração psíquica do ator. "Ele deve aprender a usar o papel como se fosse um bisturi de cirurgião, para dissecar. [...] O fato importante é o uso do papel como um trampolim, um instrumento pelo qual se estuda o que está oculto por nossa máscara cotidiana – a parte mais íntima da nossa personalidade – a fim de sacrificá-la, de expô-la". Em J. Grotowski, *Em Busca de um Teatro Pobre*, Rio de Janeiro, Civilização Brasileira, 1971, p. 22.

3. Gerald Thomas em Otávio Frias Filho, "Gerald Thomas Leva a Literatura de Kafka aos Palcos do Teatro", *Folha de S. Paulo*, 12.1.1988.

4. Entrevista realizada por mim com a atriz Bete Coelho em 28 de maio de 1993, no Teatro Ruth Escobar.

que ele construa paulatinamente uma organização formal para o seu corpo sem recorrer a um apoio mimético mas, ao contrário, moldando, através dos ensaios, seus gestos e movimentos como se pudesse transformá-los em coreografia.

Thomas sempre pede ao ator que se transforme em espectador de sua própria atuação e aja como se estivesse na última fila do teatro e observasse a si mesmo fazendo alguma coisa. A exigência de enxergar-se "na terceira pessoa" procura induzir a um controle formal do desempenho, na medida em que, até esse momento, o ator deve lidar simplesmente com a tradução particular que os fragmentos de propostas do encenador venham a assumir em seu corpo. Na medida em que essa tradução vai estar inscrita fisicamente, ele deve ser capaz de visualizar o que se passa em seu instrumento de trabalho. A premissa única é que cada gesto tenha uma presença real e que o ator trabalhe na área da percepção, procurando ver-se de fora o tempo todo. A distribuição do peso no corpo, os músculos que usa para executar determinado movimento, os ângulos abertos na composição de um gesto, todos esses dados devem ser dominados de forma consciente, para que possam, no momento seguinte, repetir-se como uma partitura. Gerald Thomas descreve sinteticamente esse princípio de trabalho:

> Eu pego pelo braço, marco todos os movimentos, dou a musicologia do texto que ainda não veio, mexo na cara, na sobrancelha, ensino como tensionar o corpo para aquele momento específico. O ator aprende aquilo e aprende a se sentir orgânico dentro disso, dia após dia. Esses movimentos (que em dança ficariam só nisso, sem maiores explicações) passam a constituir toda a informação estética e poética que o ator tem sobre determinada cena. As informações específicas ele ainda não sabe, mas intui que se trata de uma, digamos, morte, amor, decepção, briga, ou seja lá o que for[5].

A descrição do trabalho confirma alguns depoimentos de atores que aproximam o encenador de um regente que, em alguns casos e circunstâncias, chega a milimetrar o movimento do corpo e a modulação da voz, esculpindo a postura e o gesto mais corretos e o tom mais preciso[6].

---

5. Gerald Thomas em carta ao crítico Marco Veloso de 14 de dezembro de 1989.
6. Ao assistir à leitura dramática de *Hamlet* no Teatro Sérgio Cardoso, em julho de 1990, tive exatamente essa impressão, pois o diretor parecia um maestro regendo os movimentos e entonações de Bete Coelho. A atriz admite esse tipo de interferência, que ressalva não ser a única, em depoimento publicado no programa da *Trilogia Kafka*, p. 7. "Mas gosto também quando Gerald me robotiza completamente..." Luiz Damasceno, em entrevista realizada por mim em 26 de julho de 1994, confirma a "regência" no caso de alguns atores, afirmando que Thomas se comporta

O encenador afirma que durante algumas semanas vai ensaiar apenas essa parte mecânica, sem nenhuma palavra. O ator aprende como e por onde realizar sua entrada no palco, a maneira de se movimentar e até mesmo a direção do gesto em determinada situação, bem como o instante exato de refreá-lo. Os movimentos nunca são arbitrários, mas rigorosamente cronometrados a partir de gráficos que Thomas chama de *homework,* os estudos de casa, onde organiza através de desenhos, setas, números, metros e seu equivalente em minutos, o plano de movimento do ator.

Resolvida a parte mecânica do gesto e a organicidade geométrica do movimento, o passo seguinte é a introdução do texto. Mesmo essa fase, como era de esperar, não acontece de forma tradicional. Em lugar de estruturar as cenas numa seqüência que se desenvolva do princípio até o final do espetáculo, Thomas embaralha propositalmente as cenas, de modo que o ator não sabe o que antecede nem o que deve suceder determinada seqüência.

O procedimento, evidentemente, desestabiliza os objetivos da atuação. Para ficar com um dos topos mais conhecidos do método de Stanislavski, é como se fosse negado ao ator o super-objetivo e, pela subtração do alvo a atingir, ele não conseguisse construir uma linha de atuação lógica que o conduzisse ao desenlace. A ausência de encadeamento impede a criação numa linha consecutiva e introduz um desnorteio sistemático (se é que é possível essa conjugação) que expõe o ator ao impacto de rupturas inesperadas e fragiliza o desenvolvimento lógico da ação.

> Eu dirijo teatro como se dirigisse um filme. Eu começo pela cena quatorze. Imprimo a cena quatorze pra não criar história, pra não criar aristotelismo, pra não ter princípio, meio e fim. Os atores percebem quando eles decoram o texto da cena quatorze que ele se encaixa milimetricamente dentro daquela biomecânica que eles fizeram. O meu trabalho parou aí. Agora começa o trabalho deles. Eles vão necessariamente construir uma historinha. Um ator só funciona dessa maneira. [...] O subtexto dele, o mais amplo possível pra mim é melhor. Então, se ele está falando "Verdes eram os campos da Groenlândia" sem saber em que hora do espetáculo isso acontece, pra mim é ótimo. Aí a cabeça dele vai voar como eu quero que voe. Ele vai maximizar a peça[7].

com cada um de maneira diferente. "A Bete Coelho era dirigida milimetricamente: 'agora respire, agora ponha a mão no chão, agora grave, grave, grave, agora sobe, sobe, sobe.' Ele ficava regendo ela como se fosse um maestro. Talvez nas conversas particulares ela argumentasse alguma coisa, mas eu não via. Mas ela solicitava isso, ela queria isso, ela precisava disso."

7. Gerald Thomas em entrevista inédita ao crítico Edélcio Mostaço, setembro de 1986.

O depoimento revela que o domínio corporal da situação precede a introdução das falas, justapostas à *performance* definida anteriormente. Como os fragmentos de texto nunca têm um substrato realista, não implicam acréscimo substancial de dados lógicos àquela formalização inicial. É o que revela o depoimento de uma atriz que experimentava, pela primeira vez, esse método de trabalho:

> ... eu via o texto como uma música – eu nunca entendia nada do que estava escrito. Eu fazia escalas, modulações. Até que, por causa das conversas com o elenco, eu fui procurar as informações do texto e comecei a entender, ou seja, comecei a colocar o meu universo dentro dele. O significado que o texto tem pra mim é um pouquinho do que o Gerald me diz e muito do que eu atribuo, o meu significado[8].

Nessa altura dos ensaios, o ator já entendeu que texto e movimento podem ser contraditórios, pois é exatamente a justaposição entre duas manifestações concebidas separadamente que vai gerar o estranhamento na interpretação, a sensação de situações bizarras, em que o gesto jamais denota um significado preciso mas, ao contrário, se assemelha a uma coreografia acontecendo de modo paralelo à partitura vocal. É evidente que esse processo de trabalho não visa a uma harmonia expressiva mas, ao invés, pretende alimentar a cisão e, se possível, a discrepância entre o desenho corporal e a inserção textual. É ainda Gerald Thomas quem explica o porquê do recurso a essa disjunção:

> Eu usava um exemplo assim: se desde o primeiro dia de ensaio eu digo para um ator que ele vai fazer um nazista, ele vai pra casa, faz cara de mau, incha o peito, fica grosseiro, enfim, faz o clichê do nazista. Eu procuro o contrário. Eu diria, portanto, pra esse ator, que ele ia fazer o papel de um médico bonzinho. Passaríamos por toda a fase de informações e, no final, viria o texto falado por um nazista[9].

Depois de completar o trabalho de levantamento das cenas em ordem aleatória, o encenador, a poucos dias da estréia, informa o ator sobre o seguimento real das cenas. Esse movimento desencadeia, naturalmente, uma reação de pânico coletivo, pois o elenco não sabe exatamente que roteiro seguir, está inseguro quanto a suas entradas em cena, não consegue dublar com precisão os textos gravados (outro dos mecanismos usados para separar o corpo da voz) e, acima de tudo, foi impedido de organizar um fio narrativo que orientasse seu desempenho. É através desse processo que o encenador chega àquilo que mais procura no ator. "A hesitação é necessária no meu trabalho. Eu preciso daquele pânico do ator pra que se crie um pânico sensorial

---

8. Vera Holtz no programa do espetáculo *Eletra com Creta*, 1986.
9. Gerald Thomas em carta a Marco Veloso, s.d.

no espectador durante algum tempo. Essa troca de pânicos sensoriais é o que faz fluir entre ambos uma energia metafórica, imaginária, abstracionista."[10]

Pode-se especular se essa hesitação não é perdida depois de um mês de temporada, quando os mecanismos do inesperado já foram anulados pela rotina da repetição dos espetáculos. O problema, ou a solução, é fazer com que o espetáculo mude incessantemente, não se estabilizando jamais numa forma fixa. *Carmem com Filtro 2*, nas várias apresentações e reestréias, sem contar a primeira versão do espetáculo, teve cenas cortadas, deslocadas na seqüência, acrescentadas, mescladas para formar uma terceira, e assim por diante.

Nessa ciranda de modificações, é difícil que a hesitação abandone o ator completamente. Luiz Damasceno, que acompanha Gerald Thomas desde a primeira encenação de *Carmem* em 1986 e é um dos fundadores da Companhia de Ópera Seca, mesmo com a prática contínua desse processo criativo, continua inseguro com as mudanças.

> A gente sabe as cenas mas nunca a seqüência. Ele elabora as cenas e depois ele vê qual é a seqüência. No ensaio geral acontece essa elaboração. Então eu já estreei desesperado, não sabendo o que eu tenho que fazer na cena seguinte. [...] E não é só isso. Acabou de estrear, no dia seguinte ele muda uma série de coisas. Então você já não sabia direito como é que era, e tem que acrescentar as mudanças a essa pouca clareza que você tem da seqüência. Você já tinha uma certa familiaridade com alguma coisa que vai ser bagunçada pela mudança do dia seguinte. [...] Quando você conseguiu ter uma lógica ele vem e diz: "você vai fazer tal coisa, completamente diferente". E você pensa: Agora eu vou ter que fazer tudo outra vez? Será que eu vou conseguir terminar até o final da temporada?[11]

Em texto publicado no programa de *O Império das Meias Verdades*, Thomas confirma essas modificações constantes e reconhece o nível de tensão emocional e física que elas são capazes de gerar no ator, mas nem por isso deixa de considerá-las desejáveis, pois implicam mudança de postura diante dos mecanismos de atuação. Reproduzo aqui um excerto que esclarece essa concepção:

> Lá pelo final da temporada do Rio, Magali Biff falou pra mim, "Ufa, tivemos trinta e tantas estréias. Será que vamos conseguir ter um espetáculo quando chegarmos a São Paulo?" O elenco inteiro explodiu num riso tenso, quase histérico. Eu sabia que a ansiedade de cada um já estava lidando com a exaustão de estarmos no palco todos os dias, há três meses, incluindo os dias de espetáculo, incluindo os dias com duas sessões.
> Não dou descanso aos meus atores. Não deixo eles em paz. Ou estão no palco tentando decifrar uma cena comigo, ou estão no estúdio de som, gravando um texto

---

10. Gerald Thomas em entrevista a Edélcio Mostaço.
11. Luiz Damasceno em entrevista realizada por mim no dia 26 de julho de 1994, na Escola de Arte Dramática da USP.

que irá pro palco naquela noite, sem que tenham tempo de refinar a memória pra se dublarem melhor. Vejo, há tantos anos, atores indo para o hotel, após um longo ensaio, com a cara amarrotada de ansiedade. Dentro dessas cabeças deve ser assim: "Meu Deus, faltam cinco dias para a estréia. Me ajuda pra eu achar algum... alguma... algum fio condutor". Na verdade não é Deus que vai ajudar. São eles mesmos. Mas só quando houver uma espécie de reprocessamento de dados na arte de ser ator: quando matarem a representação e adotarem a interpretação[12].

As definições de Thomas para interpretação e representação são, como todo seu trabalho, bastante singulares. A interpretação é definida como a capacidade que o ator tem de colocar-se em frente a um fato ou evento, discutindo, criticando e chegando a conclusões próprias. É preciso criar no ator esse canal reflexivo, o único capaz de revelar em cena um processo de pensamento e transformá-lo em "ator inteligente", aquele que consegue reagir ao que está à sua volta. Já a representação seria uma mera repetição de esquemas pré-estabelecidos, a execução disciplinada de algo sem recurso à inteligência:

> O meu processo de trabalho com o ator busca a decomposição da matéria didática e a viabilização para que o ator aceite o fato de que ele não vai poder assumir certas coisas como coisas vividas e caracterizadas e sim receber instruções de sons fundamentais, imobilidades físicas e figurações abstratas... É preciso criar no ator um canal que faça com que a interpretação revele um processo de pensamento e não a palavra pronta, vivida[13].

A "palavra vivida" tem de ser evitada – impossível não lembrar da técnica de "reviver" de Stanislavski – porque, segundo Thomas, a verdade pode ser um empecilho ao trabalho do ator, na medida em que conduz a uma interiorização nociva ao poder expressivo da palavra e à capacidade de criar imagens potentes, complexas, não-realistas, de alta voltagem poética e baixo apontamento indicial.

> O Papa Pio I que Velasquez pintou com a boca aberta é quase que um clichê do melodrama, emocionante pra caralho. Eu pergunto pro ator: mas o que a tela está sentindo pra chegar a isso? Nada, a tela é um objeto inanimado. Stanislavski não funciona em pintura. Pintura é impressão. Teatro também é impressão. Se eu estou vibrando com você no palco, meu olho está dentro do seu de uma maneira louca, isso não quer dizer que esteja passando nem pra segunda fileira. Eu posso não ter a menor conexão com você no palco, eu estou olhando pra cá e você pra lá. Pra eles a gente está dando a impressão de estar se entreolhando e entredevorando. Porque uma consciência física nossa pode fazer com que nosso tempo, o nosso espaço físico, seja tão forte, tão gelatinoso que possa ser cortado a faca[14].

12. Gerald Thomas, "Nota sobre o *Work in Progress*", programa de *O Império das Meias Verdades*, 1993.
13. Gerald Thomas em Edmar Pereira, "Um Dia na Vida de Quem Viaja no Limbo do Palco", Programa da *Trilogia Kafka*, 1988, p. 16.
14. Gerald Thomas em entrevista ao crítico Edélcio Mostaço.

A idéia fundamental implícita na afirmação de Thomas é de que o corpo do ator deve formar uma linguagem concreta, física, construída com base em signos gestuais, como queria Artaud e como quer Grotowski. A oposição desses artistas se faz em relação à teoria clássica do gesto que, do mesmo modo que Stanislavski, considera a gestualidade como a exteriorização de um conteúdo psíquico preexistente. Segundo essa concepção, o gesto seria a tradução exterior de sentimentos, pensamentos e mensagens expressas corporalmente, signos visíveis dos movimentos interiores da alma[15].

Ora, nos espetáculos de Thomas, incluindo *Carmem com Filtro 2*, não se considera o gesto como expressão de algo vindo do interior e dirigido para o exterior. O código gestual revela uma concepção antipsicológica do gesto, em que ele não é a conseqüência exterior de um movimento psicológico, mas a produção global de uma atitude física e psíquica, ao mesmo tempo um produto e uma produção[16].

## PERSONAGEM, PERSONA, FIGURA

O segundo movimento de desconstrução providencia a dissolução da personagem dramatúrgica, que tem sua identidade seqüestrada.

Essa entidade tradicional sempre foi, em última instância, a portadora preferencial do sentido no teatro, na medida em que sempre consubstanciou, através do ator, a palavra em cena. Ocupando o lugar de uma ausência – a do autor que criou a personagem fictícia e lhe deu a palavra – e agindo, portanto, como elemento mediador entre a voz passada do dramaturgo e o presente cênico do espectador, o ator tinha autoridade de porta-voz: de uma personagem, um sentido, uma mensagem, uma emoção, uma ideologia.

É evidente que considerar o ator simplesmente um porta-voz do dramaturgo é diminuir seu papel de recriador da personagem, o que

---

15. J. J. Engel, "Idées sur le geste et l'action théâtrale", *apud* Patrice Pavis, *Voix et images de la scène*, Villeneuve d'Ascq, Presses Universitaires de Lille, 1985, p. 114. Apesar de Stanislavski valorizar, especialmente no período final de suas investigações, o método das ações físicas, continua a localizar o impulso da produção gestual na emoção interior. É interessante lembrar, a esse respeito, a afirmação axial para a estruturação de seu método: "O movimento e a ação que têm suas origens nos recessos da alma e seguem um traçado interior são essenciais para os verdadeiros artistas..." em *A Construção da Personagem*, trad. Pontes de Paula Lima, Rio de Janeiro, Civilização Brasileira, 1970, p. 74. Ver a esse respeito J. Guinsburg, *Stanislavski e o Teatro de Arte de Moscou*, São Paulo, Perspectiva, 1985.

16. Patrice Pavis, "Problèmes d'une sémiologie du geste théâtral", em *Voix et images de la scène*, *op. cit.*, p. 109.

é inegável. Emprestando a ironia de Anatol Rosenfeld, o ator não é garçom. Ele também participa da preparação do prato[17].

Mas o que interessa ao desenvolvimento deste raciocínio é ressaltar o fato de que para ser porta-voz o ator necessita, evidentemente, da identidade de uma voz que preceda o transporte. Não interessa tanto se essa identidade é realista, baseada numa construção mimética que vise a reprodução de uma pessoa real; ou se ela se ampara em dados simbólicos, onde o que se reproduz é um sentimento abstrato ou uma entidade alegórica; ou se está apoiada numa codificação gestual e num reducionismo tipificado de dados psicofísicos. O importante a ressaltar é a manutenção de um paradigma de identidade. Para que a personagem exista, é necessário que haja alguma espécie de organização e disposição que a materialize.

Ora, uma das principais tarefas de Gerald Thomas e de boa parcela do teatro contemporâneo, especialmente a partir de Beckett – confessadamente a grande matriz das criações do encenador –, foi operar o esvaziamento sistemático da entidade personagem, despojando-a de seu papel milenar de suporte de signos[18].

No caso de *Carmem com Filtro*, tratava-se de esvaziar a personagem da mulher fatal de sua substância mítica. Pois o que interessou a Thomas desde a primeira montagem, realizada com Antonio Fagundes e Clarisse Abujamra em 1986, foi a possibilidade de "incestuar" essa figura com outros mitos do feminino, transformando-a não mais em personagem individualizada e datada mas numa figura composta pela sobreposição de várias máscaras/camadas temporais[19].

A entidade resultante dessa fusão é uma figura construída pela sobreposição de uma série de temporalidades, fragmentos de personagens desgarradas de obras que o encenador julga emblemáticas da história da arte e da cena. É o que Thomas enfatiza em várias de suas declarações, em especial neste depoimento:

> Quando eu dirijo um ator, já tento fazer uma composição mitológica de todas as criaturas que compõem o teatro. Como o Hamlet pode estar isento de Medéia, como o Estragon de *Esperando Godot* pode estar isento de Hamlet, como o Titorelli de Kafka

---

17. Anatol Rosenfeld, "Da Criação do Ator", em *Prismas do Teatro*, São Paulo, Perspectiva, 1993, p. 33.
18. Segundo Patrice Pavis, a desconstrução, a ampliação grotesca, os desdobramentos e as permutações de personagens refletem a demolição do edifício do sujeito e são característicos da divisão da consciência psicológica e social no mundo contemporâneo. Em *Diccionario del teatro*, trad. Fernando de Toro, Barcelona, Paidós, 1983, p. 362. Um amplo panorama da situação atual da personagem no teatro é traçado em Robert Abirached, *La crise du personnage dans le théâtre moderne*, Paris, Gallimard, 1994.
19. Gerald Thomas em entrevista ao crítico Edélcio Mostaço, *op. cit.*

pode estar isento do Titurell de Wagner em *Parsifal*? Como a história pode se livrar dela mesma? Ninguém pode se livrar de seu dia anterior, ele estará refletido no dia seguinte. Por que, então, não passar por Dante, Proust, Beckett, Shakespeare, os mitológicos gregos, se a gente, hoje, não compõe uma imagem secular, mas milenar? Por que não colocar num ator essa soma universal de tudo o que o ator representou nos três mil anos de cultura que a gente absorve hoje?[20]

A concepção de Thomas reserva ao encenador o papel de um arqueólogo que, neste final de milênio, se dedica a livrar da poeira dos séculos as ruínas de personagens esculpidas por dramaturgos, romancistas, poetas, libretistas e compositores. O procedimento de encenação, neste caso, se aparentaria aos mecanismos da memória, na medida em que promoveria uma busca de imagens arquivadas que, através de justaposições analógicas, sofreriam um engravidamento de sentidos. Em sua inserção cênica, essas matrizes – no caso de *Carmem*, uma determinada matriz de feminino – funcionariam como pontos de confluência de uma torrente de figurações da cultura ocidental, materializadas em momentos emblemáticos do imaginário do encenador e, supostamente, também do espectador.

Sempre de acordo com Thomas, a finalidade da justaposição de várias personagens seria criar novas perspectivas de visão de um mesmo mito. No processo de justaposição de fragmentos, uma não desfaria a outra, mas apenas abriria novas perspectivas de visão da outra.

O processo arqueológico e analógico abre, portanto, possibilidades de revisão do contemporâneo pelo reconhecimento do arcaico. O garimpo da memória ancestral transforma o processo diacrônico da história em sincronia de vultos e figuras que, convivendo no presente da cena, funcionam como filtros umas para as outras.

No caso do mito de *Carmem*, um dos filtros são os segmentos de personagens que agem como camadas superpostas a um núcleo inicial. Esse núcleo começa a construir-se com o gesto da primeira Carmen de Prosper Merimée, criada num conto breve de 1845, onde o escritor romântico francês fixa a vida dos ciganos espanhóis, destacando a figura da mulher fatal que destrói a vida do tenente José.

A seqüência de reinterpretações começa pela vulgarização romântica de Georges Bizet, que imortalizou a cigana através dos *leitmotive* da ópera, com libreto de Meilhac e Halévy composto em 1875. Thomas se baseia especialmente no enredo da ópera de Bizet[21] e agrega

---

20. Gerald Thomas em "Judeu Errante, Irado e Irônico. Ou, Gerald Thomas", programa da *Trilogia Kafka*, São Paulo, 1988, p. 13.
21. Apresento um breve resumo da ópera, feito a partir de Georges Bizet, Ludovic Halévy, Henri Meilhac, *Carmen*, em *L'Avant-Scène Opéra*, n. 26, março/abril 1980. Às portas do quartel de Sevilha o cabo Morales monta guarda quando se

às citações da narrativa operística a Helena grega, mítica causadora da Guerra de Tróia, e a Helena do *Fausto* de Goethe, recuperada através das "transluciferações mefistofáusticas" de Haroldo de Campos em seu livro *Deus e o Diabo no Fausto de Goethe*[22]. Tanto a personagem grega quanto a fáustica trafegariam dentro da mesma matriz de Carmem por serem mulheres cujo amor induz ao crime, as famosas "devoradoras" de homens que, segundo Thomas, compõem a "besteira mais inesgotável da história"[23].

A intertextualidade ou o incesto, como Thomas prefere, conduz, portanto, a construção da figura de Carmem, que resulta numa fragmentária justaposição de fatias de gestos e falas de personagens ou, na definição hiperbólica de seu autor, é "uma falta de personalidade repleta de setecentas mil personalidades"[24]. Essa figura virtual não tem, portanto, um cunho definido, nem tampouco a coerência e exemplaridade das personagens fictícias, pois só existe a partir de uma mediação, de um ser em relação a alguma outra coisa que causa paralelos e atritos na referência inicial.

O procedimento intertextual se baseia no pressuposto de que o público dispõe de uma herança cultural que lhe permite decodificar o

---

aproxima a camponesa Micaela, que acaba de chegar da cidade natal de Don José e procura por ele. Morales avisa que o tenente assume no próximo turno. Micaela retorna mais tarde e entrega a José uma carta de sua mãe, onde esta sugere o casamento entre os dois. Carmen, uma cigana que trabalha na fábrica de cigarros ao lado do batalhão de guarda, tenta seduzir José e joga uma flor em seu rosto. Pouco depois ela se envolve numa briga e José é encarregado de escoltá-la até a prisão. No caminho Carmen completa a sedução e José permite que ela escape. É punido e passa algum tempo no calabouço. Quando sai, reencontra Carmen na taverna de Lillas Pastia, onde ela canta e dança para ele. Na saída José se desentende com o chefe de seu regimento, Zuñiga, que também está interessado em Carmen, mas a briga é apartada pelos contrabandistas amigos da cigana. Impossibilitado de retornar ao batalhão de guarda, José deserta e se reúne a Carmen e ao grupo de ciganos. Nas montanhas onde os ciganos acampam Carmen lê as cartas e prediz sua morte e a de José. Pouco depois chega o famoso toureiro Escamillo, que conhecera Carmen na taverna de Pastia e está à sua procura. José o desafia para um duelo de faca e a cigana tem que interceder para impedi-lo de matar Escamillo. Micaela também aparece no acampamento para avisar José de que sua mãe agoniza. Ele parte com ela. Em Sevilha, diante da arena de touros, D. José reencontra Carmen e tenta convencê-la a voltar para ele, mas ela se recusa e confessa seu amor por Escamillo. Ao ouvir o clamor do público que anuncia a vitória do toureiro, Carmen faz menção de ir encontrá-lo. José a apunhala.

Na novela de Merimée o toureiro Escamillo é o picador Lucas, existe um marido de Carmen, que é assassinado por José, mas a principal diferença em relação à ópera é a ausência da personagem Micaela, introduzida pelos libretistas como a provinciana tímida e recatada que se contrapõe à figura da cigana. Prosper Merimée, *Carmen*, Paris, Bordas, 1984.

22. Editado na coleção Signos da Ed. Perspectiva, São Paulo, 1981.
23. Gerald Thomas em "Programa", *Jornal do Brasil*, Rio de Janeiro, 19.8.1990.
24. Gerald Thomas em entrevista ao crítico Edélcio Mostaço.

mito. Aproveitando o modelo mais ou menos homogêneo, composto *a priori* no imaginário do espectador, o encenador pode partir diretamente para a desconstrução. A percepção do processo desconstrutivo supõe, portanto, que o espectador seja um iniciado no código e deva conhecer, ainda que superficialmente, a personagem de Carmem. Não interessa tanto se esse conhecimento vem da ópera, do teatro ou mesmo de um filme. O que merece ser ressaltado aqui é que a construção do ator, ou a desconstrução do encenador, vão estar baseadas em códigos de leitura anteriores: o código das figuras de teatro, com processos de estrutrução predeterminados. Tanto quanto os traidores e apaixonados do melodrama, também a mulher fatal é uma figura obrigatória, cujos traços distintivos são sempre os mesmos. Daí a possibilidade de aglutinação das várias personagens numa só. Daí a necessidade de contrapô-las a um *environment* que decodifique o papel codificado. Ao encenador e ao ator cabe utilizar o código preexistente para subvertê-lo.

DESCONSTRUÇÃO

A figura de Carmem é mostrada fragmentariamente. Seu esboço não se dá enquanto desenrolar dramático, onde a construção da totalidade seja manifestada através de segmentos de ações, gestos, atitudes e expressões que conduzam, paulatinamente, a uma globalização dos traços distintivos. O que se mostra em cena é uma interpretação em forma condensada, sintética, que decompõe o movimento de Carmem em seqüências abruptas por onde irrompem as situações diferenciais ou as variações qualitativas da personagem. Um corte brusco separa uma seqüência da outra, como se um determinado esquema de emoção explodisse numa síntese gestual ou saltasse de uma determinada postura.

A decupagem do desempenho é operada com ironia e *black-outs*. O apagar e acender das luzes marca mudanças de posição dos atores e inicia novas seqüências de movimento, que fragmentam ainda mais a composição da personagem, mostrada através de *tableaux vivants* que desenham referências sincopadas a determinados clímaxes dramáticos. É o caso da segunda seqüência do espetáculo, "José I ao telefone", onde Carmem se apresenta pela primeira vez no palco[25].

25. A seqüência das cenas do espetáculo é a seguinte: Abertura, 1. José I ao Telefone, 2. Nascimento da Boneca, 3. Cena das Bruxas, 4. José I Morto no Carrinho, 5. Seqüência do Confuso, 6. *Via Crucis* com Samba, 7. Esboço do Buraco do Xixi, 8. Esboço de Tem Fogo, Morales, 9. Dois Josés no Espelho, 10. Tem Fogo, Morales?, 11. Micaela/Carmem: Tua Paixão por Mim..., 12. Cena Dó, Ré, Mi, 13. Carmem e

Edilson Botelho (José II), Bete Coelho (Carmem), Oswaldo Barreto e Luiz Damasceno. Seqüência "Morte de Carmem". Foto: João Caldas.

O cenário é uma imensa biblioteca de sete metros de altura, que imita concreto. Existe uma mesa suspensa dos urdimentos. Uma tela transparente fecha a boca de cena.

A seqüência principia pelo toque ininterrupto de um telefone que polui a música de Philip Glass. Fumaças invadem a cena e ocupam toda a parte inferior do palco. No chão, em frente à primeira coxia da direita, abre-se um foco no telefone que continua a tocar com insistência.Vindo da esquerda do palco, José I (Marco Stocco) e José II (Edilson Botelho) se arrastam em direção ao telefone, braços estirados, cambaleando como agonizantes. A sombra dos atores é projetada para frente, criando a impressão de dois espectros que se movimentam com uma lentidão minimalista. Os dois homens repetem os mesmos movimentos, como simulacros que indicassem a duplicidade de Josés. No andar superior, no centro de um nicho do cenário, Carmem (Bete Coelho), parada como estátua, principia um movimento exatamente embaixo da mesa suspensa e iluminada como ela. A dança é lenta inicialmente, ritmada por sapateados leves que não acompanham a música. A postura é a de uma dançarina espanhola com o peito alçado, um dos braços volteando sobre a cabeça, o outro segurando a saia que se agita ajudando a marcar o ritmo. Conforme movimenta as saias de um lado para o outro, descobre as pernas cobertas por meias negras. Aos poucos o sapateado se intensifica, acompanhando o ritmo da música que se avoluma. Gradativamente, Carmem se dilui como uma imagem distante perdida na bruma. Os cabelos negros escorrendo pelo ombro dão a impressão de uma flor imensa cobrindo o vestido de luto, muito diferente da cássia vermelha que, num outro tempo, seduziu José.

A luz que ilumina a dança vem de baixo, de focos laterais colocados à direita e à esquerda do palco, todos dirigidos para a mesa do alto. Quando José I finalmente consegue atender ao telefone, acontece um corte brusco do som de Glass. José II rasteja lentamente para fora da cena. *Black-out* no andar superior. Abre-se uma janela à esquerda do cenário, iluminada de azul, ao mesmo tempo em que entra a primeira gravação do espetáculo. Conforme a gravação se desenrola, José I

---

José II: Vam'bora sua Puta, 14. Seqüência Roda-Santa-Boca, 14-a. Tribunal do Soluço, 15. Tem Fogo, Morales II, 15-a. Duelo Intelectual, 15-b. Seqüência do Comboio, 16. *Via Crucis* Completa, 17. Cena Taverna, 18. Seqüência das Brigas, 19. Brigas (Seqüência Alterada), 20. Como É, Não Consegue Sequer..., 21. *Via Crucis* com Símios, 22. *Via Crucis* Termina, 23. Buraco do Xixi, 24. Hinkfuss, 25. Morte de Carmem/Prisão de José I, 26. La Crise, 27. Carmem Rainha, 28. Morte de Carmem, 29. Cena Pré-Final, 30. Cena Final. A cena descrita, bem como as outras utilizadas no capítulo, foram transcritas por mim a partir do vídeo do espetáculo. Os textos fazem parte do roteiro de *Carmem com Filtro 2*, datilografado em abril de 1990, com as correções realizadas após as apresentações no *Wiener Festwochen* em maio de 1989.

vai-se afastando com o telefone em direção à janela, sobe ao parapeito e se atira.

Como é possível perceber pela descrição da cena, não há separação essencial entre os diferentes amantes de Carmem. A personagem de José é duplicada, dividida entre os atores Marco Stocco e Edilson Botelho que, encarregado de interpretar José II, também faz Escamillo na metade final do espetáculo.

O desmembramento das duas personas de José não recebe seu equivalente interpretativo. Ao contrário, o espetáculo se compraz em exibir os atores como duplos um do outro, providenciando espelhamentos e repetições gestuais quase idênticas. Sob o impacto da repetição, os atores se distanciam de sua identidade corporal primeira e são reduzidos ao estatuto de imagem, instaurada não apenas pela duplicidade, mas também pela projeção das sombras de seus corpos na parede do fundo do palco. O que se vê em cena são quatro espectros masculinos rastejantes e é difícil saber exatamente quem é a sombra e quem o ator. As silhuetas em duas dimensões, de contornos borrados, compõem imagens desencarnadas, corpos individuais devorados por sua própria sombra, que se transformam, por esse mecanismo, em pseudopresenças[26]. As figuras perdidas entre a fumaça, separadas e distanciadas do espectador pela tela transparente, são reduzidas a uma realidade acima de tudo plástica.

Além desta cena, onde o mecanismo de duplicação é bastante evidente, existe uma seqüência que parece intercalada no espetáculo especialmente para esse fim. Trata-se da cena "Dois Josés no Espelho" onde as duas personagens, postadas frente a·frente, fazem gestos idênticos, como se espelhassem um ao outro. Entre eles, um passo atrás, uma mulher (Malu Pessin) empunha um espelho redondo e, com gestos bruscos de vaivém, empurra os dois homens para a ação. Eles passam a mão nos cabelos, o dedo na sobrancelha, arrumam a gravata e, depois de se ajeitarem, voltam-se para o público e começam a abrir exageradamente a boca, arregalando os olhos e levando a mão ao nariz. A conseqüência da tensão que se cria com a expectativa é um sonoro espirro duplo, comemorado com a saudação de outro homem, Lillas Pastia (Oswaldo Barreto): – "Bravo, Bizet!" A referência ao compositor é seguida por um chamado – "Micaela" –, que providencia a entrada da mulher (Magali Biff) pela direita, com passos curtos, pernas ligeiramente flexionadas, braços grudados ao corpo, tronco encurvado, postura encolhida acentuada pelo vestido preto

---

26. Fréderic Maurin usa esse conceito no ensaio "L'enjeu du corps dans les spectacles de Robert Wilson", em Odette Aslan (org.), *Le corps en jeu*, Paris, CNRS, 1993, p. 234.

sem graça, que esconde as formas de seu corpo. Ao ver a mulher dissimulada atrás da veste, José I se esconde atrás de José II. Lillas Pastia apresenta Micaela ao José que se mostra, mas não é o que parece ser: – "Este es Escamillo. Um herói".

Micaela se apressa em executar a tradicional cena da ópera, mesmo com o homem invertido, mas não é bem sucedida.

*Micaela* – Tenho uma carta... O parto de sua mãe não foi muito satisfatório... mas em todo caso você está passando bem.
*Escamillo* – Me perdoe, senhorita, mas não sei de que diabo está falando.

A menção a Escamillo funciona como referência adicional ao universo da ópera, sinalizado pelo nome do toureiro que Carmem seduz, mas também serve para apagar definitivamente a diferença entre os homens/amantes de Carmem. No espetáculo, as identidades de José e Escamillo são diluídas pela sobreposição das duas figuras. A cena da carta da mãe de José, que na seqüência de Bizet servia para sugerir o casamento entre os dois, é introduzida apenas para ser anulada pelo derrisório "de que diabo está falando."

A duplicidade é operada nesta cena através de um novo mecanismo. Desta vez não se trata de apagar a identidade das personagens pelo recurso à iluminação, à fumaça e à distância. Além de trabalhar em espelho, recurso evidente de duplicação da imagem, a encenação reproduz os corpos através da repetição mecânica. O jogo incessante da repetição, feito através das numerosas cópias de gesto, ameaça o movimento natural dos atores e os coloca à margem de sua identidade corporal. Os dois Josés são um só ator, construído através da repetição incessante e despersonalizada do mesmo modelo, que conduz ao anticlímax do espirro. O dispositivo circular repetitivo dá autonomia ao movimento, do qual o corpo passa a ser apenas um suporte.

Frédéric Maurin, em ensaio sobre Bob Wilson, compara essa perda da aura corporal, diluída entre os numerosos *remakes* gestuais, à reprodutibilidade técnica da obra de arte que, segundo Walter Benjamin, abala sua autenticidade e desvaloriza sua presença no aqui/agora[27].

Ao apagamento dos corpos atrás do movimento repetido, à cópia dos gestos entre as personagens duplicadas, à projeção dos simulacros através da luz ou do espelho vem somar-se a composição em quadros vivos. Apesar de estar presente desde o início do espetáculo e repetir-se em vários momentos, é mais significativa na cena que apresenta o velório de Carmem, a quarta da peça, que recebe o nome irônico de "Seqüência de Confuso".

27. Fréderic Maurin, *op. cit.*, p. 229.

No canto esquerdo do palco, Carmem está morta, velada por dois homens que, ajoelhados diante dela, flexionam os corpos até o chão, como carpideiras. Sob a janela à esquerda do cenário, José II ajoelhado dá as costas para o público, sob um foco de luz que vem da parede. Faz gestos compulsivos e repetitivos com os braços e a cabeça, como se a estante de sete metros de altura fosse o Muro das Lamentações. Olha intermitente para o corpo de Carmem à sua direita, levanta-se, vai até a tela que fecha a boca de cena e começa a cruzar o palco de uma ponta à outra, repetindo:

– Confuso. Muito confuso... *Très confus...* Confuso... Muito confuso... *Très confus...*

A ironia de Thomas contra seu próprio espetáculo apaga o quadro e dá lugar a uma luz sépia, que ilumina Carmem encostada à estante do fundo, enquanto fumaças invadem e embaçam a cena.

A decupagem em quadros evidentemente atropela a narrativa e contribui para inviabilizar qualquer tensionamento em direção a um desenlace. Em primeiro lugar porque a morte foi alijada da condição de foco condutor da ação, pois o velório acontece no início do espetáculo e precede a cena do assassinato. Mas principalmente porque, depois de se compor visualmente, o velório é apagado por um *black-out*, sem deixar vestígios nas seqüências seguintes, que continuam a se estruturar através do molde fragmentário das oscilações de luz, como se a morte fosse um fotograma de cinema que pudesse ser voltado atrás para ressuscitar a heroína. Incapaz de figurar a morte definitiva da personagem, o espetáculo concebe o corpo morto como um quadro vivo e transforma o que poderia ser uma morte dramática em morte plástica[28].

A construção progressiva em quadros vivos é entremeada, em alguns momentos, pela desconstrução dos corpos dos atores, que perdem sua mobilidade essencial para se transformarem em esculturas. O impulso que anima os dois movimentos é o mesmo, pois tanto um quanto o outro concebem o corpo em sua dimensão figurativa, como parcela do processo geral de construção da cena. Indicativa desse procedimento é a postura de José II na décima primeira cena, "Micaela/Carmem: Tua Paixão por Mim". Enquanto Carmem diz um monólogo sobre a paixão, José II se coloca no meio do palco, deitado de costas, pernas flexionadas, uma delas suspensa no ar e a outra apoiada no chão pelo calcanhar, segurando um telefone nas mãos, o aparelho sustentado por uma e o bocal pela outra. A figura congelada transmite a impressão de um mecanismo, pois o

28. *Idem*, p. 234.

Superior: Luiz Damasceno, Oswaldo Barreto e Edilson Botelho. Seqüência "Micaela/Carmem: Tua Paixão por Mim". Foto: Ary Brandi (AMM).
Central: Magali Biff (Micaela). Seqüência inicial. Foto: Ary Brandi (AMM).
Inferior: Magali Biff (Micaela). Seqüência "O Buraco do Xixi". Foto: Ary Brandi (AMM).

torso elevado obriga o corpo a equilibrar-se apenas nos quadris e no ligeiro apoio do pé esquerdo. Na situação de desequilíbrio físico, o telefone precariamente sustentado é um fator adicional de instabilidade da figura, mantida durante toda a cena nessa posição improvável.

O título desta cena – "Micaela/Carmem" – aponta para o mesmo jogo de disjunção/aglutinação que acompanha a construção da personagem José, desta vez referido a Carmem e Micaela. O espetáculo é pontuado por cenas de contraposição entre as matrizes de feminino, que dividem a cena em duas espécies de manifestação.

De um lado, a reserva, a economia gestual, o recolhimento de Micaela em seu perfil encovado, o corpo calcado para baixo, a cabeça um pouco elevada na postura que Thomas batizou de "fim de milênio", feita para refletir uma angústia profunda, mas nuançada por um certo otimismo, perceptível na cabeça voltada para algum horizonte de esperança[29].

À subserviência encurvada de Micaela responde o posicionamento viril mas delicado de Carmem, construído quase totalmente a partir da oposição entre a contração defensiva da parte superior do corpo, especialmente ombros, rosto, pescoço e elevação saliente do seio, contrapostos ao relativo relaxamento dos braços e mãos soltos ao longo do corpo, como que indicando um abandono e uma vulnerabilidade ausentes no restante da postura.

A esta oposição postural vem acrescentar-se o motivo gestual que acompanha uma e outra figura. O gesto/matriz de Carmem é, sem dúvida, a dança estilizada da habanera, o sapateado que pontua o espetáculo do começo ao fim, começando pela primeira aparição no patamar superior do cenário, desenvolvendo-se em seqüências longas como a da dança na taberna, quando a personagem contracena com José e Escamillo, ganhando ritmo de fuga na cena do cerco das mulheres ou já completamente desestruturado, recortado pelas quedas e tropeços da seqüência final do espetáculo. Enquanto Carmem explode no sapateado da habanera, Micaela resplandece num nicho do cenário como um ícone religioso, quase uma madona de luto. A imagem de Carmem recebe o contraponto freqüente dessa figura beata, como se o espetáculo se divertisse em pontuar o excesso da mulher com o comedido pudor da santa.

O confronto das mulheres é preparado durante toda a primeira parte do espetáculo e vai ser figurado concretamente na luta entre as duas. Mas, antes disso, a encenação inverte seus corpos. Na sétima cena do espetáculo, Micaela aparece deitada no fundo do palco, nua

---

29. Depoimento de Gerald Thomas no programa de *Eletra com Creta*, 1986.

da cintura para baixo, com as pernas abertas em direção ao público. Neste momento o sexo exposto se insinua como um *flash* rápido, mas a imagem vai ser desenvolvida na seqüência vinte, que se chama "Buraco do Xixi" (o nome da outra era "Esboço do Buraco do Xixi"...).

A luz sai de um *black-out* mostrando José II, que fuma encostado à estante da direita, na boca de cena. Micaela ajoelhada ao fundo, de costas para a porta central da estante, tem os braços amarrados às costas e o vestido preto arregaçado, que mostra sua nudez da cintura para baixo. José I está em pé à direita, enquanto a Mãe (Malu Pessin) desamarra Micaela e se dirige para o fundo do palco, até apoiar-se à esquerda da porta. Micaela se debate e esfrega coxas e sexo em um movimento compulsivo de masturbação, que termina numa queda para trás, com as pernas abertas. O vestidinho preto cobre pudicamente a parte superior do corpo, ao mesmo tempo em que escancara o sexo e a palidez nua das pernas, numa esquizofrenia corporal pintada em preto e branco.

Esta imagem, que Haroldo de Campos, em oxímoro feliz, batizou de "madona ginecológica"[30], funciona como incisão crítica na figura anterior da castidade, construída com tanto cuidado. Ao mesmo tempo Carmem caminha para seu oposto, aparecendo crucificada em duas cenas.

A segunda apresentação do martírio é a mais bonita, pois coroa uma seqüência que se repete por três vezes, ganhando conformação definitiva apenas quando recebe o nome de "*Via Crucis* Completa", na cena dezesseis. Ela principia com luz esverdeada de lanterna e música de Bizet, entremeada por percussão de samba. Carmem está encostada à parede do fundo do cenário, com o foco da lanterna iluminando seu rosto e projetando a sombra de seu corpo como um espectro nas estantes da biblioteca. Duas mullheres de preto a perseguem, a primeira com a luz da lanterna e a segunda carregando um espelho de garagem redondo, que maneja com movimentos bruscos de vaivém. Carmem tenta dançar ao ritmo do samba, mas é como se fugisse das outras e usasse os movimentos que agitam a saia para se esconder. Acaba ajoelhada no chão, engolida pela escuridão do palco. A mulher com a lanterna se encosta à parede do fundo e ilumina a figura de Carmem na contraluz, de modo que sua silhueta negra fica recortada pelo contorno que a lanterna reflete. Aparentemente empurrada em direção à tela transparente pelos reflexos do espelho, ela se esquiva, estende os braços e dá alguns passos trôpegos como se quisesse atingir alguma coisa à sua frente

---

30. Haroldo de Campos, "Thomas Liberta Carmen de seu Mito de Origem", *Folha de S. Paulo*, 13.5.1990.

e lhe faltassem forças. Aos poucos, com um movimento circular de avanços e recuos, chega ao proscênio, onde é iluminada por luzes laterais, de tonalidade amarelada. Mefisto (Luiz Damasceno) está abaixado em frente à janela ao lado esquerdo do cenário. Veste uma capa marrom descendo em volutas até os pés e mantém os braços em abertura demoníaca como asas iluminadas por um refletor. Enquanto as mulheres com lanterna e espelho mergulham na escuridão do fundo, Carmem se ajoelha na boca de cena. Tensão intensa contrai seu pescoço, tronco e ombros, que arquejam num latejamento de ascensão e descida, enquanto as pernas dobradas, plantadas no chão, permanecem relativamente imóveis, suportando a pulsação que vem de cima. José II sai da primeira coxia à esquerda e rasteja em direção a Carmem, numa coreografia sinuosa de réptil ensaiando o bote. Chega até ela e atravessa um longo bastão em suas costas. Quando cruza o braço esquerdo no bastão Carmem pende a cabeça, até que ele suspenda o braço direito e inicie o mesmo movimento anterior, que ela acompanha com um lento girar de rosto. A imagem da crucificação resplandece. Carmem se mantém nessa postura enquanto a mesa suspensa desenha com sua figura crucificada uma linha ascensional.

É nessa posição que Carmem diz sua fala, com acentos estranhos, as palavras saindo atropeladamente numa dicção sincopada. Em meio à tonalidade em geral grave surge um timbre mais agudo, simulando uma interrogação. O texto é proferido em jatos, socos, como se golfadas de ar expulsassem as palavras para fora mas elas sofressem, na saída, a oclusão de um obstáculo. A acentuação forte das consoantes sugere chibatadas dirigidas a José, que esconde o rosto para proteger-se do som e do sentido.

– Eu lamento te informar, José, mas descansar pra mim ainda é no teu colo e não vai ser possível enquanto essa paisagem continuar se clareando. Você é a pressão na qual o meu umbigo se apóia e que faz da minha companhia o privilégio de armações unidas. O meu pretexto é o pretexto de Babel, já que os venenos não discursam em uma só língua. Qual é o preço dessa tua língua, José? Será que com mil pesetas eu compro esse teu corpo? Será que com mil míseras pesetas eu compro esse teu corpo, mesmo que ele venha seco e descascado? Será que é isso que quero? Ou será que te compro com promessas de liberdade? Qual dessas possibilidades é a menos religiosa, já que você julga a reza como o veneno das tuas escapadas? Qual o veneno mais brando, José? E por favor, entenda as armações como elas são feitas. Beba desse vazio, José.

A beatificação e o martírio operam um esvaziamento simbólico da potência feminina de Carmem – o vazio do qual José deve beber – para transformá-la na figura assexuada da santa.

É interessante observar que a santidade e a blasfêmia são permutações possíveis dentro do mesmo corpo, ou marcos da trajetória entre os dois corpos femininos. Enquanto Carmem é despojada de seu corpo sensual de dançarina, Micaela, ainda envolta no vestido preto de freira, deixa que o sexo se ofereça despudoradamente ao público. Nos dois corpos de mulher, as relações posturais aparecem invertidas, compondo um confronto entre luz e sombra, abertura e fechamento, exposição e ocultamento[31]. Mas o fundamental é que essas oposições não são irreconciliáveis. Ao contrário, acabam se reunindo dentro da mesma personagem ou trafegando entre elas. O trânsito que essas qualidades sofrem durante o espetáculo acentua a ambigüidade da montagem, que consiste justamente em esboçar a passagem de determinada qualidade de uma para a outra, permitindo a transferência da exposição corporal de Carmem para Micaela ou, o que faz parte do mesmo movimento, operando o obscurecimento físico de Carmem no decorrer do espetáculo. Esse procedimento impede a esclerose no maniqueísmo corporal óbvio – Micaela santa e Carmem blasfema – e desconstrói fisicamente a mitologia de cada mulher. Como corredor de passagem entre uma e outra pode se localizar a cena do parto, onde Micaela sai por entre as pernas de Carmem como se nascesse de suas entranhas.

O rastejamento de Micaela salienta o contraponto entre as duas figuras femininas, também perceptível na intensidade do movimento que elas executam. A interpretação de Carmem é cinética, feita de deslocamentos incessantes, danças sensuais, explosões de gesto, enquanto Micaela se restringe a pequenas ações e gestos diminutos. O encontro entre as mobilidades diferenciais acontece na cena da luta, quando o foco da agressão apaga o comedimento de uma e controla o excesso da outra[32].

A cena parece facilitar o contágio entre os dois corpos, pois, a partir daí, Carmem caminha em direção à imobilidade de Micaela. Quando a rainha da sensualidade recebe o bastão na cena "Carmem Rainha" (a vigésima-terceira da seqüência) está prostrada em uma cadeira, desgrenhada, descalça, com os pálidos tendões escapando de um vestido negro de farrapos transparentes, a tensão restrita à mão que segura o cetro, enquanto o restante do corpo desfalece. A seu lado, como não poderia deixar de ser, Micaela em posição gi-

---

31. Georges Banu menciona essas oposições em relação ao figurino das atrizes em *A Tragédia de Carmem*, encenada por Peter Brook no teatro dos Bouffes du Nord em 1981. "Corps, attitudes et costumes ou le chemin vers la mort", em Georges Banu (org.), *Les voies de la création théâtrale XIII,* Brook, Paris, Centre National de la Recherche Scientifique, 1985, pp. 243-255.
32. Cena 18 do roteiro, "Seqüência das Brigas".

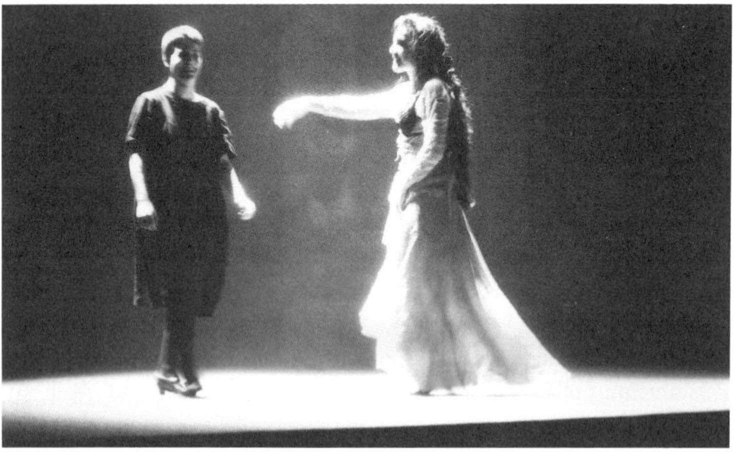

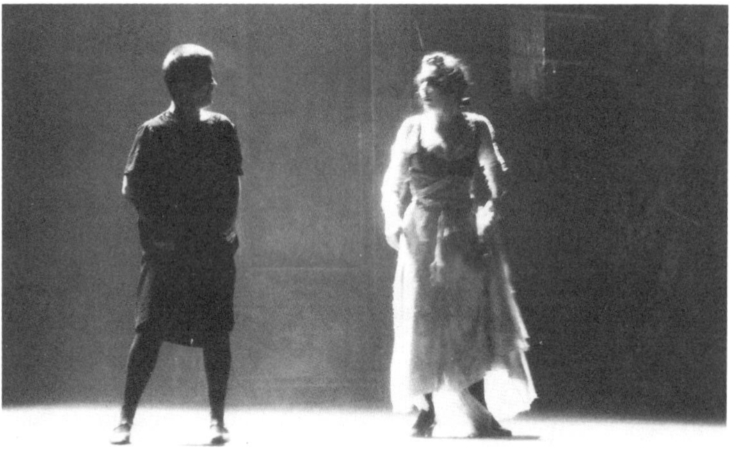

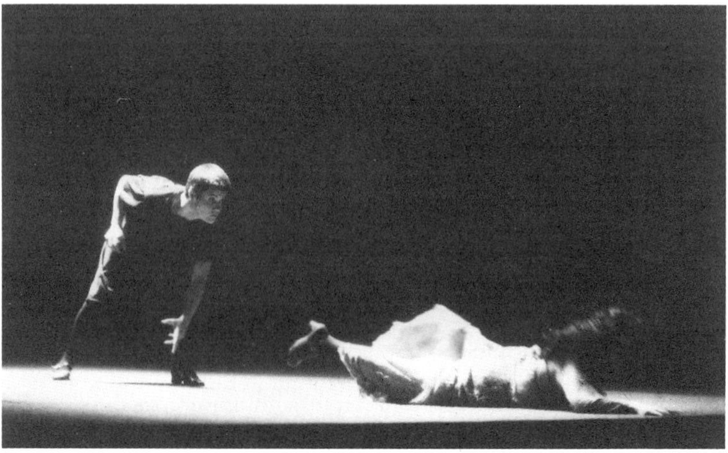

Magali Biff (Micaela) e Bete Coelho (Carmem) na "Seqüência das Brigas". Foto: Ary Brandi (AMM).

necológica, sentada no chão do palco com Mephisto às suas costas como anjo da guarda.

O figurino participa da desconstrução de Carmem. Da roupa inicial que indica, ainda que de forma estilizada, a dançarina espanhola, passa-se à sombra escura da morte que ronda o vestido transparente. Micaela também veste negro, mas o figurino é totalmente diferente. Enquanto ela se constrói no claro/escuro bem marcado da ocultação/desnudamento, com um maniqueísmo visual instalado no corpo, Carmem vive da transparência nuançada que deixa entrever seios e pernas, sem, no entanto, revelá-los totalmente. Nesse momento a imagem difusa da sedução é entrevista no corpo de Carmem. As primeiras falas de seu texto indicam, em movimento auto-referente, um dos mecanismos preferenciais de desconstrução de sua imagem.

– Ah... Não tente fazer dessa ópera outro equívoco. Nesse reino tudo parece ser cabisbaixo... estranho... insólito. É possível alguém pensá-lo simplesmente exótico... Sou margeada por toda uma marginália que há vinte anos não compõe e esse clima tórrido e esse clima gélido... mais fácil descartá-lo, pés contaminados, pernas quebradas, merda.

## A CONTRA-INFORMAÇÃO DO ESPAÇO

A corporificação da atriz realmente é margeada por um universo contra-informacional, como se o *environment* cênico se encarregasse de abafar com climas tórridos ou gélidos a alta voltagem emocional do mito feminino. A cena provoca atritos na figura de Carmem, pois a iluminação, o cenário, os objetos e as demais personagens auxiliam sua contrafação. Um dos momentos do espetáculo em que esse procedimento fica mais evidente é a dança da habanera sobre a mesa/tablado, quando todo o elenco dá as costas a Carmem, voltando o rosto para as paredes de livros, aparentemente mais sedutoras que a mulher em sua dança espanhola. É a "Cena da Taverna", a décima sétima da seqüência.

Quando o palco se ilumina, uma mesa já está em cena, colocada exatamente embaixo da mesa suspensa. Dois homens de preto erguem Carmem caída no chão. Ela permanece de costas para o público, tronco e rosto ligeiramente de perfil, braço direito elevado como se empunhasse uma castanhola, o esquerdo arregaçando a saia à altura da coxa. Permanece alguns segundos congelada na postura clássica da dançarina espanhola. À sua frente Micaela, de joelhos juntos, faz um contraponto total à sua figura, cabeça enterrada no corpo, ombros contraídos para dentro, rosto voltado para a esquerda, pernas levemente flexionadas. Os dois homens levam Carmen até a mesa de dança. Apoiada neles, ela dá um impulso e ameaça subir, mas recua e volta à posição inicial. A hesitação é acompanhada pela habanera em rotação alterada, como se o som desistisse de tocar em meio à execução, o que sugere nova tentativa fracassada, desta vez referida à melodia. Conforme a música se deforma pela alteração do ritmo, Carmem desconstrói sua postura, relaxando o corpo para baixo numa flexão pela cintura, reproduzida no corpo dos dois homens que a ladeiam. Ela retoma a postura espanhola, desta vez com o braço esquerdo elevado, e a música em rotação alterada volta a dissolvê-la. A habanera e Carmem desafinam mais uma vez. Na terceira tentativa as duas conseguem finalmente se justapor, Carmem subindo à mesa e a música ladeando sua dança, feita inicialmente de costas para o público, num sapateado arrítmico. A atriz em nenhum momento se entrega à pulsação quente e contagiosa da música, mas, ao contrário, parece dançar contra ela, com movimentos sincopados e cortantes que inserem seus tempos fortes nos intervalos da marcação rítmica. A batida dissonante do sapateado é entrecortada de breves desfalecimentos, como se todo o esforço de Carmem se concentrasse na manutenção de sua imagem dançante. O resultado de estranhamento que essa atuação provoca é acentuado pela postura dos outros atores, que ainda permanecem imóveis, voltados para a parede, cabeça apoiada na estante. Logo a dançarina se vira de frente e alterna sapateado e rodopios com meneios sensuais, que sempre usam a saia como extensão do corpo. Pouco depois desce da mesa e dança com um dos homens que a ajudaram. Volta a subir, repetindo o processo de ensaio e erro anterior. Sai novamente da mesa, desta vez auxiliada pelo outro homem, que a atira ao chão. Carmem se levanta e tenta refazer a postura de dançarina, mas agora já anda tropegamente, postura decomposta, olhar vazio para as pessoas de costas para ela. Dá um último rodopio, como se gastasse o fôlego final para ofegar, o rosto contorcido, até cair desfalecida sobre a mesa.

A cena parece igualar a sedução a uma dança trôpega exatamente para negá-la do ponto de vista de sua lógica psicológica, desencapando o envoltório datado para expor o esqueleto da *femme fatale* que, evidentemente, perdeu o sentido.

Subtraindo de Carmem a possibilidade de ser vista, admirada, contemplada, pouco resta à personagem, que sempre precisou do olhar do outro para moldar seu corpo de sedução. Pois o que é a sedução sem o olhar?

É interessante observar que a resposta à passagem da santidade à blasfêmia – da Via Crucis da cena dezesseis para a Taverna da cena dezessete – é a oferta ou a recusa do olhar do outro, que acompanha, com sinal invertido, o movimento corporal da mulher: à exposição responde a cegueira, ao ocultamento a devoção.

A cena da Taverna prossegue com os atores abandonando a postura congelada, de costas para a dança de Carmem, para iniciar uma lenta movimentação. Assim que ela termina o movimento e deita sobre a mesa, é como se todos abandonassem provisoriamente as personagens. Bete Coelho permanece na posição descrita, com o corpo descansando relaxadamente. Na outra extremidade da mesa, com as mãos apoiadas na borda, Edilson Botelho faz exercícios de alongamento. Os outros atores conversam descontraídos, como se estivessem num ensaio.

Nesse momento entra Oswaldo Barreto com uma capa vermelha de toureiro dobrada às costas, cantando versos de Lorca: *"Cuando fuiste novia mia / Por la primavera blanca / Los cascos de tu caballo / Cuatro sollozos de plata. / La luna es un pozo chico / Las flores no valen nada / Lo que vale son sus brazos / Cuando de noche me abrazas"*[33]. Enquanto canta, Barreto parece procurar alguém para entregar a capa. Repentinamente, joga-a sobre o desprevenido Edilson, distraído em seus exercícios. Brincadeiras dos outros atores, tentativas de recusa por parte dele, que menciona o nome de Stocco (o outro José), como se quisesse livrar-se da tarefa de representar o toureiro. Mas o jogo já está feito e não parece haver escapatória. Bete Coelho levanta-se da mesa, ajeita o vestido nos ombros, refaz a postura e se apronta para o desafio, encarando Edilson com olhar fixo. Ele aceita o desafio, se posiciona em frente dela e assume a postura de enfrentamento com altanaria de toureiro. Quem inicia a tourada flamenga é Bete Coelho/Carmem, com um movimento impetuoso da saia em direção a Escamillo, que responde com um rodopio da capa, feito com igual violência. A cena é muito bonita, pois compõe o desafio corporal com mediação de capa e saia, objetos do enfrentamento masculino/feminino. As volutas de pano que se formam sob o comando dos corpos esculpem uma coreografia de afronta e sedução, um diálogo gestual de alta voltagem.

Tanto quanto o distanciamento da personagem, o gesto desconstruído, a dança contra a música, a subtração do olhar dos homens, também o desenho do corpo de Carmem na moldura cênica é um poderoso indicador das intenções da encenação. A mesa onde ela dança a habanera está localizada numa espécie de nicho formado pelas duas colunas de sustentação e pela divisória central das estantes da biblioteca. A disposição das prateleiras e a simetria dos lados

---

33. Os versos são do "Canto da Sapateira", de *A Sapateira Prodigiosa*.

Bete Coelho (Carmem). "Seqüência da Taverna". Foto: João Caldas.

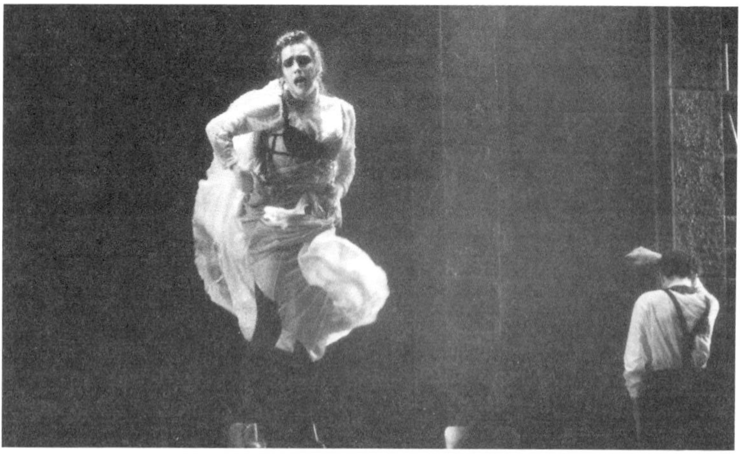

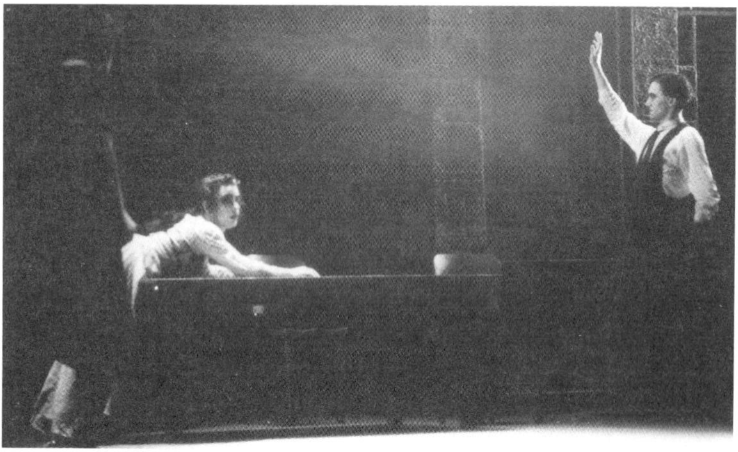

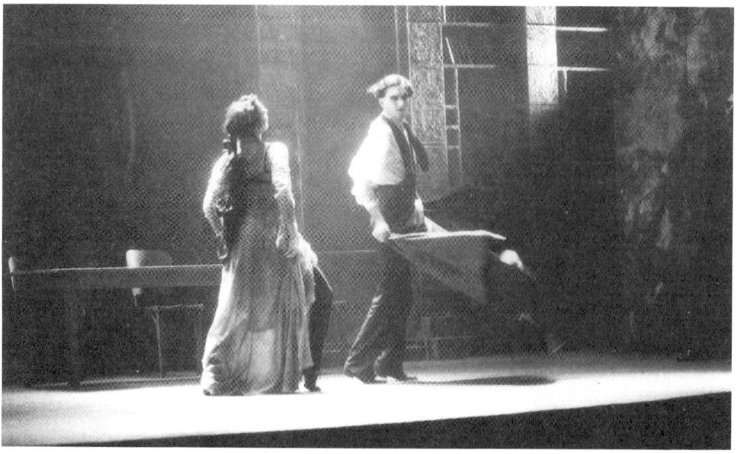

Bete Coelho (Carmem) e Edilson Botelho (José II). "Seqüência da Taverna". Foto: Ary Brandi (AMM).

opostos que se dividem por igual reproduzem, sem dúvida, alguns dos pressupostos da cenografia clássica. O uso da perspectiva define um espaço simétrico, que direciona o olhar do espectador para um ponto de fuga central[34]. É aí, no vão situado no meio do espaço, que Carmem dança a contrafação da sedução. Nesse momento o buraco escuro que enquadra a dança parece auxiliá-la, pois acolhe sua figura, emoldura seu perfil numa simetria, organiza seu contorno como se suportasse uma personagem íntegra. É contra essa integridade que a escala da biblioteca se insurge. Os sete metros de altura são opressores, desestruturantes, não acompanham a dimensão feminina de Carmem, mas compactuam com outro universo que se sobrepõe ao dela – o da mesa suspensa sobre a mesa/tablado de dança. O jogo de opostos tramado pela mesa do chão que sustenta a mulher dançante e a dimensão superior que a mesa surrealista sustenta, e que oprime essa dança, ajuda a compor o conflito entre a personagem e o espaço. A luz barroca, rebatida em diagonal, auxilia essa opressão na medida em que acentua a distorção da figura de Carmem, derretendo seus limites e achatando sua estatura contra a geometria esmagadora e racionalista do cenário.

Não é apenas o espaço que auxilia a encenação a compor um complexo discurso ao redor da atriz/personagem. A contrafação de Carmem é auxiliada pelo enxerto de situações visuais, musicais ou verbais que nem sempre têm a ver com sua trajetória. É como se os atores e objetos fossem elementos constritores que figurassem um contraponto à imagem da mulher: a *Roda de Bicicleta* de Marcel Duchamp, a capa de toureiro, a imagem santificada de Micaela que se mostra em breves aparições no nicho do cenário, os cortejos de personagens inválidas em cadeiras de roda, o punhal de José, os comentários sarcásticos da dupla beckettiana, que desta vez aparece com nomes emprestados às personagens da ópera (Morales e Zuniga), a música sincopada de Philip Glass, as mulheres de luto que lutam com ela ou os homens encarregados de desfigurá-la com apalpações, agredi-la com safanões milimetricamente arranjados, conduzi-la em procissão pelos cantos do palco como santa crucificada.

O vocabulário de impressões e referências que rodeia Carmem é sufocante o suficiente para criar um invólucro dentro do qual a personagem se movimenta dentro de limites rigorosamente definidos. É como se estivesse substanciado um estado de sítio cênico, onde Car-

---

34. Em entrevista realizada por mim no dia 19 de julho de 1984, Daniela Thomas mencionou a semelhança do cenário de *Carmem com Filtro 2*, que servira inicialmente à *Trilogia Kafka*, com a estrutura da Biblioteca de Celsius, em Éfeso. A descoberta foi posterior à concepção do projeto cenográfico e reforça a impressão de uma cenografia clássica.

mem é oprimida por um cenário, acuada por personagens, crucificada por objetos, perseguida por uma iluminação que investiga sua postura, perscruta seu gesto ou apaga seu corpo para pôr em evidência um rosto deformado.

A impressão mais potente que salta dessa situação é a de um julgamento. São várias as formações que apontam para o arranjo físico de um tribunal, quando os atores parecem colocar-se como um corpo de júri à espreita de qualquer ato falho da mulher, que possa colocá-la em xeque.

O xeque-mate, que parece tramado desde o início, acrescenta ao tribunal a referência a um intrincado jogo de xadrez, onde a rainha não é auxiliada pelos peões, mas, ao contrário, se movimenta com dificuldade através das casas/cenas dispostas no palco como armadilhas para auxiliar sua derrota.

A força dessa imagem é potencializada nos momentos em que Bete Coelho/Carmem, em sua *via crucis*, contracena com as duas mulheres vestidas de negro. Os movimentos nervosos com que ambas rodeiam a atriz/personagem parecem ter por objetivo acuá-la com o reflexo de sua imagem no espelho.

A perseguição de Carmem por sua imagem – e é sintomático que o movimento principal da atriz seja o de evitar o espelhamento – funciona como um *leitmotiv* que retorna várias vezes durante o espetáculo, compondo uma espécie de vinheta de sentido. A luz aliada ao espelho serve ao mesmo tempo para deformar a visão de Carmem e refletir, ironicamente, o despedaçamento dessa imagem para a platéia. A situação visual substancia a famosa crise do espelho, a paranóia da perda de identidade.

O FILTRO DO GESTO

O comentário mordaz da encenação leva às últimas conseqüências o processo de derrisão do mito, desmontando a potência de Carmem pela destruição do sentido de sua crença. Carmem é desestruturada naquilo que sempre permaneceu como seu elemento essencial: a capacidade de seduzir. A cena é pontuada por referências que circulam ao redor da sedução sem permitir, no entanto, que a mulher exerça cenicamente seu fascínio sobre os homens. No espetáculo, Carmem não seduz Josés nem Escamillos. Nesse sentido, é significativo que não exista a cena da ópera e do romance em que Carmem seduz José. Qualquer suspeita de omissão involuntária é afastada no último segmento da "Seqüência das Brigas", que mostra uma relação amorosa aparentemente mal sucedida. No final do abraço, Carmem se levanta e interpela José – "Não consegue sequer esboçar uma seqüência de amor, mesmo como ela existe no cérebro masculino?" A fala metateatral é um comentário irônico referido à impossibilidade de José – e por extensão, também do espetáculo – de atuar a cena da paixão. É mais uma das ironias auto-referentes com que o encenador alveja seu trabalho, ao mesmo tempo em que reforça o corte da sedução.

A desmontagem da sedução não acontece apenas através da investida do espetáculo. A atriz participa do processo. E essa participação define um dos procedimentos mais significativos da criação de Bete Coelho: a desconstrução do estereótipo de Carmem. Pois ela não dá as costas à imagem da mulher fatal. Olha para ela, examina e seleciona os elementos composicionais mais significativos para demonstrar com gestos e posturas as vigas mestras da construção da imagem feminina na ópera e no romance. É como se o conhecimento sobre aquela figura pudesse ser filtrado e indicado através de algumas poucas marcações e gestos.

O apontamento da personagem tradicional acontece através de uma atitude facial, um andar característico, um repertório de gestos e posturas condensados numa espécie de interpretação esquemática criada a partir de *leitmotive* repetidos.

A repetição compulsiva da gestualidade é exposta em pequenos módulos de expressão. Carmem é indicada através do empinamento da coluna, sempre um pouco viril, do eixo do corpo plantado em leve diagonal, dos ombros salientes e angulosos, do movimento incessante das saias, do sapateado contra a música, do braço congelado na pose da castanhola, do peito arfante na respiração descompassada e, numa breve aparição, da languidez distendida que sinaliza o oferecimento erótico da mulher fatal.

Mas o transbordamento implícito nessas posturas é desidratado pela contenção da expressão. O corpo de Bete Coelho trabalha principalmente através do tensionamento físico e da limpeza do desenho gestual. Ela compõe o gesto e o movimento através de tensões concentradas em áreas específicas dos músculos que indicam os respectivos estados emocionais. A tensão se revela especialmente na contração da musculatura do pescoço e dos ombros, na boca distorcida em espasmos de espanto ou de dor e na coluna distendida em extremos perigosos de ruptura corporal, como se qualquer movimento brusco pudesse levar à fratura.

A vigilância muscular total permite que os relaxamentos e contrações se efetuem paulatinamente e é perceptível que o corpo todo está desperto para a ação, o que permite que o fluxo de energia flua por inteiro e defina uma qualidade dançante para o trabalho da atriz. No seu desenho corporal parecem não existir elementos supérfluos, pois todos se destinam à composição da partitura corporal; o rigor da expressão, aliado à qualidade de clareza do movimento, o aproxima de uma coreografia[35].

O procedimento permite que a caduquice sentimental do melodrama e os clichês exibicionistas da ópera sejam exorcizados através de seu contraveneno: a dissecação da amplitude operística do gesto e a contenção do derramamento passional da personagem. Nesse sentido a ópera deixa de ser uma simples referência sonora para transformar-se em motivo a ser desestruturado. O resultado desse processo, como já se viu, conduz a movimentação da atriz a um traçado enxuto, onde os excessos e transbordamentos emocionais são exumados.

O jogo entre contenção e derramamento localiza o desempenho num fio de navalha, como se a primeira liderasse o processo de desidratação do segundo, operando sua redução a um mínimo denominador comum. A interpretação antinaturalista e antipsicológica acontece de forma sintética, condensada, e caminha no sentido oposto à dissecação analítica do naturalismo e à verdade interior da introspecção psicológica. Configura o contato entre a atriz e a personagem através de atitudes faciais, gestos congelados, entonações artificiais, numa espécie de memória esquemática que seleciona alguns momentos emblemáticos da trajetória de Carmem.

Gerald Thomas explica a condensação do gesto como resultado de uma redução elevada à última potência.

> É uma dissecagem. O que sobra em lugar do que amontoa. [...] Eu vou sublinhar algumas coisas pra você e da reorganização matemática dessas coisas eu vou fazer com que elas se sobressaiam pra você pro resto da vida. Eu vou pegar um gesto, que pode ser diluído por milhões de outros gestos durante um espetáculo, e eu limpo tudo. Essa vela está colocada aqui. Pausa, pára. Eu pego essa vela e boto ela de novo aqui. Pausa. Continuo falando. Pausa. Eu estou só repetindo um gesto, mas eu garanto que você sai do espetáculo dizendo: "Mas ele mudou essa vela de lugar tantas vezes!" Pode não ter a menor importância, eu estou dando a vela como exemplo. Mas se eu usar uma expressão específica na cara de um ator junto com certas palavras o tempo todo, eu estou minimalisticamente impressionando uma cabeça que vai se lembrar desse negócio de qualquer maneira. [...] O mundo da pesquisa da mente humana foi caminhando para essa redução. O que sobram no final são restos na cabeça da gente. [...] Dentro desses restos, eu sublinho alguns que eu acho que valem a pena. E elimino os outros que são eliminados pela própria trivialidade, pela própria diluição, pelo próprio exagero de gestos[36].

---

35. No ensaio "Danse et non danse", Michael Kirby aponta três *continuums* que definem a qualidade dançante: a vigilância muscular total, a relação formal e a qualidade de clareza. Em Odette Aslan (org.), *Le corps en jeu*, Paris, CNRS, 1993, pp. 209-218.

36. Entrevista de Gerald Thomas a Edélcio Mostaço, *op. cit.*

Os gestos são executados com base em variações sobre um mesmo tema, desenvolvidas paulatinamente conforme retornam na seqüência do espetáculo. O corpo da atriz compõe os *leitmotive* obssessivos em intervalos regulares, de modo que a construção gestual acompanha a recorrência dos motivos cênicos e musicais.

O enunciado corporal claro, condensado, sem sobrecarga decorativa, resulta em estruturas simples onde o movimento se depura para atingir um *minimum* formal de elaboração. A particularidade própria de cada cena é nivelada pelo alinhamento dos motivos gestuais idênticos, de modo que o trabalho da atriz no espetáculo pode aparecer, em algumas seqüências, como ilustração perfeita de um programa minimalista, onde o procedimento repetitivo anula a singularidade corporal em proveito do projeto de repetição similar[37].

A interpretação minimalista é externalizada na repetição obsessiva dos gestos, nas pausas exasperantes onde o movimento se congela, pontuado por batidas de metrônomo, ou no desenvolvimento gradual dos motivos corporais reincidentes, onde o gesto armazena e concentra toda uma seqüência temporal de movimentos. É o caso da *"Via Crucis"*, que aparece em três seqüências para encontrar a forma definitiva apenas na última ocorrência. A crucificação é obtida através da justaposição dos motivos apresentados anteriormente, que serializam a ocorrência gestual, apresentando cada segmento em determinada altura do espetáculo. A primeira *"Via Crucis com Samba"* (sexta cena), apresenta apenas Carmem sendo empurrada pelas mulheres com lanterna e espelho até o proscênio. A segunda *"Via Crucis Completa"* (décima sexta cena) mostra a crucificação de Carmem por José, comprimida entre as cenas das mulheres com espelho e lanterna. Finalmente a terceira *"Via Crucis com Símios"* (décima nona cena) apresenta a mesma abertura das anteriores, para finalizar com José desfigurando a boca de Carmem.

Os motivos gestuais que se apresentam não estão ligados à imagem de Carmem, mas, ao contrário, são mais um dos procedimentos destinados a romper com o repertório de símbolos tradicionais que se agrega à personagem. A postura contraída, a deformação do rosto feita por ela ou por outro, a mão direita espalmada para o público, a repetida flexão do corpo para baixo, como se golpeasse o espaço, a maquiagem carregada, mascarando os traços do rosto sob uma névoa branca onde sobressaem as olheiras sombrias e as sobrancelhas arqueadas como acentos circunflexos dos olhos, todos esses signos

---

37. Laurence Louppe analisa o minimalismo no trabalho dos coreógrafos norte-americanos Douglas Dunn, Steve Paxton e Trisha Brown no ensaio "L'utopie du corps indéterminé", em Odette Aslan (org.), *op. cit.*, p. 222.

Edilson Botelho (José II) e Bete Coelho (Carmem). "Seqüência da Taverna". Foto: João Caldas.

Bete Coelho (Carmem) e Edilson Botelho (José II). "Seqüência Pré-Final". Foto: João Caldas.

providenciam ruídos na transmissão da identidade de Carmem. Como não se ligam a nenhum referente imediato, passam a funcionar como um mecanismo de abstração, que desintensifica o significado denotativo do gesto, submetendo-o a uma filtragem que o reduz a um expoente mínimo de significação e o libera dos significados tradicionais da personagem. Nesse sentido, Bete Coelho desempenha sua função atoral criando uma tensão entre o universo de referência do espectador e o universo de referência do espetáculo, através da produção de signos que o público não consegue integrar à idéia que tem da personagem, o que o leva a rever essa imagem e a mudar seu código de leitura. Dessa maneira, a encenação decodifica um papel codificado – o da mulher fatal – utilizando o código preexistente para subvertê-lo[38].

O estranhamento e a decodificação gestual poderiam lembrar o famoso *gestus* brechtiano. Mas parece evidente que o *gestus* caminha em sentido oposto ao dessa gestualidade sem função referencial imediata. Enquanto aquele é uma condensação da fábula e tem como substrato a relação entre as personagens, este fabrica seu próprio sistema de significações, fazendo questão de expor sua arbitrariedade e simbolismo. Ambos têm em comum o caráter épico, o espaçamento, as interrupções. Mas a decupação do *gestus* pretende reproduzir iconicamente as contradições do processo social, enquanto o gesto disruptor é um sistema simbólico que repousa sobre a arbitrariedade do signo. Subvertido pelas funções emotiva e poética, sua expressividade e seu relacionamento estão mais ligados à dança, e o distanciam do *gestus* social que é, sobretudo, um "detector de sentidos"[39].

---

38. Anne Ubersfeld define a função atoral como aquela destinada a mostrar o processo fundamental de uma figura característica, definida por um código artístico. As figuras de teatro características ou tipificadas têm seus traços e processos pré-determinados. São figuras obrigatórias, cujos traços distintivos são sempre os mesmos, porque definidos por um código anterior: os traidores do melodrama, os Pantaleões da Commedia dell' arte, os Scapins da comédia clássica e, por fim, o estereótipo da mulher fatal, que acredito possa ser acrescentado a esse imenso rol de papéis codificados. Em *op. cit.*, pp. 174 e ss.

39. Patrice Pavis, "Mise au point sur le *Gestus*", em *Voix et images de la scène*, *op. cit.*, p. 92. Brecht define o *gestus* em várias passagens de seus escritos. Selecionei e traduzi a seguinte definição, por julgá-la bastante esclarecedora: "Por isso entendemos um complexo de gestos [...] que está na base de um processo inter-humano isolável e que diz respeito à atitude global de todos aqueles que participam desse processo (condenação de um homem por outros homens, uma deliberação, um combate etc.); ou ainda um complexo de gestos e de proposições que, quando se apresentam em um indivíduo isolado, deslancham certos processos (a atitude indecisa de Hamlet, a profissão de fé de Galileu etc.); ou ainda simplesmente uma atitude fundamental de um homem (como a satisfação ou a espera). Um *gestus* designa as relações entre os homens. Por exemplo, a execução de um trabalho não é um *gestus*

Ao contrário da projeção em direção a um referente, os gestos insólitos descritos acima apontam para um funcionamento "opaco" do gesto. Mas, como ressalta Anne Ubersfeld em sua análise sobre esse tipo de gesto, ele é opaco apenas na aparência, um "pequeno enigma" supostamente sem solução que, em alguma parte e através de algum processo, é compreendido pelo espectador. O que acontece de fato é que uma parcela desse discurso gestual, por suas próprias características de formalização, não pode ter explicação racional ou verossímil. É da ordem das questões sem resposta, ou, talvez, de uma espécie de comunicação não verbalizável, "induzida de corpo a corpo". De qualquer modo, o trabalho de Bete Coelho é justamente o de deixar o gesto numa relativa obscuridade e atuar para que o significado de seu gesto opaco seja "a própria opacidade"[40].

A descrição do processo pode dar a impressão de que toda a densidade corporal da atriz é anulada em benefício de um projeto formal puro. Não é o que acontece. Um dos traços mais marcantes do espetáculo é o contraste entre a racionalidade e a exatidão na definição dos signos da interpretação e, ao mesmo tempo, o forte impacto emocional que essa interpretação provoca. E como é evidente que o trabalho não se baseia na recriação emocional da personagem, não é a personagem o foco gerador das emoções. É a presentificação corporal da atriz. É o gesto perfeito que desencadeia a emoção, sem, no entanto, explicitar de que tipo de emoção se trata.

À medida que se desenvolvem as seqüências, Bete Coelho corporifica o processo de indicação e, ao mesmo tempo, de implosão das estruturas que elabora com tanto cuidado. Alguns lampejos dessa decomposição já são visíveis no início do espetáculo, na décima terceira seqüência, "Carmem e José II: Vam'bora sua Puta".

Carmem principia a cena assumindo na postura a puta indicada no título, com o corpo alongado no chão, olhar sensual, sorriso ao mesmo tempo malicioso, provocante e desafiador. José, a seu lado, inicia o fragmento de fala acusatória – "Sua puta. Você vai ser castigada pela oxidação dos metais que cobrem a consciência dos meus superiores". Nesse momento acontece o corte. Carmem vai se levan-

---

quando ela não implica uma relação social como a exploração ou a cooperação". "La gestuelle", em *Écrits sur le théâtre 2*, Paris, L'Arche, 1979, p. 95.

40. Todas as citações do parágrafo foram feitas a partir de Anne Ubersfeld, *op. cit.*, p. 208. Apoiando-se nas funções do discurso definidas por Roman Jakobson, Ubersfeld define as funções do discurso gestual do seguinte modo: referencial, quando o gesto é um informante, diz alguma coisa; conativa, quando o gesto ordena, suplica ou defende; fática, quando o gesto é um contato, pois solicita a comunicação; emotiva, ligada à expressividade; poética, que coloca em evidência os traços físicos da mensagem discursiva; metalingüística, quando o gesto é o comentário de um discurso verbal ou gestual. Em *op. cit.*, pp. 203 e ss.

tando aos poucos, se ajoelha, descontrai o corpo, assume um quase relaxamento e responde num tom de voz baixo e tranqüilo, como se procurasse um confronto de sutileza para a gritaria do homem:

– Me perdoa por essa prova cruel a que tenho que submetê-lo só pra descobrir o que já sou: eu sou um anjo e maior não poderia ser o desejo de perdoá-lo por essa prova cruel a que tens me submetido só pra descobrir o que eu já sei: eu sou um anjo... Merda, José.

Nesse momento, tudo o que era da ordem da formalização se esfuma em proveito de uma energia dispersa, que elimina a organização e o movimento anteriores para se manifestar enquanto fluxo que indica, para além do movimento, uma capacidade de propagação. A empatia se produz através dessa corrente que opera em níveis não racionais. Bete Coelho se refere a esse fluxo energético, disparado como flecha em direção ao público.

Eu e o Gerald trabalhávamos muito em cima da tensão física, de uma vibração corporal. Então eu dizia: "Eu não agüento mais do que essa tensão no meu corpo. Se eu passar dessa tensão meu corpo vai virar uma pedra e não vai sair nada". E ele dizia: "Vai mais, você pode ir mais, você pode ir mais". E chegava um momento em que aquilo não era mais tensão e eram apenas vibrações onde eu podia modular o meu corpo à vontade. É um limite muito maior do que a tensão, onde você vai controlando os músculos da tensão. Meu corpo não era mais músculo. Ele era só energia[41].

É como se o processo de tensão, aliado à repetição estrutural, quebrasse os circuitos da lógica corporal e impusesse à atriz um sistema estrangeiro, alheio à dinâmica anterior. A penúltima seqüência do espetáculo ("Cena Pré-Final") é um exemplo claro dessa ruptura, pois o desenho do corpo sofre uma indeterminação que o subtrai aos módulos gestuais desenvolvidos anteriormente.

A seqüência de sofrimento e sacrifício é explicitada numa interpretação menos construída, mais relaxada, rastejante, composta de pequenos gestos pesados no chão, com poucas variações. O corpo parece descomposto, não preservando quase nada da postura tensa do início do espetáculo. A raiz do comportamento feminino parece aflorar à superfície, aproximando a interpretação do modelo expressionista. As contorsões, distorções, o perpétuo refazer do movimento, o turbilhão dos giros que dissolvem o eixo postural, até então muito presente, a confusão enigmática que desfaz os módulos corporais minimalistas e ao mesmo tempo os torna transparentes, pelo confronto com a atual dissolução, tudo é exposto ao exame do público.

41. Entrevista com a atriz Bete Coelho, São Paulo, Teatro Ruth Escobar, 28 de maio de 1993.

Nas quedas a atriz permanece em posição fetal, como se buscasse se proteger, mas ao mesmo tempo se oferecesse frontalmente ao olhar do espectador. Mas a exposição não fixa a forma nem o sentido do gesto e do movimento. O mundo de pulsões que se submete à observação é despedaçado, disperso, disjunto, um corpo de indeterminações sucessivas que não se deixa enquadrar por um sistema de referências fechado[42].

Descalça, o vestido negro pelos joelhos, Carmem vive na transparência nuançada que deixa entrever seios e pernas sem, no entanto, revelá-los totalmente. Nesse momento a imagem intermitente da sedução pulsa em seu corpo[43]. Mas ela mantém as luvas do figurino inicial, que permanece como um resíduo estilizado da outra Carmem, criando uma figura de descontinuidade que enfatiza a idéia da unidade perdida, quer seja uma identidade pessoal ou se refira a relações sociais e à perda de um referente simbólico universal. Como sugere Gerd Bornheim, Carmem é apenas um pretexto para mostrar um processo de esvaziamento, de perda de uma medida objetiva e universal que talvez pudesse ser chamada de justiça[44]. Carmem é julgada pelos homens, pelas mulheres, pela luz e pela biblioteca. Mas é um julgamento fragmentário, que não se ancora em nenhum valor e, portanto, não termina em veredicto. Continua aberto na ambigüidade da fala de Carmem:

– E a máxima?... Ainda existe algo se mexendo? Ainda existe algo se mexendo em algum lugar? E a mínima? E a mínima? Alguém por agora, por favor, me deixa entrar?

O pedido, naturalmente, não é atendido, pois não há lugar para Carmens num espetáculo que ritualiza a perda do referente simbólico universal. Há lugar para a *Roda de Bicicleta* de Duchamp, um signo de orientação (ou desorientação) colocado no centro do palco. Uma mulher cobre a roda com um véu negro. José II/Escamillo retira o véu da roda e o transfere para Carmem. Como se passasse por um ritual de des-investimento simbólico, ela recebe de volta sua matriz

---

42. Philippe Ivernel usa o conceito para analisar a dança expressionista de Mary Wigman e o Tanztheater de Pina Bausch, no ensaio "Dionysos en Allemagne", em *Les corps en jeu, op. cit.*, pp. 193-204.

43. "O lugar mais erótico de um corpo não é lá onde o vestuário se entreabre? [...] é a intermitência, como disse muito bem a psicanálise, que é erótica: a da pele que cintila entre duas peças (as calças e a malha), entre duas bordas (a camisa entreaberta, a luva e a manga); é essa cintilação mesma que seduz, ou ainda: a encenação de um aparecimento-desaparecimento." Roland Barthes, *O Prazer do Texto*, São Paulo, Perspectiva, 1977, p. 16.

44. Bornheim, "Thomas Muda o Sentido do Teatro Clássico e Faz o Avesso de Carmem", *Folha de S. Paulo*, 24.2.1989.

caracterizante, desta vez associada à *Roda de Bicicleta* – "um niilismo que gira sobre si mesmo e se refuta" –, e volta a abrir os braços, reassumindo a postura crucificada[45]. Uma gravação, dublada por Oswaldo Barreto, comenta com ironia a associação:

> – Deus abomina a singularidade nua. A única função que restou para a filosofia foi a análise da linguagem. *C'est fini*.

## DISJUNÇÃO

Ao analisar *A Tragédia de Carmen* encenada por Peter Brook em 1981, Georges Banu afirma que a grande ópera é a fortaleza da convenção. A voz do cantor, para poder manifestar-se em toda sua extensão, necessita de um corpo freqüentemente ereto, que precisa manter-se em tensão para facilitar a emissão correta e amplificada do canto. O resultado dessa necessidade imposta pela técnica são as atitudes estatuárias que caracterizam as grandes cenas operísticas, onde a atuação explosiva da voz exige uma crispação do corpo, necessariamente tensionado para chegar à potência requerida pelo canto. O resultado desse esforço é um cantor que se "empina" diante do perigo da execução, conseguindo descontrair-se apenas no final da *performance*[46]. Banu continua sua argumentação afirmando que Brook procurou desfazer essa tensão corporal, que leva à divisão inorgânica entre corpo e voz, providenciando um relaxamento nos corpos dos atores que lhes restituísse a fluência do ser vivo. O esforço do encenador se dirigia, portanto, contra a ruptura.

A ópera seca de Gerald Thomas, ao contrário, se preocupa em acentuar a disjunção no desempenho, repetindo, de outra forma, o paradigma operístico do corpo isolado da voz.

A separação entre o canal visual e o canal auditivo acontece na maioria das cenas do espetáculo, onde quase todos os atores são

---

45. Os *ready-made* de Marcel Duchamp são objetos anônimos que o artista, através do próprio ato da escolha, transforma em obra de arte, ao mesmo tempo em que dissolve a noção de obra. Octavio Paz afirma que o interesse desses objetos não é plástico, mas filosófico, já que eles são uma crítica ativa, "um dardo contra o que chamamos valioso". Enquanto na obra de arte as formas são "aparelhos de significar", o ato de Duchamp arranca o objeto de seu significado: um porta-garrafas sem garrafa, uma roda sem bicicleta. "Jogo dialético, o *ready-made* é também um exercício ascético, uma via purgativa. À diferença das práticas dos místicos, seu fim não é a união com a divindade nem a contemplação da suma verdade: é um encontro com ninguém e a sua finalidade é a não contemplação." Em *Marcel Duchamp ou o Castelo da Pureza*, trad. Sebastião Uchoa Leite, São Paulo, Perspectiva, 1977, especialmente pp. 21 a 28.

46. Georges Bannu, *op. cit.*, p. 243.

Bete Coelho (Carmem). "Seqüência Carmem Rainha". Foto: João Caldas.

apartados de suas vozes, que reaparecem em gravações, às vezes na voz do próprio ator, mas com maior freqüência na voz de outra pessoa, ou de outras pessoas, até de outro sexo, que se encarregam de intermediar sua fala.

O recurso aos "corpos sem voz", colocados ao lado de uma voz ou de várias vozes, ganha maior ênfase quando se leva em conta que muitas das gravações são feitas pelo próprio encenador que, "narrador só voz[47]," parece falar através de suas personagens de modo intermitente mas constante durante todo o espetáculo.

A semelhança do enunciado das falas gravadas por esse narrador ausente e daquelas ditas pelos atores, quer se utilize para isso do intercurso das vozes gravadas ou não, transmite a impressão de que existe uma entidade por trás daqueles corpos, e que ela é a responsável, em última instância, pelo conteúdo do que é dito.

A contradição entre voz ausente e corpo presente remete, no fundo, à grande contradição do trabalho do ator em geral e especialmente no teatro de Gerald Thomas: ao fato de o ator ser ao mesmo tempo um elemento do discurso de um outro – no caso, do discurso da encenação – e o produtor de seu próprio discurso[48].

A autonomia ou a subordinação do ator ao discurso do encenador não são uma constante. Pode-se dizer que os "corpos sem voz" têm um duplo estatuto no espetáculo. O ator pode estar à margem de sua identidade corporal e ser reduzido à mecanização. Um exemplo claro dessa condição são os atores Marco Stocco e Edilson Botelho, que interpretam os dois Josés. A imagem duplicada de sua produção gestual, suas figuras multiplicadas em cena pela fumaça e pela luz e, em geral, sua evolução à margem da palavra, sem que mantenham com ela uma relação clara de motivação, ilustram com precisão esse jogo, presente em algum momento e de alguma maneira em todos os atores. É significativo que seus corpos adquiram, em várias cenas, o estatuto de objetos, quando são quase totalmente apartados de sua condição humana. Veja-se a esse respeito a cena "Tua Paixão por Mim...", descrita anteriormente. Também interessante nesse sentido é a "Seqüência do Comboio", onde vários atores exibem o corpo desmembrado ou mutilado. Exemplos evidentes são as costas de José I carregado como um fardo por outro homem, as pernas abertas de Micaela, arrastada num carrinho, o corpo sem cabeça de Zuniga, sentado no proscênio com um capuz de papel enfiado até os ombros.

---

47. Flora Sussekind analisa a disjunção no teatro de Gerald Thomas no ensaio "A Imaginação Monológica", *Revista USP* (14): 45, jul. ago., 1992.

48. Anne Ubersfeld, *op. cit.*, p. 170.

Esse despedaçamento também é perceptível em Bete Coelho, especialmente nas cenas em que a iluminação decupa seu corpo, fazendo dele uma representação metonímica. O efeito acontece quando, na obscuridade total, apenas um fragmento do corpo é iluminado ou nas seqüências em que o foco vai-se fechando para deixar apenas seu rosto visível, como na cena da morte.

Não apenas a iluminação, mas também o gesto funciona a partir do princípio de descontinuidade, especialmente nas cenas em que a atriz divide o corpo em duas metades desiguais ou quando se imobiliza para ser carregada ou desfigurada pelos homens.

A despeito da apresentação metonímica e deformada, o corpo da atriz conserva sua autonomia. Não é apenas um "relevo", um elemento de substituição dentro de um mecanismo cujo centro está em outro lugar, seja no projeto da encenação, seja no discurso da cenografia. Seu corpo não desaparece dentro da polifonia significante que a encenação constrói mas, ao contrário, é um corpo "material"[49], que remete a si mesmo, à densidade de sua produção gestual.

As aparições de Bete Coelho parecem cavar no palco um espaço de manifestação idiossincrática, não para a personagem, indicada por poucos traços sintéticos e fragmentários, mas para a *performance* da atriz, cujo objeto não é alguma coisa fora dela, mas seu próprio corpo no ato criativo, a retórica do movimento, da gestualidade, dos programas comportamentais complexos[50].

Em sua atuação, a semiotização do ser humano, característica do processo teatral, funciona principalmente através do eixo da presença, pois o que acontece no palco é a manifestação concreta da atividade de *performance*[51]. *Performance* porque a atuação exibe em primeiro plano a habilidade individual e a idiossincrasia, e não a capacidade de imitar uma personagem definida *a priori* por um texto dramático. Por isso, o que aparece em cena é um confronto entre códigos de expressão particulares ou a justaposição de vocabulários interpretativos pessoais[52].

---

49. Patrice Pavis, *Diccionario del teatro*, trad. Fernando de Toro, Barcelona, Paidós, 1983, p. 111.
50. Jorge Glusberg, *A Arte da Performance,* trad. Renato Cohen, São Paulo, Perspectiva, 1987, p. 65.
51. Anne Ubersfeld observa que uma das características do processo teatral é providenciar a semiotização de um ser humano, realizada a partir de dois eixos. Por um lado se refere à ficção, e portanto a uma ausência: a da personagem definida pelo texto dramático. Por outro, indica uma presença, pois o que acontece diante de nós é a manifestação concreta de seres humanos que se dedicam a uma atividade de *performance*. Em *op. cit.*, p. 167.
52. Luiz Roberto Galizia, analisando o teatro de Robert Wilson, afirma que o encenador está interessado no modo de ser do *performer* e não nas técnicas tradicionais de atuação. Como nos espetáculos de Gerald Thomas, o que interessa é libertar

A atuação através de códigos de expressão individuais é visível, por exemplo, nos estertores corporais de Luiz Damasceno, no ritmo frenético de sua mobilidade, na baixa estatura enfatizada pelos figurinos amplos e móveis, na gestualidade grotesca que acompanha a dublagem das árias, na mímica exagerada, no peso do corpo acentuado nas quedas e entradas aparatosas pelas cordas suspensas ou pelas janelas, nas convulsões desconcertantes para a imobilidade da cadeira de rodas, nas tragadas de cigarro mediadas pelo gorro de papel. Essa desmedida contrasta com a elegância empinada de Edilson Botelho, postura geralmente ereta, peito elevado como o do toureiro Escamillo, gestos amplos que alongam a estatura esbelta, rigidez nos braços e pernas que facilita a condição de marionete assumida em várias seqüências. A seu lado, Oswaldo Barreto parece um *gentleman* britânico saído de um romance policial de Agatha Christie, a dicção exímia nos fragmentos de diálogo poliglota e nas citações de Lorca, Goethe ou Bizet, a altiva supervisão da cultura acumulada no cenário/biblioteca e a condescendência superior com Magali Biff/Micaela, subserviente em sua postura encurvada.

Por paradoxal que possa parecer, o respeito ao vocabulário expressivo do ator caminha paralelo ao rigor na definição da partitura gestual e à imersão do corpo na realidade plástica e auditiva da cena. Essa contradição é esmiuçada por Wladimir Krysinski num interessante ensaio[53]. Segundo o crítico, o trabalho de Gerald Thomas resulta da justaposição de dois processos. De um lado, opera a partir da reunião de elementos aleatórios que são aproximados por analogia, com base na filosofia do acaso. No extremo oposto aparece o elemento regulador desse núcleo aleatório de criação, que age como direção ordenadora dos acasos reunidos e funciona como um correlato objetivo para o espetáculo. No caso específico de *Carmem com Filtro 2*, cabe à dança, ao ritmo e à seqüência de movimentos de Bete Coelho definir uma "lógica idiossincrática e subjetiva de pulsões cinéticas" que regula os vários processos e estruturas combinados pela encenação.

A atriz Bete Coelho, ao menos neste espetáculo, realiza o contraponto necessário às invenções da encenação, pois sua *performance* desenha um fio narrativo que atravessa a cena como um eixo orde-

---

a energia do *performer* e a individualidade, na medida em que ela se manifeste através de qualidades físicas e ritmos pessoais. Em *Os Processos Criativos de Robert Wilson,* São Paulo, Perspectiva, 1986, especialmente cap. 5, "Libertando os Ritmos da Comunicação através da Arte da *Performance*: as Peças-Diálogo de Robert Wilson", pp. 73-87.

53. Wladimir Krysinski, "Les théâtres stochastiques de Gerald Thomas", *op. cit.*, pp. 31-36.

nador. O corpo da "comediante-dançarina-ritmista-tonalizadora"[54] substitui a figura de Carmem, arrasada pelos golpes de teatro e de acaso que o espetáculo desfere contra ela. No final da seqüência de iluminações, marcações, visões, falas e gestos que desconstroem o arquétipo feminino, quem seduz é uma mulher.

---

54. *Idem, ibidem,* p. 35.

# A Encenação

Ary Brandi (AMM)

## M.O.R.T.E. – MOVIMENTOS OBSESSIVOS E REDUNDANTES PARA TANTA ESTÉTICA

Companhia de Ópera Seca

*Criação, direção, iluminação, trilha sonora:* Gerald Thomas

*Cenário e figurino:* Daniela Thomas

*Elenco:* Bete Coelho (Você), Luiz Damasceno (Cláudio), Magali Biff (Santa Félia), Edilson Botelho (Hora-cio), Malu Pessin (Trudy), Mário César Camargo (Pai), Ludoval Campos (Infra-Herói), Joaquim Goulart (Búfalo de Duas Rodas), Kiti Duarte (Mercado), Cacá Ribeiro (Buster), Lígia Feliciano e Marcelo Lopes (Camelo)

*Participação especial:* Giulia Gam

*Bailarinos convidados:* Ceila Portilho e Marcelo Lopes

*Iluminador e projeto de lua:* Wagner Pinto

*Sonorização e projeto de som*: Washington Oliveira

*Assistente de direção:* Jeffrey Neale

*Dramaturgia:* Marco Veloso

*Coordenação de cena:* Domingos Varela

*Assistentes de cenografia:* Carla Caffé, Marcelo Larrea, Felipe Tassara

*Figurinista assistente:* Marcelo Pies

*Cenotécnicos:* Marcelo Larrea, Pedro Girão

*Objetos de cena:* Manoel Martins, Marco Antonio Palmeira, Pátricia Borsoi

*Assistente de iluminação:* Wilson Reis

*Preparação corporal:* Cacá Ribeiro

*Produção executiva:* Rosa Almeida

*Produção: Dueto Produções*

# A Encenação:
## Movimentos Obsessivos e Redundantes para Tanta Estética

ALGUÉM DISSE...

Em entrevista a um jornal de Salvador, Gerald Thomas comenta as modificações que realizou em *M.O.R.T.E.*, prática comum em um trabalho marcado pela reescritura.

No momento em que eu reestruturei o espetáculo para o Festival de Taormina, em inglês, eu me preocupei em criar um monólogo interior meu projetado diretamente no palco. Ou seja: em vez do autor se preocupar em dividir as suas falas pelos personagens, em criar aquela intriga chamada tensão dramática brutal, eu me preocupei em que a narrativa fosse toda vista pelos olhos tristes de um autor, uma espécie de detetive emotivo, o autor dilacerado pelo meio ambiente, com todo mundo paralisado[1]."

Uma parcela do que Thomas aponta no excerto não aconteceu apenas em Taormina. A voz de um narrador que interfere no espetáculo é uma constante em todos os seus trabalhos. Ele já aparecia na primeira *Carmem com Filtro*, de 1986, retornava em *Eletra com Creta*, reincidia em *Mattogrosso*, onde a voz gravada e distorcida eletronicamente se justapunha, na primeira cena, ao corpo de Ernst Matto, e eclodia no espetáculo posterior a *M.O.R.T.E.*, *The Flash and Crash Days*, como fala em primeira pessoa, que pontuava a representação.

1. Gerald Thomas em "O Brasil não é um País para Vencedores", *A Tarde*, Salvador, 15.10.1991.

A voz gravada do encenador não aparece sozinha. Mas se distingue das outras interferências sonoras que povoam seus espetáculos, onde se multiplicam os exemplos de registros musicais diversos, ruídos como tique-taques de relógio fundidos a pulsações de coração, rangidos em alta voltagem, falas em rotação lenta, que altera a compreensão dos sons, vozes dos atores que, na maioria das vezes, não falam sem o intercurso da reprodução técnica. Aliadas à voz do encenador, essas interferências acabam criando um outro espaço cênico, exclusivamente sonoro, que na maior parte do tempo aparece justaposto à cena que se apresenta no palco. Movimento e som são criados separadamente e se reúnem apenas para compor o discurso fragmentário do espetáculo.

O narrador, "sujeito-só-voz" a que se refere Flora Sussekind em ensaio sobre o teatro de Thomas, pode funcionar de duas formas[2]. Em alguns momentos tenta se aproximar do narrador distanciado e impessoal dos relatos tradicionais, que usa o tempo passado e a terceira pessoa para agir como princípio de organização da matéria ficcional. Nesse tipo de ocorrência, sua voz narrativa não se mistura ao *pathos* da cena, pois ele é o sujeito onisciente que a precede e a sucede, colocando-se como interregno ao tempo presente do palco. É o caso do primeiro texto de *Mattogrosso* ou mesmo da narrativa genésica que abre *M.O.R.T.E.*

Mas na maioria dos casos a voz narrativa não esclarece nem antecipa o que se passa em cena. Como o próprio Thomas reconhece, ela acontece como um monólogo interior projetado no palco, circundado por imagens e criaturas que funcionam como fontes paralelas de enunciação da mesma subjetividade, figuras apenas aparentemente constituídas como alteridades. O sujeito dessa narrativa, o *self as context* desdobrado nas múltiplas personas e imagens da representação, é revelado e sublinhado pela identidade da voz que se imiscui nos corpos da cena e dos atores[3]. Pois a voz que narra é sempre a de Gerald Thomas.

Em lugar de atribuir essa reincidência ao narcisismo do artista – o que é verdade, mas não esclarece grande coisa –, é melhor perguntar o porquê da insistência no uso da voz do encenador para enunciar a narrativa. É evidente que ela funciona, num primeiro momento, como traço de identificação entre voz narrativa e autoria teatral. Emprestando um jogo de palavras de Chico Buarque, pode-se dizer que na encenação de Thomas o dono da voz e a voz do dono são uma única e mesma coisa.

2. Flora Sussekind, "A Imaginação Monológica", *Revista USP*, (14):49, jun./ago. 1992.
3. Ricard Schechner usa o termo *self as context* em "Post Modern Performance: Two Views", *Performing Arts Journal*, (11): 16, 1978.

Este movimento de ostensão da autoria, que Flora Sussekind associa a um "impulso monológico de reindividualização", acaba por eliminar a perspectiva narrativa – a objetividade épica do estar fora para observar o mundo que passa –, transformando o ponto de vista na coisa narrada[4].

Como já se observou anteriormente, não é apenas a voz de Thomas que interfere no espetáculo. Os atores, na maioria das encenações, também são privados de suas vozes, que reaparecem justapostas a corpos alheios ou, caso mais eventual, a seus próprios corpos, compondo uma *assemblage* de falas anônimas que se agregam aleatoriamente a quaisquer corpos: homens dublam vozes femininas, mulheres se colam à voz masculina do encenador, vários atores perseguem com os lábios uma mesma voz – neste caso, a voz de Thomas/narrador – ou um único ator pode ser invadido por um amplificado coro coletivo.

Não é difícil perceber que o caráter das falas das personagens difere pouco daquelas do narrador. Todas elas se manifestam enquanto enunciados de cunho narrativo, espécies de comentários poéticos, derrisórios ou irônicos, dirigidos de preferência à totalidade da situação que se exibe no palco. Raramente essas falas compõem uma relação dialógica entre as personagens e, nos casos eventuais em que isso acontece, o suposto "diálogo" tem mais semelhança com um coro que alternasse as vozes dos cantores. Mesmo quando as falas não são gravadas, o ator parece fazer citações de um discurso alheio, como se fosse responsável pela localização de blocos de matéria verbal no palco, que não têm relação necessária com a figura que representa. Os textos têm caráter semelhante e parecem sofrer um rodízio que os localiza, alternadamente, na boca de um intérprete, que os aplica, da melhor maneira possível, ao acontecimento cênico.

No caso da narração de Thomas, os comentários se assemelham a rubricas inscritas no palco por sua voz. Diante disso, não é estranho que um crítico italiano, na apresentação de *M.O.R.T.E.* em Taormina, tenha se referido à narrativa gravada como as "didascálias faladas em inglês"[5].

A semelhança dos enunciados de narrador e personagens suscita uma pergunta inevitável. Em que medida os atores-personagens são sujeitos individuais da enunciação? Entre a palavra e o corpo há um abismo que distancia o discurso de seu enunciador, de modo que o texto verbal aparece como um elemento exterior à ação não verbal, esta sim, diretamente responsável pela narrativa que se desenvolve no palco.

---

4. Flora Sussekind, *op. cit.*, p.44.
5. Domenico Danzuso, "Quando Morte è Folia", *La Sicilia*, Taormina, 19.10.1991.

M.O.R.T.E. oferece um campo fértil para a análise da narração. Na primeira cena, Alguém disse..., o narrador abre o relato genésico em terceira pessoa e na voz passada, associando a criação do mundo à do teatro. Aparentemente, é um recurso típico da narrativa clássica. Temos aí um narrador que descreve eventos acontecidos no passado, e diante dos quais mantém uma atitude distanciada e objetiva. A calma e a serenidade da voz que narra, a referência a um pretérito que ele, enquanto sujeito onisciente, desdobra em objeto narrado, são típicos do "defrontar-se objetivo" característico do gênero épico[6]. Até esse momento o narrador não se imiscui no acontecimento, do qual está afastado espacial e temporalmente. Ele simplesmente o apresenta diante de nós. O relato mostra o palco ao espectador, quando a ordem para que se faça luz é respondida pelo foco de um refletor. Em nenhum outro momento do espetáculo o narrador volta a apresentar uma aproximação tão grande com o gênero épico que, para Staiger, "mostra claro parentesco com as artes plásticas"[7]. A narrativa não conduz a nada que não seja a revelação de um espaço visual, cortado longitudinalmente por uma ponte. Não uma simples ponte, mas um arco embrulhado com cordas e plásticos. Uma ponte transformada por um artista, como a *Pont Neuf* de Paris embrulhada por Christo.

Depois de uma pausa breve, o narrador reaparece no "Fuzilamento". Desta vez, a terceira pessoa já foi abandonada e o que se ouve é um comentário em primeira pessoa dirigido diretamente ao Pai. Em tom suave e, nesta interferência, destituído de ironia, o narrador aproveita para agradecê-lo por interpretar bem todos esses anos. A ambigüidade da fala impede que se feche um significado para ela. A boa "interpretação" poderia dizer respeito a um simples fingimento do Pai, uma eximiedade na investidura da máscara da paternidade. Mas a seriedade com que a fala é enunciada e a cena que se justapõe a ela desencorajam essa leitura mais óbvia. Nesta seqüência, o Pai acabou de presenciar a execução do filho e chora por ele. É bem verdade que, ao mesmo tempo em que chora, toca tamborim. O choro contrariado pela alegria do instrumento parece confirmar a idéia de que o Pai foi apenas um bom intérprete de seu papel.

Mas um intérprete é um ator. O narrador se refere a um ator? Ao ator que representa o pai na cena de fuzilamento do filho? A um outro pai, que se limitou a interpretar bem seu papel? A um

---

6. Emil Staiger, *Conceitos Fundamentais de Poética*, trad. Celeste Aída Galeão, Rio de Janeiro, Tempo Brasileiro, 1975, especialmente o cap. 2, "Estilo Épico: A Apresentação", pp. 76-118.

7. Emil Staiger, *op. cit.*, p. 89.

outro ator? O mecanismo de ambigüidade é tramado pela justaposição dos elementos cênicos e textuais, ambos inconclusivos.

Depois do agradecimento – ou da reprovação – ao Pai, a narração reaparece em "Luz Aqui!" É uma retomada do texto da primeira cena, proferido, desta vez, não pela voz gravada de Thomas-narrador, mas por "Você", personagem representada por Bete Coelho, que subira ao palco aceitando o pacto teatral. "Luz. Aqui! Som", é o que "Você" ordena, tomando posse do relato genésico, para em seguida adiantar algumas falas do manifesto final do espetáculo.

A transferência da voz narrativa do espaço sonoro para o corpo cênico faz toda a diferença. É o primeiro indício que se tem, até aqui, de que a voz do narrador e a figura de "Você" são mais um dos duplos que o teatro de Thomas prodigaliza. Apenas desta vez o recurso é mais radical, pois o que se associa não são dois corpos, duas figuras cênicas, duas marcações, uma voz e um corpo, mas a voz de um narrador e a presença global de uma personagem, de um corpo/voz de ator que passa a figurar no palco como duplo do autor/narrador da cena, corporificação do monólogo interior até aí projetado apenas pela voz[8].

É interessante observar que a personagem nunca foi tão porta-voz do autor quanto neste caso. Ela está em cena como portadora de um discurso, como figuração e canal de expressão das idéias do narrador. Daí a semelhança dos enunciados de um e de outro. Daí o trânsito das falas do narrador para a personagem.

Usa-se aqui a palavra personagem na falta de termo melhor. Porque a presença de "Você" não configura, em qualquer sentido, uma autonomia ficcional que lhe garanta existência individual. "Você" não é uma consciência onde coincidam a ideologia, o discurso, o conflito moral ou a psicologia. É uma figura que encarna o monólogo interior do narrador e cujos contornos individuais desaparecem para dar lugar à função cênica de projeção.

Gerald Thomas menciona o procedimento em uma entrevista:

> M.O.R.T.E. é uma intromissão de um narrador, de uma vida interior que o ator não consegue interpretar. [...] Onde o ator não consegue verbalizar, uma voz, que é a voz do autor, verbaliza por ele. Então, no fundo, é uma metalinguagem teatral muito forte, porque o autor está falando realmente, não através do ator, mas com sua

---

8. O diário de encenação realizado pelo crítico Marco Veloso, parcialmente reproduzido no programa de *M.O.R.T.E.* com o título de "Diário de Ensaio", confirma a associação entre o encenador e a figura representada por Bete Coelho. A anotação do dia 6 de outubro de 1990 diz o seguinte: "A trama que decorre da subida da Bete no palco pode até estar extremamente bem composta no sentido de ações e reações dramáticas, o sofrimento e a ação podem até estar ajustados, mas não se sabe muito bem por qual razão ela topou o jogo teatral. Quem é a personagem da Bete? Você responde: 'sou eu' ". Você, no caso, é Gerald Thomas, naturalmente.

própria voz. E o ator está reclamando em cena da coisa que o ator sempre reclama, que é ter que falar na voz do autor[9].

A narração retorna na cena do Pai. Quem clama pelo pai no início da seqüência não é mais o narrador, que o agradecia na terceira cena, mas sua encarnação no palco. A cena principia mostrando "Você" em várias tentativas de aproximação com o Pai, marcadas por fracassos sucessivos. É nesse ponto que a narração interfere, introduzindo um novo procedimento de inserção do narrador. Até então ele se mantinha como sujeito de um espaço sonoro, uma voz projetada sobre o espaço cênico, às vezes ilustrada por ações que se tramavam aí, como na seqüência de abertura, em outras – a grande maioria – como foco sonoro adicional, uma incisão irônica ou aleatória no discurso narrado pelos elementos cênicos.

Nos outros trabalhos do encenador as figuras ocupadas em seus atos de palco pareciam ignorar a presença da voz narrativa que as perseguia, continuando sua luta, aparentemente surdas a seu destino sonoro. A maior exceção a essa regra foi aberta por *The Flash and Crash Days*, espetáculo que sucedeu *M.O.R.T.E.* Especialmente interessante como ilustração da consciência da voz narrativa por parte do ator é a cena em que Fernanda Montenegro ironiza o narrador, presente mas inatingível. "Ela" está parada ao lado do vulcão no centro do palco, olhando para os urdimentos. Aguarda um pouco, faz movimentos ansiosos, volta a espreitar em todas as direções como se estivesse à espera de indicações do que fazer. O que fazer não apenas em relação à luta sempre reatada com seu duplo mais jovem, mas também quanto àquele momento vazio de ações e narrações. Depois de alguma espera e várias expressões de enfado, a atriz acaba dirigindo aos urdimentos um gesto de capitulação, como se desistisse de esperar pela interferência do narrador.

No *Processo*, a personagem de Bete Coelho, Joseph K, também ouvia a voz do narrador e se aterrorizava com suas interferências. Mas, nos dois casos, a inter-relação entre ator e voz narrativa parava por aí.

Nesta cena de *M.O.R.T.E.*, ao contrário, a voz do narrador pretensamente dialoga com sua criatura, começando por um conselho: "Você precisa de cúmplices". A resposta de "Você" é dúbia, metalingüística, e insiste em que ambos já ultrapassaram esse ponto. Que ponto? Esta seqüência do espetáculo, evidentemente. Narrador e criatura discorrem sobre *M.O.R.T.E*, além de discorrerem sobre morte.

O movimento dialógico é inusitado, não apenas pelo assunto auto-referente, que desestabiliza os mecanismos ficcionais, mas tam-

---

9. Gerald Thomas em Maria Cláudia Barreto, "Morte aos Copiadores", *Diário da Tarde*, Belo Horizonte, 15 out., 1991.

bém porque um dos interlocutores não tem corpo, só voz, e o outro, que aparentemente tem corpo e voz, não tem fala, pois aquilo que enuncia não passa de projeção do monólogo interior do narrador. Em última instância, as duas fontes de enunciação não mantém uma comunicação inter-humana verbal. O que se apresenta é uma fala monológica, onde um narrador supostamente dialoga com seu duplo projetado no palco.

À medida que o espetáculo se desenrola, o narrador "só voz" vai se desintegrando e os fragmentos de sua fala vão sendo apropriados por "Você"[10]. O mecanismo de incorporação do narrador pela atriz tem seu auge em "Galáxias", cena que indica um suposto diálogo entre os dois. A esta altura, o narrador já abandonou a distância que o caracterizava na seqüência de abertura e o que era discurso se transformou em fragmento, mimese perfeita do que acontece no palco.

"Galáxias" concretiza a principal intenção de Gerald Thomas com o espetáculo. "Ele é basicamente essa discussão entre criador e criatura"[11]. Na seqüência, "Você" está vestida em trajes renascentistas, calça e gibão negros, crucifixo no peito, botas, um príncipe de luto. Depois de declamar um trecho do poema de Haroldo de Campos que dá nome à cena[12], "Você" questiona o modo e o momento em que tudo aquilo começara. O narrador justapõe à sua fala um comentário irônico – "palavras, palavras, palavras" –, completando a referência ao *Hamlet* de Shakespeare, já indicada pelo figurino. "Você" dá continuidade ao canal metalingüístico, mencionando, desta vez, o modo de construção do espetáculo – todas as "partes quebradas, estilhaçadas". O narrador desvia o foco da metalinguagem para a história ou, talvez, para a estética: "Estou falando de revolução, seu imbecil". "Você" continua em sua função, repetindo em eco irônico a própria narração – "palavras, palavras, palavras". A repetição incessante das falas do narrador por "Você" funciona como sugestão adicional da fusão das duas instâncias enunciadoras.

---

10. Flora Sussekind analisa a fala monológica do narrador no ensaio citado. O procedimento a que me refiro é mencionado pela autora na p. 49."...'Você', 'criatura' desse sujeito em *off*, vai assimilando em suas falas, pedaços do relato genésico ('Luz. Aqui!; Eu digo: Faça-se luz!'). E impulsionando, dessa maneira, a corrosão dessas falas, agora inconclusas, fragmentadas, mesmo quando na voz de seu narrador inicial. [...] Só parcialmente recompostas quando se troca a terceira pela primeira pessoa narrativa: 'Eu disse: Faça-se luz!'. Quando se sugere, portanto, uma estrutura monológica para o relato."
11. Gerald Thomas em Nelson de Sá, "Paralisia Criativa em *M.O.R.T.E.*", *Folha de S. Paulo*, 9.11.1990.
12. O livro *Galáxias*, de Haroldo de Campos, foi publicado em 1984, pela Ed. Ex-Libris.

A insistência na fala reincidente impõe ao "diálogo" um mecanismo circular, pois, à medida que "Você" repete o narrador, este também repete a fala de "Você", isolando a voz narrativa e sua projeção cênica num movimento circular e auto-referente. É o que acontece, por exemplo, em relação às "partes estilhaçadas, quebradas, insolúveis". Além do mais, não deixa de ser extremamente irônica a presença de um narrador impotente diante de um mundo estilhaçado, no qual ele mergulha em lugar de tentar soldá-lo em fio consecutivo.

As estradas "pavimentadas desde Kant, e em todas as línguas" se referem, sem dúvida, ao ceticismo desse autor-narrador quanto à possibilidade de reorganização dos fragmentos em forma original, numa época em que o artista é perseguido pela influência da arte que o precedeu. Influência que pode ser exercida pela própria obra do encenador. "Você disse isso em Munique e foi vaiado", a criatura informa ao criador. Mesmo que a vaia não tenha acontecido, a fala já cumpriu sua função, pois desviou o eixo de discussão do tema para a cena. E obrigou o espectador a se lembrar de todos os espetáculos de Thomas em que ouviu que "as estradas estavam todas pavimentadas desde Kant, e em todas as línguas". Em *Mattogrosso*, por exemplo, onde o narrador enuncia essa frase na abertura do espetáculo.

A ostentação dos mecanismos de encenação, a esta altura já bastante explícita, é enfatizada pela referência aos códigos que "estão nus e não estão envergonhados". "Profundo é tudo que se coloca na superfície do fundo", "Você" acrescenta. Os dois enunciados, lado a lado, repetem a disposição em que aparecem no caderno de direção de Thomas, justapostos a alguns desenhos[13].

A passagem direta do caderno para o palco confirma a impressão de que a montagem dos fragmentos não se faz em função da lógica do discurso, mas com base nas qualidades poéticas de cada notação. Neste caso, as falas não são intercâmbios entre personagens, expressão de relações humanas, mas sim geradores de narratividade que agem como elementos temáticos de estruturação do discurso cênico[14].

---

13. As anotações, diagramas e desenhos que compõem o caderno de direção de *M.O.R.T.E.* foram iniciados em 10 de março de 1990 e se estenderam até 20 de novembro do mesmo ano, data do último registro.
14. Patrice Pavis, "Parcours au bout du sens: A propos du spectacle 'Parcours' ", em *Voix et images de la scène. Vers une sémiologie de la réception*, Villeneuve d'Ascq, Presses Universitaires de Lille, 1985, em particular p. 221, na qual o autor faz comentário semelhante, mas ligado a contexto diverso.

A curiosa mistura de elementos metalingüísticos, citações bíblicas, excertos dramatúrgicos, não compõe um jogo de réplicas, mas parece estar mais próxima do discurso polimorfo de um só sujeito. Apenas em alguns momentos pode-se dizer que o narrador dialoga com seu eu projetado na personagem "Você". É o caso da referência às vaias de Munique. Na maioria das vezes, entretanto, as réplicas parecem saídas de uma mesma boca, pois não se opõem, não se diferenciam, não indicam sua origem em caracteres divergentes. São distribuídas poeticamente entre "Você" e o narrador, num monólogo de duas vozes que se aproxima do drama lírico simbolista, além de recordar certas formas musicais polifônicas, onde o som de um instrumento é indissociável do conjunto.

No suposto diálogo que a cena apresenta, a figura de "Você" é colocada no palco como mediadora do narrador. É através dela que o monólogo – uma réplica sem interrupção de um interlocutor consciente da escuta[15] – consegue situar-se como diálogo. Um falso diálogo, cujo caráter quase didascálico vai ser explicitado na penúltima cena, quando "Você" permanece muda enquanto a voz do narrador/encenador comenta e descreve, não apenas a personagem, mas toda a cena que a rodeia ("Ei, Você").

A aproximação do procedimento com a dramaturgia de Beckett é inevitável. A técnica épica do dramaturgo suprime quase inteiramente o intercâmbio dialético entre as personagens e seus discursos. Daí o caráter também monológico de seu teatro, pois o que Beckett elimina quase que inteiramente é o ingrediente essencial do diálogo: a reciprocidade da interlocução. Thomas confirma a relação quando escreve sobre a dramaturgia beckettiana no programa de *Fim de Jogo*, espetáculo que estreara pouco antes de *M.O.R.T.E.* Abordando a fase final da obra do dramaturgo, afirma:

> Seus últimos textos, *Stirrings Still* e *Wootsward Ho,* lidam com um terceiro personagem, extradualístico, aquele que criou Hamm e Clov. Esse personagem (que é Murphy, Malone, Molloy, Watt, enfim, é o personagem título da desventura que vive) entra e manipula ativamente as suas vozes e as suas vozes teatrais contemplando tudo, sempre, como um lugar onde as coisas jamais serão finitas[16].

A "personagem extradualística" evidentemente inviabiliza o movimento dialógico do texto. Enquanto no diálogo existe a reversibilidade das funções de quem fala e quem ouve, no monólogo é negada

---

15. Michael Issacharoff, "Vox clamantis: l'espace de l'interlocution", *Poétique* (87): 316, set. 1991. Os comentários que seguem se baseiam na análise que o autor faz das formas monológica e dialógica, especialmente em relação ao texto de Beckett *Pas Moi*.
16. Gerald Thomas, programa de *Fim de Jogo*, 1990.

a palavra ao ouvinte. O que o narrador monológico faz, a exemplo desta cena, é enunciar, em sua própria voz, as falas do interlocutor, obrigado a conformar-se com sua função de espelho dos enunciados do outro. O fato de o narrador repartir suas falas com "Você" não significa que a interlocução se manifeste. Na realidade, o que se estabelece é um falso diálogo, onde o narrador solicita a interferência de "Você" apenas para subordiná-lo a seu eu narrativo. O diálogo que a cena mostra é na verdade um fluxo contínuo, onde as interferências de "Você" não passam de questões implícitas do próprio narrador. Narrador que consegue manifestar-se dialogicamente porque parasita seu ouvinte, um "Você" despersonalizado, anônimo, uma presença sem individualidade reduzida à "função lógica de um ouvido passivo" e de uma voz que repete, um falso interlocutor que apenas mediatiza a presença do narrador em cena[17]. Por isso Issacharoff afirma que o monólogo é uma forma narcisista por excelência. Ele não se destina à interlocução, mas à sedução do outro.

Depois da menção aos códigos nus, "Você", mais uma vez, repete a fala do narrador, enviando o público para o referente desejável da cena: "uma revolução, seu imbecil". O elenco se aproxima da boca de cena, com "Você" à frente. Cinco minutos de assustadora imobilidade dos atores enfrentando os espectadores. Desnorteio do público. Falas, risos, saídas raivosas, aplausos.

Evidentemente é o narrador quem quebra a escultura imobilizada de Galáxias, associando a busca da perfeição à paralisia que acabara de se manifestar. Agora ele assume, em primeira pessoa – mas ainda na voz passada –, a autoria do relato genésico: "Eu disse: Faça-se luz. [...] O resto... Eu aprodrecia numa cruz onde se lia: Norte Sul Leste Oeste".

As direções possíveis da criação são associadas ao suplício na cruz. E é neste momento que "Você" repete, no palco, o enunciado da narrativa genésica, usando agora o tempo presente da cena: "Eu digo: Faça-se luz".

A narração retorna na penúltima seqüência, "Ei, Você", quando o espetáculo volta ao início e o narrador atribui a "Você", seu corpo actante, a autoria da narrativa que abria o espetáculo: "... você ouvirá sua voz dizer: 'alguém disse' ". Neste momento, a fusão entre a voz que fala e o corpo que age está completa. É por isso que "Você" agora está mudo, sem voz, repetindo a situação básica de algumas peças de Beckett – *Pas Moi*[18], por exemplo –, onde o monólogo só não

---

17. Michael Issacharoff, *op. cit.*, p. 319.
18. No texto de Beckett, escrito em inglês em 1972 com o título de *Not I*, o corpo da personagem é reduzido a uma boca, que se chama, exatamente, Boca, e se dirige a um interlocutor mudo.

se transforma em solilóquio pela presença muda do outro, que influencia a forma e a natureza da enunciação[19]. Neste momento "Você" oferece um canal aberto para o procedimento que o espetáculo insinua desde o início, pois a voz do narrador é projetada sobre seu corpo mudo, estático, neutralizado pelo escuro do palco, com o rosto colocado em *close* por um foco de luz. É o momento em que o narrador pode voltar a narrar. Descreve as reações da personagem, seus pensamentos, indica e nomeia as figuras que estão a seu lado, narra o princípio da história que aconteceu a um outro – "Você". *Pas moi, Not I*, diria Beckett. Uma atitude distanciada, objetiva, uma calma e uma suposta lucidez que comentam a personagem e aquilo que a rodeia como se um afastamento quase épico o emancipasse da cena contada. O único problema em tamanha dignidade épica é que o narrador faz questão de se apresentar:

> Meu nome é... Você. Eu sou o que você imagina agora, aí sentado nesse cavalinho.

A violenta incisão da fala monológica se prolonga num mecanismo de enunciação construído em espiral, onde a circularidade do enunciado opacifica a identidade do sujeito. "Instantes depois você estará entrando aqui, murmurando 'De quem era aquela voz que disse um dia que eu estaria entrando aqui, murmurando. De quem era aquela voz que disse um dia que eu estaria entrando aqui murmurando. De quem era aquela voz...'"

A concepção circular desse discurso, que parece chegar ao final quando, na verdade, é apenas o princípio de uma nova oração, es-

---

19. Para Issacharoff o solilóquio se distingue do monólogo porque apresenta uma personagem sozinha em cena, dizendo um texto que é a pura expressão de um debate de consciência, o que a torna, portanto, totalmente indiferente ao outro. Em *op. cit.*, p. 316. Em seu *Dicionário do Teatro*, Patrice Pavis define o solilóquio e o monólogo como sinônimos, ressalvando que o primeiro, mais que o segundo, remete a uma situação em que a personagem medita sobre seu momento psicológico e moral, exteriorizando desse modo o que permanecia como simples monólogo interior (p. 462). No caso do monólogo, Pavis menciona uma segunda acepção do termo (II. "Traços Dialógicos do Monólogo", p. 319), que se aproxima da definição de Issacharoff: "...o monólogo tende a revelar certos traços dialógicos. É o caso de um herói que avalia sua situação, dirigindo-se a um interlocutor imaginário (*Hamlet, Macbeth, A Vida é Sonho*), o que exterioriza um debate de consciência. Para esta definição, Pavis se reporta a E. Benveniste, *Problèmes de linguistique générale*, Paris, Gallimard, 1974, vol. 2, pp. 85-86: "O locutor é freqüentemente o único que fala; no entanto, o eu receptor permanece presente; sua presença é necessária e suficiente para dar significância à enunciação do locutor. Às vezes também o eu receptor intervém com uma objeção, uma pergunta, uma dúvida, um insulto". Adotei esta acepção de monólogo pelo maior interesse que oferece para a análise do procedimento de Thomas.

pelha a própria estrutura do espetáculo, próxima das construções de Joyce no *Ulysses* ou em *Finnegans Wake*, onde "o princípio e o fim adquirem relatividade perene"[20]. A partir desse momento, "Você"-Narrador conclui que o conflito teatral não teria acontecido sem sua interferência. Ao aceitar o pacto do palco apenas caiu na armadilha da solução: dos conflitos, dos procedimentos, da necessidade de encenar.

> Você percebe: foi tudo feito para mim, por minha causa, para me envolver no conflito, para eu achar a solução... Você vai perceber... Meu Deus... esse momento não teria continuado... se eu não estivesse sentado aí, aí fora, pronto para entrar...

DUELO DE GLADIADORES

É quase impossível recensear, de maneira completa, a quantidade de cenas de luta que pontua o teatro de Thomas. O duelo de gladiadores na abertura de *M.O.R.T.E.* parece expor, em microcosmo, a fisicalização do conflito teatral ou, para dizer de outra forma, a transformação do embate dialógico em imagem plástica, que acompanha a cena de Thomas como um núcleo estruturador de sentido[21]. Basta lembrar Carmem e Micaela na "Seqüência das Brigas" de *Carmem com Filtro 2*, a Japonesa e Ernst Matto em *Mattogrosso*, na disputa metaforizada em queda de braço que também pontua outros trabalhos, os dois aviadores, um enforcando o outro, em *Sturmspiel*, Eletra e Sinistro em *Eletra com Creta*, Adão e Eva fazendo amor e luta no *Império das Meias Verdades*, o cozinheiro mutilado e o general impotente confrontando-se em *Unglauber*, o corpo-a-corpo insano das duas Elas que se digladiam do princípio ao fim de *Flash and Crash Days*, quando o mecanismo de conflito físico, corporal e visual das duas gerações, constitui a própria cena do tempo.

Os duelos apresentados no palco podem parecer, à primeira vista, formas cênicas alternativas de apresentação do diálogo. Afinal, as formas dialógicas típicas são verdadeiras lutas táticas entre os manipuladores do discurso, onde cada um dos contendores tenta impor ao outro seus pressupostos lógicos e ideológicos, buscando atraí-lo para seu território de ação[22]. A característica fundamental do diá-

---

20. Augusto de Campos, "O Lance de Dados do *Finnegans Wake*", em Augusto e Haroldo de Campos, *Panaroma do Finnegans Wake*, São Paulo, Perspectiva, 1986, p. 121.
21. Flora Sussekind vê as cenas de luta corporal no teatro de Thomas como uma "espécie de vestígio em miniatura da própria idéia de conflito teatral, ou, talvez, paradoxalmente, de retomada – via monólogo – de uma dimensão dialógica". *Op. cit.*, p. 49.
22. Oswald Ducrot, *Dire et ne pas dire*, Paris, Hermann, 1972.

logo é provocar a resposta do oponente, obrigando o interlocutor a se inserir no contexto proposto.

Mas o diálogo, ao menos aquele que se relaciona à ação dramática, leva à alteração do esquema actancial. Visa à transformação do universo dramático, modificado graças à própria dinâmica dialógica. O diálogo dramático põe a ação em movimento, já dizia Hegel, pois a progressão dramática se constrói através da precipitação irresistível para a solução final[23].

Evidentemente, os problemas do teatro moderno não se reduzem mais ao entrechoque de vontades individuais. Por isso o conflito fisicalizado no teatro de Thomas é de natureza diversa do conflito dramático operado pelo diálogo de construção rigorosa. Enquanto este pode chegar a pontos extremos de tensão que sempre levam a um resultado, sem que precise ser ilustrado por ações físicas que oponham as personagens, aquele parece realizar, na verdade, apenas a espacialização de uma idéia de conflito, uma composição visual da tensão, ou melhor, uma figuração da tensão dramática via imagem. É por esse motivo que as lutas entre as personagens e as mortes que elas possam acarretar não levam rigorosamente a nada. Funcionam apenas como indicações visuais de conflito, dissolvidas que são pela luz, pela seqüência de marcação que separa os contendores, pela ressurreição dos corpos abatidos no combate ou mesmo, eventualmente, pela retomada da mesma luta, como acontece em *M.O.R.T.E.*, quando o Viking tem que enfrentar de novo o mesmo adversário, desta vez disputando a posse de uma bicicleta. A ironia e o *non-sense* presentes no confronto colaboram para evidenciar de que tipo de luta se trata – não de um conflito dramático, evidentemente – e parecem sublinhar, *a posteriori*, a intenção demolidora e o ceticismo já presentes na seqüência inicial.

Em lugar de um confronto dialógico, os embates entre as figuras em cena se reduzem a alguns afrontamentos que não demoram a se desvanecer e podem ser repetidos inúmeras vezes, mas sempre condenados à impotência.

Deve-se ressaltar também que, se a encenação escolhe o confronto entre personagens como recurso de indicação visual do conflito, não usa o conflito como forma de estruturar a progressão da narrativa cênica. O que parece estar em jogo é justamente a contestação da idéia de conflito como mecanismo de estruturação do teatro. O que significa um abandono da idéia de drama enquanto sucessão de eventos, fatos ou discursos que montam uma questão, para desenvolvê-la e encaminhá-la a uma resolução. A idéia de uma sucessão clara de eventos,

---

23. Hegel, *Estética – Poesia (VII)*, trad. Álvaro Ribeiro, Lisboa, Guimarães, 1964, p. 392.

de um desenrolar de ações que conduza a um desenlace é substituída pela explosão fragmentária de conflitos pontuais. As lutas entre as personagens, minidramas apresentados de forma visual, brilham, explodem em determinadas seqüências, mas não encaminham o espetáculo para uma resolução, na medida em que não propõem um desenvolvimento, mas são uma significação em si mesmas. Essas pequenas explosões trágicas que *M.O.R.T.E.* propõe, entre as quais pode-se destacar a luta de "Você" com as esculturas, espelhada na agressão ao Cristo grávido, além das tentativas de encontro com o pai, frustradas pelas outras personagens, não armam uma construção que pretenda dar conta de um sentido global, construído passo a passo. Evidentemente elas têm um sentido, mas ele se dá mais enquanto significação pontual, que não se totaliza na resolução do espetáculo. O que se tem aí é uma "estática do conflito", onde não há personagens colocadas à beira de uma crise a ser solucionada mas, ao contrário, figuras sem identidade apresentadas dentro de uma crise sempre repetida[24].

Adaptando uma observação de Bernard Dort, pode-se dizer que neste caso a luta das personagens bloqueia o drama. A imagem do conflito bloqueia a fábula que o conflito dramático constrói[25].

Prescindindo dos procedimentos tradicionalmente ligados à construção dramática, o espetáculo opta por formas diferenciais de viabilizar seu discurso cênico. Não é difícil perceber como elas se estruturam.

## CRUCIFICAÇÃO, FUZILAMENTO, INCÊNDIO, FACADAS...

No final dos anos 80, Robert Wilson publicou um ensaio com título sugestivo: "Olhar o texto e ouvir as imagens"[26]. Já no primeiro parágrafo se refere à sua formação em arquitetura e artes plásticas que, no seu entender, colaboram para que o ponto de partida de seus espetáculos seja a composição de um *visual book*, um roteiro desenvolvido através de motivos visuais.

Os famosos *storyboards* parecem constituir a dramaturgia de vários encenadores contemporâneos, que passam a desenhar seus textos de imagens e palavras como roteiros cinematográficos, onde

---

24. Sérgio de Carvalho, "O Dramático na Trilogia Kafka de Gerald Thomas", ensaio inédito, 1988.
25. Analisando o teatro de imagens de Robert Wilson e o *Eduardo II* de Marlowe encenado por Jean-Hughes Anglade, Bernard Dort afirma que "a imagem bloqueia o teatro", *La représentation emancipée*, Paris, Actes Sud, 1988, p. 98.
26. O texto foi publicado em *Théâtre Public*, n. 197, maio-junho 1988, pp. 98-100.

se definem visualizações de espaço, iluminação, associações de *leitmotive* condutores, intenções, falas, músicas, enfim, todos os caminhos possíveis da cena. As referências, textos, desenhos de motivos e seqüências podem ser abandonados no decorrer do processo, como se observa no caso de *M.O.R.T.E.*, pelo confronto entre a resolução final das cenas e os esboços iniciais do caderno de direção do encenador. Mas constituem, num primeiro momento, um roteiro de intenções, a indicação textual e visual de uma forma cênica antevista.

Os desenhos que pontuam o caderno de direção de Thomas, entremeados por fragmentos de textos, parecem o resultado de uma luta para a expressão de visões e conceitos que assombram o imaginário do encenador, alguns deles como fantasmas violentos e arquetípicos. Não é estranho que essas "imagens de inconsciente solto"[27], caóticas e insurrecionais, não consigam ser organizadas em forma de conflito dialético, dialógico. O que prevalece como princípio de construção da dramaturgia cênica é a justaposição de várias possibilidades, muitas vezes contraditórias. Amealhar os materiais diversos, que podem variar de uma recordação de infância à obra transgressiva de um artista contemporâneo, é a operação que precede a justaposição. A aproximação dos elementos disparatados é, muitas vezes, casual – "obra do acaso total" – e opera através de mecanismos de inclusão, de anexação de alternativas divergentes, de sobreposição de motivos, de paralelismo de temas, de vizinhança de elementos cuja relação pode advir apenas da literalidade de um jogo de palavras.

O processo construtivo começa pela seleção de alguns motivos condutores, semelhantes a *leitmotive* musicais. É graças a esses segmentos reiterativos, uma espécie de estribilho de temas recorrentes, que o espetáculo encontra sua estrutura de composição, seguindo o mesmo processo analógico de redação do *storyboard*.

Em artigo sobre Tadeusz Kantor, Thomas se refere ao mecanismo dos *leitmotive* presentes no teatro do artista polonês.

O trabalho genial de Kantor era dividir a percepção do espectador em alguns símbolos reconhecíveis: gêmeos, pai, mãe, rabino, padre... Essas figuras então punham-se a atravessar o tema: guerra, invasão, sobrevivência, o Eu[28].

O essencial do procedimento não é apenas o sentido que o motivo desencadeia, mas principalmente o efeito de repetição formal

---

27. Macksen Luiz, "Estética e Hipóteses", *Jornal do Brasil*, Rio de Janeiro, 12.11.1990.
28. Gerald Thomas, "Diretor Espremeu Expressionismo até os Ossos", *Folha de S. Paulo,* 10.11.1990.

que ele opera, promovendo uma redundância que dirige o receptor para o reconhecimento da estrutura que sustenta a obra. É exatamente esta a riqueza da técnica, pois o *leitmotiv* consegue vincular determinadas idéias e sensações ao mesmo tempo em que as distancia, já que enfatiza seu caráter de procedimento construtivo.

O encadeamento dos *leitmotive* forma uma espécie de metáfora contínua, que dá tonalidade emocional à criação. Mas não apenas isso. Os motivos justapostos e recorrentes funcionam como marcos de orientação para o espectador, sinalizadores guiando o reconhecimento das idéias fixas que assombram a arquitetura da obra. Palavras, falas, imagens, recursos luminosos, seqüências musicais, referências sonoras, personagens ou objetos, todos podem funcionar como temas reiterativos que sinalizam a lenta progressão do espetáculo. Servem de balizas de demarcação da estrutura temporal circular que salta da periódica ressonância do tema, uma neurose estética assinalada pela obsessão formal do motivo.

O apontamento das redes de *leitmotive* que tramam a estrutura de *M.O.R.T.E.* é uma tarefa que desnorteia. Os fios temáticos dessa tessitura enredam de tal forma o espectador que, muitas vezes, pode-se pressentir a existência de alguns deles pela reação que desencadeiam, sem que, no entanto, seja possível nomeá-los. Muitas das impressões, ritmos, imagens ou refrões temáticos atravessam o receptor como percepção intuitiva, difícil de discriminar, e permanecem como impactos emocionais intraduzíveis.

O translado fica mais fácil quando a repetição contempla seqüências inteiras ou se traduz pela retomada de falas, objetos e jogos de imagem desdobrados no palco como comentários insistentes, que parecem pedir para ser reconhecidos enquanto tal, ostentando seu caráter de "movimentos obsessivos e redundantes".

A organização dos motivos de estruturação se faz através de um encadeamento que pode priorizar tanto as confluências de significado quanto as semelhanças de imagem. Neste caso, é a estrutura formal que direciona a associação das figuras/guia, aproximadas através de uma técnica serialista e repetitiva que justapõe os significantes e passa a retrabalhar obsessivamente os significados. No primeiro caso, o que se prioriza é um tema que atravessa uma série de eventos, agrupados segundo esse módulo de sentido comum.

A idéia vetorial auxilia a discriminação dos *leitmotive*. Em *M.O.R.T.E*, eles se manifestam como linhas de força que sustentam a estrutura espetacular, sem qualquer preocupação de encadeamento dramático com vistas a uma resolução. Para sugerir seu traçado é impossível não pensar nos fios de Marcel Duchamp, caindo de um metro de altura sobre um plano horizontal e adquirindo, no encontro com a superfície, uma sinuosidade que se retorce ao sabor do acaso, mais que da necessidade[29].

Freqüentemente, é a literalidade que preside a associação dos *leitmotive* desse "teatro do óbvio"[30] e, talvez por isso mesmo, acentue sua ambigüidade. O melhor exemplo nesse sentido é o do pato abatido com um tiro na cena do "Incêndio" e, na seqüência seguinte, oferecido a "Você" como proposta de um pacto teatral ("Período de Trégua"). "Pagar o pato ou fazer um pacto, eis a questão", observa com humor Haroldo de Campos, acrescentando a essa associação dadaísta de grafias semelhantes o grego *phatos,* do qual todo teatro é herdeiro.

O pato reaparece no palco todas as vezes em que o pacto é posto em risco, seja para ser questionado por um literal ponto de interrogação em forma de adereço, trazido pelo Viking para investigar a cena, seja para ser golpeado – outro literal golpe de teatro – por "Você"/escultor no final de "Galáxias".

Mas a rede de associações do pato/pacto é mais ampla e mais longa. Começa a ser tramada em forma visual no princípio de março de 1990, portanto, quase um ano antes da estréia de *M.O.R.T.E.* A primeira imagem do caderno de direção de Thomas mostra um pato morto, pescoço distendido, asas caídas, corpo apoiado numa base horizontal finalizada em tripé, bico indicando uma flecha que aponta para baixo, para o desenho de um cano que repete a mesma estrutura do pato, um duplo em que as pernas se transformam em pequenos condutos, o pescoço em tubulação e a asa em saliência vertical, uma haste-quase-perna. Acima do pato, a inscrição: "Esboços engraçados. Alguns pensamentos apontam para o epicentro"; abaixo do cano, "mísseis na Broadway III"; acima, "Profundo é tudo que se coloca na superfície do fundo". Ao lado deste último desenho, nova dupla de "mísseis na Broadway", um deles mais ao fundo, praticamente uma reprodução do míssil/pato, o outro em primeiro plano, sem as pernas/tubulações, ao lado de um trilho de estrada de ferro. Legenda: *train.* Obviamente, trem, mas também comboio, fio de idéias ou mesmo um jogo. Talvez o jogo de *ducks and drakes*, com as pedrinhas ricocheteando sentidos na água. Do lado esquerdo das três imagens esboçadas a lápis ou bico de pena, e preenchidas com aquarela, vem o texto da primeira narração do espetáculo, com a referência

---

29. Otávio Paz afirma que Duchamp realizou a experiência três vezes e os fios se conservam na mesma posição da queda, guardados numa caixa: são o "acaso enlatado". Em *Marchel Duchamp ou o Castelo da Pureza*, São Paulo, Perspectiva, 1977, p. 18.

30. Haroldo de Campos, "A *M.O.R.T.E.* e o Parangolé", *Folha de S. Paulo*, 14.2.1991.

ao salmo bíblico que lhe serviu de modelo (Salmo XVIII), seguido do texto de uma possível segunda narração (Salmo XX), que nunca aconteceu*.

A narrativa genésica de *M.O.R.T.E.* é, portanto, justaposta a esse pato, ainda não transformado em pacto teatral. O que é o pato, a essa altura? A primeira associação visual liga o pato a um conduto, um cano, uma via, um canal lançado como míssil/narrativa em direção ao epicentro da Broadway, do teatro e do público.

Esta primeira aproximação de pato e conduto, feita através da imagem, é referendada, mais tarde, pela semelhança de grafia das palavras, quando *duck* é associado a *duct*. Isso aparece claramente no desenho datado de 12 de julho, quando o pequeno cano já se transformou no conduto que atravessa duas páginas/palco. Abaixo dele, a inscrição "condutos, mais uma vez" (*ducts allways*). As esferas/planetas do espetáculo já aparecem nesse esboço, suspensas por linhas/fios, e também cinco atores justapostos em atitudes diversas, ladeados por três colunas de texto, a primeira delas ostentando na primeira linha: "Este território é *M.O.R.T.E.*".

Como se vê pelo desenho, o conduto também é a ponte que atravessa o palco de um extremo a outro. A aproximação é referendada pelo desenho de 8 de setembro, quando os canos que apareciam no primeiro esboço servem de sustentação a uma das paredes que ladeiam o arco da ponte.

A trajetória anterior dos condutos já atravessara, no caderno, outras topografias. Especialmente aquelas da guerra, quando os "mísseis da Broadway" aparecem justapostos ao muro de Berlim. A associação entre a guerra e a queda do muro é indicada no espetáculo por várias referências, quer textuais, como no "Período de Trégua", quando o ato máximo dos homens é "apanhar um fuzil, apontar primeiro pros testículos e depois pra cabeça", quer visuais, como os ossos espalhados sob o arco da ponte e as "partes estilhaçadas" a que o texto se refere, que podem ser fragmentos do muro e do espetáculo.

Os destroços humanos indicados pelos ossos e os mortos foram precedidos por alguns esboços no caderno de direção. Inicialmente, aparecem como a "barragem da morte" e depois como montanha de cadáveres que se acumulam a partir de um primeiro corpo solitário. Transferida mais tarde para baixo do arco da ponte, essa pilha de corpos mortos também é indicada nas diversas seqüências de duelo e fuzilamento.

---

* Nas páginas seguintes: desenhos, esboços e textos do caderno de direção de *M.O.R.T.E.*, arquivo: Gerald Thomas. Fotos: João Caldas. Ver identificação no final dos desenhos.

# M.O.R.T.E.    NYC March (15)

PART 1 — THOUGHTS THAT OBSCURE SUNLIGHT
Part 1 — Pensamentos que obscureceram o sol
PART 2 — THOUGHTS ABOUT LIFE WITHIN DEATH
Part 2 — Pensamentos sobre vida dentro da morte
PART 3 — ABSENCE
part 3 — Ausência

---

1 — Time it takes FOR THE SOUL TO REACH..........
TEMPO DA CHEGADA DA ALMA A _ _ _ _ _ _ _

is an astonished timing, just like Chien Andaluz

---

(PART 2.)  SHE IS INVISIBLE WHEN SHE WANTS TO COMMUNICATE WITH THE REST OF THE CAST

GLASS BREAKS

SHE BECOMES BLIND AS THE CAST REALIZES SHE IS THERE. THEN SHE, SUBTLY, DOESN'T SEE THEM (OR THINGS) ANYMORE

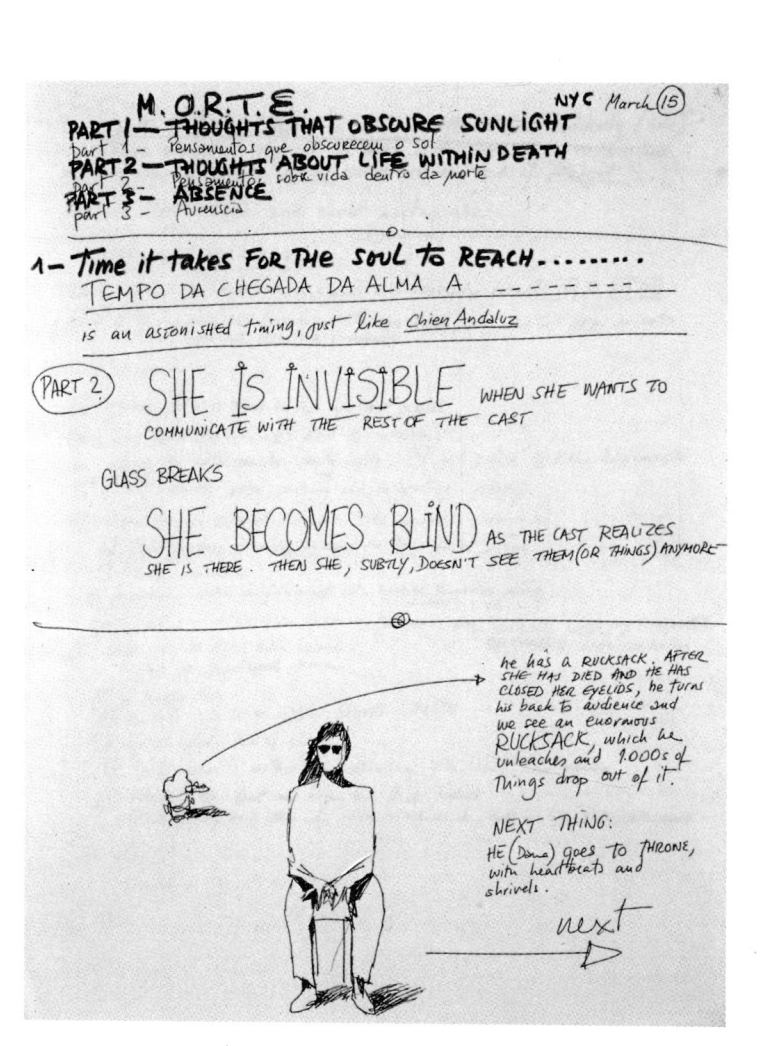

---

he has a RUCKSACK. AFTER SHE HAS DIED AND HE HAS CLOSED HER EYELIDS, he turns his back to audience and we see an enormous RUCKSACK, which he unleashes and 1.000s of things drop out of it.

NEXT THING:
HE (Dome) goes to THRONE, with heartbeats and shrivels.

next →

Caderno de direção de Gerald Thomas. Foto: João Caldas.

NEW YORK - MARCH 90 © G.T.

## OPENING narration:

# M.O.R.T.e. PSALM XVIII

**20 SECS** — Someone said: LET THERE BE LIGHT. And so, the lighting board operator went up to the booth and — timidly — turned on one instrument.

**30 SECS** — Someone saw that the light was GOOD and someone said: LET THERE BE. Born a place between heaven and hell, between the ill seen and the ill said, between the attic and the basement, where there can be production, where there can be discussion, where there can be the reunion of the sublime expression of the species.

**45 SECS**
LET them EVOLVE there.
LET them multiply there.

① → show picture in backdrop

This SOMEONE WAS BLIND

---

SHORT SCENE OF WORKERS OPERATING HOSE.

---

Then: **second NARRATION** —— M.O.R.T.e. PSALM XX

**40 SECS** — One day someone else said: LET US BEHAVE AS EQUALS. LET US DO and UNDO like one another; LET US MAKE THE PRODUCTION of one EQUAL TO THE DEMAND of the other. And LET US make it so THAT THE VALUE of the FIRST would equal the collective perception of the SECOND and all others.

**7 SECS** — This SOMEONE WAS DEAF

---

The CODES ARE NAKED AND don't seem to be ASHAMED —

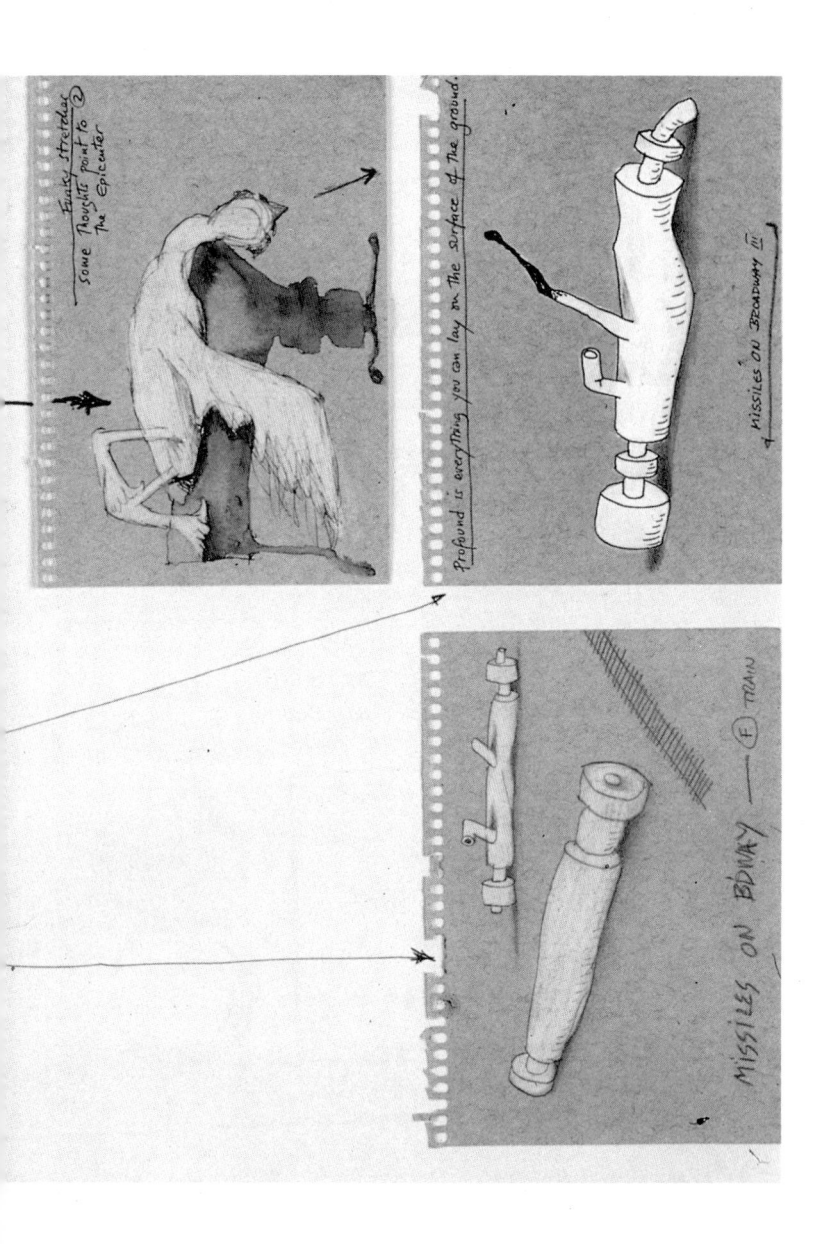

Texto da narração inicial do espetáculo; o pato, o conduto e os mísseis da Broadway. Caderno de direção de Gerald Thomas. Foto: João Caldas.

ducts, always

Edison in army outfit (fatigues)
↓
Pearces globe needle

POW

This territory is MORTE. If lighting is done in such way as to show whole universe first (elipsoidals, low focus) and revealing the outer universe as being nothing but the interior of a limited room that happens to be undefinable — since it is backed by a cyclorama on which clouds pass by quite rapidly — yet another thing that should be happening inside the round planets.

O conduto transformado em ponte. Caderno de direção. Foto: João Caldas.

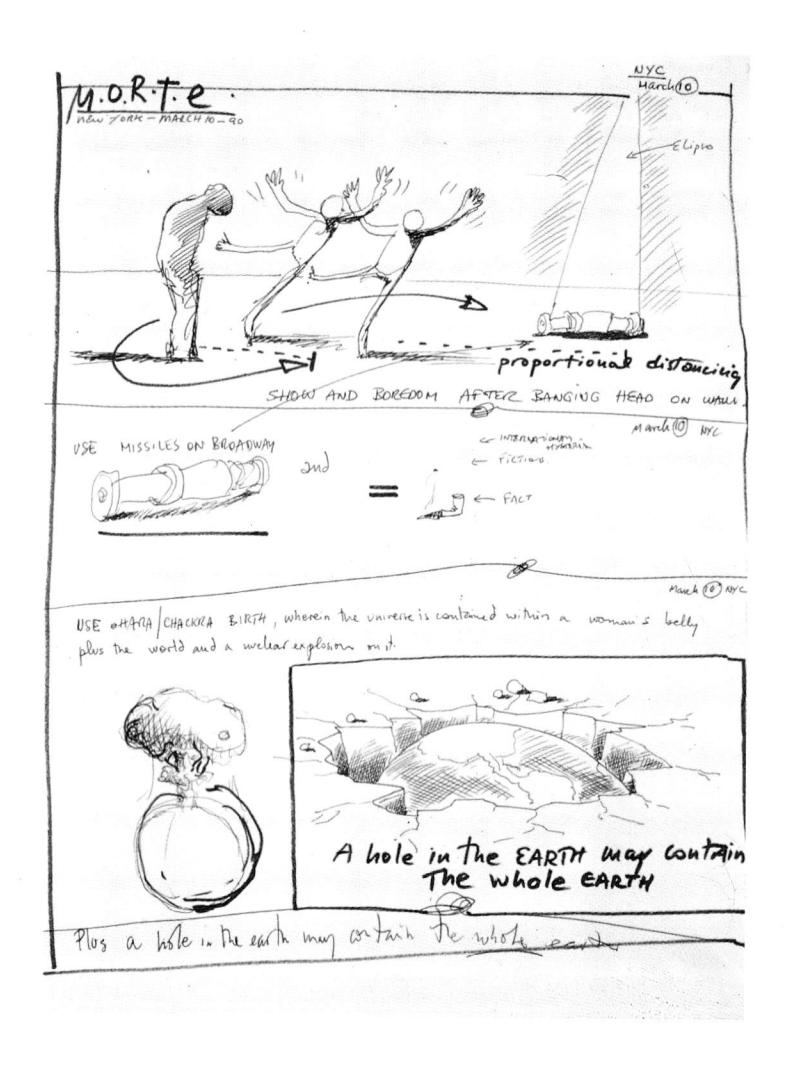

O míssil da Broadway e o desenho com a legenda "um buraco na Terra pode conter toda a Terra". Caderno de direção. Foto: João Caldas.

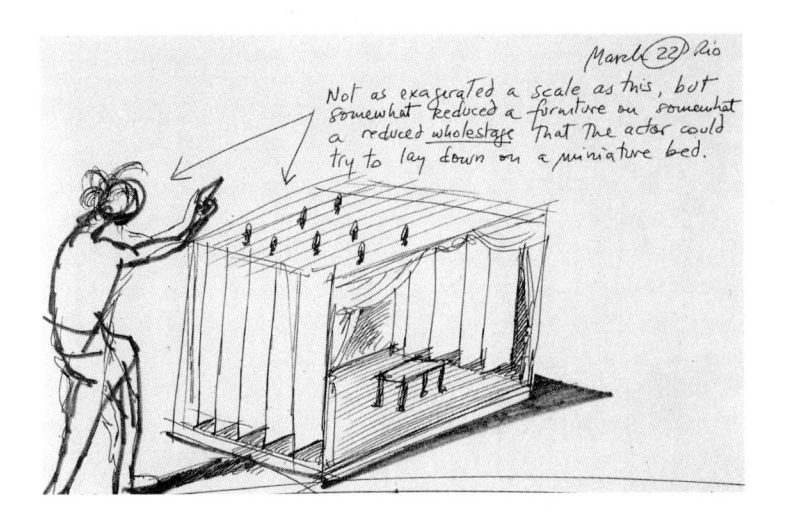

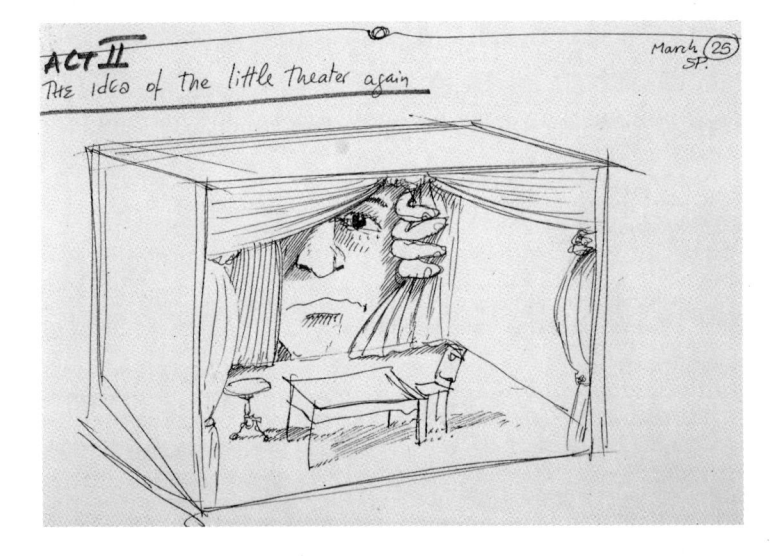

A mobília semelhante a um palco reduzido e o esboço do teatrinho. Caderno de direção. Foto: João Caldas.

Desenho do armário-ataúde. Caderno de direção. Foto: João Caldas.

"A diferença entre o homem e Deus: Deus tem que recriar, o homem pode apenas destruir." Caderno de direção. Foto: João Caldas.

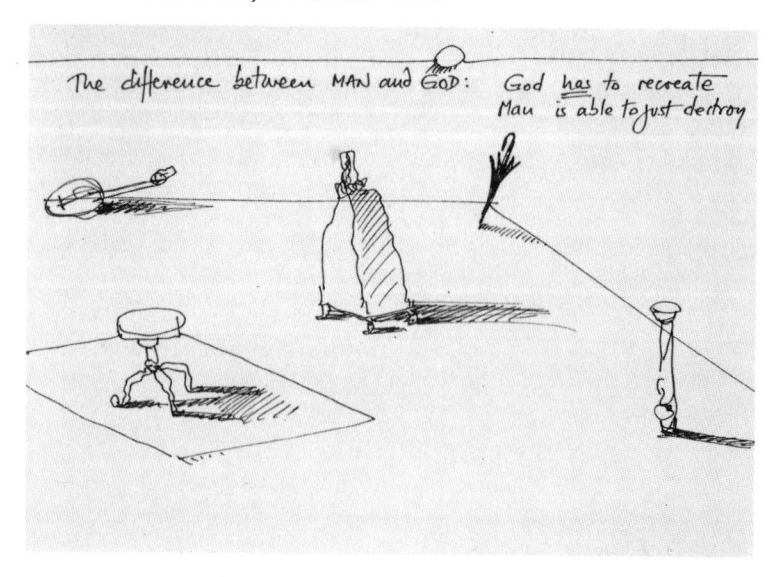

Desenho de Gerald Thomas para a ponte, com os condutos aparentes; debaixo da ponte, a pilha de cadáveres. Caderno de direção. Foto: João Caldas.

Desta maneira, o pato que cai dos urdimentos, abatido com um tiro, vai reencontrar, no espetáculo, a associação inicial que o justapunha ao míssil no caderno de direção. O período de trégua política pós-guerra-fria se associa ao motivo de trégua criativa, a calmaria que sucede os momentos de grande efervescência, quando o artista tem que lutar pela criação. O medo da guerra e o pacto do teatro se entrelaçam no palco e no caderno.

Subir ao palco para aceitar o pato significa travar um pacto. Nos diários de ensaio Marco Veloso se refere às dúvidas do encenador quanto ao objeto que a atriz Malu Pessin (Trudy) deveria passar a Bete Coelho ("Você") no momento da proposta do pacto. O pacto do teatro e o pacto de paz deveriam estar sobrepostos aí como motivos e a escolha do objeto que figurasse a convenção ainda não se havia realizado. Como se viu, o objeto foi o pato, um pacto/míssil despencado dos urdimentos e oferecido a "Você" na proposta teatral de Santa Félia.

A guerra é a forma violenta de manifestação da morte. O duelo de gladiadores, repetido na disputa pela bicicleta, os fuzilamentos sucessivos do filho e do pai, as facadas que assassinam, pela segunda vez, o mesmo pai, o incêndio que incinera o guerreiro numa explosão atômica e atira o pato/míssil no proscênio, todas essas seqüências funcionam como rebatimentos temático-visuais dos *leitmotive* da guerra e da morte. E também a crucificação. Mas neste caso outros motivos vêm associar-se à morte. Pois o Cristo, crucificado já na primeira aparição, está grávido. Sua enorme barriga, ao mesmo tempo em que é supliciada, aponta para a vida, para a criação, funcionando como duplo visual do gênesis narrado na primeira cena. Crucificação e gestação, suplício e criação, são associados pela justaposição de cruz e barriga, motivo amplificado no trabalho de parto que acomete o Cristo na cena do "Incêndio".

O motivo é retomado na "Seqüência de Esculturas", onde o cruzeiro grávido é contraponteado pela escultura-viva do Cristo, que já é, nesse momento, também o Christo escultor dos embrulhos que "Você" destrói no afã de criar. A destruição da escultura grávida nesta cena anuncia o clímax do motivo, que acontece na seqüência do "Cristo Currado", quando o estupro do Cristo por "Você", feito com o instrumento de criação do escultor – a talhadeira – justapõe mais uma vez martírio e criação, pai e filho, mestre e discípulo, Deus e homem.

A superposição de Cristo e "Você" fica ainda mais evidente em "Galáxias", onde o ciclorama transparente projeta as contrações do Cristo enquanto "Você", no proscênio, sente as dores do parto. Não se pode esquecer que esta cena marca exatamente a paralisia da criação, um dos sentidos possíveis da escultura imobilizada em que o elenco se transforma.

É ainda na seqüência da curra que a encenação ensaia a primeira tentativa de sobreposição da figura dupla do Cristo/Christo à personagem de Horácio, o amigo e confidente de Hamlet. Seu nome disjunto gera Hora-cio. O cio do tempo dá à luz, como não poderia deixar de ser, um relógio – lembre-se a literalidade de algumas associações – que passa a marcar com seu tique-taque o movimento circular da cena, exatamente na seqüência em que "Você" toma posse, afinal, da fala genésica do narrador: "Luz! Aqui! Som" ("Luz Aqui").

O nascimento do relógio não resolve a situação de espera, nem de Horacio, nem do espetáculo, que volta a mostrá-lo em contorções de parto na penúltima cena, quando o narrador o apresenta ao Reizinho – "Olha pro Hora-cio. Coitado, grávido há tanto tempo e não consegue..."

Gravidez e crucificação, criação e morte, são *leitmotive* disseminados por outras associações que o espetáculo opera. Mas talvez o signo mais recorrente dessa união seja o armário que trafega pelo palco conduzido por um comboio de atores. Ele sinaliza os pontos cardeais do palco, funcionando como baliza de localização da cena. Ataúde que recebe as várias mortes de "Você", o armário também viabiliza seu renascimento na última cena do espetáculo, quando Bete Coelho, ainda dentro dele, enuncia o manifesto vital de *M.O.R.T.E.*

Haroldo de Campos associa o armário-ataúde ao Xeol, a terra oca da Bíblia hebraica, "que dá relevo ao tumulto passional dos vivos"[31]. A pertinência da relação é confirmada por um desenho do caderno de direção de Thomas, onde uma fenda na terra mostra o globo terrestre, como se um planeta estivesse grávido de outro. Abaixo vem a legenda, que é interessante manter no original em inglês pelo jogo de palavras que contém : "*A hole in the earth may contain the whole earth*" (um buraco na Terra pode conter toda a Terra). Ao lado, a imagem de uma explosão nuclear, encimada por uma frase que justapõe Terra, explosão, nascimento e barriga grávida[32]. Logo depois, a gravidez é ensaiada em novo desenho, que mostra um homem agachado dentro de um *container* seccionado ao meio.

No caderno de direção de Thomas, o ventre da terra grávida passa por um *topos* fundamental antes de chegar ao armário, ataúde e útero gerador de figuras. Trata-se da miniatura de um palco com cortinas, que o rosto de um *voyeur* espia dos bastidores. A recorrên-

---

31. Haroldo de Campos, "A *M.O.R.T.E.* e o Parangolé", *Folha de S. Paulo*, 14.2.1991.
32. "*Use hara/chacra birth, wherein the universe is contained within a woman's belly plus the world and a nuclear explosion on it*", Gerald Thomas, caderno de direção de *M.O.R.T.E.*, 1990.

cia do motivo no imaginário do encenador é assinalada pela legenda: "...A idéia do teatrinho, mais uma vez". De fato, pouco antes, a caixa do teatro aparecera sendo empurrada por um homem, com a indicação de que aquele "palco reduzido" deveria ser uma espécie de mobília que pudesse conter um ator. No desenho posterior ao teatrinho, a caixa do teatro transforma-se no armário, que ainda conserva as cortinas do palco adornando as laterais da porta/boca de cena. Uma anotação em letras garrafais avisa que o guarda-roupa está vivo (e, pode-se concluir, o teatro também). Ao lado, a indicação de que uma pessoa se esconde dentro dele, solução usada em várias seqüências do espetáculo: no enterro do gladiador abatido no duelo, no velório do pai sepultado dentro dele com seu tamborim (Górecki), na seqüência em que o Viking coloca no palco-armário o ponto de interrogação, na cena em que "Você" aparece pela primeira vez no armário/arca de Noé. ("Galáxias": "...com ajuda dos demônios encontrarão uma nova saída... uma nova saída... família... pai... arca...") e, finalmente, na retomada da mesma marcação nas duas seqüências finais do espetáculo.

A associação entre morte, nascimento, criação e teatro chega, desse modo, a um de seus objetos-valise. Além de conjugar essas idéias, o armário-teatro, pequeno palco dentro do palco, é a imagem concreta do movimento do espetáculo. Indica, ao mesmo tempo, a busca obsessiva de motivos geradores e a inclinação da cena auto-referente.

O duplo é outro motivo reincidente em *M.O.R.T.E.* Pode ser indicado de forma mais óbvia pelas cenas de luta mencionadas há pouco, realizadas pela oposição de dois contendores igualados no traje e na função.

Mas o principal mecanismo de figuração do duplo é a projeção, em outro ator ou outra seqüência, de uma mesma identidade. Para indicar essa referência, a encenação recorre principalmente a mecanismos de espelhamento, repetindo esquemas de cenas e providenciando duplos de personagens.

O traço mais forte da duplicidade é dado pela ligação entre o narrador e "Você", seja através dos diálogos mencionados há pouco, seja pela incorporação gradual das falas do primeiro pelo segundo, seja pelo fato de o artista/narrador, responsável pelo Gênesis teatral, estar projetado no artista/escultor do teatro na "Seqüência das Esculturas".

No caderno de direção, Thomas compõe um diagrama de remissões entre as figuras, uma pequena coluna batizada de "A Sintaxe da Arte" – e também, "A Sintaxe do Teatro"[33], onde resume três referên-

---

33. "The Arte Syntax". No caderno de direção a palavra teatro é desmembrada até chegar a arte: "The Atre, The Arte, Te-Arte".

cias: "Gerald é representado por Bete que é representada por Ludo". O encenador, a atriz Bete Coelho e um dos gladiadores do duelo, o ator Ludoval Campos, são associados nessa sintaxe.

Mas como as substituições desse eixo paradigmático acontecem em cena, no sintagma temporal? O mesmo caderno de direção dá a pista para uma das respostas. Algumas anotações definem uma seqüência do espetáculo. No item de número dez, pode-se ler:

> No começo há alguém no lugar de Bete (*Artaud, o Teatro e seu Duplo*) (Ludoval), que ela vê da platéia. Deixe que ele sofra todas as intervenções etc. e tal, da narração-acusação.

Depois de algumas observações a respeito de que tipo de acusação se trata, vem a pergunta:

> E quem está no caixão? A própria Bete (Ludoval no começo). O teatro torna-se o meio para Bete interferir em seu futuro. Ela vê Ludoval sendo enterrado, e observa depois seu próprio enterro.

O veio inicial da duplicidade é, portanto, o espelhamento de "Você" na personagem do gladiador morto na segunda cena do espetáculo. A morte do gladiador nesta seqüência se repete no fuzilamento, quando o mesmo ator, Ludoval Campos, representando o filho, vai ser assassinado pela segunda vez, agora executado por uma rajada de tiros. O corpo do gladiador fora enterrado no armário/ataúde, do mesmo modo que o corpo de "Você" será encerrado nele na penúltima cena do espetáculo.

## PAI

No teatro de Thomas as superposições e fusões de motivos acontecem em relação a objetos, personagens e algumas situações paradigmáticas do repertório teatral. O encenador não vacila em inserir na trama dos espetáculos referências a textos alheios, em forma de citações visuais ou verbais, cujo vínculo com o roteiro pode ser paródico. Deste modo, estabelece-se um trânsito onde o intertexto, atualizado por uma série de motivos, passa a dialogar com o texto cênico[34].

---

34. Citando M. Rifaterre, "La trace de l'intertexte", *La Pensée* 215, out. 1980, Michael Issacharoff afirma que "o intertexto deixa no texto um traço indelével, uma constante formal que representa o papel de um imperativo de leitura, e governa o deciframento da mensagem..." "Intertextualités Théâtrales", em *Le Spectacle du Discours*, Paris, José Corti, 1985, p. 42. Em *Introdução à Semanálise,* Julia Kristeva se

O procedimento intertextual recai, neste espetáculo, especialmente sobre o *Hamlet* de Shakespeare. A peça oferece um dos mais conhecidos exemplos de morte e permanência da figura paterna, física e simbólica. A aparição do espectro do pai no início do texto, motor da ação ou da inação da personagem (que carrega no nome a herança paterna), é uma das formas mais belas de transferência do passado para o presente.

Na peça de Shakespeare a morte do pai vem associada à missão de vingança e permite a intromissão dos fantasmas de culpa no presente emocional da personagem, engendrando um movimento auto-reflexivo ambíguo e contraditório que projeta, talvez pela primeira vez no teatro, a intensidade de um conflito existencial sem solução. O espelhamento de pais e filhos que sua estrutura promove – Hamlet e Hamlet, Polônio e Laertes, o rei da Noruega e Fortinbrás, traça uma das linhas de força da obra, independente do tipo de leitura que se faça dela[35].

Na encenação de *M.O.R.T.E.* a aproximação com *Hamlet* acontece especialmente pela via de relação com a figura paterna. É evidente que o encenador não pretendeu apresentar, nem mesmo através de adaptação, o enredo e as personagens de Shakespeare. No caso da personagem de Hamlet (Bete Coelho/"Você"), inicialmente é o figurino que se encarrega de ostentar a referência. Em relação às outras personagens, o que se tem em cena são figuras indicadas por algum traço burlesco que remete ao original. A pura Ofélia se transforma em Santa Félia de vestido branco, mas manchado de sangue himenal;

---

refere à intertextualidade na linguagem poética, definição que pode ser transposta para a linguagem teatral. "O significado poético remete a outros significados discursivos, de modo a serem legíveis, no enunciado poético, vários outros discursos. Cria-se assim, em torno do significado poético, um espaço textual múltiplo, cujos elementos são suscetíveis de aplicação no texto poético concreto. Denominaremos esse espaço de intertextual", trad. Lúcia Helena França Ferraz, São Paulo, Perspectiva, 1974, p. 174.

35. Jan Kott, autor de um dos mais fascinantes estudos da obra de Shakespeare, afirma que a peça pode ser lida como crônica histórica, romance policial ou drama filosófico, exatamente por suas lacunas e sua estrutura aberta. Por isso, acrescenta, não se pode rejeitar nenhuma das interpretações da personagem: "nem o moralista que não pode ultrapassar a fronteira traçada entre o bem e o mal; nem o intelectual que não consegue encontrar uma razão suficiente para agir; nem o filósofo, para quem a existência do mundo é coisa duvidosa", "Hamlet en ce milieu de siècle", em *Shakespeare notre contemporain*, versão francesa de Anna Posner, Paris, René Julliard, 1962, p. 78. A sobreposição dos pais, bastante evidente no texto, é indicada de forma indireta na leitura de Northrop Frye: "Em *Hamlet* [...] há três círculos de tragédias de vingança, dispostos de forma concêntrica. No centro está Polônio, assassinado por Hamlet e vingado por Laertes. Em volta desse círculo está a principal ação da peça: o pai de Hamlet, assassinado por Cláudio, é vingado por Hamlet. E, ao redor deste, ainda, encontra-se a estória de fundo: o pai de Fortinbrás é morto pelo pai de Hamlet num duelo ocorrido no dia em que Hamlet nasceu [...]", em *Sobre Shakespeare*, trad. Simone Lopes de Mello, São Paulo, Edusp, 1992, p. 116.

Gertrudes é uma Trudy de seios de fora que se apresenta, alternadamente, em conluio carnal com o autor do crime ou como Mãe Coragem em cadeira de rodas; Horácio, num jogo de palavras, se transforma em Hora-cio e, portanto, está grávido de um relógio. Neste último caso, o nome desconstruído da personagem é usado em cena, o que chama a atenção do espectador para a deformação da palavra e a imagem visual que a indica, permitindo que ele justaponha a personagem de Shakespeare aos traços incompatíveis da figura parodiante. Nos dois primeiros casos, como o nome das personagens não é mencionado, a paródia é de identificação mais difícil – no caso de Gertrudes-Trudy, quase impossível. Em relação a Ofélia/Santa Félia, o encenador se vale do estereótipo que a convenção cênica se encarregou de jogar sobre a personagem. Trabalha, como na primeira indicação da figura de Hamlet, apenas no plano visual. Quanto a Cláudio – o tio usurpador, o padrasto assassino do pai, o único a manter seu nome sem alteração no roteiro –, aparece no palco vestido de rei, mas recebe um adereço simbólico, a *kipá* de rabino, como observa Haroldo de Campos em sua crítica do espetáculo.

A impressão que se tem é que esses fragmentos de máscara funcionam no espetáculo como os *objets trouvés* dos dadaístas. São traços de personagem deslocados de seu lugar de origem para um contexto totalmente diverso, que os submete a um jogo de contaminações visuais, textuais e musicais. O resultado é uma nova entidade, quase irreconhecível.

A paródia não funciona no espetáculo apenas como deformação cômica, mas também como desdobramento. Ela é tecida por um jogo formal de comparações e comentários que corre ao lado do *Hamlet* original e mistura suas referências a outras, colhidas de fontes diversas. O discurso parodiante não permite que se esqueça completamente o texto parodiado, sob pena de inviabilizar a analogia.

O pai paradigmal e fantasmático, emprestado à estrutura de Hamlet, é desdobrado no espetáculo em várias figuras, que trilham um caminho paralelo ao do espectro hamletiano[36]. A primeira refe-

---

36. Haroldo de Campos alerta para o fato de que a paródia não deve ser entendida apenas no sentido de imitação burlesca, mas também na acepção etimológica de "canto paralelo" – *pará*, junto, ao lado de; *odé*, ode, canto. Depois de registrar várias acepções do termo, o autor menciona a de Marshall MacLuhan – "Uma paródia é uma nova visão. [...] Paródia é um caminho que se desenvolve ao lado de outro caminho (*para hodos*)", e a de Linda Hutcheon em "Ironie et parodie: stratégie e structure" (*Poétique*, Paris, Seuil, n. 36, 1978), onde considera "exposto e desenvolvido um conceito amplo de paródia, também etimológico, despido de intencionalidade cômico-burlesca e armado, antes, de um efeito de distanciamento crítico irônico, tratamento que se aproxima bastante daquele por mim esboçado nos idos de 66-67", em *Deus e o Diabo no Fausto de Goethe*, São Paulo, Perspectiva, 1981, pp. 73-75.

rência é apresentada, já na cena de abertura, pelo empréstimo da narrativa genésica do Pai, referência bíblica continuada pela sugestão do pai carpinteiro, apresentado junto à primeira crucificação do Cristo grávido. Não por acaso, as primeiras menções ao pai são veiculadas pelos canais de enunciação mais amplificados que o espetáculo abre: a voz do narrador-autor-encenador e a projeção do ciclorama que atravessa o palco como um contexto visual de indeterminação, às vezes presente, em outras transformado em simples tapadeira.

Aos pais bíblicos vem juntar-se o pai contemporâneo, aquele que assiste ao fuzilamento do filho na guerra. Este pai é apresentado ao público pelo comentário ambíguo do narrador, citado anteriormente, onde o carinho da voz é relativizado pelo cinismo do enunciado – "Como você interpretou bem todos esses anos!" É esse mesmo pai que recebe, na cena seguinte, uma mangueira em seu rosto – extintor de incêndio ou bomba de oxigênio –, para livrar-se do odor poluído da incineração do corpo de uma filha, Santa Félia, que arde na fogueira acesa pelo Viking. A nova aparição do pai acontece no "Período de Trégua", quando ele é fuzilado no alto da ponte, numa repetição do fuzilamento do filho.

Mas é a "Seqüência de Esculturas" que associa várias referências paternas. Pode ser lida como tentativa de destruição do pai, simbolizado pelos artistas escultores. Estruturalmente, funciona como prenúncio da cena em que o Cristo será destroçado. É isso que Thomas sugere em seu caderno de direção, em desenho onde funde os motivos apresentados na cena das esculturas e no "Cristo Currado". De fato, o estupro do Cristo com a talhadeira é precedido pela destruição do cruzeiro grávido, feita com o mesmo instrumento, a um só tempo ferramenta de criação e destruição[37].

A nova referência ao pai é feita pelos juízes do "Tribunal Planchon" que julga o filho, aparentemente acusado de sua morte. Mas também responsabilizado por outros crimes que se agregam a essa primeira referência verbal ao assassinato: "Homossexual! Aspirante a rei! Assassino! Execrável!" Os juízes do tribunal instalados no alto da ponte endereçam as acusações a Hamlet/"Você", sozinho no proscênio. A seqüência é ambígua. Por que a encenação acusa o filho, em lugar de levar a julgamento o próprio Cláudio, que na peça de Shakespeare é o assassino do irmão? Que crime esse tribunal de teatro pretende julgar? "Quando se faz luz, se faz culpa", afirma um

---

37. O duplo sentido da ferramenta de escultura já aparece explicitado no caderno de direção de Thomas, onde o encenador registra essa idéia ao lado de um desenho que reúne alguns ícones de seu teatro: o armário, o guarda-chuva, a coluna, a mesa. No alto, a legenda: "Deus tem que recriar. O homem pode apenas destruir".

dos juízes, associando o "Faça-se luz" da primeira cena à luz épica do Tribunal Planchon. Sobreposição que une a culpa à narrativa de *M.O.R.T.E.* e faz do narrador-Hamlet-"Você" a futura vítima. "Te mataremos exatamente como você quis nos matar", grita Santa Félia, rindo furiosamente, enquanto outro acusador ensaia referências a duas famosas cenas do *Hamlet*. A primeira é aquela em que Shakespeare organiza a vigilância em torno de Hamlet e Ofélia, com Cláudio, junto a Polônio, espionando "escondido atrás de uma porta" (lembra o juiz deste tribunal); a segunda é a enigmática cena da oração, objeto de infinitas exegeses, onde Hamlet deixa de matar Cláudio, segundo diz, porque o tio reza "dentro de um oratório" (acrescenta o juiz deste tribunal) e sua alma pode ganhar o céu, enquanto a de seu pai sofre no purgatório[38].

Portanto, um dos canais de significação que a cena abre é aquele que sobrepõe Cláudio e Hamlet, justapondo fragmentos e referências mais ou menos velados. "Escondido atrás de uma porta, dentro de um oratório, não importa... Você precisa que roubem tua alma", é o que o juiz diz a Hamlet, igualando-o a Cláudio. Além do mais, o crime é julgado por um tribunal de teatro, o "Tribunal Planchon", que repete a mesma cena de julgamento teatral que ocupa o centro do *Hamlet* de Shakespeare. A cena em que os atores representam o drama de Gonzaga, acrescido de alguns versos compostos por Hamlet para apanhar o tio na armadilha do teatro, essa "maquinaria propícia onde os menores erros são percebidos". No centro da peça de Shakespeare, a representação pelos atores da morte do rei é o julgamento fictício de Cláudio diante da corte. No centro do espetáculo de Thomas a encenação do julgamento pelo Tribunal Planchon traz à luz a culpa de Hamlet pelo assassinato que não cometeu, mas desejou.

O "Tribunal Planchon" é a encenação da leitura que Freud[39], e depois Lacan, fizeram da peça de Shakespeare. Pois para ambos

---

38. As cenas mencionadas são, respectivamente, a primeira e a terceira do Ato III. Consultei o original editado por Edward Hubler, coleção Signet Classic, New York, New American Library, 1963, e as traduções portuguesas de Anna Amélia Carneiro de Mendonça, Rio de Janeiro, Agir, 1968 e de Millôr Fernandes, Porto Alegre, L&PM, 1988.

39. "A peça está baseada nas vacilações de Hamlet em cumprir a vingança de que está encarregado. O texto não diz quais são as razões e os motivos dessas hesitações. As numerosas tentativas de explicação não puderam descobri-los. Segundo Goethe – e é ainda a concepção dominante – Hamlet representaria o homem cuja ação está dominada por um desenvolvimento excessivo do pensamento, cuja força de ação está paralisada. [...] Segundo outros, o poeta teria querido representar um caráter enfermo, indeciso e neurastênico. Mas vemos na peça que Hamlet não é incapaz de agir. Ele age por duas vezes [...]. O que o impede então de executar a tarefa que lhe encomendou o fantasma de seu pai? É preciso convir que é a natureza desta tarefa de Hamlet. Hamlet pode agir, mas ele não conseguiria se vingar de um

"...Claudius é uma forma de Hamlet, e o que ele realiza, é o desejo de Hamlet"[40]. A leitura dos psicanalistas ressoa especialmente na cena em que Hamlet faz acusações ao padrasto, enquanto planeja a peça de teatro que vai desmascará-lo: – "Ah, vilão obsceno e sanguinário! / Perverso, depravado, traiçoeiro, cínico, canalha". Acusações que parecem espelhar aquelas que lançou, pouco antes, contra si mesmo – "Idiota inerte, alma de lodo / [...] Sou então um covarde? Quem me chama canalha?"[41] Acusações semelhantes àquelas que os juízes do Tribunal Planchon dirigem a "Você": "Homossexual, aspirante a rei, assassino, execrável". O que prova o acerto da tese de Lacan, que mostra a peça de Shakespeare como o território onde se situa o desejo do homem.

> É porque este lugar está excepcionalmente bem articulado, que [...] cada um vem para se reconhecer nele, e se encontra. A peça *Hamlet* é uma espécie de aparelho, de rede, de arapuca, onde está articulado o desejo do homem, e precisamente nas coordenadas que Freud nos desvenda, ou seja, o Édipo e a castração[42].

No final do julgamento, a referência ao assassinato do pai é enfatizada por Cláudio, aquele que será saudado pelos juízes como o novo rei. A associação da figura representada pelo ator Luiz Damasceno com o tio usurpador e assassino do irmão é sublinhada, inicialmente, pela marcação. Em Górecki, o encenador coloca Cláudio no mesmo lugar onde o pai morto fora velado na dança fúnebre de "Você". Pouco antes, o espectro do pai aparecera na ameia da ponte, saudado pelo elenco com uma continência. A referência verbal ao tio, que explicita definitivamente a relação com Cláudio, aparece somente na penúltima cena, quando a personagem afirma:

> Se eu pudesse não teria deixado você dar o primeiro pio, seu tio que sou, responsável que sou pelo trono que você ocupará... um dia ("Ei, Você...").

A cena do espetáculo que recebe o nome de Pai desenvolve o motivo do pai teatral. Depois de afirmar que nunca teve um pai,

---

homem que descartou seu pai e tomou o lugar deste junto de sua mãe. Na verdade, é o horror que deveria impulsioná-lo para a vingança, mas isto é substituído por remorsos, escrúpulos de consciência. Acabo de traduzir em termos conscientes o que permanece inconsciente na alma do herói". S. Freud, "Personages psicopaticos en el teatro", em *Obras Completas*, trad. Luis Lopez Ballesteros y de Torres, Madrid, Ed. Biblioteca Nueva, v. 2, p. 1.272.

40. Jacques Lacan, "O Canevas", em *Hamlet por Lacan*, trad. Cláudia Berliner, Campinas, Escuta/Liubliu, 1986, p. 8.

41. Os excertos pertencem à última fala de Hamlet, cena 2, Ato II. Usei a tradução de Millôr Fernandes, *op. cit.*, p. 83.

42. Lacan, "O Canevas" (Fim), em *op. cit.*, p. 18.

"Você" ressalva: "Mas vocês são atores, arcam com qualquer papel". A menção anterior ao Pai como o bom intérprete de um papel alcança, nesta cena metalingüística, seu novo referente: o ator que, em *M.O.R.T.E.*, representa o Pai. Mas a esta primeira associação, imediata e óbvia, vem juntar-se uma segunda, que remete a um outro ator da Companhia de Ópera Seca. Aquele que sempre se encarregou do papel actancial do pai, da autoridade, do mais velho, do mais sábio, do mais experiente. O bibliotecário e taverneiro Lilas Pastia de *Carmem com Filtro 2*, o rei Luís de *Mattogrosso*, o inspetor, o advogado e Titorelli de *Um Processo*, aquele a quem cabia encerrar todos os espetáculos de Thomas, com a palavra "fim" repetida em várias línguas. Talvez seja a esse outro pai que o narrador se refira, o pai/ator Oswaldo Barreto, que "interpretou tão bem todos esses anos" e cuja morte foi um dos *leitmotive* do espetáculo.

A referência a Barreto está registrada no caderno de direção de *M.O.R.T.E.*, em uma passagem bastante clara. É a reprodução de um esquema com encadeamento de motivos: "Mensagem telefônica (trivial) – Mensagem telefônica informando sobre a morte de Barreto – cegueira com tarja fúnebre – Górecki". No roteiro, o compositor polonês dá nome à cena em que "Você" executa a dança fúnebre em honra ao pai morto. Evidentemente, num espetáculo de Thomas, não se pode falar em um único motivo condutor, mas na dispersão de vestígios que funcionam ao mesmo tempo como amplificadores e despistadores de sentido. É o que acontece, pouco depois, no mesmo caderno, quando aparece a seguinte anotação: "Sim! A peça é sobre alguém que morreu! Um Deus ou uma figura semelhante, ou mesmo um semideus como Siegfried"[43].

Na cena do Pai, o pai ator é justaposto a Cláudio, pai e padrasto, a Cristo, pai e filho, a Hamlet, pai e espectro. Na segunda aparição na ponte, de onde espiona "Você", este último pai insinua a presença de outra figura paterna construída por Shakespeare no *Hamlet*. "Nós observamos bem o seu dia-a-dia, fazemos anotações, arquivamos tudo", afirma este pai no alto do observatório. Quem desempenha na peça o papel de bisbilhoteiro da vida do príncipe? O conselheiro, evidentemente. Polônio, pai de Ofélia e Laertes, o "Polomnibus" que Haroldo de Campos associa ao espectador e ao crítico, "gente que, como o personagem shakespeariano, gosta de espionar e pedir método à loucura..."[44]

---

43. No caderno de direção os textos estão em inglês, como as passagens citadas: "phone messages" (trivial) – phone messages informing of Barreto's death → blends with Togue funebre → Górecki". E, na outra citação: "Yes! The play is about someone who dies! A God or Godlike figure; or even a semi-God, like Siegfried".

44. Haroldo de Campos, "A *M.O.R.T.E.* e o Parangolé", *op. cit.*

As várias figuras paternas justapostas no palco são crucificadas, fuziladas ou assassinadas a facadas por seus filhos. E "colesterizadas" na sessão de umbanda, onde seus fantasmas ou "cantos fantasmagóricos" tomam posse do corpo do ator que os apresenta ("Objeto de Escárnio"). "A vida é um sumário que se inferniza", o pai canta enquanto rodopia recebendo as referências que o espetáculo joga em suas costas de cavalo de santo. Sumário de figuras, suporte de ficções, o pai escolhe um terreiro brasileiro para se manifestar.

A superposição de pais tem alguns registros no caderno de direção. É indicada, por exemplo, num breve roteiro do espetáculo, onde a primeira seqüência prevê uma narração com referência às várias figuras paternas. "Narração sobre o Pai de Hamlet, do Artista, o Pai Morto, o Covarde, o Carpinteiro, pai de Jesus"[45]. Em desenho posterior, que reproduz quase exatamente a formação do Tribunal Planchon, uma coluna vertical relaciona os vários pais: "Seu Pai: Jesus, Marx, Hamlet, Lenin, etc. etc. etc."

A referência a Hamlet já aparecera outras vezes no caderno, quer na reprodução do famoso monólogo da primeira cena do terceiro ato, onde a personagem de Shakespeare enuncia a atormentada dúvida, quer através de desenhos que apresentam um Hamlet amordaçado e autista[46].

A sobreposição de figuras e seus significados acaba funcionando como mecanismo de ampliação ou contrafação do sentido original. A dúvida de Hamlet e sua incapacidade para a ação – motivo de infindáveis especulações críticas – é usada como analogia para as hesitações do artista/escultor diante da obra, que também podem levar, como se viu, à total imobilidade. Talvez esta seja outra analogia que o espetáculo traça com Hamlet, associando o ambíguo silêncio da personagem sobre a procrastinação da vingança ao hermético silêncio do elenco diante do público. Como Thomas observa, "é hermético porque exige que você pense, exige que você transforme aquilo que tem no palco em um material seu"[47].

A transformação passa pelo jogo de associações que os espetáculos de Thomas constroem. No caso de *M.O.R.T.E.*, o jogo inclui alguns empréstimos de Beckett. Talvez o principal deles seja a relação entre Hamlet e Hamm, que o dramaturgo ensaia em *Fim*

---

45. "*M.O.R.T.E.* Begining. 1. Mario must hang in corner = Narration about Father of Hamlet, of The Artist, The Dead Father, The Coward, The Carpenter, father of Jesus."
46. Thomas reproduz o monólogo na íntegra, desde o "To be or not to be: that is the question" até "With this regard their currents turn away, / And lose the name of action". Embaixo vem a assinatura: "Hamlet, July 90".
47. Gerald Thomas em "O Brasil Não é um País de Vencedores", *A Tarde*, Salvador, 15.10.1991.

*de Jogo*, e da qual Thomas se reapropria. A principal indicação cênica dessa fusão é dada por Bete Coelho. Na cena em que apresenta o Reizinho cínico e autoritário, a atriz usa a mesma voz esganiçada e os mesmos trejeitos que emprestara à composição de Hamm no espetáculo que Thomas estréia pouco antes de *M.O.R.T.E.* A relação com a personagem de Beckett funciona também a partir de outros sinalizadores. O Reizinho mal consegue andar, além de estar quase cego. "Está dando, estou indo bem, enxergando pouco", ele afirma enquanto atravessa o palco em direção às ossadas que se acumulam no arco da ponte, as mesmas que faziam parte do cenário de *Fim de Jogo*.

Nesse momento, "Você"/Escultor/Hamlet/Reizinho/Hamm ainda não está cego de verdade. A verdade consegue cegá-lo apenas no final do espetáculo. Quando é inevitável a comparação com outra personagem cega, que Freud une a Hamlet no mesmo crime original, desejado por um, cometido pelo outro. Édipo, o grande subversor do papel do pai que a cena tematiza. Édipo que a verdade cegou. E qual foi essa verdade? Exatamente a mistura dos laços de parentesco que agride a interdição e iguala filho e pai. O desregramento da paternidade num incesto de papéis de pai e avô, pai e irmão, filho e marido, filho e pai[48].

## SEQÜÊNCIA DAS ESCULTURAS

O *leitmotiv* do pai atravessa o espetáculo de uma ponta a outra, entrecortando a guerra, a religião, o sexo, a morte, a arte. Em artigo recente Thomas se refere a essa última confluência, discorrendo sobre a paternidade artística.

> Acho que somos todos herdeiros de um cordão umbilical ou outro. Eu adoraria poder dizer que não tenho nada a ver com André Breton, mas tenho. Não gostaria de ter a menor conexão com Marcel Duchamp, mas tenho. São meus pais, vamos

---

48. Em "Édipo ou a Tragédia Exemplar", texto reproduzido no programa de *Édipo Rei*, encenação de Márcio Aurélio (1983), Marilena Chauí faz uma interpretação original do mito. "O que perguntara a Esfinge? 'Quem é ao mesmo tempo quatro pés (*tetrapous*), dois pés (*dipous*) e três pés (*tripous*)?' Édipo – *Oidipous*, pés inchados – imagina ter decifrado o enigma dizendo: É o homem (a criança que engatinha, o adulto que se mantém ereto, o velho que precisa de bengala). Ora, o mito de Édipo não diz que sua resposta foi esta, mas sim que, silenciosamente, ele se indicou a si mesmo voltando a mão sobre o peito. A Esfinge se satisfez e ele também, mas porque ignorou o sentido de seu gesto e sobretudo não ouviu o que a Esfinge indagara: 'Quem é ao mesmo tempo?' Quatro pés: criança: filho; dois pés: adulto: pai; três pés: velho: avô. Édipo, pai, irmão, avô de seus filhos, marido de sua mãe. O enigma decifrado é Édipo como enigma [...]".

dizer assim. Conheço toda a vida e a obra de Duchamp, que me ajudou a chegar aonde estou hoje. Da mesma maneira que Beckett e Joyce, a pura existência. Acredito em *step stones,* em pedras anteriores, sem dúvida. Inclusive, é interessante fazer uma auto-avaliação através dos parceiros do passado. É uma maneira de dizer: "Ah, meu Deus, na verdade eu não estou fazendo nada além do que já fez fulano de tal, numa época muito mais perigosa"[49].

Na "Seqüência das Esculturas", os pais artísticos são indicados pelo filho escultor, que recebe como herança a arte embrulhada, pronta, impermeável a interferências. Impulsionado por sua vontade criativa, mas incapaz de reagir diante do esvaziamento da criação, "Você"/escultor usa a talhadeira como arma contra os simulacros de obras terminadas, que assumem, a princípio, as linhas sóbrias de Giacometti ou Brancusi, para em seguida se assemelharem aos embrulhos do artista búlgaro Christo ou à cruz deformada de Joseph Beuys.

O encontro do artista com seus materiais parece repetir a discussão de Beuys em "Como Explicar Quadros a uma Lebre Morta". Como extrair arte de obras prontas e embrulhadas? É o que parece perguntar o escultor paralisado diante da produção artística que o antecedeu.

Ele percebe que todos os movimentos já exploraram todos os sentidos de criação. Pode, então, se transformar num artista frustrado e que não expressa mais nada. Ou num medroso total ou num batalhador, como Davi contra Golias[50],

opina o encenador, ainda se referindo aos parceiros do passado.

Quando o Davi desta cena tenta esculpir o que já está pronto, espacializa a relação básica entre o artista e a história das influências que o precederam[51]. E o terrível da história é que ela é sempre maior do que o presente, observa Thomas no artigo citado.

Por isso o discípulo mantém com a obra de seus antecessores uma relação ambígua. A admissão da influência, indicada pela citação, é justaposta à impossibilidade de interferência na obra do mestre, que gera a paralisia. Daí a destruição das obras com a talhadeira, imagem potente que associa a criação do escultor à desconstrução da arte que o precedeu. Um procedimento bem conhecido de Thomas.

---

49. Gerald Thomas, "Fragmentos de Conversa", *Revista Comunicações e Artes,* 28: 17, jan./abr. 1994, p. 101.
50. *Idem, ibidem,* p. 102.
51. Macksen Luiz nota, em sua crítica do espetáculo, que "Esculpindo aquilo que já está pronto, Você se corporifica através de relações binárias básicas: pai/filho, poder/palavra, tensão/silêncio". Em "Estética e Hipóteses", *Jornal do Brasil,* Rio de Janeiro, 12.11.1990.

A referência ao outro Christo, o escultor, já presente no arco embrulhado da ponte, reaparece nas esculturas envolvidas pelos invólucros de tecido[52]. E se desdobra nos figurinos/embrulhos, especialmente o do Viking, que lembra imediatamente outro artista dos invólucros, Hélio Oiticica. A referência a Oiticica já fora anunciada pela fala de "Você" na cena anterior ("Período de Trégua").

> Não tendo em quem atirar, o homem se torna mestre dos embrulhos. Um revestiu seus embrulhos com toucinhos. Outro embrulhou palácios, monumentos. Recebeu o nome da entidade máxima que já baixou sobre a terra. Teve um que criou parangolés.

A menção aos parangolés é reforçada pouco depois, através de uma pergunta que "Você" dirige ao Tribunal Planchon ("De um parangolé brasileiro?"), e retorna no final do espetáculo, quando os fragmentos de parangolés ganham forma de manifesto.

As inúmeras citações de artistas incluem ainda a *Roda de Bicicleta* de Duchamp – outra vez presente na encenação de Thomas –, o geometrismo de Malevitch e muitas outras, que é desnecessário inventariar. Todas desempenham a mesma função. São ícones dos inventores que têm em comum o trabalho na arte de fronteira. Observe-se, a esse respeito, a fala metafórica do vôo de Ícaro, com que Santa Félia agrega todos os viajantes dos caminhos desconhecidos da arte. "Caminhos perigosos, esses. Como viver na ponta da gilete."

Diante das esculturas, o artista se imobiliza e não consegue criar. O espetáculo parece indicar que a interferência só é possível quando se trata da escultura viva, como observa Haroldo de Campos[53]. O palco se transforma em laboratório de ensaios teatrais onde idéias e imagens podem ser experimentadas pelo criador.

Nesta seqüência, a escultura viva do Cristo grávido, composta pelo ator Edilson Botelho, é continuamente modificada, enquanto "Você" tenta, sem sucesso, fazer o mesmo com seus duplos estáticos. Durante todo o espetáculo, mas especialmente na cena do Pai, "Você" consegue organizar os atores em formações esculturais, modelar seus gestos, rearranjar seus corpos em marcações de movimento. O clímax – ou, melhor, o anticlímax – desse processo é a cena em que as configurações organizadas pelo escultor/encenador explo-

---

52. Javacheff Christo (Sofia, 1935), escultor búlgaro, expoente do *nouveau realisme*, empacotou objetos desde 1958. Envolvendo tudo em celofane, inclusive edifícios e ilhas, que circundou com seus invólucros, alude à mania com que a civilização de consumo revela, ao mesmo tempo em que oculta, a mistificação de seus produtos. Em G. C. Argan, *L'Arte Moderna*, Florença, Sansoni, 1982, p. 659.

53. "... a intervenção de Hamlet-Escultor só é possível no *tableau-vivant* da escultura animada." Haroldo de Campos, "A *M.O.R.T.E.* e o Parangolé", *Folha de S. Paulo,* 14.2. 1991.

dem na estatuária aberta em arco sobre o público, em imobilidade e silêncio desconcertantes.

O escultor que lapida a estátua nunca terminada é a imagem do encenador que retrabalha as encenações para recriá-las todas as noites, como acontece no teatro em progresso de Gerald Thomas. Os roteiros, constantemente refeitos e ajustados durante a temporada, mantêm o trabalho em constante processo de feitura, preservando sempre algumas variáveis abertas, numa linguagem de percurso de criação e não de produto finalizado[54]. A dificuldade de criação desse teatro em movimento, que se articula através de hesitações e imprecisões, é referida por Thomas no programa do *Império das Meias Verdades*.

> Pois é assim o chamado *work in progress*. A cada espetáculo as modificações serão profundas, até que se ache uma forma definitiva para cada afirmativa da peça. Geralmente nesse ponto é chegada a hora de se despedir de um espetáculo e começar a especulação toda novamente, atacando algum outro. [...]
> Eu percebo, através dos anos, que *work in progress* pode também ser dito assim: fragilidade da identidade. Ou a diluição e perda dela, tanto faz. Qualquer trabalho que se diz pronto não passará pra mim de um clichê colocado na tela pelos pintores da década de 50: a primeira visão é o momento definitivo, cristalizado. As artes transformaram isso em religião. O teatro lida com a profusão de ações e imagens. O criador de teatro precisa, portanto, negar essa parte que já é clara por ser osso do ofício e tentar cristalizar o que não é claro [...]. Faltando cinco espetáculos para que a temporada do Rio fosse cumprida, eu ainda estava no palco com os atores, cortando, transformando, adicionando cenas. O desespero de se intuir a arte, ao invés de afirmá-la [...][55]

A transformação contínua não é exclusividade do *Império das Meias Verdades*. Todos os espetáculos de Thomas conhecem essa progressão e o mesmo não poderia deixar de acontecer em relação à *M.O.R.T.E*. O crítico Marco Veloso, que acompanhou os ensaios da peça, menciona o fato de que, há poucos dias da estréia, o roteiro de cenas terminava em "Galáxias", na seqüência da imobilidade do elenco. As seqüências posteriores foram compostas depois dessa data e as transformações continuaram até o final das apresentações[56]. No caderno de direção, uma anotação com data de 20 de novembro de

---

54. Renato Cohen estuda o caráter processual da arte contemporânea em sua tese de doutorado *Work in process*, São Paulo, ECA-USP, 1994.

55. Gerald Thomas, "Nota sobre o *Work in Progress*", programa de *O Império das Meias Verdades*, 30.4.1993.

56. "Mais ainda do que os espetáculos anteriores, *M.O.R.T.E.* depende fundamentalmente do processo de concepção e criação. Estamos há poucos dias da estréia e ninguém conhece ainda como o Gerald vai conduzir a peça a partir deste ponto de imobilidade e parada da máquina. Estamos no meio do caminho." Marco Veloso, "Diário de Ensaio", programa de *M.O.R.T.E.*, 1990.

1990 – portanto, duas semanas após a estréia – registra em sete itens pequenas mudanças nas cenas, que vão desde a exclusão da seqüência do comboio até a indicação de maior agressividade para a cena do tribunal. O título do registro: *M.O.dificações R.T.E.*

Para as apresentações no Festival de Taormina, em agosto do ano seguinte, o espetáculo sofreu tantas alterações que foi rebatizado como *M.O.R.T.E. 2*.

Um dos exemplos de mudança está registrado no comentário de um jornalista italiano, que se refere a uma cena que provocou a fuga de alguns espectadores, onde uma mulher estuprada "apunhala seu agressor, arrancando-lhe o falo, utilizado logo depois como um voluptuoso vibrador"[57]. Evidentemente a solução é uma novidade em relação às apresentações de São Paulo e Rio de Janeiro.

A comparação entre os vários registros em vídeo do espetáculo pode fornecer outros exemplos desse processo contínuo de alterações. A gravação da temporada carioca, por exemplo, mostra um bonito coro de atores repetindo a fala decupada "Vo-ci-fe-rar-pos-so", seqüência não apresentada em São Paulo.

Ao escolher o escultor como paradigma do criador teatral, Gerald Thomas homenageia outro artista, Tadeusz Kantor[58]. Por ocasião da morte do encenador polonês, Thomas escreve um artigo sobre seu trabalho, onde tece a mesma relação presente no espetáculo. "Não se pode esquecer que Kantor veio da escultura e o escultor precisa ser, pra começar, um destruidor"[59].

De fato, a negação radical do naturalismo e do teatro psicologizado, das concepções tradicionais de tempo e de espaço, e da ação teatral construída através de elos de causalidade, bastam para transformar a negação e a destruição em principal método artístico do encenador polonês.

Mas a relação principal de Kantor com a destruição – e com este espetáculo – se faz através da negação do teatro como arte de reprodução de uma realidade externa e da conseqüente afirmação de sua realidade enquanto existência física e concreta num tempo-espaço independente. Surge daí sua concepção de "teatro autônomo", "aquele que não reproduz, quer dizer, não interpreta a literatura com meios cênicos, mas possui sua própria realidade independente"[60]. Daí

---

57. "L'artista, fra incubi e deliri", *Gazzetta del Sud,* Taormina, 19.8.1991.
58. Haroldo de Campos faz essa associação em "A *M.O.R.T.E.* e o Parangolé", *op. cit.*
59. Gerald Thomas, "Diretor Espremeu Impressionismo até os Ossos", *Folha de S. Paulo,* 10.12.1990.
60. Tadeusz Kantor, "Manifeste du 'Théâtre Zéro' ", em Denis Bablet (org.), *Le Théâtre de la Mort,* Paris, L'Age d'Homme, 1990, p. 85.

o movimento do teatro de Kantor em direção à anexação da realidade concreta, feito principalmente através do deslocamento de objetos e textos que, alojados no palco, perdem a significação original, a função utilitária e simbólica, para se reduzirem à autonomia concreta e à neutralidade de matéria de teatro. Esta é uma das significações possíveis das embalagens de Kantor – embalagens que Thomas reproduz nas esculturas e no armário – e que separam o objeto de sua significação primeira e da recepção mais familiar. O que interessa aí é o ato puro, ostentatório, poético, de embalar o objeto, que permite que ele comece a existir de modo autônomo, pois foi desligado de sua função vital. O procedimento tem semelhança, em certo aspecto, com os *ready-made* de Marcel Duchamp, pois, na passagem para o palco, texto e objeto são despojados de seu contexto, expressividade e valor originais, para sofrerem a desmaterialização de significados que lhes permite reinserir-se aí como matéria concreta de teatro[61].

A presença cênica de Kantor entre os atores é outro indiscutível fator de destruição da ilusão, que consegue criar uma forte tensão entre o mundo cênico e o mundo ficcional a que seu teatro, de algum modo, remete. É o fecho de sua estética de destruição e negação.

Thomas repete o procedimento de Kantor na voz gravada e através de algumas interferências no palco. Lembre-se da cena intermediária de *Mattogrosso,* onde Thomas comandava uma batucada, algumas apresentações de *Carmem com Filtro 2*, onde ele entregava o cetro a Bete Coelho, e a intromissão rápida em outros espetáculos, onde a preocupação aparente era alinhavar seqüências, dar instrução aos atores ou refazer marcações.

A intencionalidade dessas interferências é referendada – se isso ainda fosse preciso – por um trecho do já citado artigo sobre Kantor, onde Thomas registra o fascínio que a presença do artista exercia sobre o espectador de seus trabalhos. "O público aprendia a ver o espetáculo através dos olhos dele, Kantor, porque sua presença era,

---

61. A idéia da embalagem foi desenvolvida por Kantor em alguns ensaios específicos, que Denis Bablet reuniu com o título de "Les Emballages": "Emballages Manifeste", "Le Premier Emballage", "L'Idée d'Emballage". A concepção reaparece, de modo esparso, em vários escritos de Kantor. Em relação ao armário, associado às embalagens e muito usado nos espetáculos do artista, uma das referências aparece no ensaio de 1961 "O Teatro Informal": "Os atores, oprimidos no espaço estreito e absurdo / do armário, / amontoados, misturados a objetos mortos, / (sacos, uma massa de sacos) / sua individualidade e sua dignidade degradadas / pendendo inertes como vestimentas, / identificando-se com a massa pesada dos sacos / (os sacos: embalagem que ocupa o lugar mais baixo na hierarquia dos objetos e se torna, portanto, com facilidade, uma matéria *não-objetual)*". Em Denis Bablet, *op. cit.,* p. 56.

fisicamente, indiscutível. Ter-se colocado ali, exigir que o público absorva o espetáculo como o criador o absorve é desnudar os códigos de uma forma que nenhum de nós tem coragem."

Esse aspecto do teatro de Kantor parece marcá-lo de forma definitiva, uma vez que no mesmo artigo, algumas linhas abaixo, volta a mencioná-lo com igual ênfase: "...a presença do criador/espectador era brutal, até agressiva, pois se tornava uma barreira física, impedindo o acesso metafórico do público ao palco".

Ainda que os teatros de Kantor e Thomas sejam bastante diferentes, ao menos nesse aspecto estão muito próximos. Os dois encenadores enfatizam sua presença não ficcional – aparentemente não representam nenhuma personagem, pois desempenham diante do público sua função real de organizadores da cena. No caso de Kantor, e com muito menor intensidade no de Thomas, a impressão é a de um maestro que rege os atores, indica as entradas de música e orienta as marcações do elenco. No que se refere a Thomas, não é por acaso que o encenador aparece tantas vezes comandando o repique de uma bateria, como acontece, por exemplo, no samba final deste espetáculo.

# PRIMEIRO COMBOIO

A construção da narrativa cênica acontece especialmente através da justaposição das seqüências de acordo com seu motivo dominante. Antes de analisar o procedimento que preside a união, é interessante observar como acontecem algumas passagens de uma seqüência à outra do espetáculo. O "Primeiro Comboio" é um bom exemplo do mecanismo de solda dos quadros/fragmentos independentes. Sua função é semelhante a das *knee–plays* de Robert Wilson, as "peças de joelho", intercaladas entre as cenas como articulações entre os membros disjuntos[62].

As seqüências/comboio sempre estiveram presentes nas encenações de Thomas. Funcionando como pequenos vagões nos trilhos da cena, os comboios são geralmente formados por grupos de atores que se encarregam de retirar ou introduzir algum personagem ou objeto em cena, como é o caso desta seqüência do espetáculo, onde o Cristo é retirado do palco pela econômica tropa formada por Trudy, o Pai, os dois homens e a mulher com o balde. A estratégia de retirada sempre escolhe caminhos oblíquos e marcações inusuais, como neste caso, quando o comboio humano entra pela direita e

---

62. Luiz Roberto Galízia, *Os Processos Criativos de Robert Wilson*, São Paulo, Perspectiva, 1986, p. 44.

caminha obliquamente até chegar à parede esquerda, onde terminara a cena da curra, para bater em retirada de costas. Uma parada semelhante organiza as sucessivas entradas e saídas do armário, o cortejo do Reizinho, a disposição dos juízes no Tribunal Planchon.

Nas encenações de Thomas as entradas e saídas do palco são sempre camufladas ou, quando isso não é possível, elaboradas ostensivamente. O ator nunca entra simplesmente em cena. As entradas são cercadas por um aparato de truques visuais, cujo representante mais espetacular é a engenhosa solução da tela de filó, que permite à incidência de luz trazer para a cena ou fazer desaparecer instantaneamente qualquer tipo de figura. *Eletra com Creta* e *Mattogrosso* foram os espetáculos em que o procedimento atingiu seu maior grau de elaboração, graças às várias telas que dividiam o palco em profundidade.

É Daniela Thomas quem define as possibilidades embutidas na opção pela quarta parede transparente.

> A tela de filó é para brincar com o tempo. Sacanear esse adorável ditador que sempre se impõe sobre os conceitos diretoriais: o tempo da entrada e saída de atores e objetos do palco. Um empecilho brutal ao desejo de transformação do que se passa no espaço cênico. E se os atores desaparecessem assim, de repente? A possibilidade de reunião de discursos: teatro e cinema, como quer o Gerald na sua inesgotável pesquisa. Wagner passa a ser o operador de uma máquina de edição, não só de uma mesa de luz. A movimentação dos atores é baseada num roteiro de cenas decupadas. Perguntem aos atores o que é fazer cinema ao vivo. Uma correria louca[63].

Em *M.O.R.T.E.* a tela transparente foi suprimida e a técnica dos *black-outs* parcialmente abandonada. Até então ela cumpria a função de ilha de montagem das pequenas seqüências decupadas, que ainda aparecem neste trabalho, especialmente nas cenas da "Crucificação", "Fuzilamento" e "Luz Aqui". E que sempre foram o terror dos atores, obrigados a executar as marcações no tempo exíguo limitado pelas mutações de luz. Nessas condições, a demarcação exata dos movimentos era mais que necessária e tinha sua geografia mapeada pelos gráficos de um roteiro, onde a indicação de entradas, saídas, tempo e direção de locomoção no palco recebia o nome de *immigration movements*[64].

---

63. Daniela Thomas, programa de *Eletra com Creta*. No "Diário de Ensaio" do crítico Marco Veloso, reproduzido no programa de *M.O.R.T.E.*, ele se refere à técnica dos *black-outs* praticada por dois bailarinos estreantes na companhia, Marcelo Lopes e Ligia Feliciano, convidados para este espetáculo. "Gerald pergunta se os bailarinos sabem o que é BO. Eles dizem que não. Gerald brinca: 'podem ir para casa'. Vendo os bailarinos tentarem fazer o BO dá para ver como é rápido. Nas primeiras vezes eles estavam muito atrasados."

64. Marília Martins, "O Desenho dos Delírios", em *Jornal do Brasil*, Rio de Janeiro, 25.2.1989.

A queda da quarta parede de filó alterou a dinâmica deste espetáculo, desenvolvido através de seqüências mais longas, mas manteve o fluxo lento dos outros trabalhos, feito do espaçamento temporal que culmina na imobilidade do elenco em "Galáxias".

Os poucos cortes que *M.O.R.T.E.* apresenta, ao menos em relação às montagens anteriores, mais próximas de um "caleidoscópio de imagens"[65], traz para o primeiro plano os comboios como recurso de constituição da narrativa cênica. Mas eles já estavam presentes nos outros espetáculos. Lembrem-se os comboios de *Carmem com Filtro 2*, que não desempenhavam apenas o papel funcional de elo de ligação dos quadros, mas aconteciam como verdadeiras paradas envolvendo todo o elenco, precedido pela mulher com o espelho, que atraía os atores para dentro do palco; os múltiplos coros de *Mattogrosso* que, pela travessia dos corredores sucessivos, ligavam os *leitmotive* da encenação; os investigadores do *Processo* que agregavam o papel dramático ao funcional, auxiliando as entradas e saídas de Joseph K; ou o reduzido comboio de dois homens que oficiava o confronto entre as "Elas" de *Flash and Crash Days*.

Mas o comboio é apenas um recurso de apoio na justaposição das cenas. A técnica que preside a reunião é a *collage*. O termo e o procedimento foram introduzidos pelos cubistas e, logo em seguida, pelos futuristas e surrealistas, para sistematizar a prática de justaposição de elementos ou materiais heterogêneos ou mesmo a aproximação entre objetos artísticos e reais[66].

Ao trabalhar diretamente com os materiais a *collage* tematiza o próprio ato poético de construção da arte, através de aproximações e analogias que desestabilizam a composição harmônica de elementos unidos a partir de uma idéia mestra, que funciona como eixo de orientação para um conjunto. A *collage*, ao contrário, constrói seu

---

65. Gerhard Dressel, *Mauermüll e Colesterização of odds and ends*, programa de *M.O.R.T.E.*

66. "Há, pela primeira vez, uma união potente da realidade objetual e da realidade artística, união que desempenhará um papel decisivo na arte de nosso tempo." Erika Billeter, a autora do ensaio "Collage et montage dans les arts plastiques", de onde retiro o excerto, afirma que Max Ernst, por ocasião da exposição-*collage* em Paris, 1920, não reconhece a paternidade do conceito, nem André Breton que, no prefácio do catálogo dessa exposição, define em que consiste a *collage*, sem fazer uso, entretanto, do termo. Em 1930, em "La Peinture a Défi", Louis Aragon opõe ao caráter estético dos "*Papiers collés*" dos cubistas – que a autora considera os verdadeiros inventores da *collage* –, a natureza revolucionária da *collage*, onde vê a origem da pintura surrealista e dadaísta. Billeter lembra que Max Ernst também considera a *collage* intimamente ligada ao surrealismo, relação que estabelece especialmente nos ensaios " Inspiration to order", de 1932, e "Au-delà de la peinture", de 1937. Em *Collage et montage au théâtre et dans les autres arts*, Paris, La cité, 1978, p. 19.

jogo artístico especialmente através da analogia de significantes, ou seja, da própria materialidade do signo, como se viu pela análise dos *leitmotive*. A justaposição de materiais sem qualquer relação aparente, o encontro arbitrário de elementos preexistentes e o jogo com o inesperado – o "teatro do susto", que é como Thomas se refere à encenação de Kantor –, funcionam como mecanismo de descoberta de relações inusuais, geralmente alheias a uma relação de causa e efeito. Entrando em simbiose, os elementos desconectados geram uma nova interpretação das coisas, um "mundo demente", construído pelo encontro fortuito das realidades estrangeiras[67].

A justaposição dos fragmentos é um mecanismo semelhante àquele da citação, pois os objetos ou formas que compõem a nova estrutura são emprestados de contextos anteriores. Como se viu pela apropriação de Hamlet, o ato artístico de eleição do objeto faz com que ele perca seu caráter inicial. Os fragmentos da obra são alienados de seu contexto referencial e reorganizados de acordo com uma lógica poética, um sistema de pensamento não linear. A moldura contextual insuficiente onde Thomas os encaixa passa a funcionar como mecanismo de desmaterialização daqueles símbolos. A falta de referência objetiva resulta em turbulência dos conteúdos originais e, nos casos-limite, em subtração desses conteúdos. A multiplicidade de contextos que o vácuo do espaço sugere, ao invés de levar o espectador a concentrar-se numa única interpretação, dirige sua atenção para um leque de possíveis interpretações.

O movimento que aproxima temática ou formalmente os resíduos coletados aqui e ali nem sempre é claro, pois um traço importante da *collage* é que a correlação entre os elementos é dada pela percepção do espectador. A obra constrói trilhas de leitura e o espectador pode privilegiar uma ou outra confluência, o que resultará, evidentemente, em obras de natureza diversa. Da capacidade de percepção do público depende, em grande parte, o êxito ou fracasso da *collage* teatral.

Este é o principal traço que diferencia a *collage* da montagem. Esta opõe seqüências que visam à organização global de um sentido e pretende (e geralmente consegue) fechar significados. As técnicas eisensteinianas de justaposição, por exemplo, prevêem que os diversos elementos sejam combinados a partir de uma lógica dialética, que obedece a um fim determinado. Duas imagens são colocadas em confronto para criar uma síntese prevista de antemão pelo artista que escolheu a associação. É o que se depreende desta afirmação de Eisenstein: "...nós voltamos a organizar o acontecimento desintegra-

---

67. Erika Billeter, *op. cit.*, p. 24.

do para formar de novo um todo, mas segundo *nosso ponto de vista*"[68]. O ponto de vista se traduz na atitude do montador em relação à organização dos fragmentos. O que se busca é uma construção significante mais determinada e o que se espera é que o espectador perceba a intenção ordenadora e adote uma atitude semelhante em relação ao fruto da montagem[69].

A *collage*, ao contrário, é uma justaposição mais aletória de elementos, cujo sentido vai ser construído apenas no final do percurso do espectador. O que não impede que ela seja um tipo de montagem, de construção mais arbitrária e aberta. É o que acontece, nas associações de Thomas, onde a resolução dos opostos permanece indefinida, com as várias proposições se apresentando simultaneamente e funcionando como um convite para que o espectador realize sua própria síntese. Isso não quer dizer que o encenador abdique da construção do sentido. Como se viu pela análise desenvolvida até aqui, o processo de construção é resultado de um trabalho exaustivo de associação de motivos. A diferença é que o fechamento das combinações não é evidente e a encenação mantém, de forma proposital, um paralelismo de geradores de narratividade e de imagem, que transforma o discurso cênico em topografia aberta, feita de vielas de sentido. É interessante reproduzir, a esse respeito, uma declaração recente de Thomas, que fornece uma interessante metáfora dessa trama de composição.

> No palco, procuro sempre contar três ou quatro histórias ao mesmo tempo, nunca uma. Detesto monolitismo. É um absurdo que uma pessoa atire uma pedra única, numa direção só, aponte a câmera para essa pedra e ainda chame a atenção do público para olhar para a câmera que está apontando para a pedra. O mínimo que se pode fazer na tentativa de entender ou de, pelo menos, degustar a mente humana (do que eu mais gosto, pois já desisti de entender), é contar histórias. Histórias paralelas acontecendo ao mesmo tempo. Por exemplo, no meu último espetáculo, o *Império das Meias Verdades*, há uma cena acontecendo no palco, mas o narrador está descrevendo uma outra que nada tem a ver, a princípio, com aquela, exceto por um caderninho que é uma conexão entre uma cena e outra. O caderno é uma conexão entre mundos. Se alguém está sentado em um trem, no meio de Varsóvia, e abre um caderninho falando de flores da Califórnia, esse alguém, automaticamente, na sua cabeça, foi para as flores da Califórnia, e Varsóvia está passando do lado de fora[70].

---

68. Siergué Eisenstein, "O Princípio Cinematográfico e o Ideograma", em Haroldo de Campos (org.), *Ideograma: Lógica, Poesia, Linguagem*, São Paulo, Cultrix, 1977, p. 172.
69. Luiz Roberto Galízia, *Os Processos Criativos de Robert Wilson*, São Paulo, Perspectiva, 1986. Utilizo aqui algumas distinções que o autor faz entre *collage* e montagem, no decorrer da análise do teatro de Wilson.
70. Gerald Thomas, "Fragmentos de Conversa", *Revista Comunicações & Artes*, (17): 98, jan./abr. 1994.

É o que acontece no percurso visual e narrativo que é *M.O.R.T.E*. O texto de Thomas revela, de modo preciso, que a tônica da *collage* não é a combinatória das estruturas, mas o paralelismo das fontes, que vão formando tramas justapostas durante o espetáculo. Atores dizendo o texto, atores mudos envolvidos em marcações coreográficas, atores dançando, falas gravadas, ruídos, risos e sons incompreensíveis, música, objetos que se apresentam como personagens, cenário-obra de arte, cenário-passarela, cenário-pano de fundo neutro, cenário-tela de projeção, iluminação-decupagem de cena, iluminação-emocional, iluminação-objeto (lembre-se a cruz luminosa). Todos esses enunciadores acabam criando uma incerteza quanto ao tipo de regragem perceptiva pela qual o espectador deve se guiar[71]. É uma turbulência na percepção do público, que não sabe exatamente que canal seguir, já que os vários focos de enunciação, apesar de não se combinarem, se contaminam a ponto de formar um enunciado muitas vezes imprevisível até para quem o criou.

Essa multiplicação de sistemas significantes caminha paralela à redefinição do papel tradicional dos componentes da encenação. Não é mais o acontecer atualizado das relações intersubjetivas que constrói o sentido do espetáculo, mas os vários regimes enunciadores, que se justapõem como elementos autônomos. É o que Bernard Dort observa sobre a encenação contemporânea. Segundo o crítico francês, a autonomia progressiva dos elementos da representação e a renúncia do encenador em organizar uma unidade de sentido *a priori* determinam a nova qualidade agonística da encenação contemporânea. O *agon* não acontece mais entre as personagens, mas entre os diversos enunciadores que lutam entre si pelo sentido, "luta da qual o espectador é juiz"[72].

## GÓRECKI

Em ensaio recente, Otávio Frias Filho afirma que o teatro de Thomas é principalmente "teatro-música". O enunciado operístico do espetáculo, ou da "ópera seca", estaria ligado à acentuada interferência musical em sua construção, que chega a abafar os atores e suas ações.

---

71. Patrice Pavis, "Percursos em Busca do Sentindo: a Propósito do Espetáculo *Percursos*", em *Voix et imagens de la scène. Vers une sémiologie de la réception*. Villeneuve d'Ascq, Presses Universitaires de Lille, 1985, p. 223.

72. Bernard Dort, *La Réprésentation émancipée*, Paris, Actes Sud, 1988, p. 182.

A interferência musical não é importante no teatro de Thomas porque acompanha ou destaca certos conteúdos que a cena apresenta. Como o autor observa, a música não é usada como reforço dos significados do texto. É, ao contrário, um fator a mais de abstração, "uma ondulação de vida à qual falta sentido ou conteúdo"[73].

A dificuldade que a música tem de indicar significados precisos explica a atração que essa arte exerce sobre muitos inovadores do teatro. Richard Wagner, Adolphe Appia ou Antonin Artaud – para citar os casos mais exemplares –, todos viam a música como uma forma de amplificar a carga poética da cena e como meio de subtraí-la à mimese tradicional.

Thomas usa a música com a mesma intenção. Na cena batizada com o nome de Górecki, as referências explodem em várias direções. O motivo da escolha da música do compositor polonês parece ser a tonalidade estática, quase destituída de variações, que se junta à dança fúnebre do filho em honra ao pai morto. O trecho da peça coral, com escalas modais alteradas por dissonâncias, e a lentidão sustentada por um único acorde que se prolonga, encontra seu duplo na dança butô executada pela atriz com mínimas variações gestuais. A beleza da situação compõe um *hai-kai* concentrado de imagem/música e lembra outros momentos do teatro de Thomas, onde cena e som se misturavam. A habanera de Carmem, a lamúria das carpideiras deslizando ao som de Philip Glass em *Mattogrosso,* o fragmento do Juízo Final de Michelangelo repetido por Adão no *Império das Meias Verdades,* a dança furiosa da jovem Ela em *Flash and Crash Days,* o expressionismo fantasmagórico de Joseph K no final do *Processo*, a queda do avião em *Sturmspiel,* a seqüência de *Unglauber* em que o artista se ergue lentamente na asa pousada no palco. O que todas têm em comum, além da beleza, é a potencialização emocional que alcançam pela interferência desestruturante da música, "abismo de sentidos"[74].

DUBLAGEM

Como se pode ver pela interferência musical, o espaço sonoro tem grande importância no teatro de Thomas. Ele pode se constituir enquanto música, mas também enquanto fala ou ruído corporal dos atores, emitido diretamente no palco, como os soluços do "Tribunal de soluços" em *Carmem com Filtro 2,* a respiração ofe-

---

73. Otávio Frias Filho, "O Fim do Teatro", em *Revista USP*, 14, de jun./jul./ago. 1992, p. 56.
74. Otávio Frias Filho, *op. cit.*, p. 56.

gante e os gemidos e gritos que acompanham os momentos de maior tensão em todos os espetáculos, os uivos de lobo no tribunal de *Mattogrosso* ou os sons guturais do corpo sem cabeça de "Ela" jovem, em *The Flash and Crash Days*. Todos os recursos são mecanismos de ênfase no espaço sonoro produzido pelos atores em cena.

Mas uma grande parcela do som tem sua origem fora do palco. É formada pelas vozes e ruídos em *off,* que se apresentam mediados por gravação. Quando se trata das falas dos atores, elas são reproduzidas em rotação lenta, compostas pela mistura de várias línguas ou deformadas por um jogo eletrônico que chega a transformá-las, algumas vezes, numa seqüência quase incompreensível de sons. As palavras são decupadas em sílabas, emitidas em ritmo distendido ou em tons graves, como no início de *Matogrosso*, onde o narrador repete com cavernosa insistência eletrônica – "Uma ou-tra-pes-soa, u-ma o-u-tra-pes-so-a-a..." O mesmo recurso reaparece neste espetáculo, na transformação da voz humana em mugidos eletrônicos dublados pela atriz Magali Biff.

O tique-taque do relógio marcando o tempo de Joseph K no *Processo*, o angustiante chamado de telefone em *Carmem com Filtro 2*, o ranger de máquinas enguiçadas, a pulsação de coração, os gritos e risos e, ainda uma vez, o tique-taque contínuo, todos eles presentes em várias cenas de *M.O.R.T.E.*, formam uma lista interminável de sons que compõem um espaço exclusivamente sonoro, justaposto ao espaço do palco.

A cena da "Crucificação" é um bom exemplo desse espaço, criado por ruídos semelhantes a batidas de martelo, que sugerem, num primeiro momento, a pregadura dos pregos da cruz projetada no ciclorama. Além do martelar provir de um espaço ausente, um "fora" de cena, parece funcionar como emissor externo de uma outra realidade, já que não comenta nem diz respeito ao que se passa no palco. O espaço externo é alterno, pois não funciona como prolongamento, mas como descontinuidade da cena. É um reforço sonoro à sugestão visual da crucificação. Neste caso, espaço visual e sonoro se aliam para providenciar um lugar fora do palco, um duplo independente do que se passa do lado de cá.

Para projetar esse espaço autônomo, Thomas usa mais uma vez a tela. A tela que fechava a boca de cena agora é deslocada para o fundo do palco, tomando a forma de um ciclorama que esconde os bastidores, mas também revela um lugar de ação. No início de *M.O.R.T.E.*, por exemplo, a iluminação projeta a imagem da crucificação, realizada em chave paródica, é verdade, com o ofício desastrado do carrasco baixinho.

As imagens do lado de fora inauguram uma cena das coxias, que transforma os atores em espectadores e o palco em bastidor de um outro espaço, escondido atrás do ciclorama e reservado exclusivamente às aparições de um mesmo protagonista. O principal lutador desta cena das coxias é o Cristo grávido de tempo, novamente crucificado na seqüência em que o Pai dança seu ritual de possessão ("Objeto de Escárnio"), sacudido por contrações refletidas em "Você" ("Galáxias") e reverenciado por quatro homens na penúltima cena, como rápido pano de fundo para o diálogo entre "Você" e o narrador ("Ei, Você").

Mas se as projeções visuais sempre giram em torno da figura do Cristo, os atores e os sons encarregam-se de multiplicar as referências ao outro espaço. Os ruídos são enfatizados pela atenção que o elenco presta a eles, como na cena em que Trudy cola o ouvido à parede esquerda antes de pegar, através da abertura, a espada que transpassa no corpo de Santa Félia ("Período de Trégua"); ou pouco antes, na mesma cena, quando Santa Félia parece mais atenta aos ruídos do bastidor que às personagens com quem contracena. Essa impressão é corroborada por duas rubricas do roteiro de *M.O.R.T.E.*, onde o encenador indica que a atriz Magali Biff (Santa Félia) está junto à parede esquerda e "ouve o teatro lá dentro" e, logo em seguida, "avança e fala para as duas, sempre atenta ao teatro lá dentro, indo duas, três vezes até a parede e voltando"[75].

O ranger das escavadeiras que invade a cena vazia do "Incêndio", o pato abatido no espaço aéreo dos urdimentos com o tiro de um fuzil invisível, as mulheres postadas no limiar da coxia, de frente para a cena de rumores que o espectador não vê, os risos e ruídos vindos dos bastidores no "Cristo Currado", todos são exemplos da sistemática construção de um espaço alterno, às vezes apenas audível, noutras visível através do ciclorama de fundo.

O teatro da coxia encontra o teatro do palco na cena de dublagem. O Pai e Santa Félia estão encostados à parede esquerda e dublam as vozes masculina e feminina vindas dos bastidores. A disjunção não é novidade, pois trata-se do mesmo mecanismo, utilizado tantas vezes no teatro de Thomas, que justapõe as vozes gravadas aos corpos dos atores em cena. A diferença é que, neste caso, as vozes não são mediadas pela gravação. Elas vêm do outro lado da parede, como se os manipuladores de um teatro *bunraku* comandassem as marionetes da cena.

---

75. Gerald Thomas, Roteiro de *M.O.R.T.E.*, 1990, cena 6, "Período de Trégua", p. 9.

O cenário de *Fim de Jogo* dentro do espaço de *M.O.R.T.E.*, com os planetas ao fundo. Caderno de direção. Foto: João Caldas.

Todas essas indicações de uma outra cena concordam com o relato de Marco Veloso em seu diário de encenação. O crítico afirma que durante os ensaios Thomas se referia a um complô que se passava no palco, e outro interno, acontecendo nas coxias. No registro do dia doze de outubro, Veloso menciona novamente a concepção, agora acrescida de novos detalhes, pois o palco se transforma nos bastidores de um outro palco. "Os atores trazidos para o palco foram arrancados do teatro (coxia), onde as ações tentadas no palco são representadas realmente. Há uma outra peça acontecendo na coxia. [Thomas] Fala que a coxia é a ambição e que no palco todos vivem, além da tentativa de representar o que se passa na coxia, a dor de não conseguirem fazê-lo"[76].

Qual seria a trama dos bastidores de *M.O.R.T.E.*, que os atores no palco reproduzem como simulacro?

"*Fim de Jogo* pode estar acontecendo nos bastidores de um teatro onde se esteja encenando *Édipo* ou *Eleuthéria*", afirma Gerald Thomas no programa da peça de Beckett.

A relação de *M.O.R.T.E.* com o mito de Édipo já foi esboçada. Quanto a *Eleuthéria*, o principal traço da peça de Beckett, segundo Janvier, é a justaposição de dois espaços – o dos pais e o do filho –, configurando uma ação principal e outra que corre à margem. Aparentemente, os mesmos protagonistas e a mesma situação que Thomas indica[77].

Quanto à associação entre *Fim de Jogo* e *M.O.R.T.E.*, é explicitada espacialmente no caderno de direção de Thomas, onde o encenador reserva algumas páginas para esboços visuais do texto de Beckett. Em todos eles, desenha o cenário da peça dentro do palco de *M.O.R.T.E.*, com os astros do céu artificial pendurados ao fundo. Talvez se possa encontrar vestígios dessa concepção nos resíduos de cenário de *Fim de Jogo* que compõem as paredes laterais do espetáculo (as tapadeiras que imitam fuselagem e formavam o *bunker* de Hamm e Clov) e nos ossos espalhados ao pé do arco da ponte. Outra ligação já mencionada é o Reizinho/Hamm de Bete Coelho, cego e paralítico. Mas estas não são as principais analogias.

---

76. Marco Veloso, "Diário de Ensaio", registro do dia 12 de outubro, programa de *M.O.R.T.E.*

77. *Eleuthéria*, peça em três atos, escrita em 1947, manteve-se inédita, a pedido de Beckett, até fevereiro de 1995, quando a editora francesa Minuit, executora testamentária e literária do autor, decidiu contrariar sua vontade. Pouco antes de morrer, Beckett havia pedido que *Eleuthéria* não fosse publicada, mesmo com a edição de suas obras completas. Consultei a edição inglesa, publicada pela Foxrock, Nova York, 1995, com tradução de Michael Brodsky. O comentário de Ludovic Janvier está em seu livro *Beckett*, Paris, Seuil, 1969.

Em *Fim de Jogo* o exterior é sempre indicado pelo vazio, que Clov observa através de uma janela e cuja evolução comenta. O nada, o zero, o cinza do oceano, o farol no canal são as visões que menciona, projetando do topo de sua escada uma paisagem em extinção: "Cinza! Cinza! Cinza! [...] Preto claro. Em todo universo"[78]. Pouco antes, olhava as paredes à sua volta. "A parede! E o que você vê nelas? Sombras chinesas? Corpos Nus?", pergunta o cego Hamm. E Clov responde: "Vejo minha luz que morre"[79]. Logo em seguida é a vez de Hamm observar: "Lá fora, é a morte"[80], um indício literal da associação de Thomas.

Seguindo a linha das semelhanças mais óbvias, pode-se apontar a seqüência em que Hamm cola o ouvido à parede do fundo e constata "Tudo isto é oco", cena repetida em *M.O.R.T.E.* de forma quase idêntica. Também podem-se enumerar referências de *Fim de Jogo* encenadas por Thomas: o relógio, a roda de bicicleta, a vaca, as visões (de Clov e de "Você"), os cadáveres, o choro do pai, as mesmas questões e respostas. Seguindo princípio semelhante, ecos formais do texto de Beckett ressoam no texto de Thomas, quer pela retomada de aliterações – "Profundo é tudo que se coloca na superfície do fundo" aparece na fala de Nell como "Era profundo, profundo. E via-se o fundo" –, quer pelo uso de expressões aproximativas, como o chamado de Hamm a Nagg – "Pai! Pai!" –, repetido por "Você".

Também são evidentes as semelhanças formais entre os monólogos de Hamm e o texto do narrador, especialmente na cena "Ei, Você". "O fim é o começo e no entanto isso continua", "Que me acordem!", "Se eu não matar esse rato ele vai morrer", "Como você quer que isso termine?", "Tudo foi feito sem mim", "Você não terminou? Você jamais vai terminar? Isso jamais vai terminar?", "Mergulhado no sono. Mas em que sono, mas em que sono?", "Toda espécie de fantasias! Que me acordem!", "Eu estarei lá, no velho refúgio, sozinho contra o silêncio e... (ele hesita)... a inércia". Naturalmente, todas as citações são do texto de Beckett[81].

Deixando as comparações mais pontuais, se se tentasse definir o sistema tutelar das duas narrativas, este seria, sem dúvida, a morte. Em Beckett, a morte como silêncio do sentido, como criação de uma linguagem do silêncio. Em Thomas, também a morte. Não apenas as várias mortes mimetizadas no palco pelos fuzilamentos, fa-

---

78. Samuel Beckett, *Fin de partie*, Paris, Minuit, 1957, p. 48.
79. Samuel Beckett, *op. cit*, p. 26.
80. *Idem, ibidem,* p. 23.
81. Samuel Beckett, *op. cit.*, respectivamente, pp. 91, 90, 95, 98, 38, 74, 92.

cadas, lutas ou incêndios, mas a morte enquanto impossibilidade de levar o espetáculo a um final. A cíclica procissão de imagens e referências, as redes de motivos visuais e textuais que se encaminham para o lirismo de "Galáxias", indicam espacialmente a paralisia da linguagem que sucede o bombardeio das enunciações simultâneas, dos mísseis da Broadway despencando juntos sobre a percepção desarmada do espectador. Nesse sentido, a semelhança com Beckett é estarrecedora.

Mas, além da semelhança de sentido, há um procedimento que aproxima as duas escrituras. É evidente na peça de Beckett a oposição entre Hamm e Clov. Ela se manifesta, à primeira vista, pela imobilidade de um e o movimento do outro. Hamm, paralítico e cego, depende de Clov para seus menores deslocamentos. A oposição física se estende à palavra. Enquanto Hamm é o contador loquaz de histórias de vazio, aquele que não apenas fala sem parar, mas também se exprime com freqüência através de longos monólogos, Clov, pode-se dizer, é uma personagem quase muda, limitada a responder aos questionamentos do primeiro. É o que o próprio Hamm esclarece quando Clov lhe pergunta: – "Para que eu sirvo?" "Para me dar a réplica", responde sem vacilar.

A perda do corpo marca, portanto, o triunfo da palavra, enquanto a mobilidade corporal leva ao silêncio ou à palavra monossilábica, marcada pela negatividade. Como observa Eric Eigenmann, enquanto a palavra de Clov não conta nada, a de Hamm é consagrada à narração. A personagem não se engaja numa relação de interlocução com Clov e nas intervenções mais longas, com evidente caráter de relato, Becket indica nas rubricas o "tom de narrador"[82].

A palavra narrativa se desenvolve no corpo de Hamm, reduzido à imobilidade, enquanto a atividade física de Clov, que o texto sublinha como um movimento sem repouso, define um "modo performático" de discurso[83]. Movimento e imobilidade, silêncio e narração são os pólos disjuntos em que a relação das personagens se estrutura. A mesma disjunção que se apresenta em *M.O.R.T.E.*, onde o narrador sem corpo é o dono da palavra, enquanto "Você", encarregado da *performance*, se limita a repetir os enunciados do primeiro, dando passagem ao relato. A relação deixa de acontecer apenas no manifesto final, quando a fusão entre corpo e voz já foi concretizada.

Mas Hamm, o narrador de Beckett, tem um poder apenas aparente. Sua loquacidade não se repete na fluência do relato. Ele re-

---

82. Eric Eigenmann, "Mise en scène de l'effacement", *Critique*, 519-520, ago./set. 1990, p. 682.
83. *Idem,* p. 682.

começa, é hesitante, reticente, empresta fragmentos de falas alheias, volta ao início, reclama de não saber narrar e do esforço de criar. "É um narrador que perde o controle de seu enunciado", constata Eigenmann[84]. O narrador de *M.O.R.T.E.* espelha a mesma impotência. O próprio discurso é o que lhe resta de poder.

## GALÁXIAS

> A dor de ser escravo da linguagem mora num determinado lugar. Nesse lugar transitam os sintomas de tal estado patológico. Sintomas que vêm e vão, como os maus pensamentos[85].

O excerto emprestado de Daniela Thomas consegue, como suas concepções espaciais, sintetizar com precisão alguns traços fundamentais de *M.O.R.T.E.*: a linguagem auto-referente, a repetição, o tempo transformado em sintoma espacial.

A subversão da narrativa temporal pela espacialidade é um dos traços mais presentes no espetáculo. O tempo é capturado por imagens, figuras, objetos e personagens que compõem uma colcha de retalhos onde convivem várias dimensões e épocas simultâneas. Sem limites de cronologia, compartilham do mesmo palco vazio, quase uma folha de papel cortada ao fundo pela ponte, a temporalidade mítica dos arcaicos guerreiros em duelo, o Cristo crucificado repetidamente, o príncipe renascentista paralisado diante do público, o futuro febril do artista contemporâneo angustiado diante da criação, a dançarina de *butô* lamentando o pai morto, a réplica da *Roda de Bicicleta* de Duchamp, o tempo lento e crepuscular da passagem do camelo, o tempo místico da macumba brasileira e o tempo cotidiano do samba. Lençóis de tempo que a encenação justapõe como se marcasse, no espaço, a sobreposição de pedaços de história.

A descontextualização é o principal mecanismo do desenraizamento dos fragmentos de tempo. Acontece pela localização de um determinado evento ou personagem em contexto totalmente diverso do original, ou, operação mais radical, pela subtração de qualquer contexto que os localize. A anti-historicidade implícita nesse deslocamento, ou nessa subtração, tem seu exemplo mais claro na cena que leva o nome da peça de Brecht. Apesar de o espectador não saber que aquela mulher em cadeira de rodas é chamada, no roteiro, de Mãe Coragem, a alusão não deixa de ser interessante para mostrar

---

84. *Idem,* p. 685.
85. Daniela Thomas, programa de *Trilogia Kafka*, 1988, p. 22.

exatamente o seu contrário. O texto de Brecht pretendia inserir uma vida individual no contexto da guerra. Para isso, espelhava a contradição da mulher na estrutura dramática. A guerra que matou, um a um, os filhos de Coragem, era indicada como pano de fundo épico de seu drama individual. Thomas, ao contrário, abole a inserção histórica e atira suas figuras na arena do palco, como fragmentos desgarrados de seu contexto de origem. Desse modo elas deixam, naturalmente, de ser história, para se transformarem em referências que iluminam a cena como reflexos de uma subjetividade. Os eventos, que poderiam acontecer em espaços-tempos diferentes, acontecem simultaneamente, dentro de uma mesma seqüência, como se a descontinuidade fosse relativizada pela pertinência a um mesmo foco organizador, uma espécie de memória gigante que os abrigasse e aproximasse, antes de alojá-los no palco.

A encenação é o filtro por onde passam os fragmentos desgarrados de outros tempos e outras artes, que agoram transitam como sintomas de um trabalho de memória. São os equivalentes icônicos de situações intelectuais e emotivas, reflexos de uma simbolização particular, subjetiva, compartilhável pelo espectador, que consegue identificar-se, por congenialidade, com a situação interior do artista. Desse modo, o repertório de símbolos tradicionais adquire uma nova substância, diretamente ligada à subjetividade do encenador. O presente da cena é o espaço de justaposição de todos os tempos que sua memória convoca.

É por isso que a associação das figuras dentro das seqüências e das seqüências dentro do espetáculo não obedece a nenhuma organização causal. Porque o tempo sempre apareceu como uma ordem de elos causais, que implicam uma idéia de sucessão. E o elo que permite o cruzamento dos motivos e o encavalamento dos ritmos do teatro de Thomas é a pertinência a uma mesma consciência ordenadora. A referência de Daniela aos "sintomas" é o indício da presença dessa consciência agregadora dos motivos, uma subjetividade que se alimenta de informação da mídia, de autobiografia, de artes, de lembranças, para transformá-las em coisa sua, particular, espelho de idéias.

A "refração prismática"[86] que essas idéias sofrem quando colocadas em cena, lado a lado, assemelha-se a uma constelação. Galáxia

---

86. Jean-Pierre Ryngaert fala da refração prismática como um procedimento característico da encenação contemporânea no texto "O espaço e o tempo", em *Lire le théâtre contemporain*, Paris, Dunod, 1993, p. 103. No ensaio "O Lance de Dados no *Finnegans Wake*", publicado originalmente em 1958, Augusto de Campos, referindo-se a Mallarmé, fala da " 'subdivisão prismática da idéia', a técnica de fazer reverberar em cada idéia principal constelações de idéias subsidiárias". Em *Panaroma do Finnegans Wake, op. cit.*, p. 121.

imóvel, paralisada em escultura diante dos pedaços de tempo colocados em agitação; galáxia que encerra o artista no armário-ataúde-teatro, em morte anunciada por outras figuras; galáxia que repete, mais uma vez, a destruição do cruzeiro-grávido e do pato-pacto; galáxia que admite o retorno do arcaico gladiador lastimando aqueles "que guarnecem seus pratos de alimentos imundos como esses, feitos de sobras de tantos outros alimentos"; galáxia que mostra o Cristo em parto eterno, interrompido pelo artista-narrador – "tantas partes quebradas, estilhaçadas, insolúveis"; galáxia que permite a "Você" tomar posse da narrativa: "Eu digo: Faça-se luz"; Galáxia que remete a "Galáxias": "...e nada é nada e prata é prata e nata é nata e noite noite..."

Neste momento, o tempo do narrador, sempre passado, é transformado no espaço presente do teatro. E a transformação explicita outro procedimento do espetáculo. Pois a voz do narrador, no passado, justaposta ao presente da cena, gera um desnível temporal, um degrau de tempo separando espaço cênico e voz narrativa. Na verdade, o mesmo degrau que separa o tempo ficcional do tempo real da representação, a fábula da teatralidade, a história da enunciação cênica[87].

Mas a narração de *M.O.R.T.E.* não narra uma fábula. Ela é autoreferente, ao menos na maior parte do espetáculo. Ao mesmo tempo que opõe o passado ao presente da cena, ela aponta, desde o princípio, para o próprio teatro, pois é o refletor que responde ao *fiat lux* do narrador. O que o narrador acentua é o aqui-agora do teatro e não o passado da ficção, simplesmente porque o relato ficcional não se concretiza enquanto tal. São fragmentos de relatos construídos pelos vários enunciadores do espetáculo: ambíguos, esfacelados, disjuntos, feitos de motivos recidivos, cortes auto-referentes, temas sobrepostos.

O resultado desse processo é que a estrutura que sustenta a construção – a maneira de organizar as seqüências, a repetição dos *leitmotive*, a decupagem de luz, a interferência musical, o movimento do ator – salta para o primeiro plano. Ela é a própria ficção que se narra. O encenador reaproxima a duração ficcional da duração representada, passando a impressão de que as duas são da mesma natu-

---

87. Anne Ubersfeld define o tempo teatral como a relação entre o tempo real da representação, duração vivida pelo espectador, e o tempo ficcional. O tempo ficcional é sempre um passado, enquanto o tempo teatral é um aqui-agora. A representação do ator é uma enunciação que obriga o espectador a experimentar, como presente, um passado ficcional. "Le temps du théâtre" em *L'école du spectateur*, Paris, Éditions Sociales, 1981, especialmente pp. 239-244.

reza. A duração referencial, de uma suposta fábula, assume as características da duração teatral.

O cruzamento dos tempos heterogêneos é regulado pela repetição dos *leitmotive*. Mesmo que eles não reapareçam de maneira idêntica, a impressão que se tem é de que a encenação retoma continuamente o mesmo motivo, como se tivesse esquecido de dizer alguma coisa e quisesse acrescentar alguns pormenores àquilo que o motivo já mostrou. Ao mesmo tempo, esse espírito de recorrência se mistura a signos que retornam sutilmente diferentes. A reaparição do armário-ataúde, a nova morte do pai, o recomeço da crucificação, podem ser exemplos das maneiras de repetir um signo teatral para fazê-lo dizer o tempo, a presença viva e angustiante do passado e da morte. Enquanto a reincidência de motivos enrola o tempo em espiral, a mudança indica a progressão irreversível do espetáculo para o final. É a mesma imagem de *Esperando Godot*, de Beckett. Nada mudou de um dia para o outro no lugar de espera, com exceção da árvore que se cobre de folhas, indicando, ao mesmo tempo, o que passa e o que fica, o irreversível e a circularidade[88].

A imbricação do passado e do presente fica ainda mais explícita no "Tribunal Planchon". O julgamento, uma das maiores figuras dramatúrgicas do teatro ocidental, trata exatamente de trazer à luz, no presente da cena, o que é passado. É através do tribunal que o teatro repete o passado, ao mesmo tempo que o modifica. Ao recorrer ao tribunal que tem o nome de um encenador contemporâneo, e ao escolher Hamlet como acusado, Thomas trabalha o espetáculo na intersecção de vários tempos, como um arqueólogo que seccionasse a história para desenterrar ruínas.

Semelhante assentamento temporal reflete uma série de convicções difundidas em nossa cultura acerca da crise dos conceitos de causalidade, temporalidade e irreversibilidade dos eventos. Grande parte da arte contemporânea, em especial a obra de Joyce, é o reflexo de situações temporais paradoxais. Em obras como *Finnegans Wake* ou *Ulysses*, a ruptura das relações temporais habituais ocorre de modo consciente. Elas oferecem uma espécie de diagrama do mundo contemporâneo, onde o fragmento é a mimese estrutural mais eficaz. Os eventos se repetem segundo um esquema fixo, que ignora a ação precedente e age como se o tempo tivesse recomeçado, em "esquema iterativo"[89]. É a recorrência do tempo na narrativa joyceana, o "fluxo envolvente e contínuo" do *riverrun/riocorrente*, o "corso-ricorso

---

88. Anne Ubersfeld usa essa analogia com *Esperando Godot* para falar da permanência e mudança temporal. Em *Lire le Théâtre*, Paris, Ed. Sociales, 1982, p. 197.
89. Umberto Eco, *Apocalípticos e Integrados*, São Paulo, Perspectiva, 1993, p. 264.

perpétuo" do círculo de Vico[90]. O tempo histórico passa a ser visto como uma evolução casual – fruto do acaso –, orientada em direção a uma entropia máxima. Como nos textos de Beckett – *Fim de Jogo*, por exemplo – os signos apontam em direção a uma desordem e o resultado é a possibilidade paradoxal de inverter a sucessão cronológica, de romper o elo lógico de causa e efeito. As últimas seqüências se transformam nas primeiras, revividas pela repetição, e o aleatório psíquico tem mais importância que o tempo da história.

Ao processo temporal irreversível, que leva à morte, a encenação opõe a representação – espacialização do elemento temporal –, reversível como a imobilidade do elenco, os *black-outs*, as pausas, as rupturas visíveis e, principalmente, os motivos que podem retornar em intervalos regulares, funcionando como ensaios para a ação principal. É graças à repetição que "Você"-narrador-artista-escultor-Hamlet-Hamm pode ser o espectador de sua própria morte. E também de seu renascimento, graças ao movimento que faz esta cena girar sobre si mesma. É a temporalidade circular que promove o retorno do espetáculo ao seu início, exatamente na cena de "Galáxias". Ao entrar no pacto que é o teatro, "Você" faz um percurso em torno da geometria da cena – um parangolé brasileiro – e volta ao ponto zero. São os movimentos obsessivos e redundantes em torno de uma estética que examina, desmembra e ostenta exatamente o processo de criação do teatro. Através da carga anárquica de citações, da desordem, da construção por *leitmotive*, das imagens poéticas, da música arrastando a cena, do tribunal, das influências, das remissões, de todos os países, *M.O.R.T.E.* ritualiza uma concepção formal[91] e escreve no palco uma autobiografia de encenação.

Autobiografia, porque *M.O.R.T.E.* é a escritura de um percurso de encenação. Funciona como síntese e reflexão sobre o processo construtivo de Thomas, que ele sublinha com sua voz de narrador. A protagonista dessa autobiografia artística é a atriz que ele moldou em seu processo de trabalho e que poderia, mais que ninguém, figurar seu duplo. O espetáculo é um "exercício de autofundação" onde a apropriação do gênesis bíblico é apenas uma das metáforas[92]. É a reflexão de um encenador sobre sua arte, sobre as angústias de criá-la, sobre as influências sofridas, enfileiradas como esculturas. Kantor, Beckett, Shakespeare, Hélio Oiticica, Marcel Duchamp, Joseph Beuys, Cristo e Christo, Wagner, Joyce, Haroldo de Campos

---

90. Haroldo de Campos, "Panaroma em Português", em *Panaroma do Finnegans Wake, op. cit*, p. 23.
91. Macksen Luiz, em sua crítica do espetáculo, faz referência a esses procedimentos. "Estética e Hipóteses", *Jornal do Brasil*, Rio de Janeiro, 12.11.1990.
92. Flora Sussekind, *op. cit.*, p. 49.

e tantos outros países. Mais que uma reflexão, uma desconstrução do próprio trabalho, feita através da exposição dos processos de encenar.

À semelhança do teatro de Kantor, que Thomas tanto admira, este espetáculo também é uma confissão individual. Não apenas no sentido de vivências particulares, mas da história de vida de um artista, "espaço de vida mental feito da matéria mais preciosa e mais delicada", que deve ser salvo do esquecimento[93].

Thomas se aplica em realizar a desconstrução de sua própria obra para se inscrever não numa tradição temática ou formal, mas numa auto-reflexividade, num comentário de sua enunciação e, portanto, do próprio funcionamento da encenação. Como se todos os conteúdos e formas do espetáculo fossem mobilizados em função da consciência de seu funcionamento e o encenador mostrasse ao público a ordem de seu discurso. Diante da pouca coerência temática dos enunciados, Thomas coloca, como pára-raio, a coerência da enunciação, realizada através de um princípio organizador relativamente simples, às vezes até ingênuo, que não se incomoda de unir pato a pacto.

Daí a impressão de um jogo formal de variações ou de um processo de autocontemplação narcísica. É a encenação consciente de si mesma a ponto de fazer sentido e "parasitar o enunciado da fábula e o desenvolvimento dos motivos"[94].

M.O.R.T.E. é uma encenação que significa a própria encenação. E, por isso mesmo, controla a morte. Impede que a morte seja o desfecho de uma vida ou uma fatalidade histórica, o momento final para onde todos caminhamos, e a transforma em poética, em construção de teatro, em jogo final de *hamms e clovs*, encenado por *você*.

---

93. Tadeusz Kantor, "Sauver de l'oubli", em Denis Bablet, Jacquie Bablet e Marie-Thérèse Vido-Rzewuska, T. Kantor, *Les voies de la création théâtrale 18*, Paris, Centre National de la Recherche Scientifique, 1993, p. 123.
94. Patrice Pavis, "L'héritage classique du théâtre postmoderne", em *Le Théâtre au croisement des cultures*, Paris, José Corti, 1990, p. 80.

It must have a dummy which — simply — plunges into the playing area. (like José in Carmen 1) and it must be a moment of great suspense

## Possible opening scene.

HOWEVER, actor has had a PREVIOUS SCENE HERE

March 25
SP

## ROTEIRO

Alguém Disse...

Escuridão total no palco. Entra voz gravada de Gerald Thomas:

– Alguém disse: Faça-se luz. O iluminador subiu à cabine e timidamente acendeu um refletor. Alguém viu que a luz era boa e alguém disse: que nasça um lugar entre a terra e o espaço, entre o erro e a falha, entre o porão e o sótão. Alguém disse: que se produza nesse lugar, que se discuta nesse lugar, que reine nesse lugar a expressão das espécies. Que elas evoluam lá. Que elas se multipliquem lá. Esse alguém era cego.

Ao som da palavra "refletor", o primeiro foco de luz se acende, mostrando uma ponte de ferro que corta o palco na horizontal e se apóia, à esquerda, num arco embrulhado em plástico e cordas, deixando a cena vazia e aberta em vão livre de sete metros. Ao redor da base do arco, dezenas de ossos espalhados pelo chão, despojos humanos ao lado de entulho. Mortes acumuladas. Duas paredes/tapadeiras, que imitam fuselagem, fecham as coxias à esquerda e à direita. A parede esquerda tem três aberturas verticais que dão passagem à coxia. Um ciclorama fecha o fundo do palco. Algumas esferas, semelhantes a planetas ou globos terrestres, pendem dos urdimentos, destacadas sobre um fundo iluminado em azul noturno. Essa tonalidade azulada é cortada em diagonal por um foco amarelo que desenha uma trilha no espaço.

A última frase da narração é precedida por um riso irônico. Dois gladiadores, que até esse momento permaneciam congelados ao norte e sul da ponte, iniciam um movimento de combate, um deles com uma espada na mão, elmo com chifres, armadura bojuda que acentua sua estatura pequena e atarracada, próxima a de um guerreiro de *cartoon* (Luiz Damasceno/Viking); o outro magro, alto, capa vermelha presa ao pescoço, também brandindo uma espada de costas para o público (Ludoval Campos/Infra-Herói)[95].

*Duelo de Gladiadores*

Entra música de Górecki. Os dois gladiadores em luta desenham círculos ao redor de um eixo imaginário plantado no centro

---

95. O roteiro de *M.O.R.T.E. – Movimentos Obsessivos e Redundantes para Tanta Estética*, foi elaborado por mim a partir do vídeo do espetáculo e do roteiro de Gerald Thomas, datado de novembro de 1990.

do palco. Repentinamente, o Infra-Herói desaparece atrás do arco da ponte. Sua sombra, projetada na parede da esquerda, precede seu retorno à arena. O Viking invade o arco de sustentação da ponte e hesita alguns segundos antes de atravessá-lo com um salto que o coloca diante do outro e lhe permite atacá-lo pelas costas, com alguns golpes certeiros que deixam o adversário cambaleante, ajoelhado, e finalmente estirado no lado direito do palco. A música pára. O guerreiro vitorioso verifica, com cutucões de espada, se o outro está realmente fora de combate. Depois disso, faz um sinal de mão em direção às coxias. Entra um armário carregado por algumas pessoas que atravessam o palco em várias direções, parecendo estar à procura do lugar ideal para colocá-lo. Depois de vários titubeios, o armário é deixado no centro direito, junto ao guerreiro estendido no chão. O Viking faz sinais para que os carregadores guardem o cadáver. Guerreiro, escudo e espada são colocados em pé no armário/ataúde, cujas tampas se fecham para permitir um hilário cortejo fúnebre que, aos trancos e barrancos, sai pelo fundo direito.

Uma luz branca ilumina em *back-projection* o ciclorama do fundo que, como tela transparente, deixa entrever a silhueta de um homem grávido. A visão desaparece ao mesmo tempo em que a música retorna, junto com novo gladiador iluminado por um foco de luz branca. Postado à direita do palco, desafia o Viking, repetindo a ameaça anterior. O Viking recua até o arco da ponte, ajoelha, abandona as armas no chão e se agita desesperadamente sob um potente foco vermelho, como se ardesse numa fogueira. O novo guerreiro observa a cena impassível em seu círculo iluminado.

*Crucificação*

O mesmo efeito anterior de contraluz recorta ao fundo a figura do homem grávido, desta vez sendo crucificado por outro homem. A estatura dos dois é muito desigual, de modo que o carrasco, baixinho, parece empenhar-se com esforços sobre-humanos para atar seu parceiro ao suplício. Sobe numa cadeira, desce, rodopia ao redor da vítima, até que consegue pregar seus pés e mãos em cruz. Batidas de martelo na pregadura de pregos acompanham a crucificação, mas parecem vir do outro extremo da parede, onde está outro homem ocupado em seu ofício.

A luz abandona lentamente a crucificação e o palco para concentrar-se na parede da esquerda, onde estão encostados um homem e uma mulher, ambos com vendas nos olhos. Um foco de luz branca

As fotos da seqüência são de Ary Brandi (AMM); "Duelo de Gladiadores" e "Fuzilamento".

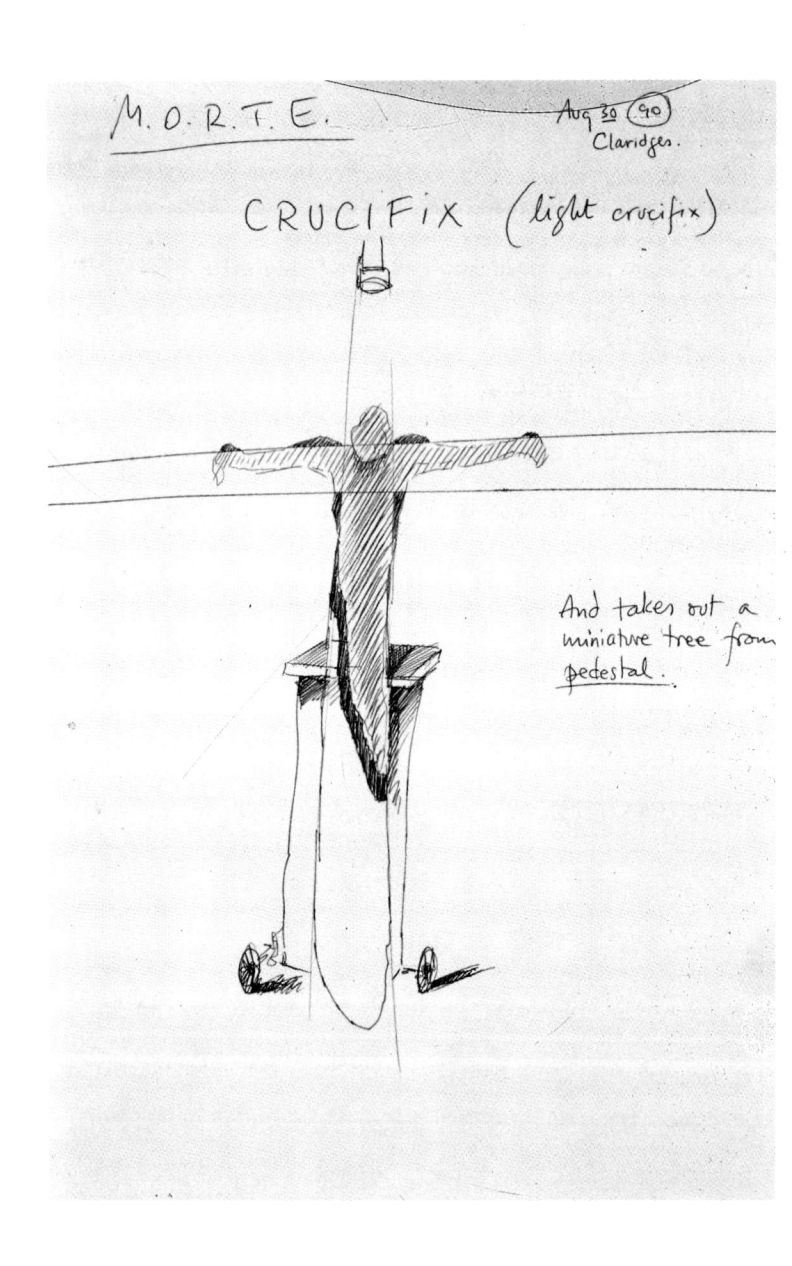

Crucifixo de luz no caderno de direção de Gerald Thomas. Foto: João Caldas.

varre o palco da direita para a esquerda, acompanhando o guerreiro que vai até eles.

*Fuzilamento*

O foco branco ilumina o homem e a mulher vendados. O guerreiro os amarra à parede, aparentemente na preparação de sua morte, que ambos pressentem com uma respiração ansiosa, ofegante e sincronizada. Em seguida, o guerreiro se ajoelha diante deles e os reverencia com flexões de corpo, congelando nessa posição.

O Viking entra pela direita, acompanhado por dois homens com rifles. Vai até os condenados e comanda a execução.

Debaixo do arco esquerdo da ponte, um homem espreita o fuzilamento (o Pai/Mário César Camargo). Aguarda a saída dos carrascos, vai até os cadáveres, levanta a cabeça do homem, como se o reconhecesse, e chora, sentado às costas do belicoso guerreiro congelado. *Black-out* apaga a cena, enquanto entra nova narração na voz de Gerald Thomas, suave, baixa, sem qualquer ironia.

– Pai, como você interpretou bem todos esses anos. Obrigado.

Enquanto a gravação se desenrola, vários focos de luz branca riscam o palco, perseguidos pelo Pai.

*Incêndio*

Ruído incessante de construção ou de máquinas enguiçadas, com batidas ritmadas de escavadeiras recolhendo escombros, invade o palco escuro. Iluminados apenas por um foco branco, três homens e uma mulher, os "bombeiros", saem do alçapão no centro do palco, trazendo uma longa mangueira. Vão até o Pai à esquerda, próximo ao arco da ponte, e colocam a mangueira em seu rosto, como uma tromba.

No alto da ponte, um homem observa os planetas com uma luneta, enquanto um camelo passa por ele. Uma mulher com um longo vestido branco, uma mancha vermelha na altura do sexo, cabelos cobertos por touca também branca, é atirada em cena pela coxia da esquerda, com um cálice na mão (Magali Biff/Santa Félia). O Viking com a vassoura ajeita seu corpo para localizá-lo sob o foco vermelho do refletor, a mesma fogueira onde o Viking ardera no final do duelo. O homem grávido crucificado há pouco (Edilson Botelho/Cristo grávido) também é jogado violentamente para dentro do palco, à direita. Senta-se no chão com as pernas abertas e se contorce segurando a barriga como se sentisse as dores de um parto, enquanto o Viking varre em torno dele.

Ouve-se o som de um tiro e um pato cai dos urdimentos para se estatelar sobre o alçapão no centro do palco. Um dos bombeiros desfalece junto ao pato, enquanto os outros atores deixam o palco, com exceção de Santa Félia.

A música entra junto com duas mulheres que vêm da direita e permanecem paradas no limiar da coxia, de costas para o público. Santa Félia levanta-se lentamente, encosta-se à parede esquerda com o cálice nas mãos e finalmente encara as mulheres.

## Período de Trégua

As duas mulheres voltam-se para o público e se encaminham lentamente para o centro do palco, parando sobre o alçapão. Santa Félia avança até elas e inicia sua fala.

– É o ato máximo, dizem os homens. Apanhar um fuzil, apontar primeiro pros testículos e depois pra cabeça. Mas não têm mais em quem atirar. Vive-se um período de trégua. Como evoluir? É o máximo. Separar alma de corpo e remeter os que o amavam para o básico. Como? Pra onde? Como? Por quê? O básico. Mas não foi. Não é. Estamos em trégua.

Enquanto fala, Santa Félia recua várias vezes até a parede esquerda com os braços estendidos, apóia-se com ambas as mãos na superfície plana, ganha impulso e volta de costas para as mulheres, encarando-as apenas em alguns momentos. No trecho em que diz "separar alma de corpo" levanta os braços para cima, indicando o céu de planetas artificiais, volta-os para o chão do palco, torna a elevá-los para os urdimentos. No final do texto ajoelha-se à esquerda do palco, e continua gesticulando e balbuciando pequenas falas inaudíveis.

Uma das mulheres, vestida com saia de tecido cru e um colete que deixa seus seios à mostra (Malu Pessin/Trudy) avança até Santa Félia, levanta sua cabeça como se exibisse sua situação ao público e diz:

– A consciência. O que pode haver de mais complexo e irregular?

Uma tela retangular de luz se acende na parede à esquerda. Trudy encosta-se a ela como se ouvisse alguma coisa, retira uma espada da coxia e a atravessa no corpo de Santa Félia. O efeito

A ENCENAÇÃO: *MOVIMENTOS OBSESSIVOS E REDUNDANTES...* 217

nenhum obtido com a agressão provoca o riso histérico de Trudy, acompanhado pelo comentário: "Ficou transparente". Nesse momento ouve-se um grito e as duas mulheres se colocam em estado de prontidão. Trudy comenta irônica:

– Vocês todos conhecem o fim. Como se comovem?

Santa Félia responde, ainda de joelhos:

– Não se comovem. Cumprem uma função. Não tendo em que atirar, o homem se torna o mestre dos embrulhos. Um revestiu seus embrulhos com toucinhos. Outro embrulhou palácios, monumentos. Recebeu o nome da entidade máxima que já baixou sobre a terra. Teve um que criou parangolés.

Ao som de "parangolés" ouve-se a voz de uma mulher vinda da platéia, que resmunga alguma coisa. As figuras em cena se entreolham, reúnem-se à esquerda do palco e segredam alguma coisa umas para as outras, enquanto olham em direção ao público, tentando identificar a origem da voz, que continua sua interferência de forma cada vez mais nítida, mas ainda protegida pelo anonimato da platéia.

– Olha só os imbecis... todo esse derramamento de sangue... ainda tentando aperfeiçoar, polir essa retórica épico-racional... esses coveiros filosóficos... É isso que eles são: a doença da sociedade liberal.

As três mulheres no palco reagem à interpelação da voz. Trudy e Santa Félia se encaminham quase até a boca de cena e encaram a mulher em pé no meio do público, cabelos longos, terno escuro, camisa branca (Bete Coelho/Você). Trudy vai até o pato caído no chão do palco, pega-o e o oferece a "Você", enquanto Santa Félia diz:

– Nós vos propomos um pacto.

"Você" pergunta: – "Teatro?"

Black-out deixa o palco em escuridão recortada por três focos de luz, o último iluminando o pato no chão. A luz volta em tonalidade sépia e Santa Félia afirma:

– Senhor, vivemos um período de paz.

"Você" aproxima-se do palco e comenta, ainda da platéia:

"Período de Trégua". Fotos: Ary Brandi (AMM).

– Tantas partes estilhaçadas, irreparáveis, pontas quebradas... insolúveis. Isso aqui um universo? Que eu não ria. Que eu não ria.

O "universo" é referendado por uma batida no chão do palco. Durante o texto Santa Félia, postada à esquerda, abre e fecha os braços, deixando que a cabeça penda em seu peito, num movimento repetitivo e ininterrupto.

O Viking entra pela direita da ponte, carregando um ponto de interrogação. Atrás dele, os dois homens portando rifles presenciam a entrada do Pai à esquerda, empurrado por alguém. O Viking com a interrogação ordena o fuzilamento.

"Você", que subiu ao palco, observa a execução da boca de cena, enquanto Santa Félia, agora de costas para o público, continua a repetir o movimento de fechamento e abertura. Após o fuzilamento, "Você" corre até a ponte gritando, mas é contida por Trudy, que a conduz até o centro do palco, obriga-a a sentar-se no chão e lhe oferece um martelo. Ela se assusta e se recolhe. As mulheres levantam-na do chão e começam a arrancar suas roupas com violência compassada, revelando, por baixo delas, um figurino de blusa branca e calça negra. Uma das mulheres completa a paramentação vestindo-lhe um avental branco. Trudy lhe oferece novamente o martelo, desta vez acompanhado de uma talhadeira. "Você" parece hesitar diante da imposição, estende os braços, recua, volta a estendê-los para aceitar, afinal, as ferramentas. Levanta os braços acima da cabeça, as ferramentas pendendo das pontas dos dedos, enquanto Santa Félia, de joelhos, esconde o rosto no arco da ponte.

## Seqüência das Esculturas

De um alçapão à direita do proscênio sobe uma escultura de linhas finas e sóbrias. "Você" vai até ela e tenta esculpir com pequenos golpes de martelo. Santa Félia, postada à esquerda do palco, comenta: – "Polindo uma superfície..."

"Você" retruca: – "Arranhando outra..."

Uma mulher pega a escultura do proscênio e a conduz até o fundo do palco. Trudy, em posição central, faz um gesto com a mão e uma segunda escultura é trazida por um homem, mais compacta que a primeira, retangular, semelhante a um bloco de pedra sem lapidação. Ele a coloca à direita do palco, próxima ao lugar onde a outra estivera. O Cristo grávido entra pela esquerda, arrastado por outro homem que, depois de colocá-lo em pé, organiza seu corpo como se lapidasse uma escultura viva. As duas figuras, do homem e da pedra, estão posicionadas à direita e à esquerda do palco numa linha horizontal. No centro do eixo traçado pelas duas imagens, Santa Félia toda branca, de joelhos, contempla o novo modelo e dirige-se a "Você", que recomeça a esculpir:

– Não continue. Primeiro mexa as cadeiras. Esquente o cérebro a quarenta e cinco graus. Isso.

Quando a fala termina, Trudy ordena nova troca, repetindo o movimento anterior. A escultura que chega é um bloco embrulhado em tecidos e cordas. O modelo humano é alterado simultaneamente à entrada da nova imagem, que uma mulher gira em direção ao público, mostrando uma saliente barriga. "Você" pega as ferramentas oferecidas por Trudy, sempre repetindo o movimento hesitante de recusa e aceitação, e reinicia seu interminável ofício. Depois de algumas tentativas, acerta golpes raivosos na escultura, enquanto grita: – "Não consigo, não consigo". Acaba atirando a estrutura ao solo. Nova substituição, feita de modo semelhante às seqüências anteriores. Desta vez aparece uma cruz grávida, também embrulhada em tecidos, que espelha o Cristo à esquerda, crucificado pelo homem à parede do cenário.

Santa Félia, ainda de joelhos, na posição do início da seqüência, repete:

– Areia, areia. Fazemos o que cremos, minha Nossa Senhora. Eu falei uma coisa, mas que inacreditável coisa, que inacredit...

Trudy interrompe a fala da outra, dirigindo-se a "Você":

– Vamos, se apresse. Não tenho digerido muito bem. Se apresse.

"Você" se encaminha até a cruz e insiste, ainda uma vez, em esculpir. Santa Félia retoma seu gesto compulsivo de abertura e fechamento, enquanto recomenda ao Ícaro escultor:

– Voe pelo meio. Não voe muito alto, ou o sol derreterá a cera em tuas asas e você cairá. Não voe muito baixo ou as ondas do mar te levarão.

Trudy comenta:

– Caminhos perigosos esses. Como viver na ponta da Gilette.

Com novo movimento de impaciência e rebeldia, "Você" atira a escultura ao chão, caminha cambaleante e termina encostada à parede da direita. A mesma mulher recolhe a última escultura e vai

"Seqüência das Esculturas". Fotos: Ary Brandi (AMM).

colocá-la junto às outras, uma fileira de tentativas expostas no fundo do palco.

## Cristo Currado

Entra um trecho da *Cavalgada das Valquírias*, de Wagner. A luz do palco diminui até chegar à quase escuridão quebrada por dois focos luminosos, um branco envolvendo "Você" encostada à parede direita, outro vermelho incendiando a crucificação à esquerda. O Cristo crucificado pelos braços e por duas faixas luminosas que se cruzam acima de sua cabeça, começa a falar:

– Vem, suga no meu seio bem forte senão eu farei você desaparecer da face da terra, mas não destruirei completamente a sua casa. Vou deixá-la aberta aos visitantes. Vou sacudir a casa de Israel entre todas as nações como se sacode o grão na peneira, sem que um só grão caia por terra. Vem, peque, cometa, suje e confisque a espada daqueles que precisam da espada.

O texto é acompanhado por risos e ruídos vindos dos bastidores e pela música em alto volume. "Você" atravessa o palco correndo e se atira sobre o Cristo grávido, golpeando sua barriga várias vezes com a talhadeira. De dentro da barriga de farrapos sai um relógio.

## Primeiro Comboio

"Você" coloca o relógio num foco de luz à esquerda do proscênio. Um tique-taque nervoso acompanha o movimento e destaca o relógio iluminado dentro da escuridão geral. Aos poucos o som é entremeado por sinos que abençoam o final da curra.

Santa Félia afunda na abertura da parede. Um comboio de atores composto por Trudy, a mulher com o balde, o Pai e dois outros atores, entra pela direita e caminha em diagonal até a parede esquerda, onde está o Cristo. Ele se junta ao comboio, que bate em retirada de costas, desaparecendo na coxia.

## Luz Aqui

O som do tique-taque continua ritmando a cena. "Você" está encostada à parede esquerda, no local da crucificação. O palco fica totalmente escuro e começa a ser riscado pela luz branca de refletores que se acendem e apagam. Os focos interrompidos iluminam "Você"

A ENCENAÇÃO: *MOVIMENTOS OBSESSIVOS E REDUNDANTES...* 223

limpando as mãos compulsivamente, enquanto fala baixo, quase num gemido:

– Luz! Aqui! Som. Nossos poetas estão mortos. Nossa música não tem heroísmo. Nós não temos corpos. Somos fracos. Somos rasos. Nossos casos moribundos. Nossa obra, a obra do acaso total.

Depois de terminada a fala, o tique-taque se transforma em pulsação de coração, que lateja no palco totalmente escuro, onde um foco ilumina o relógio.

## *Tribunal Planchon*

A pulsação continua. Ainda no escuro aparece na ponte fracamente iluminada uma fila de atores, entre eles Santa Félia e Trudy.

"Você", sentada no proscênio, de costas para a platéia, ouve as acusações vindas das figuras enfileiradas: "Homossexual, aspirante a rei, assassino, execrável". Trudy interrompe a seqüência, dizendo:

– Filho... Vai em paz em busca do teu pai... Essa era a ordem: se for um filho, mate-o, se for filha, deixe-a viver.

Santa Félia emenda – "Não se fez nem um nem outro" e as figuras retomam a ladainha.

– Só sinto vergonha pela forma que você o fez.
– Homossexual.
– Quando se faz luz, se faz culpa.
– Te mataremos exatamente como você quis nos matar.
– Que inacreditável coisa!
– Escondido atrás de uma porta, dentro de um oratório, não importa... Você precisa que roubem tua alma, que se afunilem, mas que achem a geometria.

Ao ouvir isso, "Você" finalmente pergunta – "De um parangolé brasileiro?"

Um homem entra em cena, figurino longo, capa atravessada no peito (Cláudio/Luiz Damasceno) e passa a recolher as roupas deixadas no palco, enquanto diz:

– Eu queria lhes falar. Venho do hospital onde sete médicos em quatro horas não conseguiram salvar nenhuma vida de seu pai.

"Você" grita e um ruído de serra se superpõe à pulsação. Os juízes na ponte repetem em uníssono: "Saudamos o novo rei".

"Cristo Currado". Foto: Ary Brandi (AMM).

## Górecki

Na penumbra do palco entra música de Górecki. O armário-ataúde entra carregado por quatro atores, que o colocam próximo ao alçapão central. A porta se abre e mostra o Pai com um tamborim nas mãos. "Você" pega o tamborim e, simultaneamente, o Pai cai estirado sobre o alçapão.

"Você" está nua da cintura para cima, com fiapos de saia negra caindo em tiras até os pés. Tenta ensaiar alguns sons no tamborim, mas Cláudio retira o instrumento de suas mãos. "Você" caminha até o corpo do Pai e principia uma dança fúnebre ao seu redor, iluminada por um foco sépia. Os movimentos ondulantes dos braços e mãos lembram uma dança *butô*, executada com lentidão e delicadeza. A relativa imobilidade dos membros inferiores cobertos pelos retalhos negros contrasta com a brancura da pele que navega na modulação dos gestos pequenos, precisos, de uma fluidez aquática. Enquanto movimenta a parte superior do corpo, elevando os braços acima da cabeça, baixando-os até a cintura, soltando-os ao longo do corpo para alçá-los novamente, "Você" desliza lenta sobre os pés plantados no chão, sempre rodeando o Pai. A luz sobe ao fundo e mostra o elenco em fila, precedido pela figura branca de Santa Félia, todos marcando passos de aproximação e recuo em direção à dança, repetindo coletivamente a pulsação que ondula o corpo de "Você".

O alçapão é baixado e engole o corpo do Pai. "Você" estende os braços sobre a abertura como se lastimasse o sepultamento e continua sua dança, agora com movimentos amplos mas sempre circulares, saltos que agitam a saia negra, flexões que curvam o corpo até o chão, rodopios que alçam os braços para, na descida, atingir o corpo com violência e estalido. Depois de terminada a dança, "Você" senta-se ao chão, pernas abertas, tronco ereto e imóvel, com exceção dos braços que continuam sua navegação aérea.

O Pai surge no alto da ponte. "Você" grita diante da aparição, enquanto o elenco presta continência ao espectro. Um camelo atravessa o palco lentamente, expulsando os atores. Cláudio deita-se sobre o alçapão, ocupando a posição do Pai e repetindo sua postura. Ri debochado para "Você", que corre até o proscênio e estende os braços em direção ao Pai.

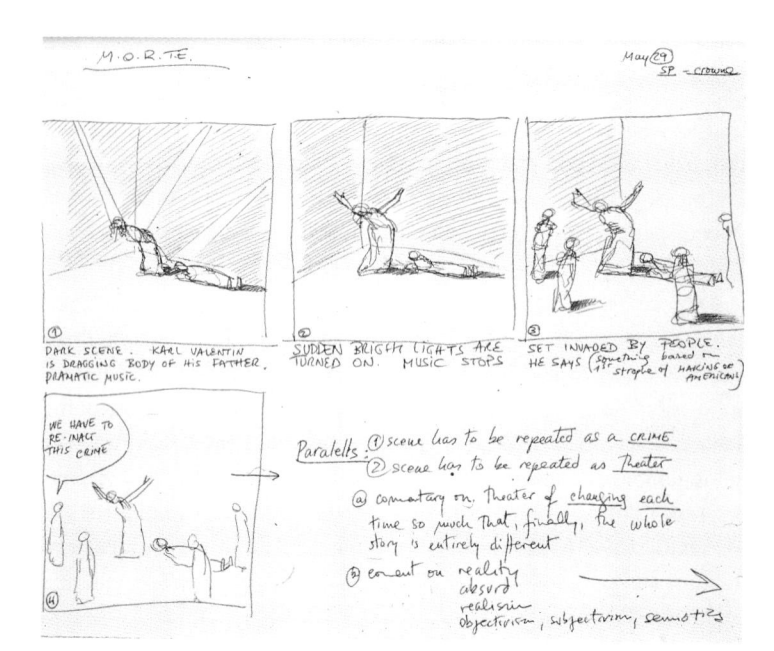

Desenhos do caderno de direção de Gerald Thomas para a seqüência "Górecki". Foto: João Caldas. Ao lado: a cena "Górecki" no espetáculo. Fotos: Ary Brandi (AMM).

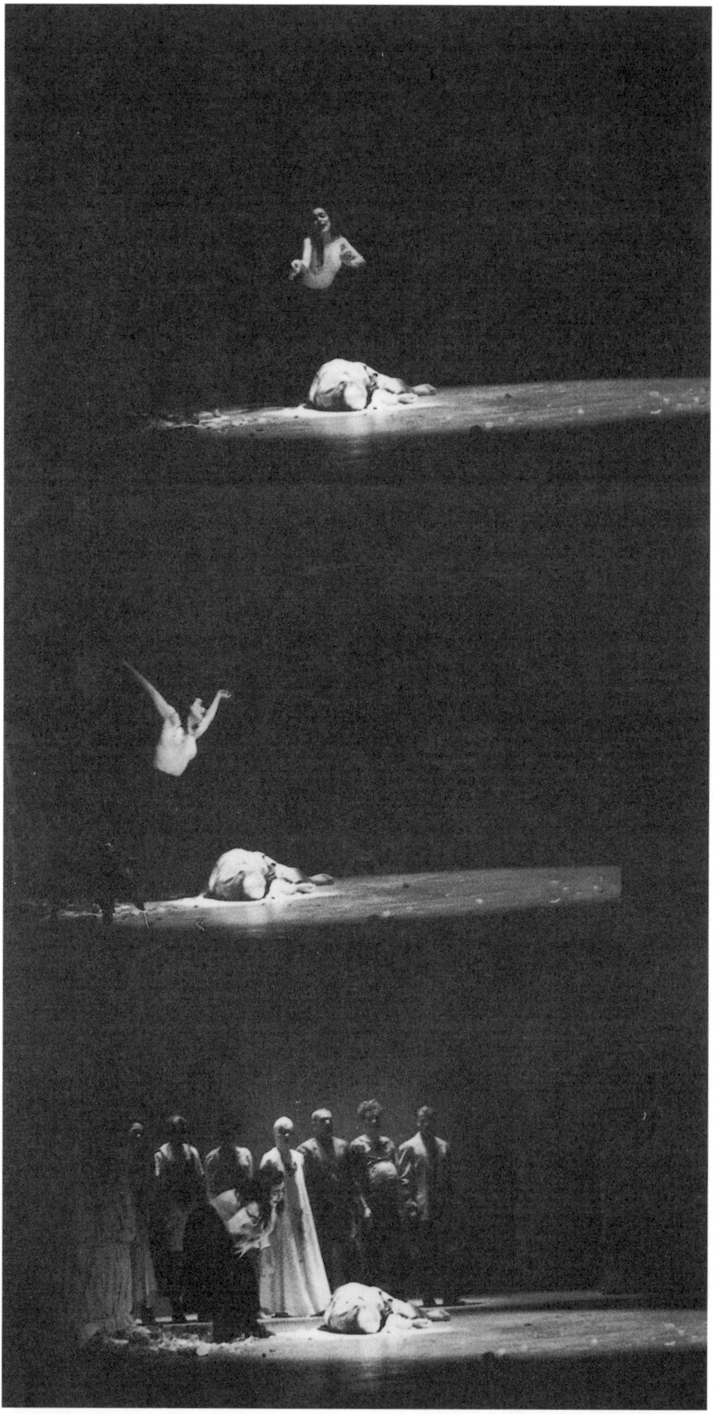

*Pai!*

"Você" remexe alguns ossos no chão e volta a estender os braços em direção ao Pai no alto da ponte. Cláudio vai até ela abrindo os braços num gesto de acolhimento. Cai a seus pés e ri. "Você" vem em direção à platéia, dizendo – "Pai! Eu nunca tive um pai. Mas vocês são atores, arcam com qualquer papel". É interrompida por risadas do Cristo que aparece atrás do arco da ponte. Volta para o fundo, pega novamente os ossos do chão, volta a estender os braços para cima, contemplando o Pai.

– Pai, Pai. Me perdoe. Me perdoe por todos os momentos em que... Aquele dia... Todos os momentos em que eu pensava em te fazer carinho, não fazia. Você foi o meu pai e não aquele que entrou pela porta um dia, depositou o ódio e a angústia na mesa, e sumiu... Me perdoe se eu não sabia.

Enquanto diz o texto, Santa Félia, Trudy e um terceiro ator entram pela direita e congelam. No alto da ponte, o Pai dubla uma voz que vem das coxias:

– É... Nós observamos bem o seu dia-a-dia, fazemos anotações, arquivamos tudo. Mas não se preocupe. Ainda tentamos ver o que você tenta mostrar. Não mais que isso.

A queda de luz na ponte apaga a fala e o espectro do Pai, que reaparece logo depois junto aos atores congelados. "Você" está próxima a um foco de luz central, de joelhos, perfil para o público, quando entra gravação na voz de Gerald Thomas, interrompendo a cena.

– Você precisa de cúmplices! Você precisa de cúmplices! Alguém disse: faça-se luz. O iluminador sub...

"Você" tem um sobressalto, levanta, empurra os atores congelados em direção à coxia e, finalmente, reage gritando: – "Não! Já fizemos essa parte!"

A narração repete o conselho conspiratório – "Você precisa de cúmplices! Se não assassinar a sua covardia, ela vai morrer".

Quando escuta novamente a palavra "cúmplices", "Você" agarra o Pai no fundo do palco e tenta trazê-lo para o foco central de luz sépia. Coloca-o ao lado de Trudy e continua a polemizar com o narrador.

Desenho do caderno de direção de Gerald Thomas para a seqüência "Pai". Foto: João Caldas.

– Já fomos além desse ponto. Você havia dito: salvem-se. Numa era, num momento atômico, me cegam, me cortam, dizem: morram! Não há ajuda, não existem arcas, não existem salvadores, o problema está em nós. O resto é silêncio.

E a narração – "Cuidado! Haverá uma só lei, a mesma pra você e pro estrangeiro que habita dentro de você. Haverá uma só assembléia pra você e pro estrangeiro que habita dentro de você".

"Você" vem até o proscênio e diz, encarando o público:

– O crime não compensa, mas entretém!

*Facadas*

Trudy entra pela esquerda com uma faca na mão. Corre em direção ao Pai, persegue-o até a entrada da coxia direita e enfia a faca em seu peito. Outros atores entram correndo pela direita, uns após os outros, e completam o assassinato, esfaqueando o Pai em seqüência. Ele permanece em pé, imóvel, com as várias facas enterradas às costas. Quando todos saem, desmorona no chão e rasteja até o outro extremo do palco, segurando nas mãos um aparelho de barba, enquanto repete:

– Eu preciso fazer a barba... eu quero... *I must shave*... Eu preciso... fazer... a barba.

Sempre repetindo a frase, chega à parede oposta, encosta-se nela e se barbeia.

*Dublagem*

Um foco de luz branca ilumina o Pai, que permanece encostado à parede da esquerda. Brilha acima dele a cruz luminosa desenhada por dois fachos de refletor. No chão, um econômico foco de luz branca circunda o relógio. Santa Félia entra e se posiciona a seu lado. Os dois se entreolham. Santa Félia dubla uma voz de mulher vinda da coxia:

– Coloque a sua mão esquerda sobre o peito. Sinta... Descanse... Senta. O resto é latir no escuro. Latir pras árvores. Latir pro escuro e pras malditas árvores. E todas as malditas coisas de Deus.

O Pai dubla outra voz, masculina, também vinda da coxia:

– Eu penso... [*risos*]... em soletrar... cada... não sei mais soletrar... ritmo. Não sei mais... lembranças... [*risos*]... Não sei.

Santa Félia continua a dublagem da voz feminina:

– É... sozinho... Agora você vê... que quando uma garrafa se quebra... Essa garrafa solta os fantasmas, ou cantos fantasmagóricos, que quando cantados são tão deliciosos... mas quando sentidos tanto mal podem causar.

Ao final do texto, o Cristo entra pela esquerda, pega o relógio do chão e o coloca dentro de uma panela. Som de raio acompanha o relâmpago de refletor que cai sobre o relógio.

*Objeto de Escárnio*

Entra o som de um surdo ritmado como em sessão de umbanda. A luz sépia mostra três vultos que se arrastam pelo chão, atravessando o palco a partir da direita. *Back-projection* na tela ao fundo mostra novamente o Cristo crucificado.

Ao som dos tambores o Pai inicia uma dança ritual de possessão. Correrias, saltos, rodopios e gritos vêm intercalados ao canto: "A vida é um sumário que se inferniza, a ação que fica sempre na divisa... Ossos dourados caídos do sol de Ipanema..."

A partir desse ponto o canto cessa e o Pai começa a falar, sempre acompanhado pelos tambores:

– É bíblico. A lenda do cego e do aleijado. Eu não sou objeto de escárnio. Por que vocês riem de mim? Por quê? A minha boca desafia os meus adversários, eu não enxergava o meu fim. Tinha um Senhor entre eu e o meu fim, agora... Por que vocês riem de mim? Por quê? Eu não sou objeto de escárnio... Seguir o modelo do mundo? Unificai-vos para a paz? A paz é outro nome... Eiiiii... Aixxxx... Supremo senhor, Matema, senhor. Eu sou seu S barrado. Aqui todas as coisas se cholesterizam. Quem achava que eu era do ramo, enganou-se. Mas travo a luta até o fim. Não tem fim. A coisa continua. Você escolhe o seu último gesto e a coisa continua.

*Mãe Coragem*

Os planetas pontuam o céu de refletores. Um corredor de luz branca corta obliquamente o chão do palco, iluminado em sépia. O Pai está encostado à parede esquerda, com a cruz luminosa sobre a cabeça. A seu lado, Santa Félia geme: – "Me salva, me salva, me salva..." Um homem entra pela direita empurrando uma cadeira de rodas, onde Trudy grita e gesticula com bengala na mão e manta nas costas. A cadeira corta o palco em diagonal, mas, pouco antes de chegar ao Pai, o homem

"Facadas". Foto: Ary Brandi (AMM).

pára bruscamente, desequilibrando Trudy, que rola no chão. Ela se levanta apoiada na bengala, esbofeteia o homem, lhe aplica um chute certeiro que o estatela no chão e volta a sentar-se dignamente. Desta vez o homem a conduz em câmara lenta até o Pai. Ela o encara ameaçadoramente e fala, muito próxima a seu rosto:

– Por causa da violência feita a seu filho você está coberto de vergonha, e acha que está arruinado para sempre. Covarde (olha para as facas enterradas em suas costas). Bem, já vimos isso. Vamos, advoga sua causa perante a sobrevivência do seu filho. Você ouve? Ouve. Quando invadirem esse lugar por causa do ódio que você gerou, quando pisarem nossos terrenos e demonstrarem que seu filho vive o nosso drama dentro de sua própria cabeça – e é por isso que isso não se resolve –, com que holocaustos me prostrarei perante Deus? Ouve? Se ele se libertar disso tudo e voltar pra fora, pra longe daqui, talvez possamos continuar sem a presença dele, sem a sua cólera, sem seu furor.

Som de tambores marca a fala com ritmo misterioso. O Pai esconde o rosto, ajoelha-se, encolhe-se e repete, abaixado, os movimentos da dança ritual que executara na cena anterior.

*Ponto de Interrogação*

Rufar de tambores precede a entrada do Viking trazendo o ponto de interrogação. Ele olha para o Pai e depois investiga todos os cantos do palco, antes de ordenar a entrada do armário, carregado por cinco atores que o colocam sobre o alçapão. Comanda a abertura do armário e acomoda dentro dele o ponto de interrogação, fechando a porta imediatamente. O pato está caído no proscênio.

O Viking vai até o Pai, agarra-o, sacode-o e volta ao centro do palco, onde executa uma exímia pirueta antes de abrir o armário e constatar, aliviado, que a interrogação continua lá.

Trudy abandona a cadeira de rodas e vai postar-se ao lado do armário enquanto o Viking caminha até o Pai, ameaça colocá-lo na cadeira vazia e acaba sumindo com ela por trás do arco da ponte.

*E Agora?*

Entra música em alto volume. Cinco atores continuam postados ao lado do armário. Santa Félia, com o cálice na mão, sai da parede esquerda e repete a mesma fala do Período de trégua. Acompanha o texto com o mesmo movimento de vaivém e as estranhas contrações da cabeça.

– É o ato máximo, dizem os homens. Apanhar um fuzil, apontar primeiro pros testículos e depois pra cabeça. Mas não tem mais em quem atirar. Vive-se um período de trégua. Como evoluir? É o máximo. Separar alma de corpo e remeter os que o amavam para o básico: Como? Pra onde? Como? Por quê? O básico.

Durante o texto Cláudio entra pela esquerda trazendo a escultura da cruz grávida, que coloca sob o arco da ponte. A mulher e Trudy avançam até Santa Félia, no centro esquerdo do palco. Todas encaram a platéia, mas é apenas Trudy quem fala.

– Nesse ponto você entrou. Você... onde quer que você esteja... Você... Foi nesse ponto que você interrompeu e entrou. O que isso faz de nós? Demos a volta inteira... Chegamos ao zero. E agora? E agora?

*Galáxias*

O som de uma voz vem de dentro do armário:

– Tem que começar de novo. Como já começou. E como será esse começo?

Trudy e a mulher abrem a porta do armário. Lá está "Você" agachada, recomeçando sua fala interrompida:

– Não não se dirigiam a você mas a um outro a um outro numa outra mesa numa outra sede num outro passo num outro compasso numa outra espreita numa outra leia-se o piano sem cordas surdina sua música semínima soidão plumário de neve quantas plumas plúmeas de neve e é nada e nada é nada e prata é prata e nata é nata e noite noite...

As duas mulheres retiram "Você" do armário. Ela olha ao seu redor e vem até o proscênio, dizendo:

– Uma ode ao pai. Uma vaga fibra da imaginação. Ponto zero. Continua? Como? Por quê?

Terminada a fala, "Você" caminha sem rumo pelo palco, vai até o arco da ponte e derruba a escultura crucificada. Todos os atores caem, enquanto "Você" retorna ao proscênio, repetindo os últimos versos de "Galáxias". Ajoelha-se e começa a golpear o pato em seu círculo de luz.

Cláudio se levanta e esbraveja um texto entre contorções:

– Talvez não continue. Talvez não deva continuar. Há pessoas que não cessam de provocar-me diariamente... que sacrificam nos jardins e queimam perfumes em

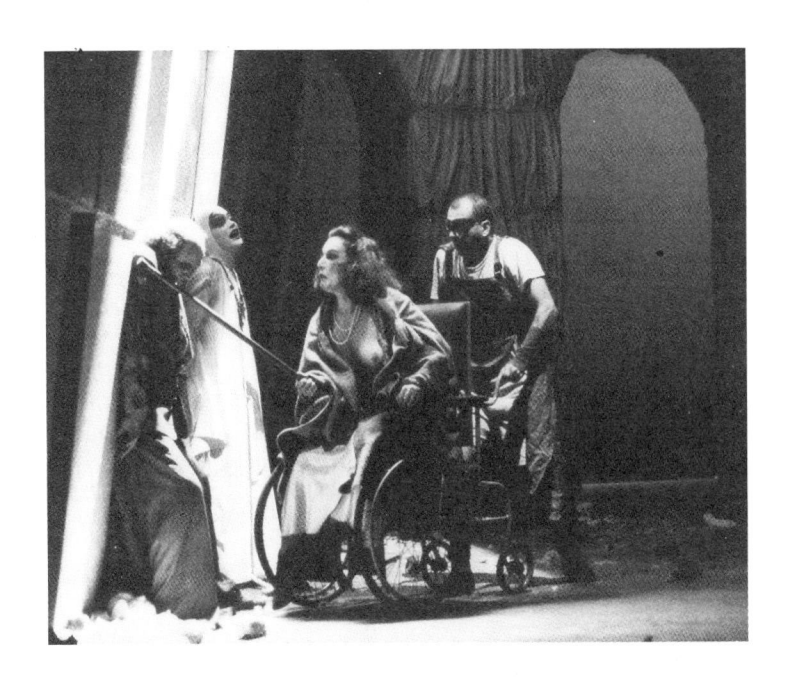

"Mãe Coragem" e "Ponto de Interrogação". Fotos: Ary Brandi (AMM).

cima de tijolos... que se instalam nos túmulos e passam a noite em antros e guarnecem seus pratos de alimentos imundos como esses, feitos de sobras de tantos outros alimentos.

Dá alguns passos em direção a Santa Félia, postada à esquerda, e continua:

– [...] trono das nações e do Senhor... com a ajuda dos demônios... encontrarão... com ajuda dos demônios encontrarão uma nova saída... uma nova saída... família... pai... arca..."

Ao fundo, no ciclorama transparente de luz, o Cristo grávido se contrai, como se estivesse num trabalho de parto. As dores se refletem em "Você" no proscênio, que diz seu texto entre contorções:

– Verdade. Tenho tido uma visão. É aqui que começa? É aqui que começa? É aqui que começa?

O elenco vai se erguendo lentamente, enquanto entra a narração na voz de Gerald Thomas:

*Narração* – Palavras, palavras, palavras.
*Você* – Tantas partes quebradas, estilhaçadas, etc...
*Narração* – Estou falando de uma revolução, seu imbecil.
*Você* – Palavras, palavras, palavras.
*Narração* – As estradas estavam todas pavimentadas desde Kant, e em todas as línguas.
*Você* – Você disse isso em Munique e foi vaiado.
*Narração* – Os códigos estão nus e não estão envergonhados... (Pausa) Eu disse que os códigos estão nus e não sentem vergonha.
*Você* – Profundo é tudo que se coloca na superfície do fundo.
*Narração* – Tantas partes quebradas, estilhaçadas, insolúveis.
*Você* – Estou falando de uma revolução, seu imbecil.

Durante o diálogo entre a voz e "Você", os atores se posicionam em arco aberto para o público. A última fala é sucedida pelo silêncio e imobilidade absolutos de todo o elenco, que permanece assim durante cinco minutos.

A entrada da narração dissolve a escultura.

– Se você fosse tão perfeito, não necessitaria de tanta perfeição ao seu redor.

Ao ouvir a voz que retorna, "Você" olha para o alto e pergunta:

– Foi você quem começou tudo isso?

"Galáxias". Foto: Ary Brandi (AMM).

A escultura do elenco em "Galáxias"; em primeiro plano, Bete Coelho como Hamlet. Foto: Ary Brandi (AMM).

Hamlet amordaçado e autista, desenho do caderno de direção de Gerald Thomas. Foto: João Caldas.

*Narração* – Desde o Ponto Zero. Eu disse: Faça-se luz. E o iluminador subiu à cabine e, timidamente, acendeu um refletor. O resto... Eu apodrecia numa cruz onde se lia: norte, sul, leste, oeste.
*Você* – Eu digo: Faça-se luz.
*Narração* – Mas está claro.
*Você* – Então estou cego. Então façam-se as trevas.
*Narração* – Mas já é noite.
*Você* – Então estou cego. Quem faria isso comigo?
*Narração* – A sua própria infância? Foi quando você viu as esculturas pela primeira vez. Você as embrulhou. Tinha vergonha que fossem testemunhadas por todos. Enquanto isso, teu pai te vendia. Mas não de verdade. Era só uma encenação pro teu futuro, pra que você olhasse a cena um dia e dissesse: Pai, como você interpretou bem durante esses anos. Obrigado.

## Vaca

"Você" dá as costas ao público. Santa Félia deixa sua posição, à esquerda da ponte, para dirigir-se ao centro do palco, onde é agarrada por um homem. Entra um som de mugido, distorcido e eletrônico, que ela dubla enquanto se debate nos braços do homem, encarando "Você", que permanece indiferente.

O som entra e sai em intervalos regulares e, a cada retorno, Santa Félia retoma a dublagem, sempre acompanhando "Você" com o olhar, e cada vez mais próxima à saída do palco, para onde o homem consegue arrastá-la.

## Esboço de Vômito

Todo elenco abandona o palco, com exceção de Cláudio e Trudy, mergulhada num incontrolável acesso de vômito, aparado por um balde. Cláudio a sodomiza enquanto ela vomita. "Você" deixa o palco pela estreita fenda localizada na parede esquerda, ao mesmo tempo em que, na abertura ao lado, aparece a cabeça do camelo, a quem uma mulher oferece o balde de vômito. Trudy enfurecida avança sobre a mulher, enquanto a luz cai até *black-out*.

## Bicicleta

Um homem tenta escalar uma bicicleta no centro do palco. Ensaia a subida com hesitações cômicas, como se dançasse. O Infra-herói do princípio do espetáculo ameaça, com escudo e espada, o ciclista frustrado. Depois de movimentar-se ao redor dele, dirige-se à parede direita e congela.

Atores entram de todas as direções. Seguram a bicicleta tentando facilitar a escalada, que o homem, finalmente, consegue concluir, equi-

"Vaca". Foto: Ary Brandi (AMM).

librando-se em pé sobre o selim e dirigindo um sorriso vitorioso ao público.

Santa Félia à direita levanta os braços como se abençoasse a subida e exclama:

– Por que raios?

A estridência de um raio derruba homem e bicicleta, enquanto os atores congelam em suas posturas. Um ruído incessante invade o palco.

Do alçapão central sobe a *"Roda de Bicicleta"* de Duchamp, colocada ao lado da bicicleta caída no chão.

Santa Félia vai até a ponte e ordena nova entrada do armário, deixado sob o arco. Os atores abandonam o palco ao mesmo tempo em que o Viking retorna com seu elmo de chifres. O Infra-herói avança sobre ele e os dois retomam a luta interrompida na segunda cena, desta vez elegendo a bicicleta como eixo de disputa. O Infra-herói vence e leva seu troféu de rodas, enquanto o Viking enraivecido atira a espada contra o arco da ponte, provocando um *black-out*.

## *Reizinho*

A cena começa com novo vômito de Trudy, sodomizada pelo Viking. "Você", agora um reizinho travestido de Hamlet, entra montada num cavalinho de pau, conduzida por seu séquito de atores. O Pai e Santa Félia lideram o cortejo, encorpado com a chegada do homem grávido (antes Cristo, agora Hora-cio) e do camelo que o acompanha.

O Pai vai até Cláudio e apresenta a nova figura:

– Esse aqui é o rei. Perdão, mas é isso que eu tenho a lhe oferecer.

Cláudio não reage mas Trudy vai até o Reizinho e comemora:

– Mas que evolução! Venham, minhas crianças, deixem os degraus do altar.

Volta-se para Hora-cio e pergunta

– Quantos meses?

E ele, desconsolado:

– Quatro anos. Não se resolve.

O Reizinho pede em voz infantil:

– Deixem eu descer. Ele está cansado...

O cortejo auxilia a descida mas ele, que mal consegue parar em pé, consulta seu séquito:

– Acho que é melhor subir, não?

Mas não sobe. Procura equilibrar-se atravessando o palco com hesitação, enquanto comenta:

– Está dando. Estou indo bem. Enxergando pouco.

Chega até a parede, examina e os ossos no chão e observa:

– É sujeira matemática. Dogma com dogma, elucubrações sobre a existência de Deus, dá nisso.

Repentinamente as pernas bamboleiam e ele ordena aos ajudantes:

– Subir.

Hora-cio e um dos homens do cortejo carregam o Reizinho para seu cavalo. Acomodado e seguro em seu reino, ele abre um guarda-chuva e ri. Hora-cio se contorce na gravidez eterna, Trudy recomeça o vômito, o Viking providencia nova sodomização. E a luz abandona o palco, preservando um foco branco para cavaleiro e cavalo.

*Ei, Você...*

Entra narração:

– Ei... você... ei... você... conhece essa mula que você chama de cérebro, hein? Você acha que é de lá que eu estou vindo, não? Pois então deixe que eu me apresente: meu nome é... Você. Eu sou o que você imagina agora, aí sentado nesse cavalinho... Não necessariamente o que você vai imaginar amanhã sobre você mesmo, mas agora. Eu resolvi entrar agora na sua vida para esclarecer algumas coisas... Olha só. Olha pro teu pai (um foco de luz branca envolve o Pai, postado ao lado do Reizinho). Olha em volta. Por que essa peregrinação? Olha pro Hora-cio (novo foco no homem grávido, que se contorce no chão). Coitado, grávido há tanto tempo e não consegue... Um dia você estará sentado lá fora, vendo todos eles sofrendo pela luz como mariposas na boca do inferno, brigando por um brilho, e você ouvirá sua voz dizendo – "Alguém disse: faça-se luz..."

A luz desce até *black-out*, ressaltando a presença da voz que continua:

O iluminador subiu à cabine e etc., etc., etc... Instantes depois você estará entrando aqui, murmurando: "De quem era aquela voz que me disse um dia que eu estaria entrando aqui, murmurando: De quem era aquela voz que me disse um dia eu estaria entrando aqui murmurando: De quem era aquela voz..."

No último trecho da narração o ciclorama é iluminado por luz fluorescente. Atrás da tela se recorta a figura do Cristo, ladeado por quatro homens que o reverenciam. O camelo atravessa o palco.

A gravação continua, ininterrupta:

– Você percebe: foi tudo feito para mim, por minha causa, para me envolver no conflito, para eu achar a solução... Você vai perceber... Meu Deus... esse momento não teria continuado... se eu não estivesse sentado aí, aí fora, pronto para entrar... E como acontece em outras noites, quando eu não estou aqui? Ah, mas quais noites, meu Deus, quais noites, se eu estou aqui em todas elas? Você pega as ferramentas, um pouco mais tranqüilo, e diz : "talvez eu não esteja aqui para eles, mas sim eles para mim". E é aí que todas as coisas se cholesterizam.

Nesse ponto o *black-out* é interrompido por um foco de luz sépia que devassa "Você" dentro do armário, sob o arco da ponte:

– Quem faria isso comigo?

A narração responde:

– Eu não respondo.

"Você" repete a pergunta e obtém idêntica negativa. A luz sépia se expande para todo o palco e mostra Cláudio sentado sob o arco da ponte, olhando a seu redor antes de intervir:

– Eu respondo. Primeiro sente-se aqui com nós outros e venha saborear essa quantidade de informações. Eu não posso te matar, infelizmente. Você entrou nessa história por ali (indica a platéia) e se tornou, portanto, invulnerável. Se eu pudesse te calaria. Mas como está, está bom. Você se encontra dentro de um turbilhão confuso, convulsivo, já não sabe o que falar. Se eu pudesse não teria deixado você dar o primeiro pio, teu tio que sou, responsável que sou pelo trono que você ocupará... um dia. Sim, estava tudo certo: você tomaria a taça de vinho envenenado, e se não tomasse, uma espada igualmente envenenada trataria de cuidar do resto. E por que essa morte? Por que tanto empenho, tanto cuidado em armar esse drama para a tua morte? Pra que você terminasse com a profecia sobre o... silêncio? Mas com essa eu não contava. Ela bebeu o vinho e, ao invés de morrer, protegerá o teu futuro,

"Samba". Foto: Ary Brandi (AMM).

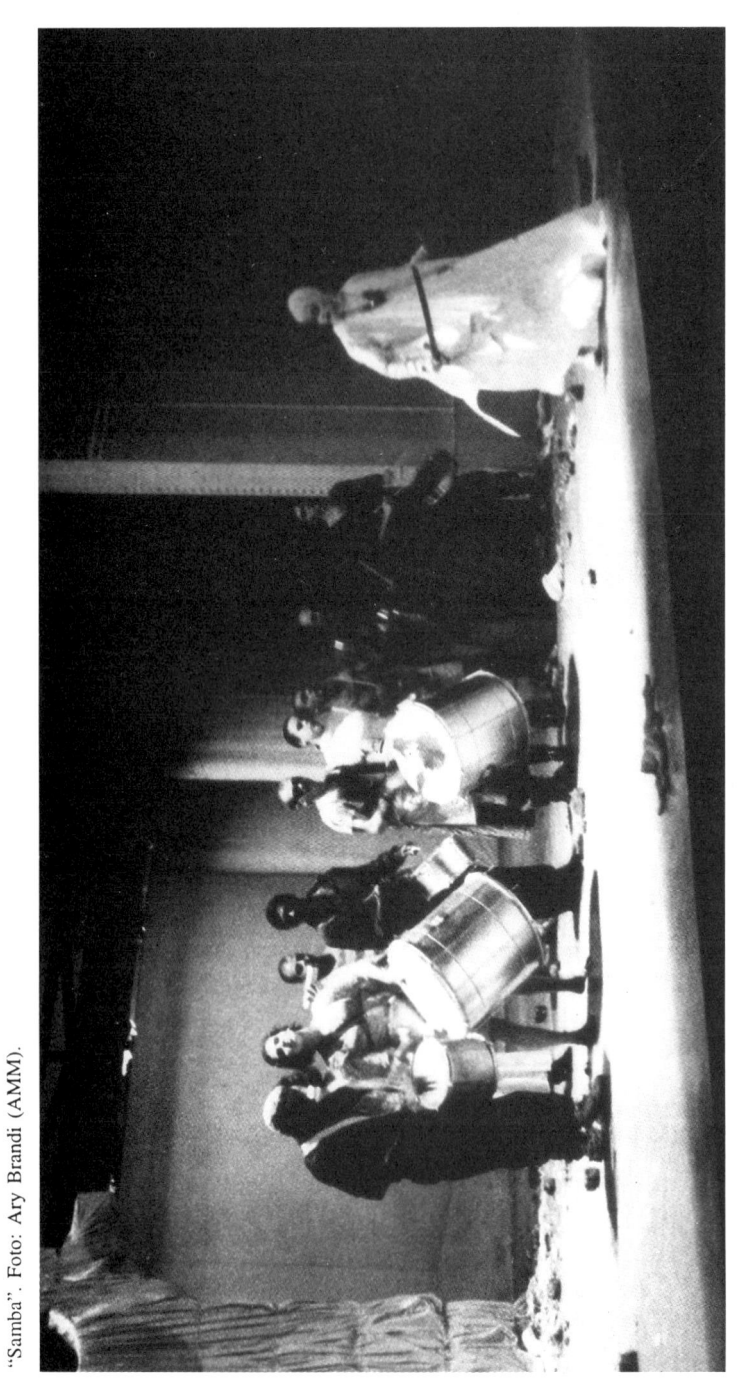

enquanto nós apodreceremos aqui nesse inferno por mais alguns séculos. E a sua história serviria como uma... lenda política, usufruível por diversos canastrões com a necessidade formal do dilema, da... dúvida. Que tipo de orgulho posso ter, eu que vivo parte desse poço de inércia?

Durante a fala, Cláudio se movimenta obliquamente pelo palco, refazendo várias vezes o percurso entre a ponte e o proscênio. Quando encerra o texto se ajoelha e vê Trudy que entra pela esquerda e se dirige a "Você", ainda no armário/ataúde:

– Não deixe que te ceguem por completo.

E "Você" responde:

– Estou cego de verdade.

*Samba*

"Você" repete várias vezes:

– Estou cego de verdade.

A luz baixa lentamente para concentrar-se no arco da ponte. À medida que fala, a palavra "verdade" vai recebendo uma entonação aguda, sincopada, ritmada como um repique de tamborim. A voz sambando no armário funciona como um sinal para a entrada de percussão forte de bateria, que invade o espaço sonoro, leva "Você" até o proscênio e cadencia seu texto/manifesto:

– Estou cego de verdade, estou cego de verdade, estou cego de verdade, cego de verdade. Quem faria isso comigo? Os de cima? Os de baixo? Olhe fundo nos meus olhos e diga: aqui um universo? Que eu não ria. Que eu não ria. A maquinaria propícia. Os menores erros, eu disse, os menores erros são percebidos. Se essa maquinaria fosse perfeita não precisaria perfeição no resto. Luz. Aqui. Luz. Som. Se essa maquinaria fosse uma realidade, não criaria essas palavras que a destroem. Mas de que vale? Nossos poetas estão mortos. Nossa música não tem heroísmo. Nós não temos corpos, somos fracos, somos rasos. Nossos casos moribundos. Julgamentos um acaso. Nossa obra a obra do acaso total. Clamo. Que me acordem se eu estiver dormindo. Concordo! . Minha angústia, meu espírito. Minha angústia, meu espírito. Talvez o conselho dos seus ou remessas outras... Convoco!
Uma nova geração de criadores. Que se afunilem e se intoxiquem, mas ouçam os lamentos das cidades. Que se estrangulem mas achem a geometria de um parangolé brasileiro. Que chova sobre nossa Poesia!

As palavras são abafadas pelo som crescente da bateria que invade o palco e devolve "Você" à platéia.

Desenho do caderno de direção de Gerald Thomas. Foto: João Caldas.

O conduto com "duas almas". Caderno de direção de Gerald Thomas. Foto: João Caldas.

Esboço da seqüência "Mãe Coragem". Caderno de direção. Foto: João Caldas.

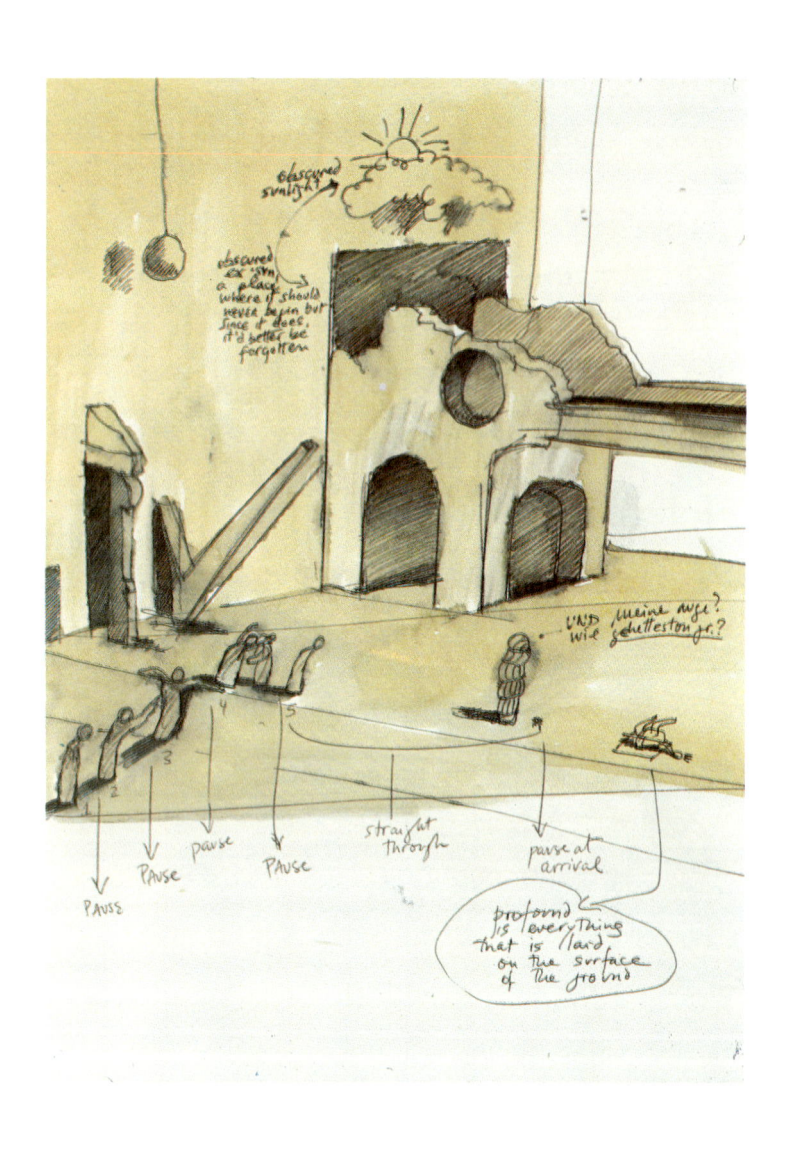

Desenho da "Seqüência das Esculturas", caderno de direção de Gerald Thomas. Foto: João Caldas.

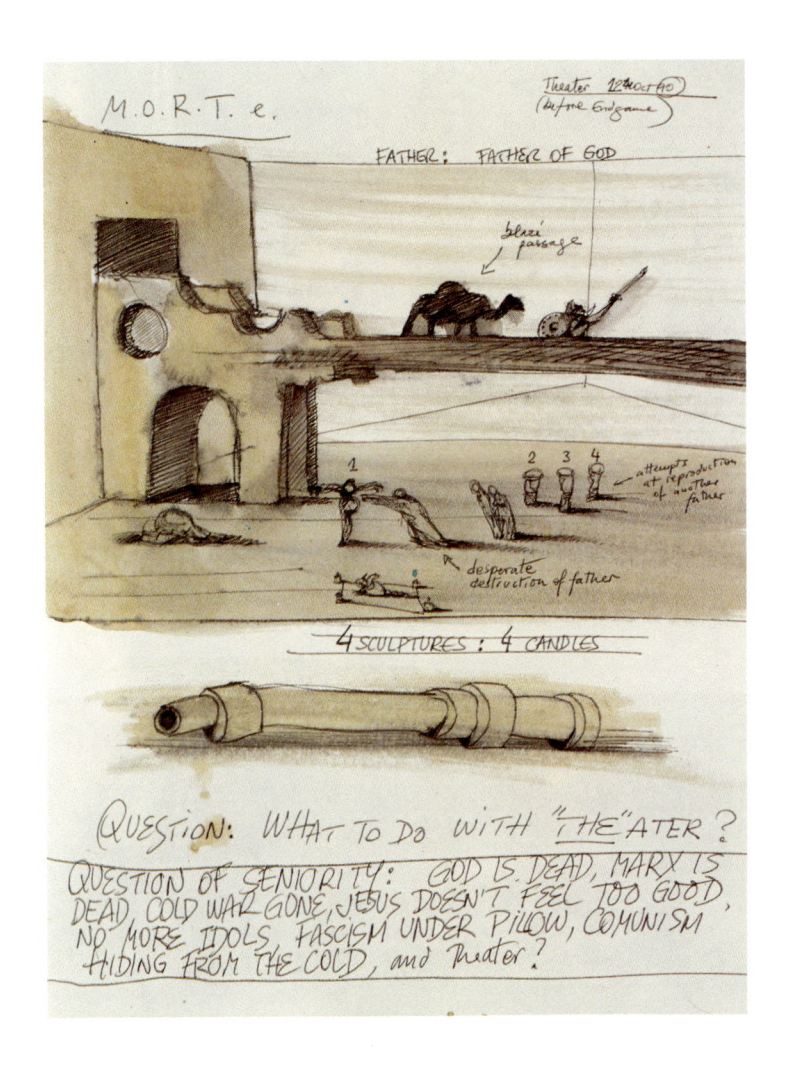

Esboço da "Seqüência das Esculturas", com o míssil da Broadway e a pergunta: "O que fazer com o Teatro? (ou com a Arte?)". Caderno de direção. Foto: João Caldas.

Cena "Bicicleta". Foto: Ary Brandi (AMM).

"Tribunal Planchon", caderno de direção de Gerald Thomas. Foto: João Caldas.

Esboço com associação do camelo, a bateria do samba final, o míssil da Broadway e trecho do poema "Galáxias", de Haroldo de Campos. Caderno de direção. Foto: João Caldas.

Ao lado: associação do camelo com as nuvens que apareceram anteriormente, caderno de direção. Foto: João Caldas; e, passagem do camelo no espetáculo. Foto: Ary Brandi (AMM).

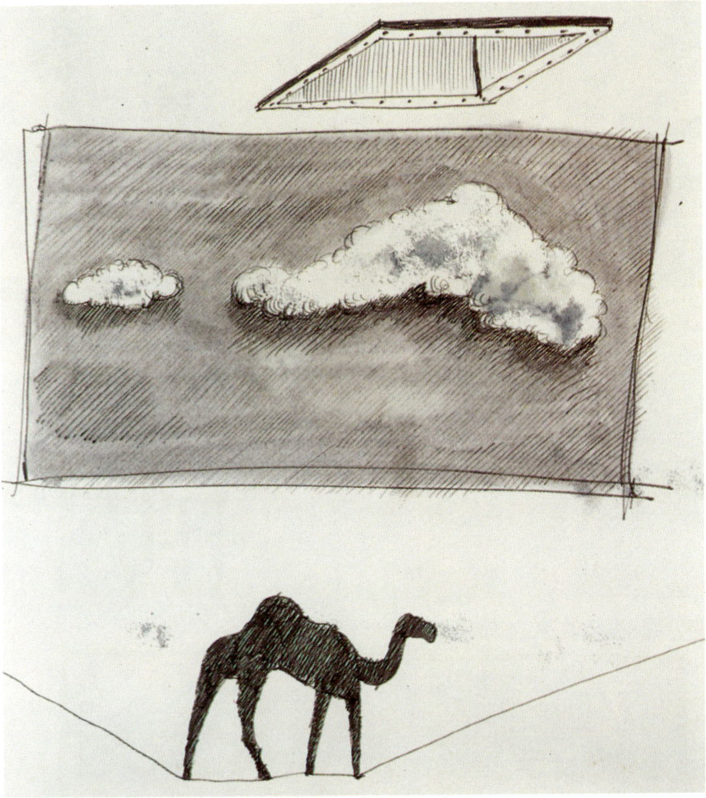

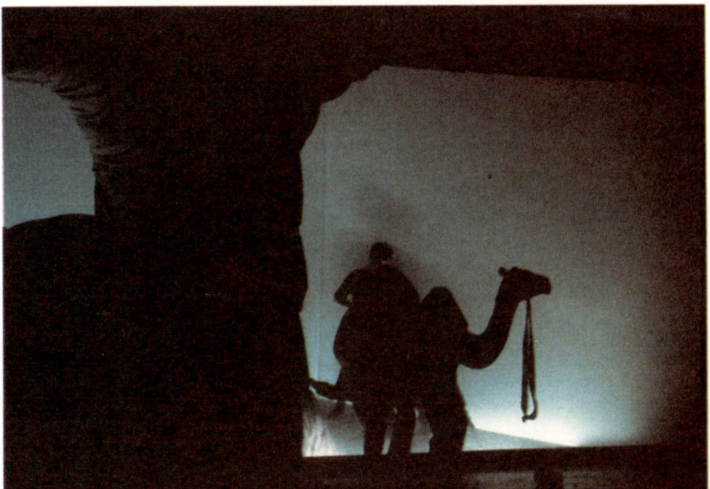

Acima: desenho com indicação do primeiro narrador; abaixo: novos esboços do pato. Caderno de direção de Gerald Thomas. Foto: João Caldas.

Ao lado: o pai esfaqueado, com o pato morto e o viking. "Sete facas não são sete vidas"; e, esboço de figuras com o pato morto em primeiro plano. Caderno de direção. Fotos: João Caldas.

## M.O.R.T.e.

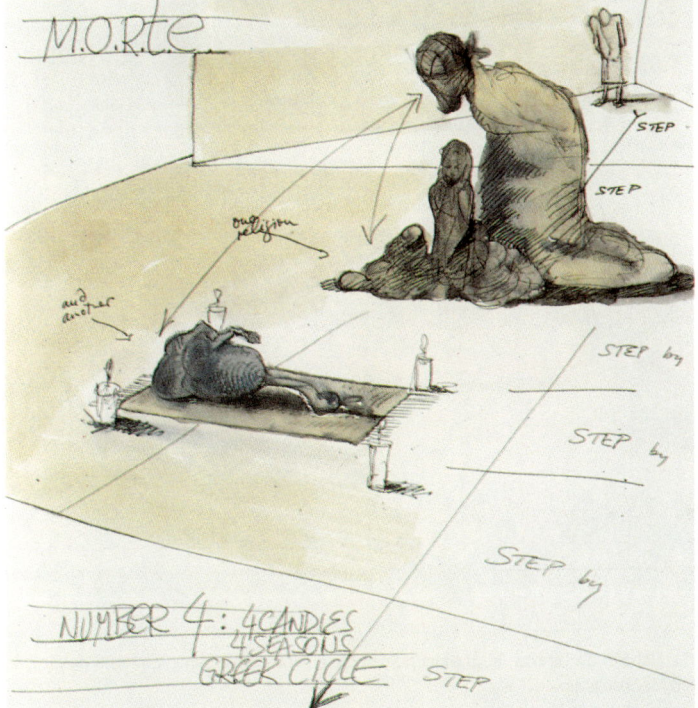

Seven knives are not seven lives

KILL-HIM-S[...]

Father, Father of God God

ELEMENTS of [...]

## M.O.R.T.e.

our religion

and another

STEP
STEP
STEP by
STEP by
STEP by
STEP

NUMBER 4: 4 CANDLES / 4 SEASONS / GREEK CICLE

Esboço de figuras, com planeta, camelo e roda de bicicleta. Caderno de direção.
Foto: João Caldas.

Desenho da capa do programa do espetáculo *M.O.R.T.E.*

# Memória e Invenção

Heloísa Greco Bortz (AMM)

Bete Coelho como Joseph K em *Um Processo*. Foto: João Caldas (AMM).

# Memória e Invenção

A partir da eleição de *Mattogrosso, Carmem com Filtro 2* e *M.O.R.T.E.*, procurei mostrar que matérias utiliza e a partir de que procedimentos se estrutura a encenação de Gerald Thomas. Os três espetáculos foram escolhidos como paradigmas do espaço, do ator e do tipo de relacionamento que preside a união entre os diversos sistemas cênicos. Na verdade, o que pretendi demonstrar é que tanto o espaço quanto a *performance* do ator são matérias privilegiadas de composição de um texto cênico, que se estrutura a partir de uma série de processos construtivos e de materiais que também incluem textos verbais e música. Ao escolher o espaço e o ator como fontes privilegiadas de análise, pretendi apontar o movimento de abandono do texto dramático como foco de construção do teatro.

A substituição do texto por outros materiais de eleição, como a luz, o objeto, o corpo do ator, o movimento cênico e a interferência musical definem, na encenação de Thomas, focos alternativos de criação cênica. Ao abordar a encenação a partir desses princípios construtivos tentei, portanto, me aproximar da proposta de criação do encenador.

Uma hipótese que se confirmou através da análise dos espetáculos foi a de que os sistemas combinados na encenação se organizam a partir de princípios semelhantes.

As matrizes discriminadas na análise de *M.O.R.T.E.* podem ser aplicadas tanto à construção do espaço, em *Mattogrosso*, quanto à criação do ator, em *Carmem com Filtro 2*. Apesar de serem trabalhos bastante diferentes, *Mattogrosso, Carmem com Filtro 2* e *M.O.R.T.E.* seguem princípios de composição comuns, e o privilégio de um ou outro elemento não modifica a estrutura básica do arranjo cênico. É posssível perceber que os procedimentos que a encenação usa para construir o espaço são basicamente os mesmos que presidem a composição do ator, e também os mesmos a reaparecer, de maneira explícita, na estrutura de *M.O.R.T.E.* Como este espetáculo comenta seus próprios enunciados, funciona, simultaneamente, como amostragem dos mecanismos de encenação e como síntese dos processos anteriores, apontados no trabalho do ator e na composição do espaço.

Isso não significa, evidentemente, que esses procedimentos sejam os únicos que Thomas utiliza, mas apenas que se apresentam com mais evidência na trama dos espetáculos analisados. Também não se pretende estender as conclusões aos outros trabalhos do encenador. As aproximações possíveis foram ensaiadas na análise da encenação e generalizar o enfoque seria uma incoerência, já que o estudo tem um caráter indutivo, e as conclusões a que cheguei são fruto da observação e análise detalhada dos espetáculos. O panorama das encenações de Thomas, onde incluí as outras peças, não é suficiente para permitir generalizações. O que posso afirmar, com relativa certeza, é que, se os procedimentos e pressupostos que discriminei não podem dar conta dos outros espetáculos, é visível sua presença em um ou outro aspecto de suas estruturas. É o caso, por exemplo, da construção da narrativa espetacular, que Thomas organiza a partir dos materiais significantes, não se preocupando muito em partir de um sentido geral que totalize o conjunto. Mesmo nos espetáculos em que existe um esboço de enredo, o encenador faz questão de agregar ao fio narrativo várias fontes paralelas de enunciação. É o caso de *Um Processo* e *Uma Metamorfose,* da *Trilogia Kafka,* que podem ser comparados ao mecanismo construtivo de *Carmem com Filtro 2.* A trama que envolve a personagem de Joseph K, sustentada pela atuação de Bete Coelho, ou o Gregor Samsa de Luiz Damasceno formam, sem nenhuma dúvida, os fios condutores do relato. Mas, como já se viu em *Carmem,* são fios enredados na luz, no espaço e em situações visuais, musicais ou verbais que nada têm a ver, a princípio, com o assunto tratado. A opção por essas fontes paralelas de enunciação acaba contaminando, de maneira irremediável, o que se poderia considerar como o enredo básico da peça. No caso de *Um Processo,* Bete Coelho, que carrega pelo palco a personagem de Joseph K, é justaposta a imagens e referências de toda espécie, que acabam descontextualizando a história original.

Wladimir Krysinski percebeu muito bem esse processo construtivo quando chamou o teatro de Thomas de estocástico. *Stochos* significa em grego objetivo, alvo. A comparação com o trabalho do compositor grego Iannis Xenakis se faz exatamente a partir da constatação da existência de um fio narrativo, que atravessa alguns espetáculos do princípio ao fim, desenhando uma linha de força sustentada pelo ator, pela personagem ou mesmo pela presença estruturante de uma concepção espacial, como é o caso dos corredores/labirintos de *Eletra com Creta,* repetidos em *Mattogrosso.* Mas o que se percebe com evidência é que nunca o fio estocástico é um fio ininterrupto. Ele é marcado por rupturas, deixando pontas espalhadas pelo palco, e obrigando o espectador a juntá-las numa meada de novas pistas de leitura. Cada ponta encontrada é o recomeço de um labirinto e perplexidade é a única palavra que me ocorre para definir a sensação da descoberta de uma nova entrada, depois de um suposto fechamento interpretativo.

Ao contrário do fio estocástico, o processo de construção por *leimotive* parece ter uma força estruturante mais radical, ainda que mais anárquica. São os "acasos reunidos" aos quais Krysinski se refere, que ficam borboleteando em volta do tema básico, provocando fricções, deslocamentos e turbulências de significado. Eles estão sempre lá, em todos os espetáculos, seja na forma de uma personagem que atravessa os destroços espalhados no palco, seja por meio de um motivo musical que interfere em intervalos regulares, seja através de um objeto reincidente ou um tema recorrente espalhado pelos vários focos enunciadores. O Bispo de *Mattogrosso*, a crucificação de *Carmem*, o armário-ataúde de *M.O.R.T.E.*, são os paradigmas desse processo de construção.

O paralelismo dos geradores de narratividade e de imagem impede que o espectador acompanhe uma fonte isolada de enunciação. As imagens projetadas; a música, os ruídos e as falas gravadas; a movimentação dos atores; os vários níveis do cenário que se abre em todas as direções, algumas vezes dividido em profundidade pelas telas, em outras suportando, acima do palco, uma quarta dimensão; a iluminação que decupa as cenas, recorta o espaço, coloca e desloca objetos e personagens, muda a tonalidade das seqüências, providencia *closes* e *zoomings*; todos funcionam como geradores paralelos de enunciação.

Em todos os espetáculos, o paralelismo de motivos é o resultado mais evidente da *collage.* E define, algumas vezes, uma simples justaposição – as duas "Elas" jogando cartas, uma fora, no *skyline* do cenário, outra dentro, na sala do vulcão de *The Flash and Crash Days.* Mas também pode apresentar-se como contradição grotesca, sugerida pela co-presença de elementos incongruentes, como o belíssimo casco de navio de *Mattogrosso* e o mordomo que se contorce em seu vaso sanitário; ou a visão onírica do artista congelado sobre a asa de avião e o cozinheiro desmembrado e ensangüentado de *Unglauber.*

Nos espetáculos analisados, a progressão da narrativa sempre obedece à lógica de transformação dos *leitmotive*. Motivos espaciais em *Mattogrosso*, motivos gestuais em *Carmem com Filtro 2*, motivos espaciais, gestuais, textuais e musicais em *M.O.R.T.E*. O que se percebe em todos os casos é que os segmentos são reiterativos, e a repetição similar ou diferencial acaba organizando o ritmo de ocorrência dos materiais significantes e, por extensão, também do espetáculo. A lógica de transformação dos motivos é a lógica de progressão da narrativa cênica.

Em relação ao espaço cênico, esse processo é ainda mais evidente. A maneira de dispor no palco os enunciadores heterogêneos transforma o espaço não mais num cenário criado e depois preenchido com ações e discursos, mas numa modulação e articulação constante de elementos, que tem semelhança com um gigantesco quebra-cabeças. Dessa maneira, o próprio espaço cênico experimenta uma progressão dramática, feita através da articulação das cores, da inscrição dos objetos, da incidência e do recorte da luz, do movimento do ator. A partir de um mesmo lugar cênico – a caixa do palco italiano – Thomas compõe espaços heterogêneos, construídos pelas telas, pela luz e pelos corpos em movimento. Como resultado dessa composição, a espacialidade é subjetivizada e parece acompanhar a fluidez e a mutabilidade do olhar do espectador.

A desconstrução é outro procedimento que interfere nos espetáculos. Pode assumir várias formas, mas o que interessa ressaltar é que a encenação sempre visa a uma descontextualização, utilizando mecanismos de contra-informação que destroem uma determinada referência, através de contaminações visuais e sonoras que a colocam sob suspeita. A intertextualidade que insemina citações estrangeiras no discurso de base (caso da dupla beckettiana em *Eletra com Creta*), o narrador que comenta as ações, personagens e soluções cênicas por meio de incisões irônicas (caso de *M.O.R.T.E.*), o espaço desestruturante que pode auxiliar a contrafação da personagem (caso das estantes altíssimas de *Carmem com Filtro 2*), a luz impiedosa que colabora para a imposição da culpa (caso de *Um Processo*), o enxerto de situações musicais ou espaciais que deslocam o território do enunciado original (a queda do avião em *Sturmspiel*). Esse processo de julgamento teatral de referências teatrais assume, muitas vezes, a forma de uma partida de xadrez, onde as jogadas podem desestruturar o jogo e o jogador. É o que acontece em *Carmem com Filtro 2* e *M.O.R.T.E.*

O foco organizador das referências é sempre a memória do encenador. A ordenação dos motivos se faz a partir da lógica subjetiva que emana de sua consciência. Ela é o filtro das informações que a cena espacializa. Os fragmentos justapostos são sintomas do trabalho de ordenação que a memória realiza, equivalentes icônicos de situações intelectuais e emotivas.

A mediação da subjetividade ordenadora é acentuada pela narração na voz de Thomas, que interfere em todos os espetáculos, e também pela presença do encenador no palco, em algumas situações específicas, mas sempre sem apresentar nenhuma personagem. O *performer* que está em cena é o próprio Gerald Thomas encenador, sem a proteção de nenhuma máscara ficcional. Esse eu que invade o palco repete o impulso monológico presente nos relatos, compostos, na maioria das vezes, como monólogos interiores projetados em cena, fragmentos que podem assumir a forma de comentários do espetáculo, da personagem, ou mesmo de projeções de um mundo paralelo, que não se apresenta em cena, mas é o reflexo verbal de um universo imaginário, sem equivalente icônico.

O impulso de reindividualização não implica em domínio da narrativa. O narrador, em todos os espetáculos, perde o controle do enunciado, e se limita a esboçar fragmentos de relatos, feitos da mesma matéria que os diálogos, ou, melhor, que os monólogos justapostos em cena. Pois os blocos de matéria verbal distribuídos entre os atores não definem uma comunicação inter-humana verbal. Não são um acontecer atualizado de relações intersubjetivas. Não há intercâmbio dialético nem reciprocidade de interlocução entre as personagens, pois não existe a reversibilidade das funções de quem fala e quem ouve. O que o espectador pode acompanhar é uma litania de vozes paralelas, justapostas, combinadas na repetição de sons bonitos e sentidos estrangeiros. Gravadas ou enunciadas ao vivo, elas são sustentadas pelas vozes dos atores que, em alguns casos, são meros suportes da concretude das palavras.

Quanto ao conflito dramático, o que resta dele são explosões pontuais, lutas trágicas que se compõem e se dissolvem com a luz, sem deixar rastros, numa estática do conflito que bloqueia o desenrolar do drama. A matriz desse processo está indicada em *The Flash and Crash Days*, uma luta contínua entre duas mulheres – ou entre dois tempos da mesma mulher –, que assume várias formas nas explosões reincidentes, mas jamais consegue chegar a uma resolução.

A narrativa temporal, como forma de progressão dramática, é substituída pela espacialização dos motivos no palco ou no corpo do ator. A seqüência lógica do assunto é subvertida pela reincidência dos *leitmotive* espaciais (em *Mattogrosso*), gestuais (em *Carmem com Filtro 2*), textuais, sonoros e visuais (em *M.O.R.T.E.*). Eles se encarregam de apresentar as situações sem, no entanto, desenvolvê-las pela construção de elos de causa e efeito. O que vem antes não determina o que vem depois, pois a mesma situação pode reaparecer de forma quase idêntica, como em *Mattogrosso*, ou sofrer um processo paulatino de transformações, que nem por isso desenha uma narrativa seqüencial. É o caso do desfile do armário-ataúde em *M.O.R.T.E.*, repetição de um ritual de vida e morte que parece não ter fim.

A subversão do tempo pelo assentamento dos motivos no espaço auxilia a inflexão auto-referente da cena. A duração ficcional, de uma suposta fábula, – que, aliás, nunca se concretiza –, é suplantada pela duração teatral, associada ao tempo do espectador. O cruzamento das várias temporalidades no palco acaba ressaltando não a diferença dos tempos justapostos, mas o ato da mistura. Os tempos múltiplos, como não têm uma raiz que os localize, deslizam no palco como referências sem história, indicações de tempos desgarrados do espaço natal. Aliados à auto-reflexividade da narrativa, gravada na voz do próprio encenador, ao gesto do ator, repetitivo e opaco, aos comentários sobre a enunciação, feitos pelo narrador ou pelos elementos cênicos, às citações de outras artes, outros textos e outros teatros, às soluções resgatadas de espetáculos anteriores do encenador, compõem uma linguagem auto-referente, que ostenta os processos de encenar.

A ficção teatral se transforma numa matéria concreta de teatro, numa realidade independente de sua referência no mundo. Essa autonomia é facilitada pela opacificação do significado dos signos, operada através de vários processos. Os mais evidentes são a subtração do contexto original da referência e o seu deslocamento para um lugar abstrato, que não auxilia a leitura imediata; ou o estranhamento do gesto cotidiano, a interferência musical desestruturante e a gravação das vozes dos atores. Processos de estranhamento e de mediação que favorecem a emergência do signo opaco, tão concreto que chega a ser abstrato, dificultando a leitura da ficção pelo espectador. E apresentando com clareza a enunciação que sustenta os enunciados. Um ícone da autonomia e da mediação é a tela de filó que separa a cena do espectador, uma subversão da quarta parede imaginária, que em lugar de proteger o mundo ficcional, exibe a encenação.

A coerência da enunciação é o que Thomas oferece ao espectador em todos os espetáculos. Todos são amostragens de um processo construtivo, de um *work in progress*. O que não significa que a recepção seja tranqüila. O encenador não convida o público a passear pelos andaimes de sua arquitetura teatral, observando um estilo de encenar. Ao contrário, a situação do público é, muitas vezes, desconfortável, pois é submetido a uma turbulência constante. Os vários enunciadores justapostos no palco subvertem, o tempo todo, a regragem perceptiva. Ele tem que dar conta, no mesmo instante, da ocorrência musical (*Eletra com Creta*); da projeção da imagem numa tela (*M.O.R.T.E.*) ou no cenário (*Um Processo*); da duplicação das figuras pelo espelho (*Carmem com Filtro 2* ou *Um Processo*), pelo objeto (*Mattogrosso*) e pelo ator (*Carmem com Filtro 2*); da abertura do espaço em várias direções (*Mattogrosso* e *Eletra com Creta*) ou da projeção em altura (*Trilogia Kafka*, *Carmem com Filtro 2*); da justaposição de vários regimes espaciais, que às vezes constroem um fora de cena paralelo e autônomo (*M.O.R.T.E.*).

É interessante observar como o espetáculo se estrutura a partir da espacialidade, abrindo pistas como minúsculas veias de sentido no corpo da cena. A partir delas o espectador vai escolhendo seus ramais e realizando suas combinações, até conseguir, em colaboração com os criadores, fechar módulos de sentido para a trama construtiva que é deles, mas também é sua. A empatia é um dado fundamental nesse processo. Pois, se não se pode ignorar a produção formal intrínseca ao texto cênico, não convém desprezar os fatores envolvidos na recepção. O processo de significação está ligado à produção concreta do espetáculo, mas a congenialidade é fundamental para o estabelecimento do sentido. E a função de recepção está implicada no estabelecimento do sentido. A *poiesis*, enquanto processo de fabricação do espetáculo, e a recepção, enquanto mecanismo de constituição do sentido, sempre ultrapassam a obra enquanto produto acabado. Por isso os espetáculos de Thomas mudam tanto. O encenador funciona como um espectador sempre insatisfeito com a construção significante a que chegou, e sempre disposto a iniciar uma outra, inaugural, que abre olhos virgens para a mesma referência. A turbulência incessante é quase um processo de pensamento posto em cena, capturado no ato de relacionar referências, ensaiar associações, agarrar passados que auxiliem a compreensão de um instante ou mesmo capitular diante de uma comoção musical. Nesses momentos, é como se o mecanismo de progressão estagnasse, vivendo uma espécie de paralisia lírica, que essencializa e exibe melhor seu motivo-guia e sua emoção.

O espectador compartilha dos caminhos e descaminhos do espetáculo. Para que faça a leitura da obra, precisa compreender seu funcionamento. E na tentativa de compreensão se mistura à prática que pretende narrar. No final do percurso, é difícil distinguir o dispositivo de produção do trabalho hermenêutico do espectador. E é exatamente esse o resultado que a encenação procura. Pois ela prevê o lugar do espectador em sua estrutura construtiva. Abre uma série de pistas de sentido que se contradizem, se recortam, se distanciam de novo, mas sempre repetem o movimento de recusa de uma significação totalizante e fechada.

## TEXTO DRAMÁTICO E TEXTO CÊNICO

Para aproximar o teatro de Thomas de algumas tendências de encenação contemporânea é importante definir primeiro o que se entende pelo termo encenação. De saída, convém registrar que não são úteis, para clarear o trabalho de Thomas, as definições que se preocupam em descobrir se o palco ilustra corretamente um texto dramático, cumprindo a função de dizer teatralmente o que já fora dito pelo canal textual. Isso implicaria admitir que o texto contém originariamente, intrinsecamente, uma série de significados que é preciso atualizar no palco. E, mais que isso, seria priorizar, ainda uma vez, o texto dramático como ponto de partida para a construção do teatro. Mesmo que se admitam as vantagens desse método, ele não se aplica à encenação de Thomas e, portanto, não favorece a compreensão dela.

Também não interessa repetir aqui a discussão que especula sobre a importância hierárquica dos elementos que constroem o teatro. Como toda oposição de princípios e idéias, esta também é ideológica, e depende da filiação do crítico ou do artista a determinados pressupostos. O que se pode afirmar com relativa precisão é que aconteceu um movimento na vanguarda teatral dos últimos vinte anos que considerou a encenação e a *performance* do ator como elementos fundamentais de constituição da teatralidade, em prejuízo da textualidade e narratividade emanadas do texto dramático. Isso não quer dizer, evidentemente, que essa tendência tenha eliminado as ocorrências teatrais mais tradicionais, ou que com ela o teatro tenha atingido afinal, à beira do século XXI, o cerne da teatralidade. É importante salientar apenas que a tendência referida está associada a determinados paradigmas da pós-modernidade.

Além do mais, não se pode deixar de notar que, atualmente, o movimento teatral começou a apresentar indícios cada vez mais fortes de retomada de princípios ligados à construção narrativa e um retorno à encenação de textos dramáticos, com predileção especial pelos clássicos. Esse retorno vem sustentado por uma associação do teatro a tendências sociais específicas, como é o caso do movimento feminista e das questões do interculturalismo, representadas através de inúmeros aportes[1].

O que interessa, entretanto, para a contextualização do teatro de Thomas, é apontar o movimento de abandono do texto dramático como foco de construção do teatro e sua substituição por outros procedimentos, que definiram novos paradigmas de composição.

---

1. Ver a esse respeito a edição ampliada de *Theories of the Theatre* de Marvin Carlson, Ithaca, Cornell University Press, 1993, especialmente o capítulo "The Twentieth Century since 1980", pp. 505-540, onde o autor apresenta um exaustivo levantamento dos reflexos do novo historicismo e da teoria feminista no teatro, arrolando os principais ensaios ligados a essa tendência, que também contempla releituras de Shakespeare.

Para entender a mudança, é interessante considerar os modelos conceituais que, na teoria teatral contemporânea, tentam dar conta das revoluções pelas quais a encenação passou. Esse apontamento, entretanto, não pode deixar de se referir aos modelos anteriores.

A partir de uma visão histórica, a encenação pode ser definida como o momento em que apareceu, pela primeira vez, um responsável pela organização do sentido da representação. Neste caso, a encenação designa uma prática que data de meados do século XIX, quando o encenador começou a controlar o conjunto de materiais de produção da arte teatral e seu trabalho passou a designar o processo global de leitura e interpretação cênica de um texto dramático.

O que distingue o encenador, novo artista da cena, de seus antecessores – o próprio dramaturgo, o ensaiador ou o primeiro ator da companhia – é o fato de que sua obra não pretende ser a simples disposição cênica de um conjunto, a marcação de entradas e saídas de elenco, a orientação de uma entonação de voz ou mesmo a rememoração e atualização de truques e convenções que persistem, através da história, como elementos de enformação do teatro. O encenador organiza o sentido do que se apresenta no palco, na medida em que não se limita mais a ordenar elementos, mas sistematiza concepções que dão um caráter ao projeto de encenação. Ele se transforma em "autor do espetáculo"[2].

Bernard Dort nota que o teatro moderno nasceu junto com a encenação, num momento histórico em que se fazia necessária a mediação entre o texto e a representação. Antes disso, a mediação era colocada entre parênteses, ou mesmo ignorada e suprimida, por ser desnecessária[3]. A relativa homogeneidade ideológica do público teatral e a transparência das obras dramáticas não requeriam nenhum processo especial de tradução cênica. Como lembra Gerd Bornheim, nesse momento o teatro ainda se baseava em "pressupostos últimos" e estava relativamente isento das perplexidades contemporâneas e das interrogações sobre a função da cena no mundo[4].

A aparição do encenador acontece numa época que assiste a uma profunda transformação nas demandas do espectador de teatro, que passa a solicitar uma inteligência ordenadora que organize a mediação entre o momento presente e o contexto histórico original

---

2. Bernard Dort, *La réprésentation émancipée*, Paris, Actes Sud, 1988, p. 174.
3. Idem, *Théâtre Réel*, Paris, Seuil, 1971, p. 55.
4. "O teatro grego, o medieval, ou o teatro do Século de Ouro espanhol eram visões totais do mundo e da situação humana – e concomitantemente divertimento. O que ontem era espontâneo e objeto de discussões menores [...] passou hoje a ser objeto de problematizações não raro desconcertantes, e as diversas funções possíveis do teatro, divorciadas umas das outras, brigam entre si". Gerd Bornheim, *O Sentido e a Máscara*, São Paulo, Perspectiva, 1975, p. 31.

do texto dramático. Segundo Dort, o processo culmina no teatro contemporâneo, quando texto e representação se dissolvem numa mediação recíproca[5].

Jean Jacques Roubine complementa a observação de Dort afirmando que o espectador contemporâneo foi, gradativamente, sendo levado a assumir um novo papel, que vai deslocá-lo da passividade de *voyeur* para a assunção progressiva de tarefas de recepção cada vez mais elaboradas. O estudioso nota que hoje qualquer espectador mais experiente está habituado a ver a obra de um encenador e procurar nela um princípio norteador ou um traço de organização particular. Nada é mais historicamente determinado que essa postura, observa Roubine, pois ela foi ensinada ao público por várias gerações de encenadores[6].

A instauração dos processos de encenar foi acompanhada não apenas pelo público, mas também pelos teóricos do teatro, que passaram a reformular seus instrumentos conceituais de operação da linguagem cênica. Daí as inúmeras definições de encenação. Algumas entendem a arte de encenar como a operação que transforma dramaturgia em teatro, texto escrito em fala, rubrica em luz, gesto e movimento. Dentro dessa concepção, encenar é primordialmente alterar um estado de matéria, caminhando do imaterial para o material, das "universálias literárias" para o "nominalismo dos sentidos", como disse com tanta precisão Anatol Rosenfeld, sublinhando o fato de que

o texto contém apenas virtualmente, potencialmente, o que precisa ser atualizado pela forma, pela idéia teatral. Essa atualização é ao mesmo tempo concretização, encarnação, é a passagem para a continuidade sensível e existencial do que no texto é apenas esquematizado por conceitos descontínuos e abstratos[7].

A definição, se bem que essencial, apresenta a limitação de colocar como ponto de partida o texto dramático, o que torna extremamente difícil sua aplicação à encenação de Thomas, e também à de outros artistas, que estruturam seu teatro com base em outros elementos.

A inadequação da acepção mencionada à nova cena que se constrói força a abertura de outros territórios para a teoria teatral. André Veinstein, um dos mais importantes estudiosos do teatro, define a encenação a partir de duas acepções distintas:

---

5. Bernard Dort, *Théâtre Réel*, op. cit., p. 55.
6. Jean Jacques Roubine, *A Linguagem da Encenação Teatral*, trad. Yan Michalski, Rio de Janeiro, Civilização Brasileira, 1982, p. 40.
7. Anatol Rosenfeld, "O Fenômeno Teatral", em *Texto/Contexto*, São Paulo, Perspectiva, 1973, p. 26.

Em uma acepção ampla, o termo *mise en scène* designa o conjunto de meios de interpretação cênica: cenário, iluminação, música e atuação [...]. Em uma acepção limitada, o termo *mise en scène* designa a atividade que consiste na disposição, em certo tempo e espaço de ação, dos diversos elementos de interpretação cênica de uma obra dramática[8].

Como se pode ver, Veinstein define a encenação como o conjunto de materiais que compõem uma escritura no palco e também como a função que organiza esses materiais. A encenação é, ao mesmo tempo, o ato de encenar e o resultado desse ato.

A matriz de Veinstein é semelhante àquela a que Jacó Guinsburg se filia, quando afirma que

o caminho de uma linguagem cênica inovadora está diretamente vinculado à capacidade de inventar, grupar, fazer interagir signos provenientes dos vários meios produtores que se conjugam para constituir uma articulação cênica significativa [...][9].

Esta definição tem a vantagem de deslocar o foco de discussão do texto dramático para a organização dos elementos teatrais, quaisquer que sejam eles. O que Guinsburg ressalta, e é interessante explorar aqui, é que a encenação não é apenas a maneira de inter-relacionar os meios de expressão cênica, mas também o conjunto desses meios. É uma articulação significativa, um modo específico de expressão cênica.

É desse pressuposto que Patrice Pavis parte quando distingue texto dramático (*texte dramatique*), representação (*représentation*) e encenação (*mise en scène*). O teórico francês ressalva que o primeiro termo da equação só faz sentido quando o texto preexiste à encenação como traço escrito. Nesse caso, o texto dramático é o texto linguístico lido ou ouvido durante as representações. Quanto à representação, é tudo o que é visível e audível em cena, mas ainda não foi recebido e decodificado pelo espectador. Ela é, portanto, um objeto empírico, o conjunto de materiais cênicos e a atividade do encenador e de sua equipe dentro do espetáculo. A encenação fecha o ciclo definido por Pavis. Pois ela é o objeto de conhecimento, o sistema de relações que a produção (que inclui o encenador e a representação em geral) e a recepção mantém com os materiais cênicos, constituídos enquanto sistemas significantes. A encenação é concebida como um sistema estrutural que só existe uma vez reconstituído pelo espectador, que faz sua leitura com base nos sistemas significantes produzidos em cena. Decifrar a encenação é rece-

---

8. André Veinstein, *La Puesta en escena. Su condición estética*, trad. Juana G. de Bayma, Buenos Aires, Compañia General Fabril Ed., 1962, pp. 10-11.
9. Jacó Guinsburg, "O Teatro no Gesto", *Polímica*, p. 50.

ber e interpretar o sistema criado pelo encenador e a equipe artística responsável pelo espetáculo. Na acepção de Pavis, a encenação é uma relação, em um determinado espaço e tempo, de diversos materiais ou sistemas significantes, feita em função de um público. É uma noção estrutural, pois é um princípio de organização de proposições, mas é também um objeto de conhecimento, pois a recepção é o movimento que dá sentido a essas proposições. O sentido é a prática significante construída através dos esforços reunidos dos produtores e dos receptores, do encenador e do espectador[10].

A concepção de Pavis é extremamente adequada à encenação de Thomas. Como nota o teórico francês, a sua estrutura interna prevê a participação do espectador como leitor da cena. É ele que organiza as pistas de sentido que o palco justapõe, concretizando ou descartando as hipóteses que o encenador formulou no espaço, como se redigisse um texto através de vários regimes de enunciação.

A teoria teatral contemporânea também fala de texto cênico. Marco de Marinis foi o primeiro teórico a definir o texto espetacular, uma unidade de manifestação que é o próprio espetáculo teatral, apreendido enquanto processo significante complexo, ao mesmo tempo verbal e não verbal[11].

Quanto a Anne Ubersfeld, prefere o termo "representação como texto", definindo o conceito, a partir de Greimas e Courtès, como o conjunto de linguagens de manifestação – entonação, gestualidade, proxêmica, jogos de luz – a que o encenador recorre[12]. Esta abordagem permite compreender que o texto verbal – o código lingüístico – é apenas uma parcela do texto da representação. A autora sublinha que o texto da representação pode ser visto como uma combinação de textos, uma pluralidade de enunciados articulados que não funcionam a partir da fusão dos códigos, mas de sua convivência paralela ou dialética, concorrente ou divergente. Ubersfeld esclarece sua concepção afirmando que é como se o texto da representação fosse confiado a produtores diferentes – ator, cenógrafo, iluminador – e cada um construísse seu próprio texto, sendo que o conjunto da escritura é produzido pelo encenador. A autora ressalta que essa maneira de definir o texto da representação tem a vantagem de enxergá-lo enquanto descontinuidade e está mais apta a apreender a es-

---

10. Patrice Pavis, "Du texte à la scène: un enfantement difficile", em *Le théâtre au croisement des cultures,* Paris, José Corti, 1990, pp. 27-29.
11. Marco de Marinis, "Lo spettacolo come testo", em *Semiotica del teatro. L'analisi testuale dello spettacolo,* Milão, Bompiani, 1982, p. 61.
12. A. J. Greimas e J. Courtès, *Sémiotique – Dictionnaire raisonné de la théorie du langage,* Hachette, 1979, p. 39. *Apud* Anne Ubersfeld, *L'école du spectateur, op. cit.,* p. 28.

trutura despedaçada da representação contemporânea, que recusa o fechamento num discurso totalizador[13].

Bernard Dort também admite a existência de uma "escritura cênica" ou de um "texto cênico". Elaborado pelo encenador, esse texto pode ser redigido até mesmo antes dos ensaios, em forma de indicações detalhadas que constituem uma espécie de partitura do que deve acontecer no palco. Segundo Dort, esse texto duplica ou mesmo suplanta o texto dramático, constituindo uma prova da transformação do espetáculo em arte autônoma[14].

Também para Issacharoff o teatro transformou-se num texto espetacular, espetáculo do discurso ao mesmo tempo que discurso do espetáculo. Afirma que é preciso entender por discurso aquilo que singulariza o uso teatral da linguagem a partir de seus enunciados, quer sejam verbais ou não verbais, como o gesto, a mímica, o movimento, o figurino, o corpo, os acessórios, os cenários. "No teatro, o discurso é literalmente posto em espetáculo"[15].

Para Patrice Pavis, o texto cênico é fruto da composição dos vários códigos que o encenador mobiliza, e que se estruturam como uma gigantesca partitura. O espaço, o ator, o texto verbal, a música e todas as outras matérias teatrais, traçam figuras, ritmos, organizações formais, cadeias de motivos e atitudes, quadros estáticos ou em movimento, e transições que refletem mudanças de situação e de ritmo. Para clarificar sua definição, Pavis associa o texto cênico ao ato de fala (*parole*) definido por Saussure. O discurso cênico é a maneira pela qual o encenador organiza a representação no espaço e no tempo, fazendo uso de uma série de enunciadores, que incluem cenários, objetos, atores, texto e todos os outros elementos através dos quais é estruturado esse discurso[16]. Construí-lo é justapor no palco várias fontes de enunciação.

É interessante mencionar as definições de texto cênico porque todas elas, com maior ou menor ênfase, colocam o encenador como seu autor. Alguns teóricos chegam a discriminar uma instância intermediária entre a cena e o texto escrito, o metatexto, onde o encenador organiza, *a priori*, indicações do que a cena deve ser. Dependendo do grau de estruturação e previsão, ou da qualidade de abertura do espetáculo, o metatexto pode compor um roteiro mais ou menos fechado, transplantado diretamente para o palco, ou se

---

13. Anne Ubersfeld, *op. cit.*, pp. 31-32.
14. Bernard Dort, *La Répresentation émancipée*, Paris, Actes Sud, 1988, pp. 176-177 e 174, respectivamente.
15. Michael Issacharoff, *Le Spectacle du discours*, Paris, José Corti, 1985, p. 9.
16. Patrice Pavis, "Towards a semiology of the *mise en scène*?", em *Languages of the stage*, New York, Performing Arts Journal Publications, 1982, p. 138.

estruturar como referências soltas, feitas por intermédio de desenhos, notações de luz, movimentos e sons. Nos casos em que a encenação parte de um texto dramático, o metatexto é o comentário do encenador a respeito do texto, a reescritura que ele propõe. Anne Ubersfeld nota que o metatexto pode ser o caderno de direção do encenador, o roteiro do cenógrafo ou as notas esparsas dos atores. O que importa destacar é que se ouve, através dele, uma outra voz que se superpõe à do texto inicial[17]. Quando não se trata de encenar um texto dramático, o metatexto é o próprio projeto de encenação.

No caso, a construção que precede a escritura cênica não é sistematizada de forma rígida, e sofre constantes mutações de acordo com as variáveis que o trabalho prático apresenta. De qualquer modo, pode-se considerar um metatexto as notações registradas em seus cadernos de direção, às quais se acrescenta o roteiro do espetáculo, escrito à medida que o processo de criação se desenvolve.

Com a indicação desse terreno conceitual, pretende-se definir outro foco para localizar a encenação de Thomas. O que se observa, em geral, é que o hábito de confrontar texto dramático e encenação, dramaturgia e teatro, impede a consideração de seu texto cênico, e leva alguns críticos a lamentarem a má qualidade dos textos dos espetáculos, elogiando Thomas enquanto encenador, mas duvidando de seus méritos de escritor[18]. Ora, destacar fragmentos de textos da totalidade de manifestação de seu teatro não favorece em nada a compreensão de sua estrutura. Pelo contrário, tentar descobrir dramaturgia ou mesmo princípios dramáticos nos segmentos textuais que freqüentam o palco do encenador é desconsiderar o tipo de encenação proposta. Uma encenação que escreve um texto cênico, e não um texto dramático, que usa o palco e não o papel para se concretizar.

Para superar a polarização entre dramaturgia e cena teatral, é interessante observar, em certas tendências do teatro contemporâneo, uma paulatina dissolução dessas fronteiras e sua substituição por um vasto campo teórico que subsidia e enforma uma fatia significativa tanto do texto dramático quanto do texto cênico que se escreve nos palcos. O que se observa é que existem dramaturgias e encenações que se baseiam em pressupostos construtivos semelhantes. Olhando o teatro a partir desse prisma, pode-se constatar que a dramaturgia de Beckett, Heiner Müller ou Michael Vinaver se orienta por marcos semelhantes àqueles que balizam a encenação de Robert Wilson,

---

17. Anne Ubersfeld, *op. cit.*, pp. 13-14.
18. A esse respeito, ver especialmente as críticas de Bárbara Heliodora e Ilka Marinho Zanotto, mencionadas anteriormente.

Richard Foreman, Tadeusz Kantor e Gerald Thomas, para ficar nos campos de operação mais próximos e nas associações mais evidentes.

O que se percebe é que a maneira como esta encenação se estrutura é semelhante àquela que dirige esta dramaturgia, que pode ser considerada seu correlato literário.

De maneira geral, não faz mais sentido justapor dramaturgia e encenação, mas campos diferenciais que se aproximam ou se afastam dependendo das concepções divergentes de dramaturgia e de encenação que os enformam. O que molda os conceitos e seus campos de operação são visões diferentes de teatro.

É nesse sentido que se pretende ensaiar aqui algumas polarizações, apenas para facilitar a compreensão de algumas manifestações do teatro. Para esta finalidade, é útil aproximar o texto dramático do drama absoluto definido por Peter Szondi, aquele que se estrutura e se conforma a partir das relações intersubjetivas das personagens, posteriormente atualizadas no presente da cena. O diálogo é o veículo principal dessa estruturação, pois configura o embate entre as personagens e o movimento da ação em direção ao desenlace[19]. Assumindo os riscos que a generalização traz, pode-se aproximar esta forma de escritura dos processos realistas de composição, que enfatizam o ilusionismo e a reprodução mimética de uma realidade, priorizam a organização sintática das partes com vistas ao fechamento em uma totalidade, preferem uma linguagem relativamente transparente, que não opõe obstáculos à indicação do referente, e onde a preocupação com a clareza de enunciados conduz à inteligibilidade imediata do que se apresenta no palco. O argumento em que esse teatro se baseia toma, em geral, a forma de um enredo construído através da localização de uma situação, seu desenvolvimento e resolução. O que a encenação atualiza é a construção estável de personagens, assunto e linguagem, compondo o que Derrida chama de "palco teológico", "dominado por uma vontade de palavra, pelo objetivo de um *logos* primeiro que, não pertencendo ao lugar teatral, governa-o à distância"[20].

Sem entrar no mérito do que o palco teológico significa em termos de demarcação de território artístico, interessa investigar a quem cabe construir essa teologia. Ao drama absoluto, aparentemente. O dramático já está construído pela estrutura textual dos diálogos e merece ser atualizado pelo palco, que apenas ilustra, clareia e mimetiza alguma coisa que já se fez de antemão pela palavra. Essa alguma coisa

---

19. Peter Szondi, *Théorie du drame moderne*, Paris, L'Âge d'homme, 1983.
20. Jacques Derrida, "O Teatro da Crueldade e o Fechamento da Representação", em *A Escritura e a Diferença*, trad. Maria Beatriz Marques Nizza da Silva, São Paulo, Perspectiva, 1971, p. 154.

é exatamente o drama, o conflito hegeliano, o choque das vontades opostas, o acontecer atualizado das relações intersubjetivas.

Raymond Williams talvez tenha sido um dos precursores da discussão em profundidade dessa questão. Num de seus primeiros ensaios investiga especificamente as características do drama contemporâneo, observando que o diálogo já não é o suporte privilegiado das ações, na maioria das vezes implícitas ou esboçadas nas rubricas do texto[21]. O atributo que o drama tinha em sua origem, geralmente associada ao nascimento da tragédia grega, foi irremediavelmente perdido. Pois a tragédia consubstancia a um só tempo fala e ação, como enfatiza exaustivamente a poética aristotélica. O diálogo existe apenas em função da ação, pois as falas são, acima de tudo, meios de provocar o movimento na vida dos homens. As personagens existem em função da ação que desempenham e são o resultado do desenrolar dramático, que desenha suas feições. Estão ali para incorporar o movimento da ação e apresentar a mudança na vida do herói, que deve passar da felicidade ao infortúnio no mais curto período de tempo. A manifestação do texto dramático se dá, portanto, enquanto padrões de fazer.

Como observa com precisão Richard Schechner, a evolução histórica do teatro ocidental desenha um movimento em que o drama se destaca da ação teatral, para se localizar na comunicação. Uma manifestação que antes era codificada segundo padrões do fazer acaba se pautando pelos pressupostos da palavra escrita[22].

O teatro contemporâneo parece ser o final desse processo de separação paulatina entre fala e ação. Pois nesse teatro a fala não reflete e não corporifica o movimento do texto. São suficientemente conhecidos os mecanismos de epicização do drama, que permitem que ele vá perdendo cada vez mais seu caráter dramático, para se transformar numa estrutura narrativa, poética, auto-reflexiva, simbólica, até que o dramático – até aí considerado o núcleo essencial de caracterização do teatro – seja abandonado em função de novos pressupostos.

Peter Szondi localiza o início do drama moderno entre 1880 e 1950, momento em que se apresenta, com maior clareza, a ruptura na troca dialógica. A partir daí começa a ser difícil para os autores propor peças com diálogos trocados entre as personagens como numa conversação cotidiana, pois eles parecem incapazes de expressar as contradições do mundo contemporâneo. Szondi considera o natura-

---

21. Raymond Williams, "Argument: Text and Performance", em *Drama in Performance*, Philadelphia, Open University Press, 1991, pp. 159-174.
22. Richard Schechner, "Drama, script, theater and performance", em *Performance Theory*, New York, Routledge, 1988, p. 85.

lismo e a dramaturgia existencialista de Sartre como tentativas de salvação da forma dramática, e o expressionismo, as peças de Brecht e Pirandello e mesmo o teatro do absurdo como ensaios de solução da crise, a partir da invenção de novos paradigmas. A expressão dramática se desloca do diálogo para o monólogo, da produção do sentido para a busca do não-sentido. De acordo com Szondi, o teatro do absurdo ainda figura no rol das tentativas salvacionistas, pois o não-sentido é ainda uma forma de fazer sentido, na medida em que pede uma interpretação e espelha uma concepção de mundo. Conserva, pela negação, a categoria do sentido.

A partir dos anos sessenta o problema se desloca dos aspectos dialógico ou monológico, do sentido ou não-sentido, para outro tipo de questão. Samuel Beckett e Heiner Müller, por exemplo, não apresentam mais em seus textos locutores que pretendem se comunicar através do diálogo ou se fechar numa palavra incomunicável. O que ambos constroem é um texto que, mesmo quando se apresenta como altercação de palavras distribuídas entre dois locutores – um pretenso diálogo, portanto –, não permite a troca dialógica, a intercomunicação que possa levar à resolução da ação e à interferência mútua dos protagonistas. A concretude da palavra é a ação mais radical que o texto apresenta, na medida em que o sentido físico e material é o dado que ele mais enfatiza. Os textos de Heiner Müller, por exemplo, mais que diálogos ou monólogos, são descrições que, às vezes, chegam a rejeitar toda âncora histórica e social, como que para centrar-se melhor na própria enunciação e ostentar sua arquitetura construtiva. Eles se constroem como tratados de argumentação em que cada personagem expõe seus enunciados de modo arbitrário e sintético, sem que seja possível chegar a uma resolução através da troca verdadeira entre os interlocutores, que consubstancie uma situação dramática[23]. É uma escritura da divisão, do fragmento, do não-dito, que renuncia a uma visão global ou sistemática do mundo. O narrador, da mesma forma que o texto, se fragmenta em objetos e pontos de vista e a explosão da imagem toma o lugar da progressão da fábula. A descrição do narrador termina por se subjetivizar de tal maneira que se transforma em monólogo interior de um sujeito, que coloca a si próprio em cena, travestido sob os traços cambiantes das personagens. No caso de *Quartett*, texto de Müller encenado por Thomas, Valmont e Merteuil se transformam em um homem e uma mulher que trocam de papéis, de modo que é impossível determinar que voz toma a palavra e a quem ela se dirige. É evidente que as

---

23. Patrice Pavis, "Malaise dans la civilization: la réprésentation de la catastrophe dans le théâtre franco-allemand contemporain", em *Le Théâtre au croisement des cultures, op. cit.*, p. 93.

duas personagens visam apenas a trocar suas posições discursivas, como se o eu do narrador se dividisse e desmembrasse em cena, como um "corpo fragmentado e disseminado no espaço e no tempo"[24]. A semelhança desse procedimento com a narração no teatro de Thomas dispensa comentários.

Mais que de uma dramaturgia, é preciso falar, no caso de Heiner Müller, de uma escritura feita de descrições de imagens, acumulação de detalhes, esboços de personagens que acabam desenhando um quadro fragmentário e sem totalização. O caráter falsamente objetivo dessa descrição, repleta de traços alusivos, cria a ilusão de um referente que na verdade não existe. É uma criação imaginária do sujeito da enunciação, um mero reflexo textual de um ponto de vista e de uma identidade. Partindo da contemplação de uma imagem ou de um quadro, fazendo da cultura e da pintura a base de toda a descrição, usando um excesso de citações, Heiner Müller se desfaz do objeto referencial. Por caminhos tortuosos, volta ao diálogo e à dialética do texto dramático, não mais no plano dos enunciados e das personagens, mas naquele da enunciação, do conflito entre o sujeito que descreve e o objeto descrito[25]. As alusões à própria escritura, a figuração de imagens, a narrativa auto-referente, acentuam a metaficcionalidade do texto, que é sobretudo um texto sobre outro texto, seja ele uma tragédia grega (*Medeamaterial*) ou uma obra shakespeareana (*Hamletmachine*).

O mundo exterior é a miragem de um referente imaginário que o narrador simula descrever a partir de referências exteriores, mas que na verdade é muito mais a projeção de uma paisagem mental. É nesse território movediço que se desloca essa dramaturgia "pós-dramática"[26], pois, como na tragédia grega em seus primórdios, ela não destaca seus personagens para situar, através deles, o conflito. Como nota Pavis, o que substitui o conflito dramático é a idéia da catástrofe, que não é um desenrolar dramático, mas um conflito pontual, um *agon* que explode e não deixa rastros. É a situação que Lyotard associa à condição pós-moderna, em que o dialético e o dialógico são substituídos pelo agonístico[27].

Por isso alguns textos de Müller negam uma inscrição específica numa determinada realidade histórica. A impressão de um final dos

---

24. Patrice Pavis, *op. cit*, p. 99.
25. Patrice Pavis faz esse comentário a respeito de outro texto de Müller, *Bildbeschreibung* (1985), em *op. cit*, pp. 98-99.
26. Hans-Thies Lehmann, "Theater der Blicke. Zu Heiner Müllers 'Bildbeschreibung' ", *Dramatik der D.D.R.*, ed. Ubrich Profitlich, Suhrkamp, *apud* Patrice Pavis, *Le Théâtre au croisement des cultures, op. cit.*, p. 99.
27. Jean François Lyotard, *Le postmoderne expliqué aux enfants*, Paris, Galilée, 1986, p. 164.

tempos que emana de uma parcela de sua ficção é fruto da recusa de referência específica à realidade e à história. O recurso à mitologia germânica clássica, mediada pela obra de Wagner, é outro elemento que contribui para localizar seus textos num espaço anterior à época moderna, uma pré-história muito semelhante a uma "pós-história", um final dos tempos de onde é difícil escapar[28]. Como se a única saída diante da catástrofe fosse o retorno à mitologia de uma natureza não contaminada, onde ainda existem preservacionistas como Ernst Matto, o herói de *Mattogrosso*.

Um texto dramático com essas características se aproxima muito do texto cênico de Thomas. Mas não apenas dele. Também de Robert Wilson, Richard Foreman ou mesmo Tadeusz Kantor. Segundo Michael Vanden Heuvel esta proximidade mostra um movimento da dramaturgia contemporânea em direção aos elementos cênicos, que agem como fatores de redefinição de suas estruturas textuais[29]. O autor considera drama e encenação como interfaces de um mesmo paradigma contemporâneo, reflexos de forças interdependentes que governam tanto o corpo cênico quanto o textual, e geram metamorfoses simultâneas nas duas instâncias discursivas. A dramaturgia e a encenação são desconstruídas e reformuladas graças à sua interação.

É um princípio semelhante àquele que Anne Ubersfeld defende, ao afirmar que todo texto de teatro é escrito para uma teatralidade que o precede, e que lhe oferece as condições de representação. Jamais alguém escreveu para teatro sem ter visto teatro. Quando um autor dramático cria um texto vai escrever para, com ou contra um código teatral preexistente, o que significa que toda representação, de certa maneira, preexiste ao texto escrito, mesmo que seja para ser contraditada por ele[30].

O que está implícito no processo apontado por Ubersfeld é que todo escritor de teatro tem sempre em vista a cena à qual se dirige, e não pode anular de perspectiva o "objeto-teatro" para o qual pretende escrever. A forma do palco, o estilo de atuação, o tipo de fábula que a cena está apta a contar, são fatores determinantes do tipo de escritura do dramaturgo. A autora associa essa interdependência entre texto e cena ao fato de os mais importantes dramaturgos da história do teatro terem sido também encenadores de seus textos. Para ilustrar seu pensamento com dois modelos tutelares, a autora

---

28. Patrice Pavis, *op. cit.*, p. 93.
29. Michael Vanden Heuvel, "Drama, performance, and the emergence of a new dialogics of the theatre", em *Performing Drama/Dramatizing Performance*, Ann Arbor, The University of Michigan Press, 1991, p. 20.
30. Anne Ubersfeld, "La scène et le texte", em *L'école du spectateur*, Paris, Ed. Sociales, 1981, p. 14.

recorre a Shakespeare e Molière, mas também a outros "homens que meteram a mão na massa", como Racine e Victor Hugo[31].

Essa dependência também pode explicar a inviabilidade de encenação de muitos textos dramáticos que se adiantaram a seu "objeto-teatro", caso de peças que não se adequavam às estruturas do teatro de sua época, mas são perfeitamente representáveis pelo modelo teatral contemporâneo. O mesmo pode-se dizer em relação aos homens de teatro precursores de formas de encenação não exeqüíveis para as condições teatrais de sua época. E que também se revelaram muito avançadas para o repertório de textos dramáticos disponíveis no período, que não correspondiam, tanto quanto o equipamento cênico, à radicalidade de suas invenções. As experiências práticas de Antonin Artaud, tentativas mal-sucedidas de concretizar as visões esboçadas em seus textos, e mesmo as encenações de Gordon Craig, que estiveram muito aquém de suas concepções visionárias, são uma prova a mais de que a noção de fidelidade de um texto dramático a seu código teatral e, evidentemente, do código ao texto, são muito relativas. Se um dos dois está defasado em relação à sua época, é necessário buscar equivalentes. Deslocando um conceito de Lyotard para esta argumentação, pode-se concluir que, se o código não encontra sua razão de ser na "homologia dos *experts*", deve buscá-la na "paralogia dos inventores"[32].

A procura de equivalência pode explicar um procedimento muito comum no teatro contemporâneo. Trata-se do uso teatral de textos não dramáticos, que não foram escritos especificamente para o palco, e que se prestam melhor às experiências da cena contemporânea. No caso brasileiro, os exemplos são inúmeros, mas basta lembrar o *A Bao a Qu* de Enrique Diaz, baseado no "Lance de Dados" de Mallarmé ou *Orlando* e *Cartas Portuguesas* de Bia Lessa, respectivamente adaptações de Virginia Woolf e Sóror Mariana do Alcoforado.

No caso de Thomas, A *Trilogia Kafka* é o exemplo mais acabado do procedimento. Mas ele não acontece apenas em relação a esse espetáculo. Pois o que interessa a Thomas não é tomar o texto como substrato para a construção de um enredo e personagens, mas fazer uma leitura cênica do texto, utilizado não como um conjunto de diálogos que se prestariam à composição de conflitos dramáticos, mas como matéria de construção da encenação. O texto é esvaziado de seu sentido mimético imediato e se endereça em bloco sobre o espectador, como um poema atirado em seu rosto. É o que Patrice Pavis chama de *mise en bouche* do texto, em jogo de pala-

---

31. Anne Ubersfeld, *op. cit.*, p. 15.
32. Jean-François Lyotard, *O Pós-Moderno*, trad. Ricardo Corrêa Barbosa, Rio de Janeiro, José Olympio, 1986, p. xvii.

vras com a expressão francesa *mise en scène*. Através desse mecanismo de enunciação, o teatro de Thomas parece retornar às formas anteriores ao diálogo, assemelhando-se aos ditirambos cantados por um coro de vozes, onde apenas o público é o interlocutor. Da mesma forma que nesta manifestação cênica pré-dramática, também em seus espetáculos cada palavra do ator é dirigida, de modo geral, não ao antagonista, mas ao público reunido para ouvi-la. Não existe comunicação lateral entre os atores, mas falas endereçadas de forma global ao espectador[33].

A rigor não se pode dizer que o texto, colocado em cena dessa maneira, construa personagens. Pode-se notar, ao contrário, um apagamento da personagem, que não é mais sujeito de relações dialógicas e muito menos dramáticas. O diálogo cede lugar a uma série de discursos que não pretendem estar ligados a uma ação visível sobre a cena. Quando o texto é enunciado no palco, o ator encarregado de apresentá-lo tem mais semelhança com um portador de discursos que de personagens. É um foco de enunciação e não um criador de papéis, submetido à verossimilhança de situações dramáticas.

É também por esse motivo que o sentido físico, material das palavras, é tão enfatizado nas encenações de Thomas. Com suas pesquisas sobre o ritmo da dicção, ou sobre a des-ritmização das frases pela decupação em sons, além da ênfase na expressividade anti-natural, o encenador prescinde da leitura psicologizante, para reforçar esquemas inusitados de expressão.

Diante da explosão de códigos que essa experiência textual representa, é no mínimo problemático tentar indicar, sem margem de erro, o que caracteriza o texto dramático no teatro de Thomas. E não apenas em seu caso. As mutações na dramaturgia contemporânea foram tais que parecem ter invalidado as definições que se faziam a partir de qualidades textuais intrínsecas, tomando por base princípios que pretendiam valer como critérios inalteráveis de discriminação do dramático e do teatral. Nas atuais circunstâncias, parece mais eficaz deixar de definir o texto a partir de critérios estilístico que, como se pode ver, são muito variáveis, e adotar a definição pragmática de Patrice Pavis, que reconhece os textos de teatro a partir de critérios elocutórios[34]. Segundo o ensaísta, no teatro contemporâneo é preferível reconhecer o texto de teatro como aquele falado em cena, ou seja, aquele que se distribui entre os atores que o enunciam no palco. O que, evidentemente, inclui as ocorrências tradicio-

---

33. Patrice Pavis, "L'héritage classique du théâtre post-moderne", em *Le Théâtre au croisement des cultures*, Paris, José Corti, 1990, p. 76.

34. Patrice Pavis, "Towards a semiology of the mise en scène", em *Languages of the stage, op. cit.*, p. 140.

nais, que levam em conta o conflito e o movimento de transição dos elos causais em direção a um desenlace.

## TRANSIÇÃO E JUSTAPOSIÇÃO

Na análise de *M.O.R.T.E.*, já se discutiu a *collage* e a montagem como procedimentos de construção do texto cênico. Os dois conceitos, que designam processos de justaposição, opõem-se à idéia de transição, que indica uma passagem feita através de elos causais e de ordenação seqüencial. Os conceitos de transição e justaposição indicam, segundo Robert Shattuck, os dois impulsos essenciais da arte dos séculos XIX e XX[35]. O que subjaz à distinção é o conceito de fragmento, que preside a justaposição, e a idéia de unidade, que norteia a transição.

Os encenadores do final do século XIX e princípio do século XX sonhavam com a unidade do teatro. Richard Wagner e, posteriormente, Gordon Craig, compreendiam a arte teatral como o amálgama de várias artes ou, no caso de Craig, de vários elementos artísticos. Combinados graças à inteligência do artista, esses elementos ou artes conseguiriam, finalmente, dar ao teatro o estatuto de arte autônoma.

Desde 1850, Richard Wagner precisa sua concepção de "obra de arte do futuro". É a *Gesamtkunstwerk*, a "obra de arte comum", que resulta da união das artes agindo de comum acordo sobre o público: a trindade da poesia, da música e da mímica, à qual se juntam a arquitetura e a pintura[36]. Wagner conclui que a obra de arte comum suprema é o drama, mas sua ocorrência só é possível se todas as artes estiverem contidas nela em sua maior perfeição[37].

Cinqüenta anos mais tarde, em 1905, Gordon Craig modifica e radicaliza a concepção de Wagner. Para ele o teatro não pode decorrer da união de várias artes porque, neste caso, estará sempre subordinado a elas. Num trecho citado com freqüência para ilustrar suas idéias, Craig afirma que a obra de arte teatral só pode resultar da atividade criadora de um único artista, a quem cabe organizar os diversos elementos que a compõem: o gesto, "que é a alma da repre-

---

35. Robert Shattuck, *The banquet years*, New York, Vintage-Random House, 1968, p. 332, *apud* Luiz Roberto Galízia, *op. cit.*, p. xxxv.
36. Richard Wagner, *L'Oeuvre d'art de l'avenir*, *apud* Denis Bablet, *Estétique générale du décor de théâtre De 1870 a 1914*, Paris, Éditions du Centre National de la Recherche Scientifique, 1989, p. 58.
37. Richard Wagner, *L'Oeuvre d'art de l'avenir*, *op. cit.*, p. 58.

sentação", as palavras, "que são o corpo da peça", as linhas e cores, "que são a própria existência do cenário", e o ritmo "que é a essência da dança"[38].

Craig define mais detidamente o que entende pelos elementos que pretende fundir para a composição da harmonia teatral. "Entendo por movimento o gesto e a dança, que são a prosa e a poesia do movimento. Entendo por cenário tudo o que se vê, tanto os figurinos e a iluminação quanto os cenários propriamente ditos. Entendo por voz as palavras ditas e cantadas em oposição às palavras escritas; pois as palavras escritas para serem lidas e aquelas escritas para serem faladas são de duas ordens inteiramente distintas"[39]. De acordo com Craig, o meio mais eficaz de conseguir a unidade indispensável à obra de arte teatral era que ela fosse realizada por um único artista, que daria o tom e o espírito de sua harmonia visual.

É especialmente a partir das experiências teatrais de Bertolt Brecht que o teatro deixa de sonhar com a harmonia das artes e começa a buscar na colisão as garantias de seu funcionamento. Brecht constata que não há nada pior que um espetáculo concebido enquanto totalidade[40] e com seu teatro épico procura a representação não unificada, em que os diversos elementos entram em rivalidade para fazer com que o espectador consiga refletir sobre os enunciados colocados em cena. A montagem brechtiana pode ser considerada uma tentativa pioneira de desconstrução, na medida em que os procedimentos épicos acentuam as fissuras entre os códigos artísticos e os sistemas de signos, buscando garantir, através de procedimentos distanciadores, o estranhamento dos significados familiares e o reconhecimento das ideologias.

Mas em Brecht o contraste de elementos ainda se faz com vistas à construção de um significado global. A prática da fragmentação só se realiza para ser submetida, a seguir, a um recentramento, que permite que a obra volte a constituir uma totalidade. No processo construtivo brechtiano, a incisão dos fragmentos épicos é feita em função do sentido que se pretende produzir, seguindo o mesmo princípio da montagem de Eisenstein.

As obras fragmentárias do teatro contemporâneo, ao contrário, resistem a esse desejo de totalização. Introduzem nas concepções harmônicas de Wagner e Craig os mecanismos de desestruturação utilizados por Brecht, mas não concretizam a reunificação posterior.

---

38. E. Gordon Craig, *Da Arte do Teatro*, trad. Redondo Jr., Lisboa, Arcádia, 1963, p. 158.
39. *Idem, ibidem*, p. 191.
40. Bertolt Brecht, "Effects de distanciation dans l'art dramatique chinois" em *Écrits sur le théâtre I*, Paris, L'Arche, 1972, p. 591.

A dissociação não é seguida de uma recombinação dos elementos fraturados, que resulte em harmonia, mas é mantida pela justaposição de vários enunciadores em cena, que se estruturam de maneira autônoma, justapostos na representação. O espaço, a interpretação dos atores e os textos têm independência e passam a acontecer de forma disjunta. A encenação não organiza a fusão entre diferentes artes ou códigos artísticos mas, ao contrário, se constrói pela manutenção de sua relativa autonomia. É o que acontece no teatro de Bob Wilson, onde a teatralidade é tramada pela associação de signos visuais, sonoros e textuais e por seu confronto diante dos olhos do espectador. Wilson não está interessado na fusão das artes, mas na justaposição de modos diferentes de expressão. Ao invés de disfarçar a verdadeira natureza de cada arte, através da combinação dos elementos divergentes, o artista faz questão de ostentar a linguagem específica de cada código. Não utiliza um filme para comentar um texto ou uma canção para ilustrar uma situação, como acontece no teatro brechtiano. O que distingue seu teatro é o simultaneísmo, pois a coreografia, o canto, a música, os blocos de texto e a imagem são colocados lado a lado. Os opostos e contrastes viabilizados pela justaposição são mantidos em estado de indefinição[41].

A semelhança dos processos de Wilson e de Wagner é que ambos utilizam uma grande variedade de formas artísticas com vistas à expressão da teatralidade, mas, enquanto o segundo faz a organização através de processos de transição, o primeiro prioriza a justaposição. Enquanto para Wagner a unidade ainda é um conceito passível de organizar a arte e o mundo, para Wilson ela perdeu sentido, sendo substituída pela fragmentação, pela justaposição ou mesmo pela superposição. O teatro deixa de ser uma fusão miraculosa de elementos das diferentes artes para transformar-se numa combinação de códigos, de sistemas constituídos através de unidades que aspiram a uma formalização. Os códigos mobilizados no processo podem progredir de modo paralelo, adequando seus ritmos entre si, ou, ao contrário, se entrecortar, coincidir às vezes, ou mesmo se opor, criando uma tensão entre os elementos cênicos.

A *Gesamtkunstfallwerk* de Thomas mantém com a totalidade wagneriana uma relação semelhante à de Bob Wilson. Também no seu caso acontece o "reino-do-tudo-junto"[42] a que Shattuck se refere. A pluralidade de significados é garantida pela multiplicação dos enunciadores – atores, música, ritmo, iluminação, palavras – e a re-

---

41. Luiz Roberto Galízia, *Os Processos Criativos de Robert Wilson*, São Paulo, Perspectiva, 1986, p. xxxvi.
42. Shattuck, *apud* Luiz Roberto Galízia, *op. cit.*, p. xxxvi.

cusa de hierarquizar os sistemas cênicos, através da compartimentação entre códigos mais ou menos nobres. O que Thomas prioriza em seu discurso é exatamente o choque entre enunciadores heterogêneos, que obrigam o espectador a um trânsito contínuo entre modos de percepção distintos. O ritmo plástico e sonoro se constrói através da mistura entre regimes de representação diferentes, entre tipos diferenciais de iconicidade, entre estruturas mistas de enunciação. A tela e o cenário concreto no palco, o espaço com divisões em altura e profundidade, os alçapões e o espaço superior dos urdimentos, o ator e seu duplo, a música e o texto falado, o texto gravado e o texto emitido das coxias, o corpo e o simulacro, a projeção cinematográfica e a imagem cênica, a sugestão ou a inclusão de fenômenos naturais – a chuva, o trovão, o raio, o fogo, a água, a terra, a areia, a montanha, o vulcão – justapostos à irrealidade da imagem duplicada pela luz. Os regimes enunciadores diferenciais se remetem constantemente uns aos outros e se contaminam até formarem um novo tipo de enunciação cênica que provoca no público uma incerteza quanto à regragem perceptiva pela qual deve se guiar[43].

A emancipação progressiva dos diferentes elementos da representação provoca um desgarramento dos significados e faz com que o espetáculo se abra sobre o espectador como a polifonia significante de que fala Barthes, marcando o caráter polifônico do teatro em oposição à linearidade da língua. Essa "espessura de signos"[44] não figura um texto nem organiza o espetáculo com base em harmonia, mas é uma "interrogação do sentido", uma "crítica em ato da representação". Em oposição à concepção unitária de Wagner e Craig, a encenação de Thomas pode ser considerada agonística, pois ela supõe um "combate pelo sentido, do qual o espectador é juiz"[45].

## *PERFORMANCE* E FICÇÃO

É próprio do signo teatral ter uma dupla função. Ele é, ao mesmo tempo, signo de outra coisa, já que envia a algum referente no mundo, e signo em si mesmo, pois é um elemento material que participa da construção do espetáculo.

---

43. Patrice Pavis, "Parcours au bout du sens. A propos du spectacle 'Parcours' ", em *Voix et images de la scène. Vers une sémiologie de la réception*, Villeneuve d'Ascq, Presses Universitaires de Lille, 1985, p. 224.
44. Roland Barthes, "Littérature et signification", *Essais critiques III*, Paris, Seuil, 1982, p. 258.
45. Bernard Dort, *La Représentation émancipée*, Paris, Actes Sud, 1988, p. 186.

A característica dupla do signo permite que o teatro tenha um duplo estatuto[46]. Ele é uma arte da *performance*, já que tem como suporte o corpo humano e mobiliza a presença viva do ator, mas também é arte mimética, pois figura alguma coisa ausente, que não está lá e para a qual a representação envia. "Um real que faz signo, tal poderia ser a definição semiótica do teatro", afirma Anne Ubersfeld, ao referir-se a essa duplicidade[47].

Os atores, os objetos, os cenários teatrais são signos de uma presença física, concreta, que se manifesta através de atividades, sons, cores, formas e movimentos. Mas também valem por uma ausência, na medida em que indicam um mundo imaginário. O homem coroado em cena é ator e rei, o banco pintado de preto é adereço e trono, as colunas ao fundo do palco são cenário e palácio. O signo no teatro tem, portanto, um aspecto performático e um aspecto ficcional.

O duplo estatuto do signo de teatro produz uma grande complexidade na geração semântica. Enquanto *performance*, ele não tem um significado conceptualizável e denotativo, pois é difícil definir o que uma cor ou um material cênico podem significar. É como se o espectador procurasse descobrir o significado de uma harmonia musical ou de um passo de dança. Enquanto signo performático, o signo teatral é seu próprio referente. Enquanto signo ficcional, ao contrário, ele significa uma personagem, uma fábula, uma época, enfim, tem relação com o universo cultural de referência do espectador, um universo imaginário que pode remeter a alguma coisa no mundo. A duplicidade do signo obriga o espectador a um perpétuo jogo de vaivém, que o desloca do universo ficcional para o universo real da cena, da mimese para o aqui-agora concreto da encenação.

O estatuto performático e ficcional do signo de teatro influencia todos os elementos da representação. O espaço, o ator, o tempo cênico, todos são uma realidade concreta, um universo teatral delimitado e fechado na caixa do palco e, no entanto, pretendem enviar também a um lugar, a uma personagem, a um período fictícios. Nesse sentido, convocam um universo ausente, um mundo imaginário projetado pelos diversos elementos que compõem a encenação.

Uma das principais características do teatro moderno é justamente aproveitar as possibilidades implícitas na duplicidade do signo teatral. Existe um jogo possível que pode orientar o espectador para a mimese ou para a *performance*, dependendo de onde a encenação coloca o acento de seu trabalho, se sobre o aspecto mimético do signo, se sobre o aspecto performático.

---

46. Anne Ubersfeld, *op. cit.*, p. 37.
47. *Idem, ibidem*, p. 39.

O teatro épico de Brecht acontece exatamente no ponto de sutura entre um e outro. Pois o distanciamento nada mais é que a passagem do mundo ficcional para o mundo do palco, e os vários elementos épicos que a encenação brechtiana mobiliza – cartazes, iluminação branca e chapada, interpretação feita através de cortes, *songs*, narradores – pretendem exatamente facilitar ao público a percepção do teatro enquanto *performance*.

Mas o teatro de Brecht faz tudo isso em função da fábula que pretende narrar. A intensificação do aspecto performático do signo se faz em função do clareamento dos dados que o palco narra. O objetivo final do distanciamento é remeter o espectador de volta para o mundo que, pretensamente, pode ser enxergado com outros olhos, depois de submetido ao estranhamento. O efeito V é a *performance* a serviço da fábula, o teatro militando para a mudança do mundo.

Segundo Anne Ubersfeld, a importância capital dada aos signos-teatro talvez seja aquilo que una as diversas formas de representação contemporânea[48]. Mas o que acontece com a tendência de encenação à qual Thomas se filia é que, à diferença de Brecht, ela acentua a tal ponto a *performance* que o signo teatral se torna opaco, e a ficção não passa, ou, ao menos, não passa de modo claro.

O resultado dessa opacidade é que a linguagem teatral funciona como placa entre o discurso cênico e o mundo[49]. Todo o trabalho meticuloso da enunciação cênica – a construção da imagem, a dicção exageradamente retórica, a teatralização do gesto, o simulacro luminoso – contribuem para opacificar o signo, velando o conteúdo e convidando o espectador a perceber a forma. É o que Patrice Pavis chama de "maneira semiótica" de encenação[50]. Isto quer dizer que a prática de encenação gera, ao mesmo tempo, seu metadiscurso, se abrindo sobre o signo e tornando legíveis as condições de sua produção. Segundo o autor, esta é a diferença fundamental que separa as vanguardas históricas das contemporâneas. Estas últimas não têm necessidade de negar uma dramaturgia e uma concepção de mundo, mas se dedicam a realizar sua própria desconstrução como método. Inscrevem-se, portanto, não mais numa tradição temática ou formal, mas numa auto-reflexividade, num comentário de sua enunciação e, portanto, numa reflexão sobre seu funcionamento. Como se os conteúdos e as formas tivessem pouca importância diante do olhar que perscruta o funcionamento do trabalho, e cuja pretensão é chegar à consciência da enunciação e à ostensão da ordem do discurso do artista.

---

48. *Idem, ibidem*, p. 293.
49. Jean François Lyotard, "Appendice svelte à la question postmoderne", em *Tombeau de l'intellectuel et autres papiers*, Paris, Galilée, 1984, p. 84.
50. Patrice Pavis, "L'Héritage classique du théâtre post-moderne", *op. cit.*, p. 79.

Apesar da incoerência temática dos enunciados, a encenação preserva a coerência de sua enunciação. Os princípios que presidem à organização da obra são colocados em primeiro plano, o que as transforma, em grande parte, em processo de consciência de seu mecanismo homeostático[51]. Isso não acontece apenas em relação às encenações que pretendem significar seu mecanismo construtivo, como é o caso de *M.O.R.T.E.* de Thomas, *Eu Estava Sentado no Meu Pátio* de Robert Wilson, *Hamlet-Machine*, de Heiner Müller, ou *Aquela Coisa Toda*, de Hamilton Vaz Pereira. Também pode acontecer em relação à encenação de obras clássicas, como é o caso de *Berenice* de Racine, encenada por Antoine Vitez em 1980, onde a cenografia é a reflexão do teatro sobre si mesmo, pois o que o encenador coloca no palco é uma segunda cena, onde se representam ações apresentadas por atores que citam seu próprio trabalho. Em todos os casos mencionados, o que se apresenta no palco é a enunciação consciente de si mesma a ponto de fazer sentido e "parasitar o enunciado da fábula e o desenvolvimento dos motivos"[52].

A ausência de um fio narrativo que ligue os eventos cênicos é outro mecanismo de travar a passagem do mundo imaginário. Em lugar de o texto servir de meio de condução imediata do significado, oferecendo-se ao público como discurso ficcional e realidade simbólica, é um texto onde as palavras têm o valor de coisas e, portanto, de significantes.

Esse resultado é acentuado pela fragmentação do texto em moléculas de sons, que o transformam, de material semântico, em matéria concreta manipulável por processos de *ready-made, collage*, citações ou experimentações de estrutura rítmica ou de padrões sonoros. É o que acontece com os textos de Thomas que permanecem, em geral, como uma fermentação de significantes mais próxima da música ou da onomatopéia do que de uma linguagem que construa um mundo fictício. São fragmentos de textos justapostos, que têm o valor de uma estrutura rítmica, e repetitiva, e se assemelham à qualidade da música, da cor, da luz ou do gesto abstrato do ator. Sua dimensão ficcional é subordinada à dimensão performática.

A encenação de Thomas auxilia o espectador a enxergar a *performance* também através de outros mecanismos. No caso do trabalho do ator, acentua os processos de construção física, por meio da definição de módulos gestuais e núcleos de tensão que aproximam a interpretação de um trabalho coreográfico. A exibição da *performance* é facilitada pelo desligamento entre o ator e a personagem, que tem sua identidade dissolvida numa série de figuras jus-

---

51. *Idem, ibidem*, p. 80.
52. *Idem, ibidem*, p. 80.

tapostas ou superpostas, desconectadas de uma situação dramática evidente.

Quanto ao espaço cênico, há uma sistemática tentativa do encenador de desterritorializá-lo, pela criação de um lugar abstrato, que não remete a nenhum contexto de clareza. A metonímia é uma das figuras mais utilizadas na definição espacial, pela possibilidade que oferece de indicação parcial e lacunar das localizações.

No teatro contemporâneo, fazem uso desses procedimentos, de maneiras diversas, e em graus diferentes, Bob Wilson, Richard Foreman, o Wooster Group, Tadeusz Kantor, Antoine Vitez, J. Lavaudant, Jacques Lassale, Hamilton Vaz Pereira, Bia Lessa, Renato Cohen e Henrique Diaz. As criações de todos esses artistas, como a de Thomas, acentuam a *performance* e tornam o signo teatral auto-reflexivo, fazendo com que o espectador o receba em sua materialidade, e não mais enquanto significado. O teatro passa, portanto, a falar acima de tudo de si mesmo, do conjunto da *performance* cênica. O signo teatral deixa de ser transparente, na medida em que não envia à ficção – ao menos de um modo claro –, mas sim ao universo físico da cena, à materialidade do espaço, à concretude do objeto, ao desenho da luz, ao ritmo musical, ao corpo do ator.

A opacidade da encenação funciona como uma placa entre o discurso cênico e o mundo. Não existe mais uma relação direta e transitiva entre as duas instâncias, mas, ao contrário, um processo que orienta a cena através da mediação[53].

Uma produção emblemática dos anos 80 como *What did he see* (1988), de Richard Foreman, é um exemplo típico dessa opacidade. O espetáculo de Foreman constrói barreiras que o separam do público, promovendo um relacionamento entre o ator e o espectador mediado tanto auditiva quanto visualmente. À semelhança da tela de filó do teatro de Thomas, uma parede de plexiglas transparente separa os espectadores dos atores, que têm suas vozes filtradas por microfones e amplificadores. Como acontece com as vozes gravadas de *Mattogrosso* ou *M.O.R.T.E.*, eles não são usados para o aumento da potência vocal do ator, mas simplesmente para reforçar a mediação, já realizada pela tela. A mediação tecnológica está lá apenas para forçar o espectador a receber o espetáculo de uma maneira distanciada. Esse efeito V, semelhante ao que Thomas usa, não repete as intenções brechtianas, mas visa preferencialmente ao estranhamento dos mecanismos de percepção do espectador. O choque perceptivo resulta de procedimentos que Foreman já utilizara em espetáculos anteriores, como as campainhas tocando insistentemente, a

---

53. Roger Copeland trata esse tema no ensaio "The presence of mediation", *The Drama Review*, 34, n. 4 (T 128), inverno de 1990, pp. 28-44.

luz cegante jogada diretamente nos olhos do público, os fios/cordas que recortam o palco em todas as direções, compondo um espaço bizarro de varais suspensos, os objetos que se movimentam de acordo com uma coreografia regrada, os atores/personagens transformados em marionetes inertes ou animadas, que exibem um corpo humano deformado e explorado como objeto de uma curiosidade às vezes perversa do encenador[54].

A mediação tecnológica de Foreman, que reaparece no teatro de Thomas, é repetida, quase na mesma intensidade, por Hamilton Vaz Pereira. Nesse aspecto, a situação dos espetáculos dos dois encenadores pode ser comparada à de *Nardja Zulpério,* onde a personagem representada por Regina Casé se comunicava com o mundo através da secretária eletrônica, que compunha um verdadeiro fio condutor de mediação sonora para o espetáculo. Ou ainda de *Estúdio Nagazaki,* onde a mediação era feita por vários aparelhos de televisão colocados lado a lado no palco, reproduzindo a interpretação da atriz Lena Brito de modo simultâneo à sua ocorrência ao vivo. Recurso que Hamilton já vinha experimentando desde A *Farra da Terra,* de 1983, quando *videomakers* gravavam o espetáculo no momento de sua ocorrência, transmitindo ao público, simultaneamente, imagens atuadas ao vivo e imagens mediadas pela gravação. Como Foreman e Thomas, Vaz Pereira compõe um texto cênico onde personagens, movimentos, músicas, fragmentos de diálogo, imagens gravadas e ao vivo, são propostos de maneira concomitante, num mecanismo de amealhar referências e citações totalmente despreocupado com linearidade narrativa ou tensionamento dramático[55].

Voltando à mediação, o que ela coloca em risco, para além da *performance,* é exatamente a co-presença, sem intermediários, de seres humanos em um determinado espaço. São suficientemente conhecidas as argumentações que ligam a essência do teatral exatamente à convivência, num mesmo espaço, de atores e espectadores. A situação face a face que eles compartilham, até pouco tempo era considerada um dos aspectos fundantes do fenômeno teatral, aquilo que, essencialmente, separava o teatro de outras artes, como o cinema, a pintura, a literatura ou a escultura. Este é basicamente o raciocínio teatral de Grotowski, que enumera os vários elementos de que a cena pode se privar, sem que sua essência teatral se modifique. O que resta ao final do processo de despojamento pro-

---

54. Marie-Claire Pasquier, *Le Théâtre américain d'aujourd'hui*, Paris, Presses Universitaires de France, 1978.
55. Em minha dissertação de mestrado, "Grupos Teatrais: Percurso e Linguagem", analiso o trabalho de Hamilton Vaz Pereira com o grupo Asdrúbal Trouxe o Trombone.

posto pelo artista polonês, uma via negativa e ascética, é exatamente a relação perceptiva direta, viva, não mediada, entre atores e espectadores.

Os encenadores da mediação não acreditam nessa presença, que Grotowski entende como essência teatral. Compartilhando da descrença de Derrida, uma parcela do teatro contemporâneo afirma que todo discurso sobre a realidade é uma construção linguística e, portanto, uma mediação, e que é impossível atingir uma expressão que preceda a linguagem. Toda linguagem é uma "palavra soprada", pois não pertence ao enunciador, mas à língua, campo histórico e cultural pré-constituído, que o precede e dele prescinde. "...o que se denomina sujeito falante já não é aquele que fala. Descobre-se numa irredutível secundariedade, origem sempre furtada a partir de um campo organizado da palavra no qual procura em vão um lugar que sempre falta"[56]. Por isso Derrida conclui que toda linguagem é ideológica e guarda dentro de si discursos assombrados por aquilo que suprimem ou ignoram, ausências impossíveis de contornar. Em qualquer afirmação, um suplemento de significado é sempre relegado ao esquecimento e, quando examinado, questiona a afirmação original. A análise dos discursos abre, desse modo, uma cadeia sem fim de remissões, que conduzem sempre a novos significados, num processo analítico que tem sido chamado de desconstrução. A desconstrução descobre as premissas ideológicas em que se baseia uma afirmação, e permite perceber o que foi suprimido ou ignorado nela, e com que intenção. Por outro lado, demonstra que não pode haver fechamento de significado, pois o processo de interpretação é um trabalho em progresso, indicando sempre novas possibilidades.

## DESCONSTRUÇÃO

O teatro norte-americano dos anos setenta e princípio dos oitenta viveu um movimento em direção à abstração e ao a-historicismo, que muitos críticos associaram aos paradigmas da pós-modernidade[57]. Robert Wilson, Richard Foreman, os grupos Mabou Mines e Wooster, as *performances* de Meredith Monk e a dança de Lucinda

---

56. Jacques Derrida, "A Palavra Soprada", em *A Escritura e a Diferença*, trad. Maria Beatriz Marques Nizza da Silva, São Paulo, Perspectiva, 1971.
57. Ver a esse respeito especialmente Michael Vanden Heuvel, *A Performing Drama/Dramatizing Performance,* Ann Arbor, The University of Michigan Press, 1991 e Johannes Birringer, *Theatre, theory, postmodernism*, Bloomington e Indianapolis, Indiana University Press, 1991.

Childs constituíram uma exploração auto-reflexiva da linguagem formal das artes cênicas. O interesse crescente nas explorações temporais e espaciais e a desconstrução operada através de mecanismos de deslocamento constituíram as bases em que se firmou essa experiência.

As óperas visuais de Robert Wilson talvez constituam os melhores exemplos desse processo. As visões de *A Vida e a Época de Joseph Stalin* e *O Olhar do Surdo* se constroem através de um tempo e um movimento interminavelmente distendidos para produzir a desorientação do espectador e possibilitar novas formas de percepção. Um dos canais privilegiados do trabalho de Wilson é organizar um "catálogo epistemológico da informação"[58], que visa à ativação de novos campos perceptivos. Os espetáculos antiverbais e antitextuais amplificam o conteúdo subliminar das imagens através de processos de ralentamento temporal quase científicos. Ao ampliar a imagem cotidiana, mostrando-a em câmara lenta, Wilson distancia os conteúdos familiares dessa realidade, que "só é coerente, redutível a palavras, ideologias e explicações para aquele que não sabe olhar de perto"[59].

A partir desse desmascaramento ideológico, Bernard Dort estabelece uma ponte entre o teatro de Robert Wilson e o de Bertolt Brecht. Por mais distantes que sejam as propostas dos dois encenadores, e ainda que um abismo de visões de mundo as distancie, Dort acredita que elas possam se unir pelo espaço que ambas reservam à reflexão do espectador. Referindo-se ao teatro do Berliner Ensemble, o crítico francês nota que os diversos elementos que compõem a representação estão longe de formar um projeto unificado mas, ao contrário, se alicerçam em diferenças e rivalidades.

> Então o espectador pode escolher, preencher os vazios e apagar os cheios de uma tal polifonia que não conhece dominante. É ele que será a chave da representação. Pois Brecht sempre quis fundá-la não sobre ela mesma mas sobre aquilo que lhe é exterior: o lugar e a reflexão do espectador[60].

Para corroborar sua aproximação, Dort recorre a uma observação de Heiner Müller sobre o trabalho de Wilson:

> O mais importante é que Bob Wilson seja contra a interpretação. Todos os elementos de seu teatro são iguais. O texto, a luz, a coreografia, tudo tem a mesma

---

58. Luiz Roberto Galízia, *op. cit.*, p. 4.
59. Benjamin Henrichs, "Einstein sieht fern", *Die Zeit*, 14.7.1978, p. 2, *apud* Luiz Roberto Galízia, *op. cit.*, p. 21.
60. Bernard Dort, *op. cit.*, p. 182.

importância.[...] Com Bob Wilson, a interpretação é um trabalho que o espectador deve fazer[61].

A despeito da tentativa de Dort de aproximar os dois projetos, é evidente que a proposta brechtiana é mais dirigida, como já se comentou anteriormente. Ainda que pretenda cortar a linearidade da recepção, Brecht visa, em última instância, a denunciar uma determinada visão de mundo, amparado que é pela ideologia marxista. Como nota Walter Benjamin, a organização dos elementos do teatro épico é feita de forma que eles possam criticar-se dialeticamente para permitir que o espectador descubra as situações sociais, os "estados de coisa"[62].

Apesar das diferenças, a importância da comparação está no fato de que, ao aproximar as duas propostas, Dort revela um aspecto da encenação contemporânea geralmente negligenciado. Trata-se exatamente da desconstrução dos códigos ideológicos, feita através de vários mecanismos. A repetição, a progressão, a variação ou o contraste, a eliminação do contexto original dos eventos, o exame minucioso dos componentes da imagem através da câmara lenta, a decodificação do gesto em partes menores, todas essas experiências perceptivas se relacionam à desintegração do discurso ideológico, atacado em sua coerência totalitária. A lógica formal dos textos visuais ou verbais é desconstruída pelo processo de neutralização a que o palco os submete, além de justapô-los a fragmentos de outros discursos.

O confronto analógico leva ao reconhecimento dos modelos de escritura, e não mais ao reconhecimento da realidade, como queria Brecht. Quando o encenador alemão pregava o distanciamento das situações familiares através do famoso efeito V, o que pretendia era, exatamente, que o espectador estranhasse realidades dadas como naturais, e as enxergasse como construções ideológicas, destinadas a manter determinado *status quo*. O que Brecht colocava sob o foco de seu teatro épico era o discurso social, coletivo e objetivo. Ora, o que se pode perceber com clareza, e que Heiner Müller enfatiza em seu comentário sobre Bob Wilson, é que a desconstrução do imaginário de uma época também é uma tarefa política.

É isso que o teatro de Thomas se aplica em fazer: contrariar as formas do imaginário de sua época, revelando, através de associações de imagens e idéias, novas possibilidades de leitura desse imaginário. O que se percebe através da análise dos espetáculos é que essa desconstrução, como o próprio nome indica, não é feita para ser subs-

61. Olivier Schmitt, "Rencontre avec le dramaturge Heiner Müller: la méchanceté et le désordre", *Le Monde*, Paris, 24.2.1988, *apud* Bernard Dort, *op. cit.*, p. 182.
62. Walter Benjamin, "Qu'est-ce que le théâtre épique? Première version", em *Essais sur Bertolt Brecht*, trad. Paul Laveau, Paris, François Maspero, 1978, p. 11.

tituída por outro discurso, que supere o anterior como nova verdade. Ao contrário, o que se percebe é que seu teatro submete todos os elementos a uma prova de instabilidade, realizada às custas da instabilidade da própria encenação. É o que Thomas chama de teatro em progresso, um teatro que nunca para de se mover em direção a alguma coisa, reduzindo as possibilidades de clareza de significado em proveito de uma clareza estrutural. É uma encenação que incorpora o movimento de encenar, na medida em que expressa abertamente seu código construtivo, organizando-se através de conexões analógicas graduais, que progridem através da técnica de justaposição, de adição de elementos e de repetição de motivos, até que se imponha uma ampla configuração.

A desintegração da cena em pequenas moléculas permite que o espetáculo incorpore a crítica à própria estrutura. Por isso, o modelo paródico é tão importante no teatro de Thomas. Por isso, os comentários sobre a criação são tão freqüentes, numa auto-referência irônica e, muitas vezes, raivosa. O meio que a encenação encontra para demolir a ideologia é atacar, em primeiro lugar, a si própria, desmontando seu mecanismo construtivo e mostrando, com isso, que toda linguagem, mesmo aquelas que se pretendem totalizadoras, são apenas linguagens, construções imaginárias que camuflam seus processos construtivos.

A análise da construção da linguagem não põe em evidência as grandes figuras históricas, através de uma fábula ou de recursos épicos, como fazia Brecht, mas mostra as relações imaginárias que os discursos tecem em sua estrutura. O teatro de Thomas interroga sua época pela invenção de discursos paralelos ao imaginário social, alternativas de leitura da realidade. Usa, para isso, os acasos que se agregam a um tema para extrair dele outros sentidos. A encenação empresta de outro um discurso que se encaminha como um fio narrativo – *Um Processo, Carmem com Filtro 2* –, ou como um conjunto de *leitmotive* – *Mattogrosso, M.O.R.T.E.* –, e justapõem a ele comentários críticos, mordazes ou poéticos, como se exibisse ao espectador um mecanismo de pensar o mundo e, principalmente, um impulso de rebeldia contra a realidade. O pensamento visual que o palco viabiliza, próximo à figurabilidade inconsciente que Freud definiu, restitui ao espectador os ritmos plásticos, os deslocamentos e associações de imagens, retirando-lhes, entretanto, a inocência. Com esse movimento, a encenação responde ao desejo dos espectadores de "fantasmar" livremente e coloca à sua disposição "imagens de qualidade"[63], para

---

63. Patrice Pavis, "Parcours au bout du sens: a propos du spectacle 'Parcours' ", em *Voix et images de la scène. Vers une sémiologie de la réception*, Villeneuve d'Ascq, Presses Universitaires de Lille, 1985, p. 229.

que ele possa contrapor-se ao imaginário social. O espaço que se move impedindo a estabilidade discursiva, o corpo que ostenta o estereótipo e sua desconstrução, os enunciadores múltiplos que se distribuem no palco, todos impedem o fechamento da interpretação. Com a matéria do teatro, Thomas compõe uma forma inabitual de visão de mundo. E força o espectador a confrontar-se com ela.

Segundo Lyotard, a arte moderna extrai sua força da estética do sublime e de seus axiomas[64]. Reportando-se a Kant, afirma que para o filósofo o sentimento do sublime é um afeto a um só tempo potente e equívoco, pois comporta prazer e dor. Ou, melhor, o prazer decorre exatamente da dor. Essa contradição se desenvolve como um conflito entre a faculdade do sujeito de conceber alguma coisa e a de representá-la. Entre a capacidade de conceber e a capacidade de representar o objeto correspondente ao conceito, existe um espaço cujo acordo não é determinado nem regrado. Não há conhecimento se o enunciado não é inteligível.

O sublime é o sentimento que acontece quando a imaginação não consegue representar o objeto que venha a combinar-se com o conceito. O artista tem uma idéia do mundo, mas não consegue mostrá-la. Consegue conceber o simples, o infinito ou o vazio, mais a representação não é possível, pois sua capacidade de mostrá-los está muito aquém da potência dessas idéias. Pode-se dizer, nesse sentido, que elas não são representáveis.

Lyotard continua sua argumentação dizendo que o próprio Kant indica a direção a seguir para expressar idéias irrepresentáveis, quando fala da ausência de forma e da abstração vazia que é, ela própria, uma representação negativa. Segundo o autor, é por isso que a modernidade caminha em direção à paulatina exclusão do real da representação.

A partir da relação sublime do representável com o concebível, Lyotard distingue, dentro da modernidade, duas vertentes ou dois "modos"[65]. Uma delas acentua a impotência da faculdade de representação, a nostalgia da presença que o homem experimenta diante da vontade obscura que, apesar de tudo, o anima. É a arte que se dedica a representar o que não pode ser representado, aquela que tenta mostrar alguma coisa que não se pode ver.

Lyotard coloca nas obras de Proust e de Joyce os paradigmas para o entendimento dessa divisão. Em Proust o que aparece é a

---

64. Jean-François Lyotard, "Le Sublime et l'avant-garde", em *Le Postmoderne expliqué aux enfants*, Paris, Galilée, 1986, pp. 25-28.
65. Lyotard, *op. cit.*, p. 30.

identidade da consciência diante do tempo. Ele diminui o peso do irrepresentável pelo uso de uma língua intacta, construindo uma escritura que se aparenta, por vários mecanismos, à narrativa romanesca. A instituição literária é subvertida porque o herói proustiano não é mais uma personagem, mas uma consciência interior da temporalidade. Apesar disso, a identidade da escritura é sustentada, nos capítulos da obra, pela narração interminável, suficiente para conotar a unidade. Joyce, ao contrário, mostra o irrepresentável através do significante. A gama dos operadores narrativos, e mesmo estilísticos, é posta em questão, sem nenhuma preocupação de garantir a unidade.

Segundo Lyotard, a diferença entre a obra dos dois artistas reflete a diferença básica entre os procedimentos modernos e os pós-modernos. A estética moderna é uma estética do sublime, porém de um sublime nostálgico, na medida em que permite que o não representável seja evocado, mas apenas como um conteúdo ausente, pois a forma continua a oferecer aos leitores, graças à consistência de sua estrutura – familiar e reconhecível –, uma matéria de consolação e de prazer.

Esses sentimentos não formam, entretanto, o verdadeiro sublime, que é uma combinação intrínseca entre prazer e dor. O prazer de constatar que a razão excede toda a representação, e a dor de perceber que a imaginação e a sensibilidade não estão à altura do conceito. O pós-moderno é aquilo que recusa a consolação da boa forma para melhor fazer sentir a impossibilidade de representar. Dentro do moderno, é aquilo que desloca o não representável para a própria representação.

> Um artista, um escritor pós-moderno, está na situação de um filósofo: o texto que escreve, a obra que realiza não são, em princípio, governados por regras já estabelecidas, e não podem ser julgados [...] pela aplicação de categorias conhecidas a esse texto, a essa obra. Essas regras e essas categorias são aquilo que a obra ou o texto procura. O artista e o escritor trabalham, portanto, sem regras, com vistas a estabelecer as regras daquilo que *já foi feito*. Daí que a obra e o texto tenham as propriedades de um evento; daí também que eles aconteçam muito tarde para seu autor, ou, o que dá no mesmo, sua produção comece muito cedo. O *pós-moderno* deve ser compreendido segundo o paradoxo do futuro (*pós*) anterior (*modo*)[66].

Como a obra pós-moderna, também o teatro de Thomas é um evento, uma encenação em movimento para o futuro, mas que resgata um modo anterior. Esse resgate é a ordenação que a memória do encenador faz.

Sem território fixo, com o espaço que se subleva à intervenção da luz, com a música impactante que desnorteia os sentidos, com os

---

66. *Idem, ibidem*, p. 33. Os grifos são do autor.

retalhos de personagens arrastados pelo ator, com o narrador que é também encenador e, como ele, se recusa à narrativa, com os corpos de *leitmotive* seccionando a cena em minúsculas veias de sentido, com o movimento construtivo em progresso, que leva o espetáculo seguinte a negar o anterior, a encenação de Thomas transforma o espectador em parceiro de um jogo libertário, feito sem regras fixas. Compõe um anteparo subversivo ao desejo, demasiado humano, de totalização.

# Cronologia

Heloísa Greco Bortz (AMM)

Fernanda Montenegro e Fernanda Torres em *The Flash and Crash Days* (1991). Foto: Heloísa Greco Bortz (AMM).

# Cronologia

*ALL STRANGE AWAY*

*Estréia* – janeiro de 1984 – La Mama (Nova York)
– novembro 1984 – Beckett Theater (Nova York)

*Autor*: Samuel Beckett
*Direção*: Gerald Thomas
*Cenografia*: Daniela Thomas
*Elenco*: Ryan Cutrona
*Iluminação*: Blu
*Figurinos*: Sally J. Lesser
*Produção Executiva*: Marybeth Ward
*Operador de Luz:* Howard Thies
*Operador de Som*: Richard J. Gruca
*Consultor de Cenotécnia*:Karl Berge
*Cenotécnico*: Eric Aufderheyde
*Stage hand*: Brian O'Malley
*Agradecimento Especial*: Richard S. Bach
*Produção*: La Mama E.T.C.

"Eu adoro as peças de Beckett, mas sou ainda mais fascinado pelos textos, que falam, e se contradizem, ereforçam mais uma linha cética; é o que eu chamo de um muro de Berlim entre filosofia e poesia; ou ainda, a linguagem do processo de pensamento, que é uma coisa muito mais complexa do que a linguagem que a gente fala; pois inclui intervenções de cheiros, sons, a ausência deles, o claro, o escuro. É indomável o pensamento, e com o jogo entre os pensamentos, como se fossem crias impessoais, Beckett acusa a *weltschmerz* (dor de existir) a cada palavra. Acho que ele lança isso nesses textos mais do que quando escreve especialmente para o palco, onde ele pensa em figuras teatrais específicas; nos textos ele é muito mais conciso, mais poético e pessoal."

Gerald Thomas, "Nem o absurdo de vivermos é triste o bastante...", programa de *4 Vezes Beckett*, 1985.

## *BECKETT TRILOGY*

(Theatre 1, Theatre 2, That Time)
*Estréia* – 8 de março de 1985 – La Mama (Nova York)
 – junho de 1985 – Theater Am Turm (Frankfurt)
*Autor*: Samuel Beckett
*Direção*: Gerald Thomas
*Cenografia*: Daniela Thomas
*Iluminação*: Gerald Thomas
*Elenco*: George Bartenieff, Julian Beck, Frederick Neumann
*Produção*: La Mama E.T.C.

"Em Beckett somos conduzidos, por algumas imagens que ele cria em seus textos, a uma concentração absoluta: uma boca e nada mais em *Not I*, uma cabeça e nada mais em *Aquela Vez*. O teatro talvez seja a melhor forma de encontrar uma metáfora para a filosofia dos nossos tempos, e por acaso eu encontrei Beckett, que é o mais próximo disso tudo. A sua criatividade fica na invenção da imagem, no trabalho de criar uma metáfora visualmente tão forte quanto a que o autor cria com a linguagem. Existe uma coisa chamada hesitação. Criar isso é o meu trabalho. Através dele, uma frase é cortada onde aparentemente não deveria; os atores ficam em estado de choque, porque eu vou tirar a ênfase de onde eles a colocam, e deslocá-la para um outro lugar, uma outra palavra dentro da mesma frase. Trata-se de dividir, triturar as palavras de uma maneira na qual o processo da mente fique claro, e não o processo da fala. [...] Ou seja, a frase pode ficar inexpressiva durante dois minutos, e de repente uma sobrancelha levanta e desce. Um lábio cai para a direita e sobe. Isso é tudo. Como se uma lente *zoom* se estivesse fechando em cima de uma parte de seu corpo, que passa então a traduzir um determinado momento. Isso é uma imagem metafórica do que se passa na sua cabeça, muito mais do que esse terrível teatro declamado, teatro de oratória, que se faz normalmente."

Gerald Thomas, "Nem o absurdo de vivermos é triste o bastante", programa de *4 Vezes Beckett*, 1985.

## *4 VEZES BECKETT*

(Teatro 1, Teatro 2, Nada, Aquela Vez)
*Estréia* – agosto de 1985 – Teatro dos Quatro (Rio de Janeiro)
*Autor*: Samuel Beckett
*Direção*: Gerald Thomas

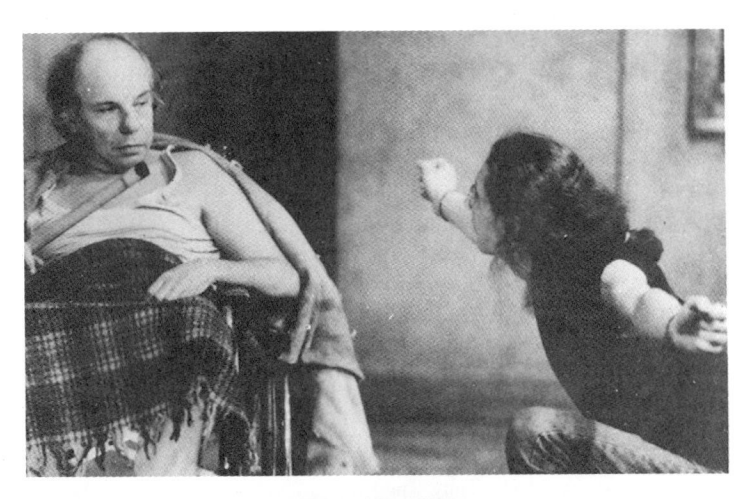

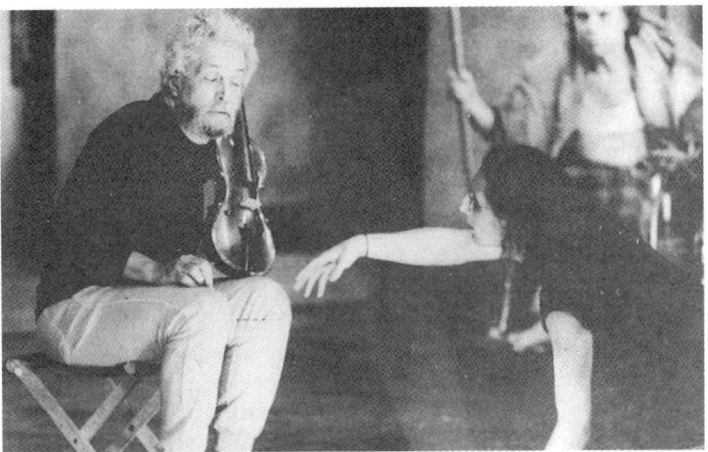

Rubens Correa, Sérgio Britto e Ítalo Rossi com Gerald Thomas em *4 Vezes Beckett*. Foto do programa do espetáculo.

*Cenários e Figurinos*: Daniela Thomas
*Iluminação*: Gerald Thomas
*Elenco*: Rubens Corrêa, Sérgio Britto, Ítalo Rossi, Richard Righetti
*Direção de Produção e Administração*: Jeferson
*Fotógrafo de Cena*:Gaston Guglielmi
*Pesquisa para Divulgação e Programa*: Yan Michalski e Beti Rabetti
*Divulgação*: Marilena Cury e Moacir Deriquem
*Cenotécnico e Pintura Cênica*: René Magalhães
*Aderecista*: Tony Ruggiero
*Costureira*: Rita Maria da Conceição Silva
*Alfaiate*: Walter A. Pereira
*Assistente de Iluminação e Operador de Luz*: Wagner Pinto
*Eletricista Cênica:* André
*Operador de Som*: Roberto Wilson
*Contra-regras*: Zé Maria, Tony Ruggiero
*Cartaz*: Gerald Thomas
*Programa*: Daniela Thomas
*Produção*: Teatro dos 4 e La Mama E.T.C.

"O primeiro elemento com que me identifico é a a sua [de Beckett] *pointlesness,* palavra quase intraduzível em português, enfim, aquele seu – pra quê?, – pra que isso tudo? Acordar de manhã é um suplício. E não dá pra chamar essa atitude de existencialismo, porque o existencialismo duvida. Eu não duvido mais. Eu tenho certeza de que é tudo uma ruína total. Mas é claro que não é. É uma maneira de se referir à primeira pessoa, como se eu estivesse ouvindo vozes na terceira pessoa convergindo lentamente para uma primeira – talvez eu ... Mas nesse processo, o tempo de tudo fica defasado, crítico e irônico. Nem o absurdo de vivermos é triste o bastante. Parece que no final só restam trocadilhos, porque removendo-se tudo de uma pessoa, nem a linguagem fica, a pessoa passou pela vida num tempo ansioso entre o objetivo e a falta de linguagem para alcançá-lo.

Há, ainda, a vontade de que as coisas se unifiquem, mesmo sabendo que isso é impossível. Sabendo já *a priori* que é impossível achar uma verdade, uma verdade não moralista. Daí uma reação de ceticismo muito grande, talvez até de cinismo. Mas, ao mesmo tempo, essa força incontrolável que nos faz continuar. Como diz um personagem becktiano: *"I can't go on. "I'll go on."* Eu não posso continuar. Eu vou continuar. Eu acho que esta fala exprime praticamente tudo."

Gerald Thomas, "Nem o absurdo de vivermos é triste o bastante", programa de *4 Vezes Beckett,* 1985.

## QUARTETT

*Estréia* – dezembro de 1985 – Theatre for the New City (Nova York)
*Autor:* Heiner Müller
*Versão em Inglês*: Carl Weber
*Direção:* Gerald Thomas
*Cenário e Figurinos:* Daniela Thomas

*Iluminação*: Gerald Thomas
*Elenco*: George Bartenieff e Crystal Field
*Produção Executiva*: Marybeth Ward
*Production Design*: Tony Angel
*Diretor Técnico*: Mark Marcante
*Architecture details & sculptures*: JoAnne Basinger, Marina Zurkow, Limberly Meinelt
*Pintura do cenário*: Jo Anne Basinger, Kimberly Meinelt, John Paino, Marina Zurkow
*Consultor de Iluminação*: Craig Kennedy
*Assistente Stage Manager*: Merrill Gruver
*Seamstress*: Kathy Lewis
*Celo*: Jaques Morelenbaum
*Percussão*: Brian O'Malley
*Execução de Cenário*: Kathy Lewis, Hayla, Pedro Pinto, Rodrigo Noronna, Daniela Thomas
*Técnicos de Luz*: Douglas MacMullen, Jiri Schubert
*Produção*: Theater for the New City e Goethe House

## *CARMEM COM FILTRO*

*Estréia* – abril de 1986 – Teatro Procópio Ferreira (São Paulo)

*Criação e Direção Geral*: Gerald Thomas
*Cenário e Figurinos*: Daniela Thomas
*Iluminação*: Gerald Thomas
*Elenco*: Antonio Fagundes, Clarisse Abujamra, Bete Coelho, Oswaldo Barreto, Luiz Damasceno, Ana Kfouri, Lu Grimaldi, Horácio Palacios, Guilherme Leme, Geraldo Loureiro, Pedro Vicente
*Voz Gravada*: Carlos Augusto Strazzer
*Coro*: Geraldo Loureiro e Pedro Vicente
*Música*: Jaques Morelenbaum
*Assessoria Técnica*: Victor Lopes
*Coreografia Flamenca*: Laurita Castro
*Administração e Produção*: Marga Jacoby, Cristina Sato e Luciana Pereira
*Produção Executiva*: Cristina Sato
*Assistente de Produção*: Luciana Pereira
*Assistente de Direção*: Horácio Palácios
*Cenotécnico*: Paulo Calux
*Execução de Figurinos*: Dina Pereira de Carvalho
*Pintura Cênica e de Figurinos*: Flávia Ribeiro (Frapê)
*Filme*: Tuta
*Programa*: Renata Lo Prete
*Assessoria Técnica*: Victor Lopes
*Cartaz*: Gerald Thomas
*Publicidade*: Rino
*Gravação*: Country Produções
*Divulgação*: Artelino

*Direção de Cena*: Yara Leite
*Operador de Luz*: Ivan Fagundes
*Operador de Som*: Washington Oliveira
*Camareira*: Nair Corcino
*Adereços*: Helô Cardoso e Leopoldo Pacheco
*Cabelos*: Tonny
*Assistente de Pintura Cênica*: Felipe Tassara e Arthur Fajardo
*Fotos*: Valdir Silva
*Produtor Associado*: Jorge Takla
*Produção*: Fagundes Produções Artísticas

"Interessa trazermos o mundo coletivo, o estado de sítio, para dentro dessa caixa preta que, sendo escura, muito mais se parece com a nossa consciência do que com a nodda vida prática? Está claro para mim que teatro deve provocar a percepção do nosso fluxo de sentidos. Um bom teatro aumenta o nosso registro do nosso banco de memória. Ou será que o teatro prático, realista, não danificou o lado abstrato do nosso banco de memória? Será que é banal assim? Essa plataforma elevada chamada palco serve só para elevar em um metro os simples desejos da sociedade? Eu já uso esse metro elevado para flutuar justamente no nível dos olhos, ouvidos e narinas, me divertindo com a tentativa de comprimir a lucidez em espasmos de tempo totalmente desligados do real, ou com a rendição a valores que não adotamos. Uma visão pode ser de saboreamento coletivo e ainda assim estar totalmente despida de qualquer referência imediatamente real. O meu "moto", às vezes, é de criar um estado idiossincrático no palco enquanto que a platéia gesta um canal cerebral escuro, incerto, metafórico. [...]

Filtro? Com Filtro? A quantidade de sentidos nesse título é suficiente para que Prosper Merrimée dê cambalhotas de ódio em seu túmulo. A reação ao título *Carmem com Filtro* tem sido um agradável sorriso de compreensão. Muitos diretores no mundo querem – e fazem – a sua Carmem. É um dos títulos mais propícios a versões particulares e cura o problema de retenção anal de muitos diretores que é o melodrama. No meu caso, a fusão de melodrama com expressionismo é quase que uma necessidade depois de muitos anos dirigindo exclusivamente Beckett. Essa Carmem é um funil de simbologia contemporânea e uma desculpa fértil para que sejam despejados de sua boca, e também de todos os outros personagens, minhas obsessões mais agudas, como o arquivamento de dizeres e de épocas, os nós atados entre os monumentos da humanidade, o território vazio entre clichê e metáfora e o muro fino entre poesia e filosofia, Dante... Joyce... Beckett e Heiner Müller. [...]

O fluxo de informação verbal é demasiado no teatro que eu faço. O exagero de informação por milímetro cúbico provoca uma assimilação sóbria, reduzida, filtrada. Mais uma vez é o banco de memórias que faz o processo sobreviver, retroativamente. As frases não duram o tempo suficiente no ar para serem observadas pelo nosso consciente, mas as pausas e as paradas de hesitação são deliberadas, acontecem onde uma fala deveria ter preferência sobre a outra e sobreviver mais tempo. Por que essa obsessão pelo esquecimento imediato? Porque quando olhamos em volta, na rua, ou quando ouvimos uma sinfonia, pouco do que vimos ou ouvimos nos resta além da essência destilada. Eu chamo essa essência resultante de matéria,

pois é o que constróim no mínimo, nosso discurso. Em teatro passa-se um mês ensaiando uma matéria com poucas falas, gestos mínimos. O caotismo prima pela desorganização da matéria. O expressionismo pela acentuação. Eu, pela descontextualização. [...]
O palco, para o meu teatro, funciona como fluxo e contração. Ele respira. Passo horas sentado em frente a um palco vazio determinando o peso que uma peça vai ter. O movimento dos atores. O andar deles. Se andam leve ou pesado. Se machucam o chão ou não. Se andam rápido e deslocam muito ar. E o peso do ar que paira acima da cabeça deles. Dentro do minimalismo, os movimentos de um ator durante um espetáculo permanecem na memória. Só se diluem com o tempo, quando a nossa própria contribuição imaginativa os torna impressão. [...]
A música sempre teve o privilégio de ter uma nota aqui, pendurada no ar, outra ali, sublinhando o ar, a conversa simultânea e entrosada entre instrumentos chamada harmonia ou dissonância, lembrando como nossas cabeças pensam e observam rítmica e desritmicamente; e a pintura, acudindo um detalhe e ofuscando os outros. Infelizmente o teatro ( exceto nos antros experimentalistas de Nova York) anda anos atrás.
Sou violentamente a favor de uma palavra isolada, jogada no ar. Uma lágrima sozinha com uma mínima luz em cima, uma mexida de uma peça do cenário ou a mera presença fícica do ator, com sons íntimos, arbitrários. Tudo isso é estética, estilo, comentário, poesia, filosofia: teatro."
Gerald Thomas, "... A respeito da ópera seca", programa de *Carmem com Filtro,* 1986.

## QUARTETT

*Estréia* – julho de 1986 – Teatro Laura Alvim (Rio de Janeiro)

*Autor*: Heiner Müller
*Tradução*: Millor Fernandes
*Direção*: Gerald Thomas
*Cenário e Figurinos*: Daniela Thomas
*Iluminação*: Gerald Thomas
*Música*: Jaques Morelenbaum
*Elenco*: Sérgio Brito e Tônia Carrero
*Produção Executivae Administração*: Creusa de Carvalho
*Diretor de Cena*: Domingos Varela
*Assistente de Iluminação*: Wagner Pinto
*Som*: Roberto Wilson
*Tímpano*: Antonio Pinto
*Cenotécnico*: Humberto Silva
*Pintura Cênica e Figurinos*: Flávia Ribeiro (Frapê) e Felipe Tassara
*Execução de Figurinos*: Leda Bastos e Valter
*Programa*: Yan Michalski e Rosyane Trotta
*Divulgação e Promoção*: Marilena Cury e Moacir Deriquém

*Fotos*: Reinaldo
*Poster*: Gerald Thomas
*Supervisão de Cabelo e Maquiagem*: Guilherme Pereira
*Penteado*: Lúcia Theodoro
*Aderecista*: Tony Ruggiero

"Ópera Seca é o título propício para que vocês esqueçam do 'estado de sítio' do qual estão chegando: dos ônibus, dos salários, da televisão... É também o aval de autorização para a junção de vários códigos entre teatro ocidental, oriental e ópera. Uma fusão não tão distante da qual sofremos quando fazemos uma viagem, uma reciclagem da nossa percepção. [...] Está claro para mim que o teatro deve provocar precisamente esse paradoxo de sentidos, já que, sendo uma caixa escura como é, mais se parece com a nossa consciência do que a idiotizante condição prática sob a qual vivemos. [...]

Me intriga como seriam os sons armazenados. E as imagens. Como seria a justaposição de imagens de um esquartejamento de uma galinha e um prédio da Bauhaus. Ou os sons justapostos dessas mesmas imagens? Como criaturas somos, sem dúvida, o acúmulo de tudo isso, já que no tempo relativo, nossas vidas inteiras nada mais são do que um espasmo de som e imagem, talvez bem parecido com o exemplo acima. Está aí uma metáfora ignorada no teatro. Não na música, literatura, cinema, mas sempre no teatro porque a bestialidade realista e psicológica prefere contar o drama da costureira gorda do que justapor verbos e imagens. [...]

O meu interesse no momento é a fusão de vários códigos, como o melodrama com a imobilidade oriental, por exemplo. Ou o expressionismo com o realismo. Talvez assim esse teatro possa servir como um funil de todas as mitologias, criando uma outra mais arqueologável, mais agressiva, mais relevante. Sempre digo que somos todos umas Torres de Babel, mesmo monolinguísticamente. Despejamos dessa nossa persona o acúmulo antropológico de todas as outras personas que fomos assimilando através dos tempos. [...]

Destilamos uma síntese desse acúmulo de informação e o que sobra são restos. Esses restos eu chamo de matéria, e é ela, no mínimo, que constrói nosso discurso. Esse discurso, como o palco, para mim não tem que ter nenhuma funcionalidade. [...] Uma brincadeira de emoções. De códigos. Uma junção entre uma música dramática emocionante e uma imagem valente ou lírica. E pronto. Não temos nem que saber do que se trata e embarcamos. [...]

A minha tragédia, tanto *Carmem com Filtro* como *Quartett*, é uma experiência coletiva entre os vultos que habitam o espetáculo. Mas não é penitência. É sim um confessionário coletivo dos vários autores que compõem esses dois espetáculos. [...]

Em *Quartett* mais uma vez a metáfora predomina. Mais uma vez não se trata de um ou dois ou mesmo quatro personagens. Trata-se do acúmulo de todos os filósofos e autores que Müller incestuosamente joga numa cama, tendo em vista, algumas vezes, a procriação. Também em *Quartett* os dois vultos habitam um universo de comicidade cruel. Quartett é muito perverso porque, além de nos proporcionar séculos de dramaticidade mal arquivada

Tônia Carrero em *Quartett* (1986).

e de nos mostrar a impotência real e metafórica, nos traz à própria dificuldade que é o teatro."
Gerald Thomas, "... A respeito da Ópera Seca II", programa de *Quartett*, 1986.

## ELETRA COM CRETA

*Estréia* – dezembro de 1986 – Museu de Arte Moderna (Rio de Janeiro)
 – abril de 1987 – Teatro Anchieta (São Paulo)
 – abril de 1987 – Teatro Cândido Mendes (Campinas)
*Criação e Direção Geral*: Gerald Thomas
*Cenário e Figurinos*: Daniela Thomas
*Iluminação*: Gerald Thomas
*Elenco*: Bete Coelho, Beth Goulart, Maria Alice Vergueiro, Vera Holtz, Luiz Damasceno, Marcos Barreto.
*Cabelos*: Nonato
*Direção de Produção*: Norma Thiré
*Divulgação*: Marilena Cury, Moacir Deriquém
*Coordenação Geral*: Yacoff Sarkovas
*Música Incidental*: Sérgio Seixas
*Pintura de Cenário, Tratamento de Figurinos e Construção de Objetos de Cena*: Flávia Ribeiro e Felipe Tassara
*Assistente de Iluminação/Operador de Luz*: Wagner Pinto
*Operador de Som:* Waldir Pinto
*Diretor de Cena e Contra-Regra*: Domingos Varella
*Camareira*: Maria de Lurdes Oliveira
*Cenotécnico*: Humberto
*Fotos*: Reinaldo
*Pintura/Placa:* Elísio
*Programa/Texto*: Yan Michalski e Rosyane Trotta
*Programa/Visual*: Daniela Thomas e Gerald Thomas
*Contabilidade*: Hitoshi Nizhimoto
*Secretaria*: Maria Regina de Oliveira
*Administração*: Roque Bittencourt
*Assessoria Jurídica*: Braz Martins Neto
*Assessoria Artística*: Hilda F. Zerlotti
*Produção*: Artecultura

"*Eletra com Creta* é uma reavaliação da tragédia ocidental, dos mitos que a pontuam, além de ser um desabafo punk, sujo, sediando o teatro no seu equidistante análogo: o cinema. Eletra é narrada fragmentadamente – edição cinematográfica – e os atores se escondem atrás de telas, aproveitando a magia como metáfora, o universo de Dante como situação. Mas podia também estar acontecendo num inferno fim de milênio, periferia punk de São Paulo, East Village de New York ou East End de Londres. O contraponto do desabafo é Beckett. Ou melhor, está pontuado aqui por caracterizações beckettianas. O monolitismo do cérebro, o confinamento das repetições, o definitivismo da linguagem concretista do que se diz em cena, nos leva a um teto que cobre a narrativa: desiludidos seres lacanianos. Concretistas, pois fazem do discurso do dito o susto emocional, expressionista, plástico. Aquele vivido no Brasil por Oiticica.

A imagem 'depois da chuva', 'fim de milênio', é uma textura básica para que se imprima nisso uma ópera seca. Os climas emocionais são quase todos esculpidos pela Quinta Sinfonia de Shostakovich, que faz da tragédia a herança, ou heranças, mais reconhecíveis, como o melodrama, o jogo de emoções estético-descontextual. O julgamento, esse dos tribunais, das cortes, é a forma pela qual os mitos gregos são triturados. Ou melhor, a essência concreta dos mitos é triturada. O julgamento, a mais bela e errônea forma inventada pela civilização, ainda em estado peripatético, é aqui o prisma lacaniano, beckettiano e dantesco da medição de valores. Aliás, não é só teatro. É, em muitos aspectos, o humor desesperado calcado nas contradições, pelas fontes de atividade mental. [...]

Especula fatos fundamentalmente abstratos, mas ligados ao nosso inconsciente através da herança cultural milenar que carregamos, uns nas costas, outros não, e que nesse fim de milênio têm que ser descarregados como um mal-educado, grotesco desabafo. [...]

*Eletra com Creta* é um livre exercício do teatro experimental, ansioso pela sua condição. É o resultado de um trabalho específico de teatro que une códigos, os mais diversos, sob o título de ópera seca. É épico, é às vezes monodramático, e imprime muitas vezes, pela estética, um inconsciente metafórico. O banco de memórias trabalha num nível, enquanto a razão, num outro, faz a filtragem que chamamos de julgamento. *Eletra* é, em forma e conteúdo, o psicossomatismo de arquétipos, uns desembocando nos outros, tudo ao mesmo tempo."

Gerald Thomas, "Eletra com Creta", programa do espetáculo, 1986.

"*Cumulus Nimbus* – Ainda é insuportável o que ocorre lá fora?

*Ercus* – Me sinto obrigado a dizer que sim, mesmo que não seja verdade.

*Cumulus Nimbus* – O que direi quando sentires vontade de dizer que não?

*Ercus* – Continuarei sempre a dizer que sim, prometo pelo mal que nos une. Mesmo que não saibas, estás com olhar de pânico.

*Cumulus Nimbus* – Então, diante de tamanha injustiça, esse ponto de vista se torna ainda mais agudo. Sinto, Ercus, que não possuo mais nenhum ângulo reto.

*Ercus* – Bobagem. De onde eu te vejo, você senta na casa dos cinquenta. Ainda há muito pela frente, infelizmente. Mesmo que pudéssemos entregar os pontos, não haveria a quem entregá-los.

*Cumulus Nimbus* – Estou todo curvado, meus calcanhares suam abafados debaixo de tanta vestimenta. Nos vestimos contra o frio, ainda?

*Ercus* – Contra o frio.

*Cumulus Nimbus* – E já não está frio há tanto tempo? Quando foi o atentado?

*Ercus* – Procuro todo dia me esquecer.

*Eletra com Creta* (1986). Em primeiro plano, Luiz Damasceno, Bete Coelho e Beth Goulart; ao fundo, Vera Holtz. Foto: Djalma Limongi Batista (AMM).

*Eletra com Creta* (1986). Luiz Damasceno e Marcos Barreto. Foto: Djalma Limongi Batista (AMM).

*Cumulus Nimbus* – Faz mais de vinte anos. Então há vinte anos não me movo daqui. Quando me diziam que isso ia continuar, eu não acreditava. Acredito agora, mas isso é continuação? Não posso continuar.
*Ercus* – Precisas continuar. Basta olhar pras coisas com um pouco mais de afeto. E quando encontrares o propício, embarcarás.
*Cumulus Nimbus* – O que digo então, por ora?
*Ercus* – Ora, diga que és feliz.
*Cumulus Nimbus* – Como isso soaria vindo da minha boca?
*Ercus* – Faça de conta que não vem."

Gerald Thomas, *Eletra com Creta*, 1986, cena 14.


## O NAVIO FANTASMA

*Estréia* – 2 de abril de 1987 – Teatro Municipal (Rio de Janeiro)

*Autor:* Richard Wagner
*Direção Cênica, Concepção e Iluminação*: Gerald Thomas
*Cenário e Figurinos*: Daniela Thomas
*Regência*: Eugene Kohn (2 a 7 de abril); e Isaac Karabtchevsky ( 9 e 12 de abril)
*Coro e Orquestra Sinfônica do Teatro Municipaldo Rio de Janeiro*
*Maestro do coro:* Manuel Cellario
*Solistas*: Carmo Barbosa, Sabine Hass, Vladimir de Kanel, Walter Donati, Ricardo Tuttman, Silea Stopato (Elenco A); Joshua Hecht, Elizabeth Payertucci, Boris Bakow, Edward Sooter, Alexander Senger, Isabel Vivante (Elenco B)
*Produção*: Governo do Estado do Rio de Janeiro/Secretaria de Estado de Ciência e Cultura/Fundação de Artes do Estado do Rio de Janeiro/Teatro Municipal do Rio de Janeiro


## TRILOGIA KAFKA (Um Processo, Uma Metamorfose, Praga)

*Estréia* – abril de 1988 – Teatro Cândido Mendes (Campinas)

*Criação, Direção e Iluminação*: Gerald Thomas
*Cenografia e Figurinos*: Daniela Thomas
*Assistente de Direção e Diretor de Cena*: Domingos Varela
*Assistente de Iluminação e Encarregado Técnico*: Wagner Pinto
*Operadores de Luz*: Wagner Pinto, Sidney Sérgio Rosa
*Cenógrafa Assistente*: Carla Caffé
*Assistente de Figurino*: Denise Borges Mauler
*Gerente Administrativo*: Norma-Lyds
*Criação da Trilha Sonora*: Gerald Thomas
*Produção de Áudio*: Caco Farias
*Operador de Áudio*: Washington Oliveira
*Técnica de Áudio*: Álvaro Farias, Carlos Alberto Campos Júnior
*Criação e Produção de Áudio*: Estúdio VU

*Composição "Metamorfosis" 1, 2, 3, 4*: Philip Glass
*Piano "Metamorfosis" 1, 2, 3, 4*: Martin Goldray
*Estúdio "Metamorfosis" 1, 2, 3, 4*: The Living Room – Nova York
*Projeto de Sonorização*: Washington Oliveira
*Sonorização:* Gradiente
*Microfones*: Le Son
*Criação e Edição de Imagem*: Gerald Thomas
*Direção de Imagem*: Daniela Thomas
*Fotografia*: Rafael Issa
*Produção Executiva de Imagem*: Mário Martini, Hilda Zerlotti, Fernando Costa Valente.
*Projeto de Projeção de Imagem*: Alberto Cervi Neto
*Maquete "Pão de Açúcar"*: Anselmo Bingre
*Ator "Boca"*: Marcos Barreto
*Locação*: Fazenda Santa Branca
*Revelação de Imagem*: Lider Cine Laboratórios S.A.
*Telecine/Montagem*: Fundação Padre Anchieta – TV Cultura
*Cenotécnico*: José Estevão Bezerra Nascimento
*Cenotécnico Assistente*: Marcelo Larrea
*Objetos de Cena*: Juvenal Irene dos Santos
*Fotografias nos Bonecos de Cena*: Bettina Musatti
*Serralheiro*: Marcos Antonio da Silva
*Maquinistas*: Luís Antonio Dias, Denis Nascimento
*Maquinistas Auxiliares*: Ernesto Armênio, Adelino R. Santos, Sérgio Canuto
*Pintura Cênica*: Carla Caffé, Anselmo Bingre, Pedro Vicente, Denise Borges Mauler, Helena Tassara, Antônio Pinto, Marcos Barreto.
*Estrutura "Cubo"*: Meta
*Acrílico "Cubo"*: ICI
*Película Espelhada "Cubo"*: 3M
*Costureira*: Judite Gerônimo de Lima
*Adereços de Figurino*: Neneco
*Cabelos, Maquiagem*: Fábio Namatame
*Barbas Postiças*: Sandro Salamitre
*Contra-Regra*: Simone Carla Corrêa
*Camareiras*: Consuelo Gomes Sá, Neusa Ferreira
*Ternos, Camisas, Gravatas*: Tweed
*Casacas*: Black Tie
*Chapéus, Cartolas*: Cury
*Diretor de Produção*: Mario Martini
*Supervisor de Produção*: Airton Franco
*Produção Executiva*: Mirtes Mesquita, Cláudia Andrade
*Diretor Administrativo-Financeiro*: Antoni Sarkovas
*Assistentes Administrativo-Financeiras*: Rosana M. Kawakabe, Cláudia C. Correa
*Contabilidade*: Hitoshi Nizhimoto
*Assessoria Jurídica*: Braz Martins Neto
*Diretor Comercial*: Eduardo Barros Petit
*Assistente Comercial*: Gina Azevedo

*Trilogia Kafka* (*Um Processo*), 1988. Foto: João Caldas (AMM).

*Edição de Projetos e Clipping*: Maria Aparecida S. Santana, Luciano Kubrusly
*Criação e Produção Promocional*: Prisma Comunicação Ltda.
*Fotografia*: Bettina Musatti
*Assessoria de Imprensa*: Marina Villara, Gilberto Lourenço
*Secretaria*: Maria Regina de Oliveira
*Direção geral*: Yacoff Sarkovas
*Realização*: Artecultura Marketing e Empreendimentos Ltda.

"Grandes poetas dizem coisas grandes demais para serem entendidas ou pequenas demais para serem notadas – diz um certo Chesterton de um certo Francis Thompson. Não que não devesse influenciar um certo Beckett. Não. Influenciou, claro. Thompson já havia escrito 'Nascer de novo. Nascer melhor', ou coisas desse tipo, se é que é pra se ter algum respeito pela literatura e pela lei. Beckett replicou em *Worstward Ho,* 'Falhe. Falhe de novo. Falhe melhor'. Perplexo você pode perguntar, mas e daí? Quantos cúmulos da genialidade existem até que possam surtir algum efeito físico nas pessoas? Por que poetas trabalham de forma tão sintomática? [...]

Vico diz que deveria haver 'uma história ideal e atemporal dentro da qual todas as histórias reais deveriam constar'. [...]

Em literatura, me parece, a emoção é uma organização equacional de palavras. No palco, a emoção me parece ser a organização equacional da literatura e das imagens e dos sons. E mais. E me parece que a genialidade surge surge nos momentos raros de subversão dessa equação, se é que se tem algum respeito pela literatura ou pela lei. O concretismo sofre profundamente até hoje por não ter percebido que a hemorragia que existe dentro de cada significado desemboca, em primeiro lugar, é no trocadilho. E a hemorragia verbal que existe na literatura de palco sofre, no bom sentido, de um simbolismo raro, pois está sendo observada por uma platéia. Perplexo, você pode perguntar, mas e daí?

Não sei, mas temo que nos momentos finais das nossas vidas o que ouçamos sejam todos os sons, todas as imagens, todas as emoções. O que temo é que o final das nossas vidas esteja mais perto da ópera do que do céu.

Não faço mais teatro. Faço ópera. Ópera seca. Há anos digo isso e há anos faço isso. Só que agora mais do que nunca. Estou constrangido pela falta de pensadores nesse país. Constrangido pela falta de loucos, obcecados, visionários. Parece que só existem os políticos e os que entretém os políticos com shows ou com consentimento. O nojo nacional é, antes de mais nada, um nojo cultural. E não adianta centralizar informação e distribuir verba. Isso vira FBI sangrento e burocrático e, pra minha infelicidade, não parece mais ópera.

Quero perguntar como fazer cair aqui, aqui mesmo, o menor átomo da minha plumagem para que fique na história a marca de um bobo. Os que me assistem são, como eu, invulneráveis. A mim, me predisseram uma morte lenta, pior que toda espécie de destino. Mas graças a algumas linhas lidas na minha infância ganhei respeito pela minha adolescência, vida e morte. Não quero dizer com isso que ganhei respeito pelo fato de se estar vivo.

Não posso sequer começar a respeitar o que não entendo. E graças à lei dos opostos saio dessa batalha vencendo porque saio de alma lavada, apesar do meu corpo feder à podridão de todas as iras, todas as vidas que nele tocaram.

Por que centralizar tanto em Próspero da *Tempestade* de Shakespeare? Por que insistir em dar um nó na história, um nó na história como, por exemplo, fazer com que *Parsifal* de Wagner transite entre as linhas redentoras e culposas de Shakespeare, quando o que estaria no palco seria um mero Joseph K, ou um mero Gregor Samsa ou um juder hassídico de Praga? Porque o território melhor para se despejar(*dumping*) a literatura equacional é a equação em si, ou seja, a ilha. E se chega melhor às ilhas através do naufrágio. Pode-se sempre atribuir o acesso a elas à necessidade física de sobrevivência. E aí a luta dos mais fortes e dos mais fracos se torna belíssima, e relativa. E a ilha é um lugar 'em foco', ou seja, cabe dentro do perímetro visual total. [...]

A grande tradição do artista é que ele se torna uma outra pessoa. A crise de identidade constante deve ser uma autobiografia divertida. E autobiografia é também algo muito perigoso porque ela pode se tornar uma diversão muito identificável. Ou ela pode vir a ser, nos momentos finais da nossa vida, uma manifestação disfarçada de impulsos que visam a subverter aquele momento de morte, de parada do ar. A grande maravilha é que isso é, identificadamente, autista.

Ninguém mais pode participar. [...]

Gregor Samsa precisava, no meu espetáculo, reciclar as palavras heróicas de Amfortas de Wagner, pois essas duas mortes não são mortes por inteiro. São mortes aplaudidas e que nunca nasceram por inteiro. São mortes de linguagem só. Estão gravadas em uma certa memória. Mesmo a memória que não vivenciamos, ela é nossa. É de domínio público. [...]

Quem ainda acredita em replicar pessoas no palco é altamente otário. O que existe na aproximação do próximo milênio são criaturas. Mitos. [...]

Bete Coelho, durante os ensaios, me emocionou como nenhum ator até hoje, com quem eu tenha trabalhado ou não. A 'figura' de Joseph K está perfeitamente disassociada da personalidade de Joseph K e a criatura tem manifestações interpretativas que podem e devem ser totalmente creditadas à genialidade dela. Essa desconstrutividade, muitas vezes muito difícil de um ator entender, pois ele está muito ativo dentro dele próprio e perde a perspectiva do teatro que faz, essa desconstrutividade compõe o elemento cênico que rege Bete Coelho e que, principalmente no dueto que ela tem com Oswaldo Barreto, me fez abrir o bué, pois sintetizou tudo o que eu sempre sonhei expressar em teatro.

Luiz Damasceno faz um dos papéis mais difíceis e desafiantes para um ator. Também 'sofreu' de desconstrução em etapas. Percebeu logo no início dos ensaios que iria passar grande parte da peça agachado no chão. Depois tirei-lhe a fala e o arrastei para um estúdio de gravação. O resultado é pra mim completamente moderno, sintético e representativo de uma 'ideologia' de teatro que provavelmente está se firmando."

Gerald Thomas, "Ópera Seca", programa da *Trilogia Kafka*, 1988.

*Trilogia Kafka* (*Um Processo*), 1988. Bete Coelho em primeiro plano, como Joseph K. Foto: João Caldas (AMM).

## UM PROCESSO

*Estréia* – abril de 1988 – Teatro Cândido Mendes (Campinas)
  – 5 de maio de 1988 – Teatro Ruth Escobar (São Paulo)
  – outubro de 1988 – La Mama (Nova York)
  – 14 de fevereiro de 1989 – Teatro Nélson Rodrigues (Rio de Janeiro)
  – 16 de maio de 1989 – Wiener Festwochen (Viena)

*Texto Original*: Franz Kafka
*Livre Adaptação*: Gerald Thomas
*Elenco*: Bete Coelho, Oswaldo Barreto, Marco Stocco, Marcos Barreto, Malu Pessin, Magali Biff, Edilson Botelho, Zacharias Goulart

"Cama. Na cama só uma cabeça bem distante dos pés. Em outras partes do chão, braços, pés e abdomens. Nada se mexe. Na janela uma única nuvem passando. Som de vento e aos poucos uma fusão entre a 'Sinfonia em dó menor', de Franck, com 'Parabéns pra você'. Sons se interpelam, com vento e vozes ininteligíveis. Som de vento aumenta de forma que ultrapassa a inteligibilidade de qualquer outro som. K acorda como de um pesadelo. Sons param imediatamente. K olha em volta, investiga. Absoluto silêncio. Percebe ter sido tudo um sonho, torna a se deitar. Quando K está investigando, nenhuma outra luz, a não ser aquele foco mínimo na cabeça de K, e um leve vento. Cortinas voando levemente. K dorme.

Uma figura ao fundo, no alto, aparece em *flash* matando uma barata. K só se mexe e a figura desaparece. Voltam os sons anteriores. Crescem a partir de um mínimo. Crescem novamente para culminar em pesadelo. Vozes mais inteligíveis dessa vez, quase acusativas, serão citações retroativas do espetáculo a seguir. Um enorme som – maior do que se pode imaginar – estupra o ambiente. Três figuras em silhueta aparecem ao fundo, no alto, e K acorda como num choque. O acordar provoca exatamente a mesma coisa cênica, ou seja, tudo se apaga, só aparece K e sua consciência intranquila. Investiga. Enxuga suor do rosto. Clima de Eliot Ness em filmes de Chicago de 50. K torna a se deitar e tenta dormir. Olhos virados pra platéia, ele não consegue. Porta ao fundo se abre lentíssimamente. Três figuras e suas sombras. Projetadas no chão. K acompanha com pavor a entrada dessas figuras, amarrota o lençol com as mãos. Imagem de braços e pernas se apaga lentamente, e K tenta se virar para conferir. Consegue, e as figuras desaparecem. K percebe estar num certo delírio. Ofegante se levanta, investiga o quarto. Olha o relógio – e nesse ponto som de relógio é introduzido, se fundindo com o resto. K chega até a porta. Não a abre e ouve sons de café da manhã sendo preparado. Volta para a cama em absoluto *dismay*. Senta na cama, consulta novamente o relógio, esfrega a cara, som de relógio mais nervoso, música de parabéns mais nervosa, sons de café da manhã mais insistentes. Enquanto K está sentado na cama, as três figuras entram quarto adentro, andar simétrico, mas não por isso cômico. Chegam *downstage* e um deles – réplica exata de K, cabelos e roupas de K – joga uma toalha em K. Essa figura, com toda a calma, acende um cigarro, Marlowe *style*, e baixinho diz: – 'vamos, se levanta, você está preso'"

Gerald Thomas, roteiro de *Um Processo*, 1988.

## UMA METAMORFOSE

*Estréia* – abril de 1988 – Teatro Cândido Mendes (Campinas)
– 12 de maio de 1988 – Teatro Ruth Escobar (São Paulo)
*Texto Original*: Franz Kafka
*Livre Adaptação*: Gerald Thomas
*Música Original* "Metamorfosis" 1, 2, 3, 4: Philip Glass
*Elenco*: Luiz Damasceno, Marco Stocco, Oswaldo Barreto, Marcos Barreto, Magali Biff, Malu Pessin, Edilson Botelho, Zacharias Goulart

"Luz lenta subindo até um mínimo dentro do cubo. E dentro do cubo uma figura *non-descript*, muitos braços, muitas pernas *dangling* com repetições múltiplas, em virtude do espelhamento infinito dos vidros. Sons e grunhidos íntimos e não descritivos de um ser humano acordando com enorme relutância. Bocejos, espreguiçamentos, sons guturais. Som forte de relógio crescente. Até despertador. Som de despertador, uma enormidade. Tanto assim que assusta o já acordado Gregor. Som cria uma ruptura entre o lirismo morno do acordar e o espanto frio da percepção. Choque ao descobrir a quantidade de pernas e, principalmente, a textura da barriga. Dublagem em *off* acusa o dia normal. Trem, multidões, elevador, esporro de patrão, caos urbano. Contraposta a isso, a enorme impossibilidade de Gregor sequer se mover. Enorme esforço físico da espinha dorsal ao tentar se mexer. Em vão. Cena de alguns minutos. Movimentação física de Gregor em pleno procedimento, enquanto som é substituído lentamente por Philip Glass e Mr. Samsa batendo na porta de Gregor, apavorado com o atraso. Quando o pai bate pela terceira vez, a música é interompida e Gregor tenta desesperadamente dizer alguma coisa. Mas tudo que sai são grunhidos. [...]
Primeira sinalização de caráter: nojo.
Todos os sons, toda a cena, qualquer movimentação de Gregor, chegam a um fim abrupto. Silêncio absoluto enquanto Gregor se olha no espelho, nenhum movimento que seja, como câmera entrando num *zoom*. Para que no final de alguns segundos, digamos vinte, o berro soltado seja de uma enorme expressão de nojo. Gregor virou a única coisa que repelia. Virou tudo que a raça humana rejeita. Mas com uma vantagem: agora tem supremacia sobre os seres humanos, porque tem o poder de enojá-los e expulsá-los de sua própria órbita mesquinha."
Gerald Thomas, roteiro de *Uma Metamorfose*, 1988.

## PRAGA

*Estréia* – 16 de maio de 1988 – Teatro Ruth Escobar (São Paulo)
– outubro de 1988 – La Mama (Nova York)
– março de 1989 – Teatro Nélson Rodrigues (Rio de Janeiro)
*Texto*: Gerald Thomas
*Elenco*: Marcos Barreto, Bete Coelho, Luiz Damasceno, Domingos Varela

"Clima de absoluto pânico. Pânico silencioso. Eslávico. Praga hoje em dia, como se o tempo fosse uma enxurrada cronológica, e sempre no pas-

*Trilogia Kafka* (*Praga*), 1988. Foto: João Caldas (AMM).

sado. As destruições, as invasões e divisões culturais, sub-seqüências de um império em absoluto declínio, criam uma cultura sub-romântica. Sub-romântica porque se trata de um romantismo não ativo, não dialético, monolítico e, principalmente, baseado na nostalgia.

Clima de guerra iminente, não aparente. Horror soturno. Esconderijos. Casal se desabraça, em sofrimento expresso. Gestos baseados em vento.

Expressões seguem um fluxo absolutamente não coloquial. A referência dos atores é a do outono agindo sobre uma árvore. Inconstante, mas certeiro no seu respeito à erosão. As caras seguem o desespero da incompreensão de um agente da natureza abatendo a percepção racional e fazendo com que ela torne absolutamente inútil a luta contra o inevitável, o chamado destino. A constante imagem de um velho recontando sua vida com doçura, amargura, encanto e, principalmente, incompreensão do que passou. Como passou? Por que passou? Sobrancelhas eretas, inevitabilidade, voz colocada no alto da garganta pra sufocar o choro, as explicações inúteis e o ar de deslocamento físico no espaço que não mais lhe pertence.

Um garçom. Tempo percorrido: quarenta anos. Só tendo consciência do seu estado no tempo passado, remove cadeiras empilhadas numa mesa como se estivesse removendo essas cadeiras há muito tempo. Realmente, aquele território é o seu, cada cadeira um dia, uma memória especial. Quando nada há de especial hoje, prevalesce sempre a última. O ar de contenção.Um restaurante aristocrático de Praga nas décadas de 20 e 30, o Barts. [...]

Garçom, cara patética, remove três cadeiras. Importância extrema para ele, pois está só. Povoado no seu silêncio por milhares de seres e vozes e hálitos. Um estado de consciência do limiar daqueles que imaginam coisas. Uma janela. Molduras salientes. Gótico-eslávicas. Janelas abertas, cortinas de filó. Ele deixa a última cadeira em cima da mesa e vai espiar pela janela num clima de tragédia absoluta. Do negro, aparece um vulto por trás da janela, ator, cara lisa de borracha, sem feições, e nela a projeção cinematográfica de uma boca enorme berrando em silêncio – Francis Bacon. Além do berro a boca tenta dizer algo. Não se sabe o que. Trinta segundos e desaparece. Isso não comove o garçom. O olhar neutro não se torna ativo por causa de uma motivação. Área da mesa e cadeiras escura. A mulher do casal anterior está sentada lá."

Gerald Thomas, roteiro de *Praga*, 1988.

## CARMEM COM FILTRO 2

*Estréia* – outubro de 1988 – La Mama (Nova York)
– março de 1989 – Teatro Nélson Rodrigues (Rio de Janeiro)
– maio de 1989 – Wiener Festwochen ( Viena)
– abril de 1990 – Teatro Ruth Escobar (São Paulo)
– outubro de 1990 – Teatro São Pedro (Porto Alegre) – Teatro Nélson Rodrigues (Rio de Janeiro)

"Que loucura reaparecer agora, assim, depois da morte de um amigo, no pior momento da história... Depois da morte de um amigo.

Não tenho forças, me perdoe. Me perdoe, velho amigo, pela substituição. Não sei se você teria rido coragem. Eu a tive e me perdoe.
Pela primeira vez não sei continuar. Não tenho a tua cara rindo em todas as línguas, dizendo a-c-a-b-o-u!
Aqui embaixo decretam, todos os dias, o fim. E, apesar dos pesares, a festa continua. E continuam os problemas diários dos pobres mesquinhos, e continuam as pobres consciências diárias sobre os problemas e continuam as propriedades-problemas sem a menor consciência.
Você não perde nada, é verdade. Eu perco você e a minha força. Não tenho força pra dar um trago. Me ajuda a sair de tanta imagem. Tenho que passar mais um dia nesse clima tórrido.
Só você sabia do calor dos corredores da Biblioteca do Museu Britânico, onde os piores mosquitos proliferam. Foi lá que eu aprendi que todos que se exercitam descansando as pernas pra cima, aspiram o caminho dos céus."
Gerald Thomas, "Para Oswaldo Barreto: 1931-1990", programa de *Carmem com Filtro* 2, 1990.

'Isso tudo, até aqui, foi a tradução de um fragmento de uma tragédia grega que ninguém conhece além de mim. Agora, esse material precisa, em princípio, ser mantido como um... uma coisa de segunda mão, porque afinal, essa era a intenção inicial. Daqui, bem do meio desse fragmento, eu vejo uma mulher. É, uma mulher que... parece ter sido... vítima... dessa tragédia... É... Acontece... Acontece...'
Gerald Thomas, roteiro de *Carmen com Filtro 2*, quinta, oitva e nona gravações; texto datilografado em abril de 1990, com as correções de Viena.

## *MATTOGROSSO*

*Estréia* – junho de 1989 – Teatro Municipal (Rio de Janeiro)
– setembro de 1989 – Teatro Municipal (São Paulo)

"Há dias atrás eu voltei de uma coletiva me sentindo meio cabisbaixo, estranho, insólito. Anotei na minha agenda... 'Me safei da pergunta – por que *Mattogrosso* é escrito com dois T – dizendo que era um estado entre Goiás, com dois G e Paraguay, com dois P'...'A maioria das perguntas, apesar de parecerem banais demais, são na verdadeinfernalmente enormes.
O propósito de uma obra não verbal está preciosamente ligado à possibilidade de se fazer desenrolar no palco, ou num filme, um universo de coisas ligadas à experiência não transmissível de outra forma.
O propósito desse tipo de trabalho está bem próximo à compreensão, ao reconhecimento, à destruição e à reconstrução. O funcionalismo da pergunta do por que com dois T, portanto, fica massacrado junto com toda a maquinaria do 'entendimento' que, no meu entender, é a mais chata das categorias da engrenagem do academicismo.
Escrevo para teatro e ópera no ano de 1989, ano em que ainda não sabemos descrever o sabor de uma beterraba sem entrarmos em assemelhações, ou a cor amarela, sem entrarmos em analogias pobres e infrutíferas.

Para conseguirmos nos lembrar do dia anterior, o banco de memórias sofre de algum esforço. Não conseguimos, de forma alguma, descrever o dia anterior segundo por segundo, imagens todas elas justapostas... E mesmo que conseguíssemos, levaríamos três dias para descrever aquele um. [...]
Resposta: o T é o t que falta no Anel dos Nibelungos e é o mesmo que Churchill fazia com as mãos quando se referia à Vitória ou às equações.
E mais, não é uma obra ecológica. Mas como poderia deixar de ser ecológica se o seu autor, o Gerald Thomas, é um paranóico nesse assunto desde que se publicava em Londres, há vinte e tantos anos, o *Blue print for survival*... Como toda obra livre ela deve, espero, mostrar todo o meu constrangimento perante a civilização organizada, mas certamente não vou sublinhar nenhum assunto.É a graça da metáfora.
O paradoxo é um grande ausente do drama moderno. Monolítico, unilateral, dirigido e curto, o drama de hoje não trata os seres humanos como criaturas, não os remete a conotações extra-coloquiais, não mistura idéias como a própria cabeça individualizada e descomprometida mistura. A autoria está ficando tão pequena que daqui a pouco vai se esconder por completo do universo e vai tentar descrever o funcionamento da torneira da pia. E vai fazê-lo de forma mal feita.
Vocês leram na imprensa que *Mattogrosso* é sobre o suicídio, ou a eutanásia, de uma floresta. Leram que a floresta foi criada por um deus para proteger o acidentado Titanic que afundou e precisa ser preservado. Leram que os nibelungos dessa ópera são mais poderosos: então, diabolungos, mitolungos. Leram que tudo começou na minha cabeça com um trocadilho darwiniano – *survival of defeatis,* sobrevivência do derrotista, ao contrário de *survival of the fittest*, sobrevivência do mais apto. E que a teoria desse desencantado explorador fictício, Friedrich Ernst Matto, é a 'teoria da devolução às espécies'. Leram que a analogia mais constante feita em *Mattogrosso* está no início e no fim da tetralogia de Wagner, *o Anel dos Nibelungos*; portanto, em *Ouro do Reno e Crepúsculo dos Deuses*. Tudo o que vocês leram até agora vale. Nada do que vocês leram até agora vale. *Mattogrosso* é uma obra experimental. É o que eu batizei de [...] *gesamtglücksfallwerk* – obra do acaso total. Não se sabe de onde vem, não se sabe pra onde vai. Qualquer outra coisa, na realidade, não passa de um indecifrável erro tipográfico se equilibrando na parte superior de uma equação."
Gerald Thomas, cartaz-programa de *Mattogrosso*, 1989.

"Friedrich Ernst Matto – grande explorador do século XIX –, se autodenominou um desencantado; perambulava pelas florestas com setenta caderninhos cheios de gráficos e rabiscos com sombras, e assobiava Lohengrin. Se assustava com cada som, cada cor, e se sentia inútil diante de um *canyon*. Tinha visões, como a de ver Virgílio, por exemplo, bem na fronteira da sanidade de Hamlet. Mas isso foi descoberto muito tempo depois. Isso ele não anotava nos seus caderninhos. Descobriu que o verdadeiro gênio das espécies era Wagner, porque fazia o ouvinte crer que o diabo tentava constantemente roubar o som da orquestra debaixo da voz sublime de um barítono.

Desencantado realmente, Matto voltou à sua Rainha, especulou sobre o surrealismo, a cólera e Marco Polo. A rainha o olhava fixa e criticamente. Matto, um pouco embaraçado, se desdisse de várias formas possíveis e contrangiu, através do mau entendimento, teses hegelianas sobre a identidade e a autorização. A rainha perdeu a paciência e mandou que Matto tirasse umas férias. Disse que as suas histórias estavam difíceis de entender e que ela, Rainha, simplesmente não tinha referências, paciência ou tempo pra ficar o dia todo justapondo imagens que ele havia proposto dentro de um caos total.

Cabisbaixo, meio estranho e insólito, Matto foi caminhando para a porta, um forte tambor marcava o ritmoda dúvida na sua cabeça... Era, realmente, muita informação computada e precisava do fator enigma para desvendá-la. [...]

Ele sabia, como sempre soube, que a sua vida passaria, pra maioria, como uma vida ininteligível.

Mas com algum orgulho, a sua alma balbuciava um refrão constante e desrítmico, do qual algumas partes eram audíveis: 'são muitas as complicações derivadas do conhecimento. É difícil se achar uma prisão para uma idéia só. Os verbetes estão cada vez mais numerosos e menores. Está cada vez mais impossível... Deus salve a Rainha. Ela identificou... a conseqüência da minha ininteligibilidade...' "

Gerald Thomas, cartaz-programa de *Mattogrosso*, 1989.

## *STURMSPIEL*

*Estréia* – 7 de fevereiro de 1990 – Cuvilliés-Theater – Bayerisches Staatsschauspiel (Munique)
Inspirado em tema da *Tempestade,* de Shakespeare

*Criação, Direção, Iluminação e Sonoplastia:* Gerald Thomas
*Cenário e Figurinos*: Daniela Thomas
*Dramaturgista*: Oliver Reese
*Treinamento de Atores*: Bete Coelho
*Assistente de Direção:* R. Michael Blanco
*Assistente de Iluminação:* Wagner Pinto
*Técnico de Luz*: Christian Weiskircher
*Elenco*: Alois Strempel, Gabriele Köstler, Esther Hausmann, Guntram Brattia, Carolin Fink, Hans Stetter, Martin G. Zauner, Franz Froscheuer, Michael Schmitter.
*Técnicos Convidados:* Rosemarie Hauth, Franco Lauria, Vera Oberdieck, Ralf Rindt, Reto Schimann
*Diretor de Cena:* Etienne Gillig
*Ponto*: Renate Ruff
*Assistentes:* Bertram Dippel, Susanne Knierim, Brigitte Knöb
*Chefe do Departamento de Figurinos:* Antje Lau
*Assistente de Figurinos*: Birgitta Lohrer
*Confecção de Máscaras*: Jost Lefin, Berta Engelhardt
*Direção e Coordenação Técnica*: Gerhard Zahn

*Assistente de Cena*: Angela Zimmermann, Marcelo Larrea
*Técnico de Palco*: Josef Rinnberger
*Iluminação*: Werner Wolfsdorf
*Som:* Michael Gottfried
*Adereços*: Ottmar Lederer, Eberhardt Kublik
*Ateliê de Pintura*: Heinrich Schwarzmeier

"Os meios de expressão do teatro não foram suficientemente usados nos últimos anos. O cansaço e a exaustão dos atores na busca desses meios é o que eu uso como ponto inicial {da Ópera Seca}. Às vezes os atores se esquecem de que são observados por oitocentos pares de olhos e que têm o direito, durante as duas ou três horas de espetáculo, de colocar o público num estado mental ao mesmo tempo sonolento e super-acordado e de deixar que ele esqueça a realidade e a chatice da vida de classe média. Normalmente os atores são obrigados a se adaptar a esse *timing* de classe média, para conseguir a identificação do público. Eu prefiro o contrário. O público deve se adaptar à meta do tempo especial e mais nobre do palco. Não gosto de teatro unidimensional, do mesmo modo que não gosto de pintura unidimensional e de política que tem uma direção única. A variedade de nossos pensamentos e de nossas necessidades é mostrada muito pouco na arte. Os processos mentais acontecem simultaneamente, nunca isoladamente. As espectativas do público e as respostas inteligentes a essas espectativas que não seguem uma direção única, e a complexidade que surge através dessas contradições, devem ser expressadas de modo poético. As contradições são desagradáveis. [...]

Me interessam os males, as doenças da sociedade. Os mitos gregos tornaram-se sintomas psíquicos e somáticos dos quais não se pode apenas falar ou que não se pode apenas sentir. Mudaram a matéria de que somos feitos. O teatro grego antigo foi uma sessão de psicanálise coletiva. Comecei a desenvolver as minhas peças achando que o público herdou esse simbolismo. Talvez não conheçamos a Tempestade de Shakespeare, talvez nunca tenhamos visto a peça. Mas a figura de Próspero é familiar para nós, como também as figuras de Antonio, Sebastião e Calibã. Quando se liga a televisão ou quando se vai ao cinema, em todo lugar existem Prósperos, Antonios e Sebastiões. Shakespeare deixou de ser uma pessoa original. Ele construiu a base. Quando escrevo hoje sobre Próspero, me interessa a vida dele depois da morte. É quase o aspecto necrofílico de um Próspero que nunca teve a oportunidade de morrer."

Gerald Thomas in "Ich bin der kuppler dieses inzests", trecho de entrevista reproduzida no programa de *Sturmspiel*, 1990.

## FIM DE JOGO

*Estréia* – novembro de 1990 – Teatro Nélson Rodrigues (Rio de Janeiro)
  – janeiro de 1991 – Teatro Ruth Escobar (São Paulo)
*Autor*: Samuel Beckett
*Direção e Tradução*: Gerald Thomas
*Cenário e Figurinos*: Daniela Thomas
*Elenco*: Bete Coelho, Giulia Gam, Magali Biff, Mário César Camargo

*Fim de Jogo*, 1990. Bete Coelho como Hamm. Foto: Ary Brandi (AMM).

*Iluminação*: Gerald Thomas, Wagner Pinto
*Sonorização*: Washington Oliveira
*Assistente de Direção*: Jeffrey Neale
*Assistentes de Cenografia*: Carla Caffé, Marcelo Larrea, Felipe Tassara
*Assistente de Figurino*: Marcelo Pies
*Coordenação de Cena*: Domingos Varela
*Coordenação de Elenco*: Cacá Ribeiro
*Cenotécnicos*: Pedro Girão, Manoel Martins
*Contra-Regra*: Ligia Feliciano
*Camareira*: Neusa Ferreira
*Divulgação*: Ivone Kassu
*Produção Executiva:* Rosa Almeida, Federicca Lanz Boccardo
*Assistente de Produção:* Nelson Lima Neto
*Produção*: Dueto Produções
*Co-Produção e Patrocínio*: Banco Econômico S.A.

"Passei pelo mês de abril deste ano esbarrando pela página do dia 13 – onde está escrito: *send birthday card to Sam* – tendo de engolir a seco. Beckett está morto. A notícia de sua morte chegou a mim como chegou a todos, através dos jornais. Eu estava na Suíça, lomge no alto dos morros, tentando ganhar força para enfrentar o início dos ensaios de *Sturmspiel* em Munique, com a trupe do Bayerisches Staatsschauspiel. O final *spiel*, de *sturmspiel,* quer dizer jogo, e faz referência unicamente a *Fim de Jogo* de Beckett.

Olhei a página do *Herald Tribune* com a cara de Beckett enorme e aquele símbolo amedrontante (1906 + 1989) que marca, esfrega e dá calafrios porque é o logotipo da passagem do homem pela terra. Curioso porque Beckett passou a sua vida polindo um logotipo verbal e filosófico para essa efemeridade e seus princípios falhos de explicação conceitual.

Desde 1985 que não dirijo uma peça ou texto de Beckett. Por que voltar? No La MaMa, em Nova York, eu achava que já tinha esgotado essa partitura que culminou coma montagem, no Rio, de *4 Vezes Beckett,* a convite de Sérgio Britto.

O público brasileiro já conhece os meus trabalhos posteriores. Poucos sabem equacionar – realmente – um *Eletra com Creta, Navio Fantasma, Carmem com Filtro, Um Processo, Praga, Mattogrosso*, etc, com o teatro de Samuel Beckett, a minha maior influência. Eu acho que a abertura da última década do milênio proporciona, no mínimo, isso. Ou seja, uma reavaliação desses trabalhos colocados sob o prisma da influência que esteve ali, pendurada no canto direito do quarto, como um quadro torto de Malevich.

*Fim de Jogo* veio após *Esperando Godot*, em 57. Em todas as nossas conversas, *Fim de Jogo* é o texto ao qual Beckett sempre sempre fez o maior número de referências. Era sua peça preferida. As últimas, como *What, Where* ou *Ohio Impromptu*, são monodramas que lidam, digamos, com uma partícula infinitesimal de um dos personagens de *Fim de Jogo,* Hamm, levado às extremas. Seus últimos textos, *Stirrings Still* ou *Worstward Ho*, lidam com um terceiro personagem (extra dualístico), aquele que criou Hamm e Clov. Esse personagem ( que é Murphy, M alone, Molloy, Watt, enfim, é o personagem título da desventura que vive) entra e manipula ativamente as suas vozes e as suas vozes teatrais contemplando tudo, sempre, como um lugar onde as coisas jamais serão finitas. Somente interrompidas por um encerramento de um espetáculo, ou um aplauso, por um fim temporário.

Isso vem de Próspero e de Rei Lear. Hamm é o amálgama de todos os canastrões na história teatral. Clov (clown, cravo, prego, etc.) é o amálgama de todos os coadjuvantes da história. Claro, não é só isso. Apesar de Hamm ser também a abreviação de hammer (martelo), é também presunto, gostoso quando assado com cravos espetados em sua rotunda. *Fim de Jogo* pode estar acontecendo nos bastidores de um teatro onde esteja-se encenando *Édipo* ou *Eleutéria*. Pode também ser a peça em cartaz 'hoje'. *Fim de Jogo* pode ser a peça em cartaz desses dois 'artistas da fome' (Kafka) que representam. As ciclagens são a chave mestra para aqueles que entendem o teatro desse século como sendo revolucionado por Beckett e pela 'arte inteligente' que inclui o seu valor temporário dentro da própria obra.

Eu não dirigiria mais Beckett até que encontrasse um ator que juntasse todas as condições necessárias para interpretar essas ciclagens. Depois de quatro anos e meio de trabalho contínuo com Bete Coelho, em sete espetáculos, eu achei que ela estava 'pronta' para fazer Hamm. Montei *Fim de Jogo* por achar que a Bete poderia fazer um levantamento de tudo que fizemos até hoje e trazer de volta o personagem mais mítico, complicado, erudito da obra de Samuel Beckett."

Gerald Thomas, programa de *Fim de Jogo*, 1990.


## *M.O.R.T.E. (Movimentos Obsessivos e Redundantes para Tanta Estética)*

*Estréia* – novembro de 1990 – Teatro Nélson Rodrigues (Rio de Janeiro)
– janeiro de 1991 – Teatro Sérgio Cardoso (São Paulo)
– 10 de março de 1991 – Teatro São Pedro (Porto Alegre)


## *M.O.R.T.E. 2*

*Estréia* – agosto de 1991 – Festival de Taormina (Taormina)
– agosto de 1991 – Zürcher Festival (Zurique)
– outubro de 1991 – Teatro Castro Alves (Salvador)
– outubro de 1991 – Palácio das Artes (Belo Horizonte)
– dezembro de 1991 – (Brasília)


## *PERSEU E ANDRÔMEDA (Perseus und Andromeda)*

*Estréia* – 27 de janeiro de 1991 – Staatstheater (Stuttgart)

*Autor*: Salvatore Sciarrino, baseado em conto de Jules Laforgue
*Música*: Salvatore Sciarrino

*Direção*: Gerald Thomas
*Cenário e Figurinos*: Daniela Thomas
*Elenco*: Lani Poulson, Robert Wörle, Tobias Scharfenberger, Carsten Stabell e elenco da Ópera de Sttutgart

## ESPERANDO GODOT *(Warten auf Godot)*

*Estréia* – março de 1991 – Staats Oper (Munique)
*Autor*: Samuel Beckett
*Direção e Iluminação*: Gerald Thomas
*Cenário e Figurinos*: Daniela Thomas
*Elenco*: Alois Strempel, Bert Lahr, Edgar Walter, Karlheinz Vitsch, Martin Zauner, Sebastien Fischer

"Monto *Godot* como uma comédia de espionagem que se passa num lugar onde nada é palpável. Alguém já esteve lá e já fez tudo. Então, resta aos atores brincar de espiões. Wladimir dirige sua crueldade para Estragon. Há um pouco de Polonius se escondendo no quarto de Gertrudes nesse jogo de espelhos. O próprio cenário é um deles. Eu diria que é uma peça em que nada acontece. Duas vezes."

Gerald Thomas in Antonio Gonçalves Filho, "Gerald Thomas monta *Godot* na Alemanha", *Folha de S. Paulo,* 26 mar. 1991.

## THE SAID EYES OF KARHEINZ ÖHL

*Estréia* – julho de 1991 – Teatro de Volterra ( Volterra)
*Criação, Direção, Iluminação*: Gerald Thomas
*Cenário e Figurinos:* Daniela Thomas

## THE FLASH AND CRASH DAYS

*Estréia* – 8 de novembro de 1991 – Centro Cultural Banco do Brasil (Rio de Janeiro)
   – 9 de janeiro de 1992 – Teatro Sérgio Cardoso (São Paulo)
   – março de 1992 – Teatro Castro Mendes (Campinas)
   – março de 1992 – (Santos)
   – março de 1992 – Teatro Ópera de Arame (Festival de Curitiba)
   – abril de 1992 – Palácio das Artes (Belo Horizonte)
   – 14 e 15 de julho de 1992 – Serious Fun! – Lincoln Center (Nova York)
   – julho de 1992 – Hamburgo
   – julho de 1992 – Lausanne
   – julho de 1992 – Colônia
   – julho de 1992 – Copenhagen
   – julho de 1992 – Teatro João Caetano (Rio de Janeiro)

Cenas de *The Flash and Crash Days*, 1992. Fernanda Torres, Fernanda Montenegro e João Damasceno. Foto: Heloísa Greco Bortz (AMM).

- 8 de janeiro de 1994 (*Trilogia da B.E.S.T.A.*) – Teatro SESC-Pompéia (SP)

*Criação, Direção:* Gerald Thomas
*Cenário e Figurinos:* Daniela Thomas
*Elenco:* Fernanda Montenegro, Fernanda Torres, Luiz Damasceno, Ludoval Campos, Domingos Varela
*Iluminação e Trilha Sonora:* Gerald Thomas
*Supervisão de Luz:* Wagner Pinto
*Diretor de Cena:* Domingos Varela
*Figurinista Assistente:* Mari Stockler
*Pintura de Telão:* Felipe Tassara
*Operação de Luz:* Maurício Cardoso
*Operação de Som:* Marco Aurélio
*Direção de Montagem:* Ludoval Campos, Domingos Varela
*Assistentes de Montagem:* Milena Milena, Nora Prado
*Direção de Produção:* Cacá Ribeiro
*Assistentes de Direção:* Laura Segreto, Sérgio Coelho
*Assistentes de Cenografia:* Domingos Alcântara, Hélio Melo, Luciana Bueno, Marina Loeb
*Assistentes de Iluminação:* Samuel Vital, Simone Donatelli
*Assistentes de Produção:* Penha Davidówitch, Giovania Costa, Graça Berman
*Produção:* Dueto Produções e Publicidade

"Não tem portas, é só uma janela. E até o último momento eu não conseguia descobrir nenhuma via de escape. A cidade estava deserta. Ela tinha sido evacuada porque diziam que o vulcão Erda voltaria a se manifestar. Mas isso não é verdade... O motivo real era algo mais como uma passagem... [...] De repente eu já não estava mais ali. Esse... esse eu... esse eu que havia transcendido os limites daquele quarto, era só... Era só um corpo morto. E eu... Eu... Me via transformado nela. Nela. E, portanto, nesse furacão, do qual falavam... Meu Deus. Eu... Eu a via chegando. E, no entanto... Eu..."

"Eu não tenho nome... Só um segundo nome. Sim... Não... Tiveram que ensinar tudo de novo. Óculos escuros, roupas inteiras pra esconder as feridas... Ensinar... tem tanto... tentando... rastejando... Se as minhas pernas, pedindo perdão, tentando, rastejando, soluçando..."

Gerald Thomas, roteiro de *The Flash and Crash Days*, 1991.

## *SAINTS AND CLOWNS*

Estréia – julho de 1992 – Hamburgo
– julho de 1992 – Lausanne

*Criação, Direção e Iluminação:* Gerald Thomas
*Cenário e Figurinos:* Daniela Thomas
*Elenco:* Companhia de Ópera Seca
*Trilha sonora:* Gerald Thomas
*Gravação:* David Lawson (Full House Productions – Nova York)

## O IMPÉRIO DAS MEIAS VERDADES

*Estréia* – 18 de março de 1993 – Centro Cultural Banco do Brasil (Rio de Janeiro)
– março de 1993 – Teatro Ópera de Arame (Curitiba)
– 30 de abril de 1993 – Teatro SESC- Pompéia
– 26 de janeiro de 1994 (*Trilogia da B.E.S.T.A.*) – Teatro Sesc-Pompéia – SP

*Criação, Direção,Cenografia*: Gerald Thomas
*Dramaturgia*: Gerald Thomas, inspirado em conversas com Daniela Thomas
*Iluminação e Direção Técnica*: Gerald Thomas e Wagner Pinto
*Figurinos*: Companhia de Ópera Seca, com supervisão de Mari Stockler
*Assistente de Cenografia*: Marco Antonio Palmeira
*Diretor Musical*: Arto Lindsey
*Elenco*: Fernanda Torres, Edilson Botelho, Ludoval Campos, Cacá Ribeiro, Domingos Varela, Luiz Damasceno, Magali Biff, Michele Matalon, Milena Milena
*Operador de Luz*: Wagner Pinto
*Operador de Som*: Marco Aurélio
*Gravação da Trilha Sonora*: Bernardo Muricy
*Voz (soprano)*: Madalena Bernardes
*Divulgação*: Mario Fernando Canivello
*Assistende de Divulgação*: Else Rodrigues
*Objetos Cênicos*: Dado Barichello
*Cenotécnico*: Humberto Silva
*Costureira Chefe*: Adélia de Andrade
*Costureiras*: Ivone Perez e Helida Rosa
*Assistentes de Figurino*: Domingos Alcântara e Ilma Santos
*Assistente de Cenografia*: Patrícia Borsoi
*Direção de Cena*: Domingos Varela
*Agente Nacional e Internacional*: Marcelo Kahns
*Produtores Executivos:* Cacá Ribeiro e Ludoval Campos
*Direção de Produção*: Michele Matalon

"Lá pelo final da temporada do Rio, Magali Biff falou pra mim: 'Ufa, tivemos trinta e tantas estréias. Será que vamos conseguir ter um espetáculo quando chegarmos a São Paulo?' O elenco inteiro explodiu num riso tenso, quase histérico. Eu sabia que a ansiedade de cada um já estava lidando com a exaustão de estarmos no palco todos os dias, há três meses, incluindo os dias de espetáculo, incluindo os dias com duas sessões.

Não dou descanso aos meus atores. Não deixo eles em paz. Ou estão no palco tentando decifrar uma cena comigo, ou estão no estúdio de som, gravando um texto que irá pro palco naquela noite, sem que tenham tempo de refinar a memória pea se dublarem melhor. Vejo, há tantos anos, atores indo para o hotel, após um longo ensaio, com a cara amarrotada de ansiedade. Dentro dessas cabeças deve ser assim: 'Meu Deus, faltam 5 dias para a estréia. Me ajuda pra eu achar algum... alguma... algum fio condutor'. Na verdade não é Deus que vai ajudar. São eles mesmos. Mas só quando houver uma espécie de reprocessamento de dados na arte de ser ator: quando matarem a representação e adotarem a interpretação.

O mesmo pode ser dito de qualquer artista. Dos pintores acadêmicos de Belas Artes (maçã, pera, cachimbo, por do sol), se zomba. De pintores exigimos os Matevitchs, os Albers e os Klees. De músicos exigimos Schonmergs, Varèses, Cages... e de atores? Estranhamente aceitamos aquele que faz o que é imediatamente detectável, compreensível e descartável para a platéia.

O espetáculo só está pronto quando a vulnerabilidade do artista estiver numa cronometragem impossível de um relógio normal seguir. Um espetáculo pode ser considerado íntegro quando o que acontece no palco não se trata mais de uma idéia ou de muitas idéias, e sim de uma linguagem contaminadora. É mais ou menos quando uma ordem dita o tempo, a tensão, a própria razão da cena. Pra isso, muitas vezes atores e diretores gastam meses ensaiando algo que na verdade está pertíssimo do que se precisa. No entanto, por estar tão próximo, é simplesmente uma analogia e ainda está longe de uma metáfora.

Pois é assim o chamado *work in progress*. A cada espetáculo as modificações serão profundas, até que se ache uma forma definitiva para cada afirmativa da peça. Geralmente, nesse ponto, é chegada a hora de se despedir de um espetáculo e começar a especulação toda novamente, atacando algum outro. Ou não se acha nunca, o que foi o caso com afamigerada *Saints and Clowns,* que teve cinco fracassadas apresentações em Hamburgo e Lausanne e eu enterrei antes que pudesse respirar e ter vida própria.

Eu percebo, através dos anos, que *work in progress* pode também ser dito assim: fragilidade da identidade. Ou a diluição e a perda dela, tanto faz. Qualquer trabalho que se diz pronto não passará pra mim de um clichê colocado na tela pelos pintores da década de 50: a primeira visão é o momento definitivo, cristalizado. As artes transformaram isso em religião. O teatro lida com a profusão de ações e de imagens. O criador de teatro precisa, portanto, negar essa parte que já é clara por ser osso do ofício e tentar cristalizar o que não é claro: a fragilidade da identidade alcança a primeira visão, mas a diluição da identidade por entre imagens, vultos, criaturas, alcança visões mais deturpadas. [...]

Faltando cinco espetáculos para que a temporada no Rio fosse cumprida, eu ainda estava no Rio com os atores, cortando, transformando, adicionando cenas. O desespero de se intuir a arte, ao invés de afirmá-la, não casa muito bem com o trabalho necessariamente coletivo, colaborativo, que é o trabalho do diretor. Mas é assim. *Fuck you!* E que isso não soe ofensivo, pois não o é. O refrão *fuck you* não podia estar sendo usado de forma mais inversa possível: como *help!*, por exemplo, talvez fosse o sentido mais próximo dessa malcriada exclamação. Espetáculo talvez esteja sendo usado da forma mais inversa possível nesse malcriado formato de se criar identidades."

Gerald Thomas, "Nota sobre o work in progress", programa de *O Império das Meias Verdades,* 30 de abril de 1993.

*Unglauber*, 1994. Edilson Botelho e Eleonora Prado. Foto: Heloisa Greco Bortz (AMM).

*Unglauber*, 1994. Vera Zimmerman e Luiz Damasceno. Foto: Heloisa Greco Bortz (AMM).

## UNGLAUBER

*Estréia*: 5 de fevereiro de 1994 – *Trilogia da B.E.S.T.A. – Beatificação da Estética sem Tanta Agonia* – Teatro Sesc-Pompéia (São Paulo)
*Criação e Direção*: Gerald Thomas
*Cenário*: concepção de Gerald Thomas, com colaboração criativa de Domingos Varela, Hélio Mello, Luciana Bueno e Marina Loeb, com supervisão de Gerald Thomas
*Figurinos*: Fernanda Torres, Domingos Alcântara e Daniela Jaime-Smith
*Iluminação*: concepção de Gerald Thomas, com colaboração criativa de Simone Donatelli e Samuel Vital
*Elenco*: Luiz Damasceno, Edilson Botelho, Ludoval Campos, Vera Zimmerman, Cacá Ribeiro, Milena Milena, Eleonora Prado, Domingos Varela, Marcos Azevedo, Eliana Santana
*Assistentes de Direção*: Laura Segreto e Sérgio Coelho
*Diretor de Cena*: Domingos Varela
*Diretor de Montagem*: Ludoval Campos e Domingos Varela
*Diretor Musical*: Arto Lindsay
*Direção de Produção*: Cacá Ribeiro
*Produção Executiva*: Giovania Costa, Penha Davidowitch, Graça Berman
*Operador de Som e Técnico de Estúdio*: Marco Aurélio
*Operador de Luz:* Simone Donatelli
*Projeto Gráfico*: Luciana Bueno e Marina Loeb
*Documentação em Vídeo*: Marcelo Poveda

"Luz lenta em Ludoval [Campos], foco singular. O resto escurece. Jimi Hendrix's *All along the watchtower* entra com fúria total. Ludo se coloca de joelhos como se fosse rezar, se confessar. Luz singulariza asa {de avião}.

Ludo – Minha ofensa é podre e vulgar, mas aspira aos céus. E possui a danação primal. Não somos mais capazes de contar uma só estória. Como o nosso futuro representará esse presente? Com os arranhões do *rap*, com os cortes abruptos do VT, com a fragmentação dos dramaturgos e com a auto-piedade das instalações de arte, com os ferros retorcidos das bombas culturais do NAFTA? Rezar não posso, mas vontade não falta de não ver replicados por aí os galhos das árvores que eu plantei. Como se não quisesse ver no mundo uma enxurrada de mim mesmos... Minha culpa mais forte derrota a minha intenção. E me mantenho numa pausa, quando deveria começar. Vamos, joelhos teimosos, doam, façam-me sofrer de arrependimento, vamos! Será que poderei continuar colocando assim as minhas impressões, sem desmoralizar toda a minha geração? Será que posso, ao mesmo tempo, manter as minhas impressões e me interessar por uma literatura linear, histórica, acadêmica, estatística? Será que serei capaz de manobrar os meus interesses, enquanto eles manobram os deles, sem nos cruzarmos? Quero dar honra ao meu presente, mesmo que ainda não saiba como.

Gerald Thomas, roteiro de *Unglauber*, 1994.

*The Flash and Crash Days*, 1991. Fernanda Montenegro e Fernanda Torres. Foto: Heloísa Greco Bortz (AMM).

## TEATRO NA PERSPECTIVA

*O Sentido e a Máscara*
  Gerd A. Bornheim (D008)

*A Tragédia Grega*
  Albin Lesky (D032)

*Maiakóvski e o Teatro de Vanguarda*
  Angelo M. Ripellino (D042)

*O Teatro e sua Realidade*
  Bernard Dort (D127)

*Semiologia do Teatro*
  J. Guinsburg, J. T. Coelho Netto e Reni C. Cardoso (orgs.) (D138)

*Teatro Moderno*
  Anatol Rosenfeld (D153)

*O Teatro Ontem e Hoje*
  Célia Berrettini (D166)

*Oficina: Do Teatro ao Te-Ato*
  Armando Sérgio da Silva (D175)

*O Mito e o Herói no Moderno Teatro Brasileiro*
  Anatol Rosenfeld (D179)

*Natureza e Sentido da Improvisação Teatral*
  Sandra Chacra (D183)

*Jogos Teatrais*
  Ingrid D. Koudela (D189)

*Stanislavski e o Teatro de Arte de Moscou*
  J. Guinsburg (D192)

*O Teatro Épico*
  Anatol Rosenfeld (D193)

*Exercício Findo*
  Décio de Almeida Prado (D199)

*O Teatro Brasileiro Moderno*
  Décio de Almeida Prado (D211)

*Qorpo-Santo: Surrealismo ou Absurdo?*
  Eudinyr Fraga (D212)

*Performance como Linguagem*
  Renato Cohen (D219)

*Grupo Macunaíma: Carnavalização e Mito*
  David George (D230)

*Bunraku: Um Teatro de Bonecos*
  Sakae M. Giroux e Tae Suzuki (D241)

*No Reino da Desigualdade*
  Maria Lúcia de Souza B. Pupo (D244)

*A Arte do Ator*
  Richard Boleslavski (D246)
*Um Vôo Brechtiano*
  Ingrid D. Koudela (D248)
*Prismas do Teatro*
  Anatol Rosenfeld (D256)
*Teatro de Anchieta a Alencar*
  Décio de Almeida Prado (D261)
*A Cena em Sombras*
  Leda Maria Martins (D267)
*Texto e Jogo*
  Ingrid D. Koudela (D271)
*O Drama Romântico Brasileiro*
  Décio de Almeida Prado (D273)
*João Caetano*
  Décio de Almeida Prado (E011)
*Mestres do Teatro I*
  John Gassner (E036)
*Mestres do Teatro II*
  John Gassner (E048)
*Artaud e o Teatro*
  Alain Virmaux (E058)
*Improvisação para o Teatro*
  Viola Spolin (E062)
*Jogo, Teatro & Pensamento*
  Richard Courtney (E076)
*Teatro: Leste & Oeste*
  Leonard C. Pronko (E080)
*Um Atriz: Cacilda Becker*
  Nanci Fernandes e Maria T. Vargas (orgs.) (E086)
*TBC: Crônica de um Sonho*
  Alberto Guzik (E090)
*Os Processos Criativos de Robert Wilson*
  Luiz Roberto Galizia (E091)
*Nelson Rodrigues: Dramaturgia e Encenações*
  Sábato Magaldi (E098)
*José de Alencar e o Teatro*
  João Roberto Faria (E100)
*Sobre o Trabalho do Ator*
  Mauro Meiches e Silvia Fernandes (E103)
*Arthur de Azevedo: A Palavra e o Riso*
  Antonio Martins (E107)
*O Texto no Teatro*
  Sábato Magaldi (E111)
*Teatro da Militância*
  Silvana Garcia (E113)
*Brecht: Um Jogo de Aprendizagem*
  Ingrid D. Koudela (E117)
*O Ator no Século XX*
  Odette Aslan (E119)
*Zeami: Cena e Pensamento Nô*
  Sakae M. Giroux (E122)
*Um Teatro da Mulher*
  Elza Cunha de Vincenzo (E127)
*Concerto Barroco às Óperas do Judeu*
  Francisco Maciel Silveira (D131)
*Os Teatros Bunraku e Kabuki: Uma Visada Barroca*
  Darci Kusano (E133)
*O Teatro Realista no Brasil: 1855-1865*
  João Roberto Faria (E136)
*Antunes Filho e a Dimensão Utópica*
  Sebastião Milaré (E140)
*O Truque e a Alma*
  Angelo Maria Ripellino (E145)
*A Procura da Lucidez em Artaud*
  Vera Lúcia Felício (E148)
*Memória e Invenção: Gerald Thomas em Cena*
  Sílvia Fernandes (E149)
*O Inspetor Geral de Gógol/Meyerhold*
  Arlete Cavaliere (E151)
*Modernidade e Pós-Modernidade. O Teatro de Heiner Müller*
  Ruth Cerqueira de Oliveira Röhl (E152)
*Do Grotesco e do Sublime*
  Victor Hugo (EL05)
*O Cenário no Avesso*
  Sábato Magaldi (EL10)
*A Linguagem de Beckett*
  Célia Berrettini (EL23)
*Idéia do Teatro*
  José Ortega y Gasset (EL25)
*O Romance Experimental e o Naturalismo no Teatro*
  Emile Zola (EL35)
*Duas Farsas: O Embrião do Teatro de Molière*
  Célia Berrettini (EL36)
*Marta, A Árvore e o Relógio*
  Jorge Andrade (T001)

*O Dibuk*
   Sch. An-Ski (T005)
*Leone de'Sommi: Um Judeu no Teatro da Renascença Italiana*
   J. Guinsburg (org.) (T008)
*Urgência e Ruptura*
   Consuelo de Castro (T010)
*Um Encenador de Si Mesmo: Gerald Thomas*
   Silvia Fernandes e J. Guinsburg (orgs.) (S021)
*Teatro e Sociedade: Shakespeare*
   Guy Boquet (K015)

*Equus*
   Peter Shaffer (P006)
*Linguagem e Vida*
   Antonin Artaud (PERS)
*Eleonora Duse: Vida e Obra*
   Giovanni Pontiero (PERS)
*Aventuras de uma Língua Errante*
   J. Guinsburg (PERS)
*Memórias da Minha Juventude e do Teatro Ídiche no Brasil*
   Simão Buchalski (LSC)
*A História Mundial do Teatro*
   Margot Berthold (LSC)

Impressão e Acabamento
**Bartira**
Gráfica
(011) 458-0255